«J'veux bien!»

MANUEL DE PRÉPARATION

Jeannette D. Bragger
The Pennsylvania State University

Donald B. Rice
Hamline University

Heinle & Heinle Publishers
I T P An International Thomson Publishing Company
Boston, Massachusetts 02116 USA

Copyright © 1995 by Heinle & Heinle Publishers
An International Thomson Publishing Company

Manufactured in the United States of America

ISBN: 0-8384-4477-6

10 9 8 7 6 5 4

TABLE DES MATIÈRES

UNITÉ 1ère ◆ AU CENTRE COMMERCIAL: LES 4 TEMPS   17

Chapitre 1er *C'est combien?*   18

Chapitre 2   *Vous le prenez?*   **57**

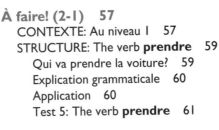

UNITÉ 2 ◆ Chez les Batailler

89

Chapitre 3 *En famille* 90

Chapitre 4   *Une jeune fille au pair à Reims*   **141**

UNITÉ 4 ◆ ÉTUDES ET TRAVAIL   309

Chapitre 7   *Une famille toulousaine*   310

Chapitre 8 *Les jeunes mariés* 353

France

MER DU NORD

Pays-Bas

Angleterre

Dunkerque
Calais

Belgique

Allemagne

NORD-PAS-DE-CALAIS

Lille

Valenciennes

Luxembourg

LA MANCHE

Cherbourg

HAUTE-NORMANDIE

Amiens

PICARDIE

Le Havre

Rouen

Reims

Metz

LORRAINE

ALSACE

Caen

Seine

Nancy

Strasbourg

Saint-Malo

BASSE-NORMANDIE

★ **Paris**

Versailles

ÎLE-DE-FRANCE

CHAMPAGNE-ARDENNE

Troyes

Meuse

Moselle

Rhin

VOSGES

Mulhouse

Brest

Fougères

BRETAGNE

Rennes

Le Mans

PAYS DE LA LOIRE

Angers

Loire

St-Nazaire

Saumur

Nantes

Chinon

Orléans

Blois

Tours

Chambord

Chenonceaux

Azay-le-Rideau

CENTRE

Bourges

BOURGOGNE

Dijon

Seine

Chalon-sur-Saône

Saône

Besançon

FRANCHE-COMTÉ

JURA

Suisse

Poitiers

Nevers

Loire

OCÉAN

ATLANTIQUE

La Rochelle

POITOU-CHARENTES

LIMOUSIN

Limoges

Vichy

Clermont-Ferrand

Rhône

Lyon

Annecy

RHÔNE-ALPES

Italie

Périgueux

AUVERGNE

Saint Étienne

Grenoble

ALPES

Bordeaux

MASSIF CENTRAL

Garonne

Rodez

Rhône

PROVENCE-ALPES-CÔTE-D'AZUR

AQUITAINE

MIDI-PYRÉNÉES

Avignon

Monte-Carlo

Biarritz

Bayonne

Pau

PYRÉNÉES

Toulouse

Carcassonne

Nîmes

Montpellier

Béziers

Narbonne

Tarascon

Marseille

Grasse

Aix-en-Provence

Toulon

Monaco

Nice

Cannes

LANGUEDOC-ROUSSILLON

Perpignan

Espagne

Andorre

MER MÉDITERRANÉE

0   75 km

CORSE

Ajaccio

©1993 Magellan Geographix^{SM}Santa Barbara CA

Chapitre préliminaire

Je vais m'acheter un compact disc

À faire! (CP-1)

To *continue your introduction* to the study of the French, do the following:
- read pages 2-3 in the **Manuel de classe;**
- read the *Guide des étudiants* that follows this *À faire!* entry;
- do Exercises I and II;
- 🔲 listen to SEGMENT 1 of your *Student Tape* and do Exercise III.

ATTENTION! An asterisk (*) preceding an exercise number indicates that the exercise is self-correcting. You will find the answers at the back of this **Manuel de préparation,** beginning on page 387.

❝ **Nous voici encore une fois!** Yes, here we are again. Just as promised. This **Manuel de préparation** is the part of the **« J'veux bien! »** program that you'll work with primarily outside of class. (You should get in the habit, however, of bringing it to class along with the **Manuel de classe.**) Lots of times, you'll be assigned exercises and activities in preparation for the next class session; other times, the work in the **Manuel de préparation** will serve as a follow-up to reinforce what you just did in class. It's very important that you do the work regularly. Learning French is ultimately *your* responsibility: therefore, it's up to you to . . . ❞

❝ **Mais dis donc, Gigi!** *(Hey, Gigi!)* Lighten up a little. This is supposed to be fun. They don't have to do assignments every day. ❞

❝ **Tu parles!** *(You must be joking!)* That's what you said when you started to take English in school. Remember your first grade—a 4! (In France, grades are given on the basis of 20; you need 10 out of 20 to pass; 15 is very good, for almost no one ever gets 18 or 19; but 4 out of 20 is pretty bad!) ❞

❝ **Ah, oui.** But I learned my lesson and started preparing for every class. By the end of the year, I was getting 15 and 16, just like you. That's why the two of us are in this book! But I guess you're right. We'd better give them some tips so they don't start out the way I did. **Bon, mes amis** *(OK, my friends),* Gigi and I both recommend that you take a few minutes to read the **Guide des étudiants.** OK? ❞

GUIDE DES ÉTUDIANTS

Outside of class, you will work primarily with two components of the « *J'veux bien!* » program—the **Manuel de préparation** and the *Student Tape.*

The **Manuel de préparation** contains vocabulary review exercises as well as grammatical presentations accompanied by self-correcting exercises and quizzes. In addition, you'll find reading, writing, and (occasionally) listening activities. The *Student Tape* contains model phrases and sentences for each grammatical structure as well as more formal work with pronunciation. In addition, you'll find any listening activity that you're asked to do outside of class.

Throughout the **Manuel de préparation** you'll notice a series of *À faire!* notes that serve to cross-reference the **Manuel de classe,** the **Manuel de préparation,** and the *Student Tape.* As homework for the next class session, your instructor will usually direct you to do all (or occasionally, some) of an *À faire!* assignment. Here are some typical *À faire!* notes with some suggestions about how to go about doing the work assigned.

À faire! (1-4)   *Manuel de classe, pages 29–31*

As a *follow-up* to the learning of vocabulary in class, read page 28 in the **Manuel de classe** and do Exercise X below.

In *preparation* for in-class work, do the following:
- read the explanation of regular **-er** verbs (page 30) and the *Note grammaticale* (page 33);
- 🔲 listen to SEGMENT 6 of your *Student Tape ;*
- do Exercises XI, XII, and XIII;
- take Test 4.

This is a two-part assignment. The first part reviews the vocabulary presented in class. Before writing out the vocabulary exercise (Exercise X), you should look over the page(s) in the **Manuel de classe** where this vocabulary is presented (and often listed). The second part of the assignment introduces a new grammatical topic (in this case, how to conjugate verbs ending in **-er**). You should first read over the explanation, making sure you understand what the grammatical topic is about. In this case, there is also a *Note grammaticale* that provides information on how to make these verbs negative. *Before* writing the exercises, listen to Segment 6 of the *Student Tape.* Here you'll be able to listen to *and repeat* the verb forms as well as some model sentences (including those of the sample dialogue at the beginning of the grammatical explanation). *It's very important, especially in the early chapters of the book, that you work conscientiously with the Student Tape.* Otherwise, you run the risk of falling into some very bad pronunciation habits. When you feel you know how to pronounce the new structures, then do the exercises that will help you learn how to use them. Remember to correct them (the answers are at the back of the **Manuel de préparation**). If you find you're making lots of mistakes, go back and reread the explanation. Finally, take and correct the short grammar test. *If you follow these steps, you should be very well prepared to go to class the next day.*

À faire! (3-5)

As a *follow-up* to your work in class on **être**, descriptive adjectives, and family, read the following text and do Exercises XV and XVI. Then write Exercise XVII.

After you've had the chance to practice with the vocabulary and grammatical structures in class, you'll often be asked to do activities that reinforce them. In this particular *À faire!*, the review takes the form of one writing *(Écrivez!)* and two reading *(Lisez!)* activities. While the latter are self-correcting, the writing assignment is not. Consequently you're asked to do it on a separate sheet of paper so that it can be handed in and corrected (and perhaps graded) by your instructor.

Through these *À faire!* notes, you should always know exactly what you are to do and how it relates to what has happened or will happen in class.

Alors, Gigi *(So, Gigi),* is there anything else we need to tell them?

Non, ça va *(No, that's fine).* Now you can go ahead and finish the *À faire! (CP-1)* assignment. That's right, do the reading activities (Exercises I and II), then work on pronunciation with the help of the *Student Tape* (Segment 1), and, finally, learn about written accent marks in French (Exercise III).
Bonne chance! *(Good luck!)*

LISEZ!

Even though you may never have formally studied French before, you're probably able to read some French texts much better than you might think—thanks to your knowledge of English (and of any other languages you may know) as well as to the experience you've had in dealing with different kinds of written material. The following two exercises should demonstrate that you're not really "starting from scratch" in your study of French.

Ce qu'ils possèdent	15–19 ans	20–24 ans	25–29 ans	Ensemble de la population
	%	%	%	%
Un instrument de musique quelconque	66,1	44	37,6	36,6
Une guitare	28	28,1	20,3	15,8
Un autre instrument à corde	7,4	4,3	2,8	4,5
Un instrument à vent	46,4	24,6	15	19,8
Un piano	12,3	7,3	5,4	7,4
Un autre type d'instrument	16,2	12,7	12	9,7
Pratique d'un instrument :				
"souvent"	18,8	14,2	9,1	7,4
"de temps en temps"	14,3	12,2	8,1	5,9

« Pratiques culturelles des 15–24 ans », ministère de la Culture, 1983.

(handwritten annotation: 20.7% with circles around 36,6 / 15,8 / 4,5)

---

*I. Une enquête. Look briefly at the chart above, then answer these questions.

1. What type of text do you think it is? _____ *survey* _____

2. What clues enable you to identify the type of text?
   _____ *categories* _____
   _____

3. What kind of information is found in the left-hand column?
   _____ *instruments* _____

4. What words in the left-hand column can you understand based on your knowledge of English?
   _____ *lots* _____
   _____

5. If you don't recognize a word, sometimes you can guess its meaning from context. For example, if you were told that **un autre** is the equivalent of the English *another*, what might **un autre instrument à corde** mean?
   _____ *another string instrument* _____

6. What other words in the left-hand column can you guess the meaning of?
   _____
   _____

7. Can you guess what the words along the top of the chart mean?
   _____
   _____

REMEMBER! An asterisk (*) preceding an exercise number indicates that the exercise is self-correcting.
You will find the answers at the back of this **Manuel de préparation,** beginning on page 387.

Chapitre préliminaire **5**

*II. Les Français et les instruments de musique. On the basis of the information you can gather from the survey, indicate whether each of the following statements are **vrai** *(true)* or **faux** *(false)*.

1. _faux_ Most people in France own a musical instrument.
2. _vrai_ Most teenagers in France own a musical instrument.
3. _vrai_ In France, the older you get, the less likely you are to own a musical instrument.
4. _vrai_ Guitars are more popular than pianos with most instrument owners in France.
5. _vrai_ Stringed instruments are the most popular type of musical instrument in France.
6. _vrai_ People who play a musical instrument are more likely to do so "often" rather than just "occasionally."

PRONONCEZ BIEN! 🔲 Segment 1

This section of the **Manuel de préparation** (called *Prononcez bien!*—i.e., *Pronounce (it) correctly!*) is tied directly to the *Student Tapes*. When you come to a *Prononcez bien!* section, go to the appropriate segment of your *Student Tape*, then follow along in the **Manuel de préparation**, repeating aloud whenever you are asked to.

Sounds and letters in French

The French sound equivalents of the five basic English vowels (*a, e, i, o, u*) are: [a], [ə], [i], [o], [y].

[a]	cassette	Gaston	calculatrice
[ə]	le	Denise	qu'est-ce que
[i]	film	Gigi	livre
[o]	vidéo	Claude	bientôt
[y]	numéro	salut	une

There are six other vowel sounds in French that are close to the basic ones mentioned above: [e], [ɛ], [ø], [œ], [ɔ], [u].

[e]	idée	allez	policier
[ɛ]	cassette	aime	préfère
[ø]	deux	jeu	Eugène
[œ]	neuf	baladeur	seul
[ɔ]	quatorze	rock	photo
[u]	vous	douze	bouquin

French also has three nasal vowels—that is, the sound is pushed through the nose rather than through the mouth: [ã], [ɛ̃], [ɔ̃].

[ã]	en	français	Jean
[ɛ̃]	cinq	vingt	bientôt
[ɔ̃]	Gaston	onze	bonjour

Many French consonants sound very much like English consonants.

[b]	bonjour	bouquin		[k]	masque	compact
[p]	place	punk		[s]	cassette	calculatrice
[d]	disque	deux		[z]	douze	musique
[t]	toi	sept		[v]	va	vingt
[m]	moi	Monique		[l]	livre	allez
[n]	une	neuf		[g]	Gaston	grand

There are, however, a few consonant sounds that are not as easily recognizable or that sound different from their English equivalent: [r], [ʃ], [ʒ], [ɲ], [j], [ɥ], [w].

[r]	rock	laser	quatorze
[ʃ]	chapitre	chanteur	cherchez
[ʒ]	je	jeu	Georges
[ɲ]	espagnol	signe	Agnès
[j]	Pierre	royaume	bientôt
[ɥ]	huit	Suisse	puis
[w]	oui	Louis	chouette

ÉCRIVEZ!

Since English does not use written accents, English speakers often overlook the accent marks on many French words. This next exercise is designed to familiarize you with the most common written French accents.

---

*III. Les vedettes (The stars). In the following lists of French and Francophone celebrities, circle each name that has one or more accent marks. Then copy the name under the appropriate type of accent. (In a few cases, you may have to copy the word twice.)

Chanteurs (Singers)
Julien Clerc / François Feldman / Jean-Michel Jarre / Cécile Tesseyre / Mélody / Mylène Farmer

Acteurs/Actrices
Gérard Depardieu / Catherine Deneuve / Brigitte Roüan / Thérèse Liotard / Emmanuelle Béart / Françoise Chatôt

Cinéastes/Réalisateurs (Movie Directors/Video Producers)
Alain Resnais / Olivier Küntzel / Louis Malle / Gaspar Noé

Écrivains (Writers)
André Malraux / Jean-Paul Sartre / Hélène Cixous / Louis-René des Forêts / Léopold Senghor

1. (´) acute accent (**accent aigu**) (10) _Cécile, mélody_____

   _____

2. (`) grave accent (**accent grave**) (3) _____

   _____

3. (^) circumflex (**accent circonflexe**) (2) _____

4. (˛) cedilla (**cédille**) (2) _____

5. (¨) dieresis (**tréma**) (2) _____

As a *follow-up* to what you did in class, do Exercises IV, V, and VI.

In *preparation* for the next class, do the following:
- read the explanation of the indefinite article;
- ▭ listen to SEGMENT 2 of your *Student Tape;*
- do Exercise VII;
- take Test 1.

ÉCRIVEZ!

*IV. Les chiffres (Numbers). Although we usually write numbers in numeral form, there are occasions when we need to write out a number in words, especially the numbers from one to twenty. First, write in French the combination of digits needed to make the following figures on a calculator.

> **MODÈLE:** 50 *cinq et zéro*

47 _quatre_ et _sette sept_   18 _un_ et _huit_

29 _dve_ et _neuf_   35 _tos trois_ et _cinq_

60 _sixe_ et _zero_   51 _cinq_ et _un_

Then, write in French the results of the following addition problems.

9 + 6 = _quatre quinze_   4 + 7 = _onze_

10 + 10 = _vente vingt_   13 + 6 = _dix-neuf_

5 + 8 = _treize_   12 + 2 = _quatorze_

7 + 10 = _dix-sette_   8 + 4 = _douze_

8 + 8 = _dix-six seize_   11 + 7 = _dix-huit_

LISEZ!
Pour lire: Recognizing cognates

Many French words are easy for an English-speaking reader to guess because they resemble English words. These familiar-looking words, called *cognates*, provide you with a large vocabulary from the time you begin the study of French.

In addition to the numerous cognates you can recognize from English, another aid to reading is your familiarity with basic formats and contexts. The following two exercises dealing with magazines will illustrate how you can use this knowledge to begin to "read" French.

---

*V. Un magazine: sa couverture (*its cover*). First indicate (with a check mark) which of the following items you would expect to find on the cover of a magazine.

a. name of the magazine _____

b. name of the editor _____

c. photograph(s) or drawing(s) _____

d. titles of the main articles _____

e. date of the issue _____

f. number of the issue _____

g. number of pages in the issue _____

h. price of the issue _____

Now circle and label (with the appropriate letter) the position of each of the items you chose on the cover of *Elle.*

*VI. Les magazines. Using your familiarity with the format of a magazine as well as the cognates you can recognize, identify the *type* of magazine represented by each of the following covers. Then list the "clues" that help you identify the type of magazine.

1.

2.

3.

1. _____
_____
_____

2. _____
_____
_____

3. _____
_____
_____

STRUCTURE: THE INDEFINITE ARTICLE
Au magasin de musique SEGMENT 2

> **BÉNÉDICTE:** Regardez *(Look)!* Voici des cassettes et aussi des compact discs.
> **FRANÇOISE:** Moi, je cherche *(I'm looking for)* une cassette de Julien Clerc.
> **ANNICK:** Et moi, je vais acheter un compact disc de Téléphone.

Explication grammaticale SEGMENT 2

In English, nouns don't have gender; therefore, we can use the same form of an article, for example *a*, for any noun: *a man, a woman, a book, a calculator.* In French, however, all nouns *do* have gender, even those that don't refer to people. That's why you learned in class to say **UN disque laser** and **UN livre** (they're both *masculine* nouns), but **UNE cassette** and **UNE calculatrice** (they're both *feminine* nouns). There are no infallible rules for determining the gender of French nouns; consequently, it's best to always associate each new noun you learn with the appropriate article.

The plural form of the indefinite articles **un** and **une** is **des**. **Des** is the equivalent of the English words *some* or *any*. French requires the use of **des** in cases where English doesn't use an article because *some* or *any* is understood: **Ils ont *des* cassettes et *des* compact discs.** *They have cassettes and compact discs.*

The following chart summarizes the forms of the indefinite article in French.

masculine singular	un	un magasin, un album
feminine singular	une	une calculatrice, une orange
masculine and feminine plural	des	des magasins, des albums, des calculatrices, des oranges

> Normally, the **n** of **un** and the **s** of **des** are not pronounced. However, when they precede a vowel or a vowel sound, the **n** of **un** is pronounced like an *n* and the **s** of **des** is pronounced like a *z*, and both are linked with the following sound. This linking is called **une liaison: un‿album, des‿albums.**

Application

*VII. Qu'est-ce que c'est? (What's that?) Identify the following objects using the appropriate form of the indefinite article (**un, une, des**).

MODÈLES:

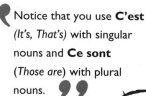

C'est une cassette. Ce sont des cassettes.

Notice that you use **C'est** (*It's, That's*) with singular nouns and **Ce sont** (*Those are*) with plural nouns.

1.

2.

3.

4.

5.

6.
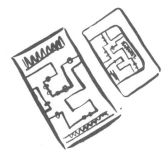

7.
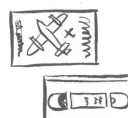

8.

7.

1. C'est un CD
2. C'est une ~~calatrie~~ Calculatrice
3. ce sont des livres. ✓
4. C'est un appareilphoto
   appareil-photo ⊙

5. _____
6. C'est un walkman
7. c'est un jeu vidéo.
8. ce sont des magazins.

TEST 1: NUMBERS FROM 1-20; THE INDEFINITE ARTICLE

Mireille's friends are going through her records, cassettes, and CDs. Complete their conversation by writing in the appropriate number words.

— Tiens! Tu as ___trois___ disques laser de Jean-Michel Jarre: *Zoolook, Live à Houston/Lyon* et *Rendez-vous*.

— Et voici des cassettes de Sandra. Il y en a beaucoup... Regardez... sept, ___huit___, neuf, ___dix___ !

— Et voici Roch Voisine... quatre, ___cinq___, six disques laser! Tu as vraiment une belle collection!

— Oh, là là. Regardez les vieux disques... douze, treize, ___quatorze___, quinze, ___seize___, dix-sept disques d'Elvis!!!

After seeing Mireille's collection, her friends head for **la Fnac** to improve their own collections. Complete their conversation with the appropriate indefinite articles **(un, une, des)**.

— Est-ce qu'ils ont ___des___ compact discs ici?

— Oui, oui. Voici ___un___ compact disc de Christine Lidon.

— Ah, oui. Elle est très bien. Mais il me faut *(I need)* ___une___ cassette.

— Pas de problème. Voici ___des___ cassettes.

— Et toi, Jean-Pierre, qu'est-ce que tu vas acheter?

— Moi, je vais acheter ___une___ cassette vidéo ou peut-être *(maybe)* ___un___ jeu vidéo.

> You will find the answers to this test on page 387. Give yourself one (1) point for each correct answer. A perfect score is 12. If your score is below 10, you should review pages 12–13 before going to class.

LEXIQUE

At the end of each chapter you will find the *Lexique,* a list of words and expressions, from both the **Manuel de classe** and the **Manuel de préparation,** that you should know how to use. Each list is divided into three parts:

- *Pour se débrouiller (To get along)*—expressions used to accomplish the communicative acts emphasized in the chapter;
- *Thèmes et contextes*—words related to the context of the chapter and organized into thematic groups;
- *Vocabulaire général*—other nouns, verbs, adjectives, etc. presented in the chapter;
- *Le langage familier*—informal colloquial expressions (primarily used by Gaston and Gigi).

Pour se débrouiller

Pour saluer
Salut!
Ça va?
    Oui, ça va. Et toi?

Pour poser une question
Qu'est-ce que tu as là?
    C'est un (une)... / Ce sont des...
Qu'est-ce que tu vas acheter?

Pour indiquer ce qu'on fait
Je cherche...
Je vais acheter...

Pour exprimer une préférence
J'aime (beaucoup / bien)
Je n'aime pas (beaucoup / tellement)
Je préfère...
Moi aussi.
Moi non plus.

Pour prendre congé
Allez, au revoir! (Je m'en vais.)
À bientôt.
Ciao!

Thèmes et contextes

Ce qu'on vend à la Fnac
un album
un appareil-photo
une calculatrice
une cassette
une cassette vidéo
un compact disc (un disque laser) (un CD)

un disque
un jeu vidéo
un livre (un bouquin)
un magazine
un walkman (un baladeur)

Les films
une comédie
un film d'aventure
un film d'espionnage
un film policier

Les livres
- une bande dessinée
- un best-seller
- un livre d'histoire
- un roman

La musique
- le folk
- le jazz
- la musique classique
- le punk
- le rap
- le reggae-salsa
- le rock
- le swing

Vocabulaire général
- aussi
- et
- ou

Le langage familier

In this section of the **Lexique,** you will find informal and colorful expressions often used in everyday conversation.

à propos	*by the way*
C'est une bonne idée!	*That's a good idea!*
les copains (*m. pl.*)	*buddies, pals*
un copain, une copine	
J'veux bien!	*Gladly! (I'd love to. / It's fine with me.)*
On y va!	*Let's get going! / Let's go!*

1ère UNITÉ

Au centre commercial: Les 4 Temps

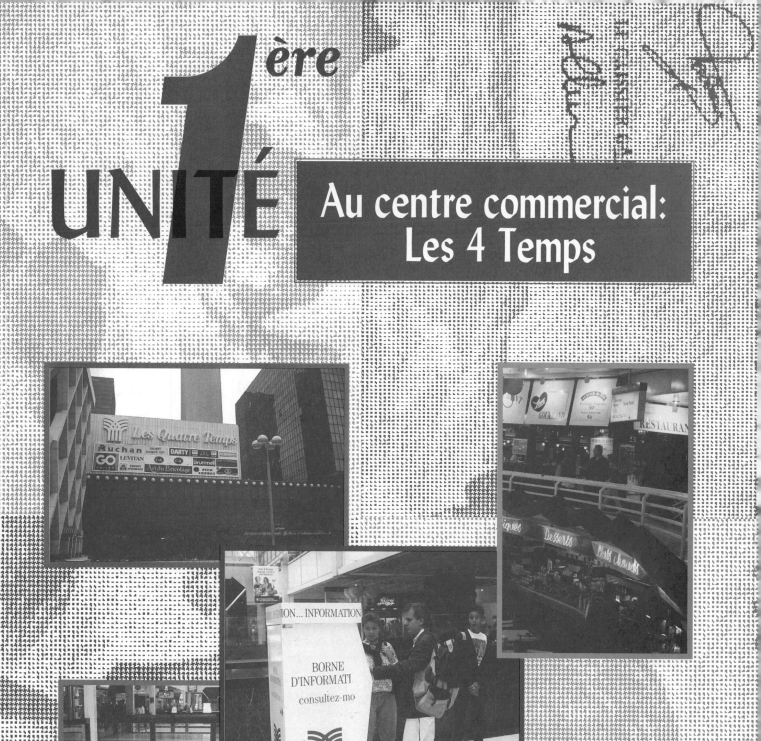

CHAPITRE 1er

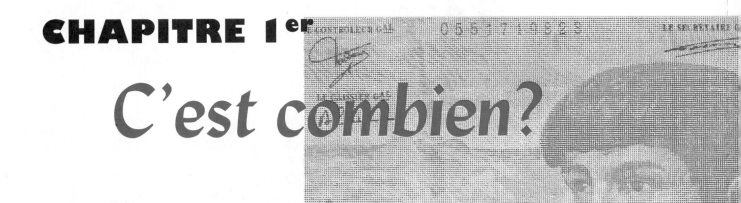

C'est combien?

À faire! (1-1)

Manuel de classe, pages 16–20

As an *introduction* to Unit One, read pages 14 and 15 in the **Manuel de classe**.

As a *follow-up* to the presentation of the various stores in a **centre commercial**, read page 17 in the **Manuel de classe**, then do Exercise I below.

In *preparation* for work in class, do the following in the **Manuel de préparation:**
- read the following explanation of the definite article;
- 🎧 listen to SEGMENT 3 of your *Student Tape;*
- write Exercise II;
- take Test 2.

CONTEXTE: UNE RENCONTRE AUX 4 TEMPS

*I. Les 4 Temps. Label the locations indicated on the map of **Les 4 Temps** with the types of stores and businesses listed below. If you need help, consult the brochure on pages 24–25 in the **Manuel de classe.**

LA SWEATERIE		MUSIC SHOW
MC DONALD'S		POP BIJOUX
GO SPORT		MAXI LIVRES
YVES ROCHER–PARFUMS		MADISON—CD, VIDÉO

une bijouterie / un magasin de vêtements / un magasin de sports / un fast-food /
une parfumerie / un magasin de musique / une librairie / un magasin de matériel hi-fi

---

STRUCTURE: THE DEFINITE ARTICLE
Au magasin de musique 📼 SEGMENT 3

ANNIE: Où sont **les** cassettes?
GEORGES: Là-bas... avec **les** CD.
ANNIE: Je vais acheter une cassette de Johnny Cash. J'aime bien **le** folk.
GEORGES: Moi, je préfère **la** musique classique. Je vais m'acheter **les** Symphonies 2 et 4 de Beethoven.

Explication grammaticale 📼 SEGMENT 3

In the *Chapitre préliminaire* you used mainly the *indefinite articles* **un**, **une**, and **des**. In this chapter, you will also begin using the *definite articles* **le** (**l'**), **la** (**l'**), and **les**. They are the equivalent of the English *the*. Notice the special form **l'** that is used in place of **le** or **la** when the noun begins with a vowel or vowel sound. Also, the **s** of **les** is silent except when preceding a vowel or a vowel sound: **les livres**, but **les_albums**.

In English, the definite article is often omitted when the noun is being used in a general sense; for example, *I love classical music* (i.e., all classical music, classical music in general). In French, however, the definite article must be included: **J'aime beaucoup *la* musique classique.**

The following chart summarizes the forms of the definite article:

MASCULINE SINGULAR	**le (l')**	**le magasin, l'album**
FEMININE SINGULAR	**la (l')**	**la bijouterie, l'orange**
MASCULINE AND FEMININE PLURAL	**les**	**les magasins, les albums, les bijouteries, les oranges**

Application

*II. Ils aiment... , ils n'aiment pas... Complete the following sentences about likes and dislikes, using the appropriate form of the definite article (**le, la, l', les**).

1. Frédéric aime beaucoup _____ jazz.
2. Pascale préfère _____ rock.
3. Ils n'aiment pas _____ musique classique.
4. Marianne préfère _____ cassettes.
5. Moi, je préfère _____ compact discs.
6. Éric préfère travailler *(to work)* à _____ ordinateur *(computer)*.
7. Mireille n'aime pas _____ ordinateurs.
8. Patrice aime lire *(to read)* _____ journal.
9. Françoise préfère regarder *(to look at)* _____ télévision.
10. Moi, je préfère regarder _____ vidéo-clips *(music videos)*.

TEST 2: THE DEFINITE ARTICLE

Two friends are talking about their entertainment preferences. Complete their conversation with the appropriate definite article (**le, la, l', les**).

— Tu aimes _____ films à _____ télévision?

— Non, pas tellement *(not a lot)*. Je préfère _____ musique. J'adore _____ rock. Tu as entendu *(have you heard)* _____ album des Avions, *Loin?*

— _____ Avions, c'est un groupe français?

— _____ chanson «Désordre», de leur album, est numéro 12 au hit-parade.

— Ah, oui. Patrick a _____ cassette.

> You will find the answers on page 388. Give yourself one (1) point for each correct answer. A perfect score is 8. If your score is less than 7, you should reread the explanation before going to class.

À faire! (1-2)
Manuel de classe, pages 21–25

In *preparation* for work in class, do the following:
- read the explanation of the irregular verb **aller** and the following *Note grammaticale* on the preposition à + the definite article;
- ▭ listen to SEGMENT 4 of your *Student Tape;*
- write Exercises III, IV, V, and VI;
- take Test 3.

STRUCTURE: THE VERB *ALLER*

Au centre commercial 📼 SEGMENT 4

GEORGES:	Où est-ce que **vous allez**?
LAURE:	**Nous allons** à la papeterie. Et toi, Georges, **tu vas** où?
GEORGES:	Moi, **je vais** à l'université.
NATHALIE:	C'est pas vrai (*That's not true*)! **Il va** à la Fnac acheter des compact discs.

Explication grammaticale 📼 SEGMENT 4

In the preceding conversation the bold-faced expressions (**vous allez, nous allons, tu vas, je vais, il va**) all represent a subject pronoun and a conjugated verb.

The subject pronouns in French are as follows:

je	*I*
nous	*we*
tu	*you* (one person you know well)
vous	*you* (one person you do not know well OR two or more people)
il	*he, it* (masculine noun)
elle	*she, it* (feminine noun)
on	*one, you, we, they* (people in general)
ils	*they* (two or more males / masculine nouns OR a group of males and females / a set of masculine and feminine nouns)
elles	*they* (two or more females / feminine nouns)

The verb forms differ because in French each verb form must be conjugated; i.e., it must *agree in person and number* with its subject. (In English, verb forms also agree, but they change much less frequently, usually only with *he, she,* and *it: you go, we go, they go, I go,* but *he/she/it* **goes**).

The verb **aller** is the equivalent of the English *to go* and, in some health expressions, *to be* (for example, **Comment vas-tu?** *How are you?*). The conjugation of **aller** is as follows:

LE VERBE **ALLER**	
je **vais**	nous **allons**
tu **vas**	vous **allez**
il / elle / on **va**	ils / elles **vont**

The **s** of **nous** and **vous**—usually silent—are pronounced here because the forms **allons** and **allez** begin with a vowel.

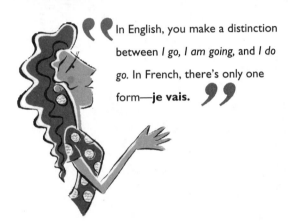

In English, you make a distinction between *I go, I am going,* and *I do go.* In French, there's only one form—**je vais.**

Gigi's right, **pour une fois** *(for once)!* That's a difference between French and English; on the other hand, in both languages, you can add an infinitive to a form of **aller** or *to go* in order to indicate something you're going to do in the near future: **Je vais taquiner Gigi le plus possible.** *(I'm going to tease Gigi as much as I can.)*

Application

*III. Qui (Who)? Complete the following mini-conversations by adding the appropriate subject pronoun (je, nous, tu, vous, il, elle, on, ils, elles). Make your choice on the basis of the verb form and the other words in the sentence.

1. — Bonjour, Madame. Comment allez-_____ ?

   — _____ vais très bien, merci. Et vous?

2. — Jean-Pierre, où est-ce que _____ vas?

   — Moi, _____ vais au magasin de sports.

3. — Tiens! Voilà Hugo et Richard. Qu'est-ce qu'_____ vont acheter?

4. — Où est-ce que _____ allez?

   — _____ allons à la papeterie.

   — Ah, oui. Pourquoi?

   — Parce qu'en France _____ va à la papeterie pour acheter des enveloppes.

5. — Voilà Anne et Michèle. Est-ce qu'_____ vont à la Fnac?

   — Non. Anne va à la Fnac. Michèle et moi, _____ allons au magasin de sports.

6. — Tiens! Voilà Pierre et Muriel.

   — Oui, _____ vont aller à la Fnac avec Anne.

*IV. Où va tout le monde (Where's everybody going)? Everyone in Arnaud's family seems to be going off somewhere. He indicates where he's going, then asks the others where they're going. Complete his statement and questions with the appropriate form of the verb **aller**.

1. Moi, je _____ au cinéma.

2. Mais où _____ Marianne?

3. Eh Papa, où est-ce que vous _____ , toi et Éric?

4. Et Mémé et Pépé *(Gramma and Granpa),* où est-ce qu'ils _____ ?

5. Et toi, Maman, où est-ce que tu _____ ?

6. Et Sylviane et Françoise, où est-ce qu'elles _____ ?

Note grammaticale: The preposition à and the definite article 🔲 Segment 4

Je vais **à la** bijouterie.	I'm going *to the* jewelry store.
Elles vont **à l'**université.	They're going *to the* university.
Il va aller **au** magasin de sports.	He's going to go *to the* sporting goods store.
Tu vas **aux** Halles avec nous?	Are you going *to the* Halles (shopping center in Strasbourg) with us?

When followed by **la** or **l'**, the preposition **à** *(to, at, in)* does not change. However, **à** followed by **le** contracts to form **au,** and **à** followed by **les** contracts to form **aux.** This structure is frequently used with the verb **aller.** The forms **au** and **aux** are pronounced [o]; the **x** of **aux** is silent except before a vowel when it is pronounced as a [z]: **aux_États-Unis.**

à + la	**à la**	**à la** papeterie
à + l'	**à l'**	**à l'**aéroport *(airport)*
à + le	**au**	**au** cinéma
à + les	**aux**	**aux** États-Unis

*V. Cet après-midi (This afternoon). When someone asks where you and your friends are going this afternoon, everyone has a different suggestion. Fill in the blanks with the appropriate form of **à** and the definite article.

— Où est-ce qu'on va cet après-midi?

_____ magasin de musique!	_____ parfumerie!	_____ cinéma!
_____ Halles!	_____ université!	_____ bijouterie!

*VI. Tu vas à la papeterie? Ask questions about where your friends are planning to go. Follow the model.

> **MODÈLE:** tu / la papeterie / le magasin de sports
> — *Tu vas à la papeterie?*
> — *Non, je vais au magasin de sports.*

Attention! Don't forget to make the verbs agree with their subject! And remember to distinguish between **au** and **à la!**

1. tu / la bijouterie / le magasin de musique

   _____

   _____

2. elle / le cinéma / la Fnac

   _____

   _____

3. ils / le parking / la banque

   _____

   _____

4. vous / la pâtisserie *(pastry shop)* / le bureau de tabac *(tobacco store)*

   _____

   _____

TEST 3: THE VERB *ALLER;* THE PREPOSITION *À* AND THE DEFINITE ARTICLE

Complete the following conversations with an appropriate expression.

" Don't forget to pay attention to... "

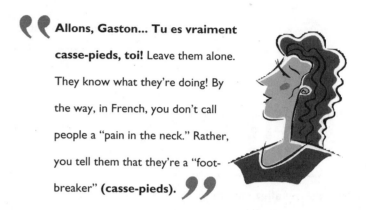

" **Allons, Gaston... Tu es vraiment casse-pieds, toi!** Leave them alone. They know what they're doing! By the way, in French, you don't call people a "pain in the neck." Rather, you tell them that they're a "foot-breaker" **(casse-pieds).** "

1. —Où _____ Jean-Pierre et Isabelle?

   —_____ magasin de musique. Jean-Pierre va acheter une cassette de Bob Marley. Il aime beaucoup le reggae.

2. —Et toi, où est-ce que tu _____ ?

   —Moi? _____ Fnac. Je voudrais acheter un compact disc de Duke Ellington pour Laurent. Il aime beaucoup le jazz.

3. —Ah, Madame Avertin. Comment _____- vous?

   —Je _____ très bien, merci. Et vous?

4. —Tiens! Voilà Gérard. Où est-ce qu'il _____ ?

   —Lui et moi, nous _____ chez Anne regarder les nouveaux *(new)* vidéo-clips de Prince et de Bryan Adams. Tu viens avec nous?

   —Non. Je vais chez le marchand de journaux acheter des magazines.

5. —Comment! Martine _____ faire des études *(to study)* _____ États-Unis?

   —Oui, _____ université du Michigan.

> You will find the answers to this test on page 388. Give yourself one (1) point for each correct answer. A perfect score is 11. If your score is below 9, you should rework pages 23–24 before going to class.

As a *follow-up* to your in-class work with the expressions **souvent, rarement,** etc., and the numbers 20–69, do the following:

- read pages 27 and 28 in the **Manuel de classe;**
- write Exercise VII below;
- 🖭 listen to Segment 5 of your *Student Tape* and do Exercise VIII.

In *preparation* for work in class, read the *Lisez!* section on page 28 and do Exercise IX.

CONTEXTE: On va payer

VII. Vous y allez souvent? Answer the following questions about the frequency with which you go to the places indicated. Expressions to use in your answer: **souvent, de temps en temps, quelquefois, rarement, ne... jamais, une (deux, trois) fois par semaine (par mois, par an).**

> **MODÈLE:** Est-ce que vous allez souvent au magasin de vidéos?
> *Oui, j'y vais souvent—deux ou trois fois par mois.* OU:
> *Non, j'y vais rarement—deux ou trois fois par an.* OU:
> *Non, je n'y vais jamais. Je n'aime pas tellement les vidéos.*

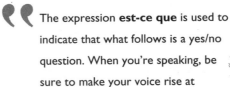 The expression **est-ce que** is used to indicate that what follows is a yes/no question. When you're speaking, be sure to make your voice rise at the end of the sentence. **"**

1. Est-ce que vous allez souvent au centre commercial?

   _____

2. Au cinéma?

   _____

3. Au magasin de musique?

   _____

4. Au magasin de sports?

   _____

5. À la bijouterie?

   _____

6. À la papeterie?

   _____

*VIII. 🔲 SEGMENT 5 **C'est combien (How much does it cost)?** The prices of certain items have been left out of an ad for electronic and photo equipment. Listen to the company's recorded phone message and fill in the missing prices.

> **MODÈLE:** YOU HEAR: Intersound K7 cassette de nettoyage avec liquide de nettoyage... vingt-neuf francs.
> YOU WRITE IN THE CIRCLE: **29F**

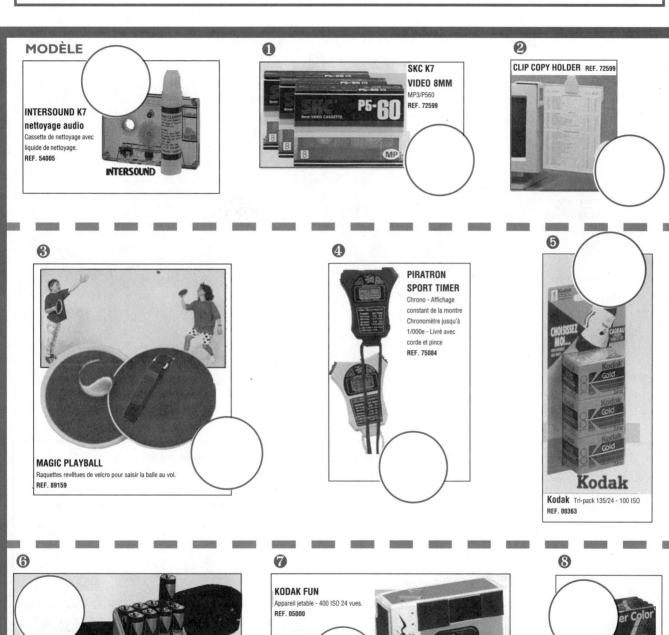

MODÈLE

INTERSOUND K7
nettoyage audio
Cassette de nettoyage avec liquide de nettoyage.
REF. 54005

INTERSOUND

❶
SKC K7
VIDEO 8MM
MP3/P560
REF. 72599
P5-60

❷
CLIP COPY HOLDER REF. 72599

❸

MAGIC PLAYBALL
Raquettes revêtues de velcro pour saisir la balle au vol.
REF. 89159

❹
PIRATRON
SPORT TIMER
Chrono - Affichage constant de la montre Chronomètre jusqu'à 1/000e - Livré avec corde et pince
REF. 75084

❺
CHOISISSEZ MOI...   CADEAU
Kodak Gold
Kodak
Kodak Tri-pack 135/24 - 100 ISO
REF. 00363

❻

PILBOX VARTA
Une petite boîte à piles qui se fixe à la ceinture. Le plein d'énergie pour une autonomie EXTRA LONGUE DURÉE - Livré avec piles Varta alcaline LR6.
REF. 50471

❼
KODAK FUN
Appareil jetable - 400 ISO 24 vues.
REF. 05000

Kodak

❽

Inter Color
Inter Color
Kodak Tri-pack 135/24 - 100 ISO
REF. 00363

LISEZ!
Les jeunes et les films

The French, in general, and young French people, in particular, love the movies. The 15–24 age group represents almost half of all the paid admissions to movies in France. Read the following text dealing with the types of movies young people as well as adults prefer, then do Exercise IX.

VOCABULAIRE UTILE: **les dessins animés** *(cartoons),* **la S.F. = la science-fiction**

Quel est le genre de film que vous préférez ?			
Le classement des jeunes (en %)		**Le classement des adultes**	
Films comiques	65	Films comiques	50
Films d'aventure	49	Films d'aventure	33
Films de S.-F., films fantastiques	40	Films policiers, d'espionnage	33
Films policiers, d'espionnage	39	Films d'histoire	24
Films qui font peur, films d'horreur	36	Histoires d'amour	21
Westerns	21	Westerns	21
Histoires d'amour	18	Films de S.-F.	14
Films de karaté	17	Comédies musicales	12
Films d'histoire	14	Films à sujet politique	12
Comédies musicales	13	Films qui font peur	6
Films à sujet politique	12	Karaté	3
Dessins animés	9	Films érotiques	2
Films érotiques	7		

Sondage Louis Harris. TELERAMA, 1981. *Sondage* Phosphore/Louis Harris, *"les 14–18 ans et le cinéma"*, 1983.

---

*IX. Quel genre de films aiment-ils (*What kind of films do they like*)? Analyze the results of the film survey by classifying the types of films into three groups: (1) those that both young people (**les jeunes**) and adults (**les adultes**) like (or dislike) more or less equally; (2) those that young people like much more than do adults; and (3) those that adults like much more than do young people. Use the French expression for each type of film.

1. En France, les jeunes comme *(as well as)* les adultes aiment ___*les films comiques,*___ _____

   _____

   _____

2. Mais les jeunes aiment surtout *(especially)* _____

   _____

3. Et les adultes aiment surtout _____

   _____

À faire! (1-4)

Manuel de classe, pages 29–31

As a *follow-up* to the learning of new vocabulary in class, read page 31 in the **Manuel de classe** and do Exercise X below.

In *preparation* for in-class work, do the following in the **Manuel de préparation**:
- read the explanation of regular -er verbs (page 30) and the **Note grammaticale** (page 33);
- 🎞 listen to SEGMENT 6 of your *Student Tape*;
- do Exercises XI, XII, and XIII;
- take Test 4.

---

*X. **C'est quoi, ça?** Identify the following items that can be found in a stationery store.

MODÈLE:

un calendrier

1. _____
   _____

2. _____

3. _____

4. _____

5. _____

6. _____
   _____

7. _____
   _____

8. _____
   _____

8. _____
   _____

10. _____
    _____

STRUCTURE: VERBS ENDING IN -ER
À la papeterie et à la bijouterie  SEGMENT 6

Martine rencontre Gérard et Yves devant la papeterie. Ils parlent pendant quelques instants (for a few moments).

MARTINE:	Qu'est-ce que vous faites là? (*What are you doing here?*)
GÉRARD:	**Nous cherchons** (*are looking for*) des bloc-notes et des stylos. Et toi?
MARTINE:	Je vais à la bijouterie. **Je cherche** un bracelet pour Chantal.
YVES:	C'est bien. **Elle adore** les bracelets.

Explication grammaticale SEGMENT 6

The first French verb you learned to conjugate, **aller,** has a different form for each subject: **je vais, tu vas, il/elle/on va, nous allons, vous allez, ils/elles vont.** However, the vast majority of French verbs whose infinitive ends in -er are much less complicated. Consequently, once you learn the basic pattern, you can conjugate a large number of verbs.

To conjugate a verb ending in -er, such as **chercher** *(to look for)*, you drop the -er and add the following endings:

je	**-e**	je **cherche**
tu	**-es**	tu **cherches**
il / elle / on	**-e**	il / elle / on **cherche**
nous	**-ons**	nous **cherchons**
vous	**-ez**	vous **cherchez**
ils / elles	**-ent**	ils / elles **cherchent**

When speaking, you do *not* pronounce the endings -e, -es, -ent; consequently, the verb forms in je **cherche, tu cherches, il/elle/on cherche,** and **ils/elles cherchent** all sound the same.

The following list gives some additional common regular verbs of the first conjugation (**er**). In each case, you add the endings to the *stem*—i.e., that part of the infinitive that remains after you drop the -**er.** When the verb begins with a vowel or a vowel sound, the subject pronoun **je** becomes **j'** (**j'aime, j'adore, j'écoute, j'étudie**) and the **s** of **nous, vous, ils,** and **elles** is pronounced (**nous_aimons, vous_adorez, ils_écoutent, elles_étudient**).

adorer	*(to love)*	**ador-**
aimer	*(to like)*	**aim-**
écouter	*(to listen to)*	**écout-**
étudier	*(to study)*	**étudi-**
fumer	*(to smoke)*	**fum-**
habiter	*(to live)*	**habit-**
manger	*(to eat)*	**mang- (mange-** before **-ons: nous mangeons)**
parler	*(to speak)*	**parl-**
préférer	*(to prefer)*	**préfér- (préfèr-** when the ending is silent [**-e, -es, ent**]: **je préfère, tu préfères, il/elle/on préfère, ils/elles préfèrent)**
regarder	*(to look at)*	**regard-**
rencontrer	*(to meet, run into)*	**rencontr-**
travailler	*(to work)*	**travaill-**
voyager	*(to travel)*	**voyag- (voyage-** before **-ons: nous voyageons)**

Écoute! Just a little note about translating between English and French. There is *not* always a one-to-one correspondence between words. For example, in English, you tend to add prepositions to verbs in order to change their meaning—*to look for, to look at*. In French, these ideas are expressed by different verbs—**chercher** *(to look for),* **regarder** *(to look at)*—*without* prepositions.

Application

*XI. Les verbes en -er. Give the appropriate form of the indicated verb.

parler

1. Georges _____ français et anglais.

2. Alexandrine et Chantal _____ français et espagnol.

3. Olivier et moi, nous _____ allemand *(German)*.

4. Moi, je _____ chinois *(Chinese)* aussi.

5. Est-ce que vous _____ espagnol?

6. Et toi, tu _____ allemand aussi?

habiter

7. Pierre _____ à Neuilly.

8. Moi, j'_____ à Versailles.

9. Pascal et Marianne _____ à Montreuil.

10. Et vous, où est-ce que vous _____ ?

manger (Remember to add an **-e** before the **-ons** ending.)

11. Christian _____ beaucoup *(a lot)*!

12. Toi, tu _____ très peu *(very little)*.

13. Jean-Marie et Frédéric _____ beaucoup aussi.

14. François et moi, nous _____ rarement dans un fast-food.

aimer, préférer (Remember to change the stem from **préfér-** to **préfèr-** when the ending is silent [**-e, -es, -ent**].)

15. — Est-ce que tu _____ le reggae?

— Oui, mais je _____ le rock.

16. — Est-ce que vous _____ le jazz?

— Oui, mais nous _____ la musique classique.

17. — Est-ce que Muriel _____ les cassettes?

— Oui, mais elle _____ les CD.

18. — Est-ce qu'ils _____ les films policiers?

— Oui, mais ils _____ les comédies.

Note grammaticale: The negative expression *ne... pas*

 SEGMENT 6

Nous **ne** voyageons **pas** beaucoup. We do *not* (do*n't*) travel a great deal.
Je **n'**habite **pas** à Paris. I do *not* (do*n't*) live in Paris.

To make a verb negative, place **ne** before and **pas** immediately after the conjugated form of the verb; the **s** of **pas** is usually *not* pronounced. If the verb begins with a vowel or a silent **h**, **ne** becomes **n'** (**Je n'aime pas**).

In spoken French, the **ne** often disappears: **Ils parlent pas anglais. J'aime pas les films d'horreur.**

---

*XII. Jacqueline et ses amis (*Jacqueline and her friends*). Use the verbs provided to ask Jacqueline questions about herself and her friends. Then give Jacqueline's answers, using the cues in parentheses.

> MODÈLES: tu / parler espagnol (non)
> —*(Jacqueline), est-ce que tu parles espagnol?*
> —*Non, je ne parle pas espagnol.*
>
> Chantal / chercher une papeterie (non... un magasin de matériel électronique)
> —*Est-ce que Chantal cherche une papeterie?*
> —*Non, elle cherche un magasin de matériel électronique.*

1. tu / manger beaucoup (non)

   _____

   _____

2. Paul / habiter à Paris (non... à Meudon)

   _____

   _____

3. Françoise / travailler au magasin de musique (non... à la papeterie)

   _____

   _____

4. tu / fumer (non)

   _____

   _____

5. toi et Paul, vous / aimer les films d'horreur (non... préférer les films d'aventure)

   _____

   _____

6. Yvonne et Claire / étudier l'espagnol (non)

   _____

   _____

7. tu / aimer aller au cinéma (oui... aller trois ou quatre fois par mois)

   _____

   _____

8. Claire / aimer travailler (non... préférer aller au centre commercial avec ses amis)

   _____

   _____

*XIII. Toi et tes amis Answer the following questions about yourself and your friends.

1. Où est-ce que tu habites?

   _____

2. Est-ce que tu étudies beaucoup?

   _____

3. Est-ce que tu travailles? Où?

   _____

4. Est-ce que tu aimes voyager? Est-ce que tu voyages beaucoup?

   _____

5. Tu fumes?

   _____

6. Est-ce que tes amis étudient le français?

   _____

7. Est-ce qu'ils aiment les films d'horreur?

   _____

8. Toi et tes amis, vous mangez beaucoup?

   _____

9. Toi et tes amis, vous allez souvent au centre commercial?

   _____

10. Est-ce que tu parles espagnol?

   _____

TEST 4: VERBS ENDING IN *-ER*

Give the appropriate form of the verbs in parentheses.

1. — Est-ce que Jeanne-Marie (parler) _____ allemand?

    — Non, elle et moi, nous (étudier) _____ le chinois.

2. — Comment! Tu (ne pas aimer) _____ le jazz?

    — Si, mais je (préférer) _____ le folk.

3   — Où est-ce que Georges et Yves (travailler) _____ ?

    — Yves (ne pas travailler) _____ .

4. — Vous (aimer) _____ voyager?

    — Ah, oui. Nous (voyager) _____ beaucoup.

5. — Tu (habiter) _____ à Evry, non?

    — Non, non. Moi, (je / habiter) _____ à Vincennes.

You will find the answers to this test on page 389. Give yourself one (1) point for each correct answer. The total number of points is 10. If your score is below 8, you should review pages 30–34 before going to class.

À faire! (1-5)

Manuel de classe, pages 32–37

As a *follow-up* to your work with **-er** verbs, do Exercise XIV.

As a *follow-up* to the food and restaurant vocabulary, read pages 33 and 34 in the **Manuel de classe** and do Exercises XV, XVI, and XVII below.

Parlons de vous!

XIV. Moi, je... Using the following expressions, write sentences about yourself.

> MODÈLE: habiter
> *J'habite à (Denver).*

1. habiter

   _____

2. travailler

   _____

3. parler allemand *(German)*

   _____

4. aller (souvent) au cinéma

   _____

5. aimer les films à sujet politique

   _____

6. manger (souvent) dans un fast-food

   _____

7. préférer (les omelettes ou les sandwiches)

   _____

8. aimer mieux (la bière ou le vin) (ne pas aimer les boissons alcoolisées)

   _____

CONTEXTE: ON VA MANGER QUELQUE CHOSE?

*XV. Quelque chose à boire et à manger (*Something to eat and drink*). In each of the following, match the name of the specific type of food or beverage to the drawing.

1. **les sandwiches: un sandwich au jambon / un sandwich au fromage / un sandwich au pâté (*meat spread*)**

_____   _____   _____

_____   _____   _____

2. **les omelettes: une omelette au fromage / une omelette au jambon / une omelette aux fines herbes**

_____   _____   _____

_____   _____   _____

3. **les plats préparés: un poulet rôti / un steak frites / une salade niçoise**

_____   _____   _____

_____   _____   _____

4. les boissons chaudes: un thé citron *(lemon)* / un thé au lait *(with milk)* / un thé nature *(plain)* / un express *(black coffee)* / un café crème *(cream)* / un chocolat *(hot chocolate)*

_____ _____ _____

_____ _____ _____

5. les boissons froides non-alcoolisées: un Perrier / un Vittel / un Coca / un Orangina / une menthe à l'eau / un diabolo citron / un citron pressé *(lemonade)*

_____ _____ _____

_____ _____ _____ _____

6. les boissons alcoolisées: un demi / une bière allemande *(German beer)* / un verre de vin rouge / un verre de vin blanc / un kir *(white wine with black currant syrup)*

_____ _____

_____ _____ _____

*XVI. Qu'est-ce que tu vas prendre, toi *(What are you going to have)?* Using the food and beverage categories in parentheses as a guide, indicate what specific item you wish to order. (If you never eat or drink anything in a particular category, use the expression **je n'aime pas** to express that idea.)

MODÈLE: une boisson chaude
un express (un thé citron) (Je n'aime pas les boissons chaudes.)

1. une boisson froide non-alcoolisée _____

2. un sandwich _____

3. une boisson alcoolisée _____

4. une omelette _____

5. une boisson chaude _____

6. un plat préparé _____

7. quelque chose qu'on trouve au Quick _____

_____

8. quelque chose qu'on trouve à La Croissanterie _____

_____

LISEZ!
Quelques boissons françaises

When you go to a store to buy something to drink, it is often important to make sure you know what you are getting by reading the label.

*XVII. Les étiquettes *(Labels).* Study the labels from twelve beverages available in France (pages 38–40), then answer the questions on page 40, making use of your knowledge of American labels and of your ability to recognize cognates.

3

EAU MINÉRALE NATURELLE
Vittel
Grande Source

Vittel
Grande Source
e 1,5 L.

MINERALISATION CARACTERISTIQUE

Calcium Ca²⁺	0,202 g/l	Sulfate SO₄²⁻	0,306 g/l
Magnésium Mg²⁺	0,036 g/l	Hydrogénocarbonate HCO₃⁻	0,402 g/l
Sodium Na⁺	0,003 g/l		

Grâce à sa composition minérale équilibrée et à sa très faible
teneur en sodium, Vittel pénètre facilement
dans les cellules, entraîne les impuretés, stimule les reins
et favorise la détoxication.

Chaque jour Vittel vous aide doucement et
régulièrement à entretenir votre forme. Il n'y a aucune
contre-indication. Cure thermale toute l'année :
lithiase, goutte, obésité, cellulite.

Informations consommateurs Vittel : BP 43 - 88800 Vittel.

*Le Club Méditerranée à Vittel, c'est le village
grande forme dans 450 hectares de domaine vert
au cœur des Vosges.*

SOCIÉTÉ GÉNÉRALE DES EAUX MINÉRALES DE VITTEL
FRANCE.

4

SANCERRE
1988
Domaine de la Poussie
APPELLATION SANCERRE CONTROLÉE

PROPRIÉTÉ
DE LA STÉ CIVILE
DU CLOS DE LA
POUSSIE

DISTRIBUÉ
PAR ÉTS CORDIER S.A.
A BUÉ (CHER)
FRANCE

e 75cl   MIS EN BOUTEILLES PAR ÉTS CORDIER S.A.   12,5% vol

P R O D U C E *of* F R A N C E

CORDIER

6

Finley
MARQUE DÉPOSÉE

TONIC

SODA AUX EXTRAITS D'ORANGES AMÈRES
ET D'ÉCORCES DE QUINQUINA
(CONTIENT DE LA QUININE).

150 cl.

5

Tropicana
Pur Jus
d'Orange
de Floride
1 LITRE

Tropicana
Pur Jus
de
Pamplemousse
de Floride
1 LITRE

PUR JUS D'ORANGE OU
PAMPLEMOUSSE TROPICANA

7

GRAND VIN DE BORDEAUX
1987

Château Lieujean

CRU BOURGEOIS
HAUT-MÉDOC
APPELLATION HAUT-MÉDOC CONTRÔLÉE

12,1 % vol.   e 750 ml

MIS EN BOUTEILLE AU CHATEAU
S.C.E.V. Château Lieujean Saint-Sauveur de Médoc 33250 Pauillac France

PRODUCT OF FRANCE

8

mise en bouteille
pour le Casino
par emb. 64421

autorisations
préfectorales
et ° du 24 mai 1957
° du 16 mai 1988

eau
de source
gazéifiée

Casino
marque de distribution

à consommer
de préférence
avant fin 1991

seule
ou en
long drink

25cl

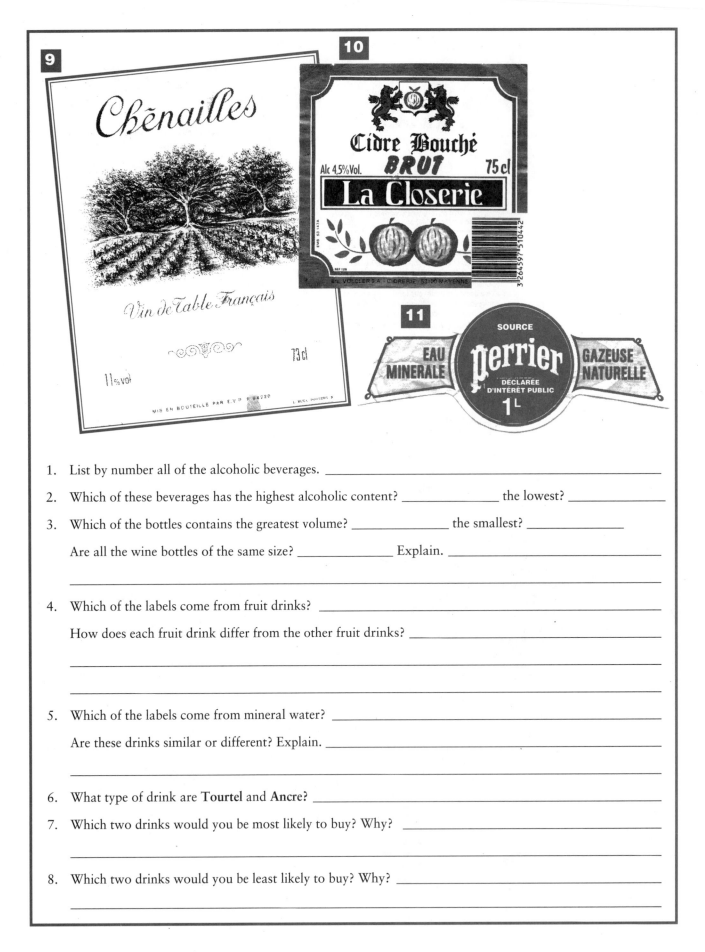

1. List by number all of the alcoholic beverages. _____

2. Which of these beverages has the highest alcoholic content? _____ the lowest? _____

3. Which of the bottles contains the greatest volume? _____ the smallest? _____

   Are all the wine bottles of the same size? _____ Explain. _____

   _____

4. Which of the labels come from fruit drinks? _____

   How does each fruit drink differ from the other fruit drinks? _____

   _____

   _____

5. Which of the labels come from mineral water? _____

   Are these drinks similar or different? Explain. _____

   _____

6. What type of drink are **Tourtel** and **Ancre?** _____

7. Which two drinks would you be most likely to buy? Why? _____

   _____

8. Which two drinks would you be least likely to buy? Why? _____

   _____

À faire! (1-6)

As a *follow-up* to the work in class with the direct-object pronouns **le**, **la**, **l'**, and **les**, read page 40 in the **Manuel de classe** and do Exercise XVIII below.

[cassette icon] For work on the pronunciation of final consonants, listen to SEGMENT 7 of the *Student Tape* and do Exercise XIX.

Finally, as a general review of the chapter, write Exercise XX.

---

*XVIII. Je le connais... Je ne le connais pas. When answering the following questions about different people, replace their names with the appropriate direct object pronoun, **le** (masculine singular), **la** (feminine singular), or **les** (masculine and/or feminine plural). Remember to put the pronoun *directly before* the verb.

> **MODÈLES:** Tu connais Mathilde Le Reun? (oui)
> *Oui, je la connais.*
>
> Tu connais M. et Mme Cucherat? (non)
> *Non, je ne les connais pas.*

1. Tu connais Caroline Rosset? (oui)

   _____

2. Tu connais Henri Picard? (non)

   _____

3. Tu connais Sabine Le Tellier? (non)

   _____

4. Tu connais M. et Mme Fèvre? (oui)

   _____

5. Tu connais Olivier Thérond? (oui)

   _____

6. Tu connais Évelyne et Dominique Plas? (non)

   _____

Écoute! The direct object pronouns **le**, **la**, and **les** can substitute for things as well as people. For example, **Tu regarde la télévision? Oui, je la regarde souvent.** and **Tu regardes les vidéo-clips? Non, je ne les regarde pas.** By the way, you should know that before a vowel **le** or **la** become **l'** (just like the definite article) and you pronounce the **s** of **les**. Let's do a little more practice. **Numéro 7: Tu connais le café «Le Pub Love»?** OK. You write: **Oui, _____** and then **Non, _____ .** **Numéro 8: Tu aimes les boissons chaudes? Oui, _____ ...**

Mais c'est fou, c'est complètement dingue, ce que tu fais là!! *(It's mad, it's absolutely crazy, what you're doing!)* You're supposed to be explaining things, not making up exercises. Besides, they don't need to write any more answers; they understand **le**, **la**, and **les.** Don't you?

PRONONCEZ BIEN!  Segment 7
Les consonnes finales

As a general rule, final consonants in French are silent. Because speakers of English are accustomed to pronouncing most final consonants, you will have to pay close attention to final consonants when speaking French.

ENGLISH:	part	uncles	mix	cup
FRENCH:	par~~t~~	George~~s~~	pri~~x~~	cou~~p~~

The major exceptions to the rule of unpronounced final consonants are **c, r, f,** and **l.** These four consonants are usually pronounced when they are the last letter of a word. It may be helpful to use the English word **CaReFuL** as a memory aid.

parc	bonjour	actif	mal
chic	au revoir	chef	espagnol

However, this rule does *not* apply to infinitives ending in **-er** (for example, **parler, travailler, aller**) nor to nouns ending in **-ier** (for example, **cahier, calendrier**).

In addition, if a word ends in a mute **e** (an **e** without a diacritic [accent] mark), the preceding consonant is pronounced. The mute **e,** as its name implies, remains silent.

chante	femme	fromage	omelette	douze

XIX. Segment 7 **Les consonnes finales.** Do the following pronunciation exercises.

A. Repeat each word, being careful not to pronounce the final consonant.

travaillez / français / thé au lait / Paris / bien / beaucoup / crayon / vous / je voudrais / s'il te plaît /

tu parles / nous mangeons / Les 4 Temps / ils fument

B. Now repeat each word, being careful to pronounce the final consonant except in the case of infinitives ending in **-er** and nouns ending in **-ier.**

Marc / kir / bref / bonjour / au revoir / manger / espagnol / centre commercial / Jean-Luc / il /

classeur / cahier / Vittel / aller

C. Now repeat each word, being careful to pronounce a consonant before a final **e.**

Madame / quelque chose / carte postale / cassette / Françoise / bière allemande / thé nature / seize

D. Now give yourself a little test. Read each word aloud, paying attention to whether or not the final consonant should be pronounced. This time, say the word before the voice on the tape and then listen to whether the voice does or does not pronounce the final consonant.

1. cherchent
2. pour
3. Rome
4. calendrier
5. les
6. rouge
7. quelquefois
8. Éric
9. deux
10. vous travaillez
11. À bientôt!
12. parler
13. jamais
14. Montréal
15. sandwich au jambon

E. Finally, listen to the following paragraph, noticing which sounds are pronounced at the ends of words and which are *not* pronounced. This paragraph describes Simone de Beauvoir's feelings as she prepares to return to France after her visit to the United States.

Je peux sortir d'Amérique. Je vais en sortir. Le soir descend sur New York: le dernier soir. Ce pays contre lequel je me suis si souvent irritée, voilà que je suis déchirée de le quitter. Souvent on m'a demandé ces derniers temps: «Aimez-vous l'Amérique?» et j'avais pris l'habitude de répondre: «Moitié moitié» ou «Cinquante pour cent». Cette évaluation mathématique ne signifie pas grand-chose; elle reflète seulement mes hésitations. Il ne s'est guère passé de jour que l'Amérique ne m'ait éblouie, guère de jour qu'elle ne m'ait déçue. Je ne sais pas si je pourrais y vivre heureusement; je suis sûre que je la regretterai avec passion.

Simone de Beauvoir, «Adieux à New York»
from *L'Amérique au jour le jour*,
© 1954 Éditions Gallimard

I can leave America. I'm going to leave it. Evening falls over New York: the last evening. This country that I've so often gotten angry with, here I am torn to be leaving it. I've often been asked lately: "Do you like America?" and I'd gotten in the habit of answering: "Half and half" or "Fifty per cent." This mathematical evaluation doesn't mean much; it's simply a reflection of my hesitations. Hardly a day has gone by that America didn't dazzle me, hardly a day that it didn't disappoint me. I don't know if I could live there happily; I'm sure that I will miss it passionately.

INTÉGRATION

XX. Je vais aller au centre commercial. Write 10 sentences about your trip to the shopping mall. In each sentence, use at least one element from each of the columns below.

MODÈLE: *Je voudrais aller à la Fnac pour acheter un walkman.*

Je voudrais	aller au	bijouterie
Je vais	aller à la	café
J'ai envie de (d')	aller à l'	Cafétéria Casino
(I feel like)	boire	cinéma
J'ai l'intention de (d')	manger	Fnac
(I intend to)		magasin de matériel électronique
		magasin de sports
		magasin de vêtements
		papeterie
		parfumerie
		La Pizza
		Quick
		La Croissanterie

pour acheter	un ballon de foot *(soccer ball)*
pour boire	un bracelet
pour voir *(see)*	un collier de diamants *(diamond necklace)*
pour manger	un flacon de parfum *(bottle of perfume)*
	une raquette de tennis
	un téléviseur *(TV set)*
	+ *all the other nouns you have learned in this chapter for things to buy, eat, and drink*

À faire! (1-7)

Manuel de classe, pages 43–46

As a *review* of the grammatical structures you have studied in this chapter, do Exercises XXI, XXII, and XXIII. The page numbers in parentheses refer to the explanations of these structures in this **Manuel de préparation**.

MISE AU POINT

The following exercises will help you review the grammatical structures you have studied in this chapter. The page numbers in parentheses refer to the explanations of these structures in this **Manuel de préparation.**

L'article défini (le, la, l', les) (page 19)

*XXI. Les préférences. People often have strong likes and dislikes when it comes to food and drink. On the basis of the mini-dialogues, characterize the feelings of the person indicated. Use the appropriate definite article (**le, la, l',** or **les**) and one of the following expressions: **aimer, aimer bien, aimer beaucoup, ne pas aimer, ne pas aimer du tout** (not at all), **préférer.**

MODÈLE: —Henri, tu voudrais un Coca?
— Un Coca. Ah, non, non, non.
(Coca)   *Henri n'aime pas (du tout) le Coca.*

1. —Henri, qu'est-ce que tu vas prendre?

   —Un express.

   (café) _____

2. —Josette, tu voudrais un verre de rouge?

   —Euh... oui... est-ce qu'il y a du vin blanc?

   (vin blanc) _____

3. —Éric, voici des frites.

   —Des frites! Oh, oui. Elles sont délicieuses!!

   (frites) _____

4.-5. —Chantal, moi, je vais prendre un demi. Toi aussi?

   —Non. Pour moi, un Vittel.

   (bière) _____

   (eau minérale) _____

6. —Gérard, tu vas manger avec nous? Nous allons préparer des omelettes.

   —Des omelettes? Non, merci. Je vais manger au restaurant.

   (omelettes) _____

Le verbe *aller*; l'article défini et la préposition **à** (pages 21, 23)

*XXII. Aux 4 Temps. You and your French friends are all heading for the mall to do errands. On the basis of the clues given below, indicate where each one is going and why he/she is going there.

> **MODÈLE:** Mireille / une pizza
> *Mireille va à La Pizza. Elle y va pour manger une pizza.*
> OU: *Mireille va à La Pizza pour manger une pizza.*

1. Henri / un bracelet

   _____

2. Jacqueline et moi, nous / une cassette de Roch Voisine

   _____

3. Pierrette et Isabelle / un Big Bacon et des frites

   _____

4. Éric et Patrice, vous / des enveloppes et des cartes postales

   _____

5. Nicole, tu / des balles de tennis

   _____

6. Moi, je / un flacon de parfum

   _____

Les verbes en **-er** (page 30)

*XXIII. Catherine et Daniel. Catherine and Daniel are French university students. Ask them the following questions. Then answer the questions for them on the basis of the information suggested by the drawings.

Ask Catherine and Daniel

1. ... if they live in Paris.

   Vous habitez à Paris? _____   _Oui, nous habitons à Paris._ _____

2. ... if they speak French.

   _____   _____

3. ... if they work.

   _____   _____

Ask Daniel

4. ... if he goes to the movie often.

   _____   _____

5. ... if he eats a lot.

   _____   _____

6. ... if he speaks Spanish.

   _____   _____

Ask Catherine

7. ... if she likes French fries.

   _____   _____

8. ... if she prefers adventure films or love stories.

   _____   _____

9. ... if she smokes.

   _____   _____

In addition to the topics reviewed above, you should look at:
* numbers 20–69 (**MC**, page 28);
* the negative expression **ne... pas** (**MC**, page 32, and **MP**, page 33);
* the direct object pronouns **le, la, l', les** (**MC**, page 40 and **MP**, page 41).

CHAPITRE 1er
C'est combien?

MENU

EXERCICE D'ÉCOUTE: RENCONTRES   SEGMENT 8

You will hear a set of eight short conversations. For each conversation, indicate (a) the basic activity going on (*greeting, introducing, saying good-bye, ordering, buying*); (b) whether the people involved are *friends, acquaintances, strangers,* or a *combination*; and (c) where the conversation is taking place (when possible).

1. (a) _____
   (b) _____
   (c) _____

2. (a) _____
   (b) _____
   (c) _____

3. (a) _____
   (b) _____
   (c) _____

4. (a) _____
   (b) _____
   (c) _____

5. (a) _____
   (b) _____
   (c) _____

6. (a) _____
   (b) _____
   (c) _____

EXPANSION

7. (a) _____
   (b) _____
   (c) _____

8. (a) _____
   (b) _____
   (c) _____

LECTURE:
«LA DAUPHINE VOUS PROPOSE»

Here is a list of items served in a cafe called La Dauphine. Because you would rarely order more than two or three items to eat and drink, it's not really necessary to understand everything on the menu. However, it's nice to have several possibilities from which to choose. Therefore, you should use the French you already know as well as your general knowledge about food and drink to try to recognize or figure out as many items as you can. Study the menu, then do the exercises that follow.

LA DAUPINE VOUS PROPOSE

Plats Chauds

CROQUE-MONSIEUR	20F
CROQUE-MADAME	25F
OMELETTE JAMBON OU FROMAGE	25F
OMELETTE MIXTE	22F
HOT DOG	20F
FRANCFORT FRITES	25F

Sandwiches

JAMBON OU GRUYÈRE OU PÂTÉ	16F
AMÉRICAIN: crudités et jambon	22F

Salades

SALADE NATURE	15F
SALADE DE TOMATES	22F
CAROTTES RÂPÉES	16F
SALADE DE CONCOMBRES	22F

Boissons

33 EXPORT	14F	CAFÉ	7F
33 RECORD	9F	CRÈME	12F
HEINEKEN	18F	CHOCOLAT	12F
KREICK BELLEVUE	25F	THÉ LAIT OU CITRON	12F
COCA-COLA	12F	THÉS AROMATISÉS	12F
JUS PRESSÉS	14F	CAFÉ VIENNOIS	20F
EAUX MINÉRALES	10F	CAPPUCCINO	18F

A. Your traveling companions do *not* speak French at all. They tell you what they would like to eat or drink, and you tell them what they should order and how much it will cost.

1. I'm not very hungry; all I want is a cup of espresso.

    _____

2. I can't eat meat. I want something with cheese.

    _____

3. I'm really thirsty; I'd like a nice glass of lemonade.

    _____

4. Can I have a ham and cheese omelet?

    _____

5. Is it possible to get just a plain lettuce salad?

    _____

6. All I want is a beer.

    _____

B. Devinez *(Guess)!* You're more adventurous than your friends, so you decide to try an item whose name you don't recognize. If you were to order each of the following, what do you think you would get?

1. un sandwich américain

    _____

2. une Kreick Bellevue

    _____

3. un crème

    _____

4. une francfort frites

    _____

5. une salade de concombres

    _____

6. des carottes râpées

    _____

7. un café viennois

    _____

EXERCICE ÉCRIT: TROIS AMIS

Write two short paragraphs about some friends of yours. In the first paragraph, discuss *one* friend. In the second paragraph, talk about *two* other friends. Talk about where your friends live, whether or not they work, the languages they speak, how frequently they go to shopping malls, what they do when they go there, how often they go to the movies, what kinds of films they like or how often they listen to records, what kinds of music they like, etc. Use as many of the suggested verbs as possible. If you choose to talk about a male friend, begin with **Mon ami (Jacques)**; for a female friend, use **Mon amie**. When talking about two friends, if they are both female, use **Mes amies**; otherwise, use **Mes amis**. Use a separate sheet of paper.

VERBS: **aimer, aller, fumer, habiter, manger, parler, préférer, travailler**

> PHRASES: Describing people; Expressing an opinion
>
> VOCABULARY: Leisure; Arts; Languages; Food
>
> GRAMMAR: Present tense
>
> DICTIONARY: **aller; préférer**

The information listed above may be of help as you do the writing assignment. If you have access to the *système-D Writing Assistant for French,* you will find these categories on your computerized program. If you do not, consult (in the **Manuel de préparation**) the *Lexique* (Phrases, Vocabulary) and the Table of Contents (Grammar, Dictionary) for the chapters indicated.

ENREGISTREMENT: AUTOPORTRAIT

Record on a separate tape a short self-portrait. Follow the basic format suggested for the *Exercice écrit: Trois amis*—i.e., talk about where you live, whether you work, the languages you speak, how often you go to a shopping mall, what you do there, how frequently you go to the movies or listen to records, the kinds of films or music you like, etc. Think about what you're going to say before you begin; however, do *not* read from a written script. Begin by saying: **Je m'appelle...** (*My name is . . .*)

JEU: Quelque chose à manger

The white blocks of letters are the names of drinks you can order in a café. Using the clues (the number of spaces and the letters or punctuation marks provided), fill in the names of the drinks. Then transfer some of the letters, following the arrows, to the shaded blocks in the middle. If you are correct, the shaded blocks will contain the name of something to eat that can also be ordered in a café.

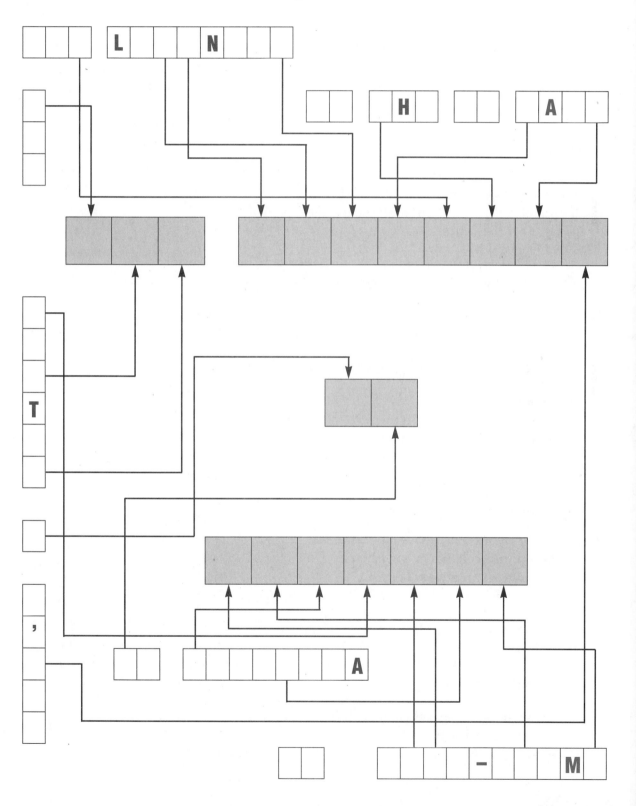

LEXIQUE

Pour se débrouiller

Pour saluer quelqu'un

Bonjour, (Monsieur, Madame, Mademoiselle).
Salut.
Comment ça va? / Comment allez-vous?

Ça va?
Très bien, merci. Et vous?
Ça va. / Ça va bien. / Pas mal.

Pour présenter quelqu'un

Tu connais... ? / (Yvonne, François.)
Je voudrais vous présenter...
Bonjour, (François, Yvonne).
Bonjour, Monsieur (Madame, Mademoiselle).
Enchanté(e), Monsieur (Madame, Mademoiselle).

Pour prendre congé

Au revoir. / Allez, au revoir. / Salut. / À tout à l'heure. / Ciao. / À bientôt.
Au revoir, Monsieur (Madame, Mademoiselle).

Pour parler de la fréquence

souvent
quelquefois
une ou deux fois par semaine (par mois, par an)

de temps en temps
rarement
ne... jamais

Pour dire ce qu'on veut faire

J'ai envie de + *infinitif*
Je voudrais + *infinitif*
Je veux + *infinitif*

Pour parler de ce que vous mangez

C'est (assez, très) bon. / C'est pas bon.

C'est délicieux.

Pour parler d'une personne que vous connaissez

Il/(Elle) est très gentil(le).
Il/(Elle) est très sympathique / sympa.
Il/(Elle) est très bien.

Pour dire que vous aimez quelque chose

J'aime (beaucoup)...
J'adore...
C'est (très) pratique / utile.

C'est chouette / super / génial!
C'est un bon prix / un prix intéressant.
C'est en solde.

Pour dire que vous n'aimez pas quelque chose

Je n'aime pas (beaucoup)...
Ce n'est pas (très) pratique / utile.

C'est trop cher.
Ce n'est pas en solde.

Thèmes et contextes

Les magasins

une bijouterie
un (bureau de) tabac
une librairie
un magasin de matériel électronique (de matériel hi-fi)
        de musique
        de sports
        de vêtements

une papeterie
une parfumerie
une pâtisserie

Les films

une comédie musicale
un dessin animé
un film comique
        fantastique
        historique
        policier
        politique

un film d'aventure
        d'histoire
        d'horreur / d'épouvante
un western

Les sports

faire du sport
        du basket
        du camping
        du football (américain)
        du golf
        du volley

Ce qu'on achète à la papeterie

un agenda
un bloc-notes
un cahier
un carnet
une carte postale
des ciseaux (*m. pl.*)

un crayon
des élastiques (*m. pl.*)
une gomme
une règle
un stylo
des trombones (*m. pl*)

Les restaurants

un café
une cafétéria
une croissanterie

un fast-food
une pizzeria

Des choses à manger

un croissant (aux amandes, au jambon, etc.)
un croque-monsieur
des frites (*f. pl.*)
un hamburger (un cheeseburger)
des lasagnes
une omelette (au fromage, au jambon,
  aux fines herbes)

un pain aux raisins
une pizza
un poulet rôti
une quiche
un sandwich (au fromage, au jambon, au pâté)
des spaghetti(s) (*m. pl.*)
un steak frites

Les boissons chaudes

un café (au lait)
un café-crème
un chocolat

un express
un thé (au lait, au citron)
un thé nature

Les boissons froides

une bière (allemande)
un citron pressé
un Coca
un diabolo citron
un jus d'orange
un kir

une menthe à l'eau
un milkshake
un Orangina
un Perrier
un verre de (vin) (rouge, blanc)
un Vittel

Vocabulaire général

Noms

un aéroport
un ballon de foot
une banque
un bracelet
la caisse
un cinéma

un collier (de diamants)
un flacon (de parfum)
un journal
un parking
un téléviseur

Verbes

adorer
aimer
aller
boire
chanter
chercher
commander
discuter (de)
écouter
fumer

habiter
manger
parler
payer
préférer
regarder
rencontrer
travailler
voyager

Le langage familier

C'est combien?
C'est fou! / C'est dingue!
C'est pas vrai!
Euh...
Tu es casse-pieds!

How much is it (does it cost)?
That's crazy!
You're kidding!
Uh . . .
You're a pain in the neck!

CHAPITRE 2

Vous le prenez?

À faire! (2-1)

Manuel de classe, pages 56–64

As a *follow-up* to the presentation of vocabulary and numbers in class, read pages 57 and 59 in the **Manuel de classe** and do Exercises I, II, and III below.

As *preparation* for work in class, do the following:
- read the explanation of the irregular verb **prendre**;
- 🔲 listen to SEGMENT 9 of your *Student Tape*;
- write Exercises IV and V;
- take Test 5.

CONTEXTE: AU NIVEAU 1

*I. Qu'est-ce qu'ils vont acheter? On the basis of the drawings, complete the following sentences about purchases people are planning to make at the **Darty** electronics store.

| I. Pierre Guzman | 2. Claire Timores | 3. M. et Mme Dechavanne |

1. Pierre Guzman va acheter _____ .

2. Claire Timores voudrait avoir _____ .

3. M. et Mme Dechavanne ont envie d' _____ .

REMEMBER! An asterisk (*) preceding an exercise number indicates that the exercise is self-correcting. You will find the answers to *Chapitre 2* at the back of this **Manuel de préparation,** beginning on page 390.

4. Nathalie Cartiller

5. M. et Mme Goron

6. Jean-Luc Campana

4. Nathalie Cartiller veut acheter _____ .

5. M. et Mme Goron vont acheter _____ .

6. Jean-Luc Campana voudrait _____ .

*II. Qu'est-ce qu'ils portent *(What are they wearing)?* On the basis of the drawings, complete the descriptions of what the people are wearing.

1. Michel

2. Anne

3. Isabelle

1. Michel porte _____

_____ .

2. Anne porte _____

_____ .

3. Isabelle porte _____

_____ .

*III. Les chiffres (Numbers). Write the figures corresponding to the following numbers in French.

      MODÈLE: quatre-vingt-trois   *83*

1. soixante-quatorze _____

2. quatre-vingt-douze _____

3. quatre-vingts _____

4. soixante-dix-huit _____

5. cent treize _____

6. quatre-vingt-seize _____

7. trois mille quatre cent quatre-vingt-sept _____

8. soixante-dix mille deux cent quatre-vingt-dix-huit _____

9. cinq cent quatre-vingt dix mille sept cent soixante et onze _____

10. trois millions cent soixante-dix-neuf mille six cent quatre-vingt-quatre _____

STRUCTURE: The verb *PRENDRE*
Qui va prendre la voiture? 📼 Segment 9

MÈRE: Vous allez à l'université aujourd'hui *(today)?* **Vous prenez** la voiture?

FILS: Non, **nous prenons** le métro.

MÈRE: Bon. Alors, moi, **je prends** la voiture *(car)*. **Je dois** *(have to)* aller au supermarché.

Explication grammaticale 🔲 SEGMENT 9

The forms of **prendre** *(to take)* in the present tense are:

je **prends**	nous **prenons**
tu **prends**	vous **prenez**
il / elle / on **prend**	ils / elles **prennent**

When talking about meals and food or beverages, **prendre** is also the equivalent of the English *to have* or *to eat (drink);* when referring to tickets, it is the equivalent of the English *to buy.*

> **Nous prenons** souvent un verre de vin avec le dîner.
> *We often *have* a glass of wine with dinner.*

> **Ils vont prendre** des billets pour le concert.
> *They're going to *buy* tickets for the concert.*

Application

*IV. Quand nous allons au café... Complete the sentences describing what people usually have to drink at the café with the appropriate form of the verb **prendre.**

1. Robert et moi, nous _____ d'habitude une bière.

2. Moi, je _____ une bière française.

3. Robert _____ une bière allemande.

4. Émilie et Isabelle _____ un verre de vin.

5. Et vous, qu'est-ce que vous _____ ?

6. Comment! Tu ne _____ pas de boisson!

*V. Comment est-ce qu'on y va (How do you get there)? Use the indicated expressions to ask and answer questions about how various people travel to certain destinations.

> **MODÈLE:**   Comment est-ce qu'on va à la tour Eiffel? (le métro ou l'autobus)
> *On prend le métro ou l'autobus.*

1. Comment est-ce que Marc va aux 4 Temps? (le métro)

   _____

2. Comment est-ce que Marc et Jacqueline vont à Toulouse? (le train)

   _____

3. Toi et Gérard, comment est-ce que vous allez à Deauville? (la voiture)

_____

4. Comment est-ce que Sylvie va à New York? (l'avion, *m. [airplane]*)

_____

5. Comment est-ce que tu vas à l'université?

_____

> ❝ If you live real close to school, you can say: **J'y vais à pied.**
>
> *(I walk; literally: I go there on foot.)* ❞

TEST 5: THE VERB *PRENDRE*

People use different means of transportation to get downtown. Complete the following sentences with the appropriate forms of the verb **prendre**.

1. Éric _____ l'autobus.

2. Laurent et moi, nous _____ le métro.

3. Toi, tu _____ souvent ta voiture.

4. D'habitude, M. et Mme Beller _____ un taxi.

5. De temps en temps, moi, je _____ mon vélo *(bike)*.

6. Et vous, qu'est-ce que vous _____ ?

7. À Paris on _____ souvent le métro.

8. Mes amies Chantal et Véronique _____ l'autobus.

> You will find the answers to this test on page 391. Give yourself one (1) point for each correct answer. A perfect score is 8. If your score is below 6, you should review the conjugation of **prendre** before going to class.

As a *follow-up* to the work you did in class with the Paris **métro,** read pages 66–68 in the **Manuel de classe** and do Exercise VI.

In *preparation* for work in class, do the following:
- read the explanations for **avoir** and related expressions;
- 🎞 listen to SEGMENT 10 of your *Student Tape;*
- write Exercises VII, VIII, and IX;
- take Test 6.

CONTEXTE: ON PREND LE MÉTRO?

*VI. Prenez le métro! Using the following information and the **metro** map on page 67 of the **Manuel de classe,** write notes to the following people, telling them how to use the subway to meet you.

1. Your German friend Greta is staying in the Latin Quarter. She wants to see **l'arc de Triomphe. Départ: station Saint Michel (E4)—arrivée: station Charles de Gaulle–Étoile (C3) / sortie: avenue de Friedland.**

> *Greta,*
>
> *On va visiter l'arc de Triomphe. Pour prendre le métro, tu vas à la station Saint Michel et tu prends la direction _____ .*
> *Tu changes à _____ , direction _____ .*
> *Tu descends à la station _____ . Rendez-vous (Meet) à 3 heures à la sortie (exit) dans l'avenue de Friedland.*

2. Your Brazilian friend Jorge is staying behind the **gare Montparnasse.** He wants to go see a play at the **Comédie-Française. Départ: station Pasteur (C4)—arrivée: station Palais Royal (D3) / sortie: rue de Rivoli.**

> _____ ,
>
> _____
> _____
> _____
> _____
> _____
> _____ _____

3. Your Egyptian friends Anwar and Farah are staying near the **place d'Italie.** They want to see the basilica of the Sacred Heart (**Sacré-Cœur**) in Montmartre. **Départ: station Place d'Italie (E5) — arrivée: station Barbès-Rochechouart (E2) / sortie: le boulevard Rochechouart.**

> Remember when writing to *two* people
> to use the subject pronoun **vous.**

> **Maintenant c'est toi qui les embêtes!**
> *(Now you're the one who's bugging them!)*
> They're smart enough to know that!

_____,

_____

_____

_____

_____

_____

                                        _____

STRUCTURE: THE VERB *AVOIR*
Comment y aller? 📼 SEGMENT 10

JEANNE: **Michel a** une Clio. Et toi, **tu as** une voiture?
ALAIN: Non, **je n'ai pas** de voiture.
JEANNE: Ça ne fait rien. **Daniel et Brigitte ont** des motos (*motorcycles*).

Explication grammaticale 🔊 SEGMENT 10

The present tense of the verb **avoir** *(to have)* is as follows:

j'**ai**	nous **avons**
tu **as**	vous **avez**
il / elle / on **a**	ils / elles **ont**

In a negative sentence, the indefinite articles **un, une,** and **des** change to **de** (**d'** before a vowel or a vowel sound). This frequently occurs with the verb **avoir**.

J'ai une moto	Je n'ai **pas de** moto.
Bruno a un ordinateur.	Bruno **n'**a **pas d'**ordinateur.
Nous avons des cassettes.	Nous **n'**avons **pas de** cassettes.

Application

*VII. Notre matériel. Yvette is talking about the electronic items that she and her friends own. Complete each sentence with the appropriate form of the verb **avoir**.

1. Jean-Pierre _____ une chaîne hi-fi.

2. Annick et moi, nous _____ un ordinateur.

3. Est-ce que tu _____ un ordinateur aussi?

4. Marie-Claire et Anne _____ des jeux vidéo.

5. Moi, je n' _____ pas de caméscope.

6. Est-ce qu'on _____ un magnétoscope à l'université?

le magasin Darty

*VIII. Non, mais il a... Each time you ask about someone's possessions, you learn that he/she does not have the object you mention, but something else instead. Remember to use **ne... pas de (d')** instead of **un(e)** or **des** in the negative part of the sentence.

> **MODÈLE:**   Philippe / ordinateur / calculatrice
> *Philippe n'a pas d'ordinateur, mais il a une calculatrice.*

1. Nathalie / voiture / moto

   _____

2. tu / stylo / crayon

   _____

3. Monique et Didier / chaîne stéréo / baladeur

   _____

4. vous / disques laser / cassettes

   _____

5. nous / magnétoscope / téléviseur couleur

   _____

6. je / élastiques / trombones

   _____

Note grammaticale 📼 Segment 10

Many common expressions use the verb **avoir.** Among the most frequently used are:

avoir besoin de	*to need*
avoir faim	*to be hungry*
avoir soif	*to be thirsty*

J'ai besoin d'un stylo.   *I need a pen.*
Je n'ai pas faim, mais j'ai très soif.   *I'm not hungry, but I'm very thirsty.*

Application

***IX. Qu'est-ce qu'il y a *(What's the matter)*?** When used with the question form **qu'est-ce que**, the expression **il y a** has the idiomatic meaning of *What's the matter?* or *What's wrong?* Based on the drawings, answer the question **Qu'est-ce qu'il y a?** using **je** or **nous** and the expression **avoir besoin de.**

MODÈLE: Qu'est-ce qu'il y a, Philippe?
J'ai besoin d'un stylo.

MODÈLE

1.

2.

3.

4.

1. Qu'est-ce qu'il y a, Dominique?

   _____

2. Qu'est-ce qu'il y a, vous autres *(you others)*?

   _____

3. Qu'est-ce qu'il y a, Bernard?

   _____

4. Qu'est-ce qu'il y a, Frank et Pascale?

   _____

When used with the question form **qu'est-ce que,** the verb **avoir** has the idiomatic meaning of *What's the matter with)?* or *What's wrong with (him, her, them, you)?* Based on the drawings, answer the question **Qu'est-ce que tu as (vous avez)?** using the expressions **avoir faim** or **avoir soif** and explaining what you would like to eat (**manger**) or drink (**boire**).

> MODÈLE: Qu'est-ce que tu as, Marie-Laure?
> *J'ai (très) soif. Je voudrais aller au café de France boire un Coca ou un Orangina.*

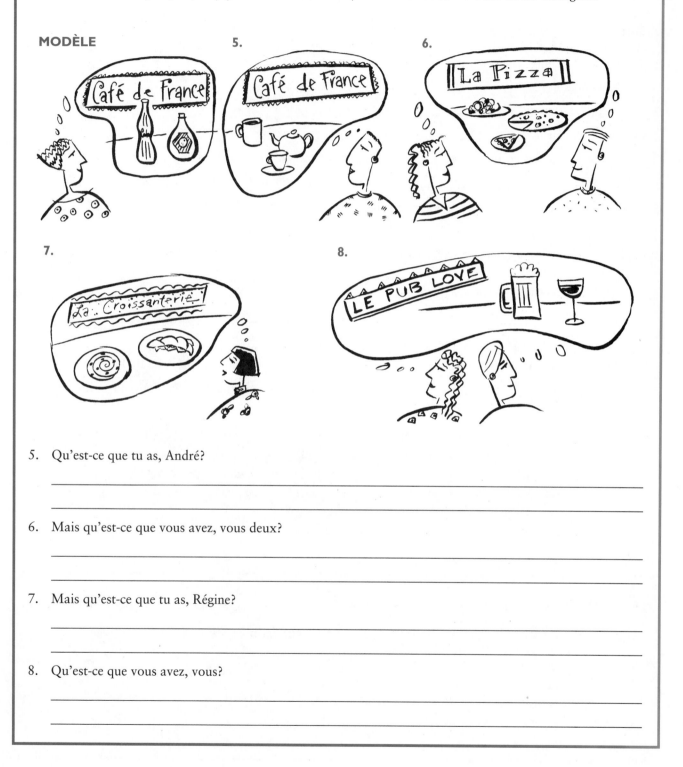

5. Qu'est-ce que tu as, André?

_____

_____

6. Mais qu'est-ce que vous avez, vous deux?

_____

_____

7. Mais qu'est-ce que tu as, Régine?

_____

_____

8. Qu'est-ce que vous avez, vous?

_____

_____

TEST 6: THE IRREGULAR VERB *AVOIR*; THE EXPRESSIONS *AVOIR BESOIN DE, AVOIR FAIM,* AND *AVOIR SOIF*

Complete the following sentences with the appropriate form of the verb **avoir.**

1. — Dis donc, Annie. Tu _____ une moto?

    — Non, non. Mais j' _____ un vélo.

2. — Pardon, Madame. Vous _____ des pantalons?

    — Non, Monsieur. Nous _____ pantalons.

3. — Est-ce qu'Évelyne et Véronique _____ un lecteur de compact discs *(CD player)?*

    — Non, mais Corinne _____ un Discman. C'est un lecteur portable.

4. — Est-ce qu'on _____ besoin d'un billet supplémentaire pour prendre l'autobus?

Complete the following sentences with the correct form of the appropriate **avoir** expression:

5. — Alors, tu voudrais manger quelque chose?

    — Non, je _____ . Mais j' _____ .

    Est-ce que tu as un Coca ou un Orangina?

6. — Mais qu'est-ce qu'elle a, Nathalie? Pourquoi est-ce qu'elle veut absolument aller à La Redoute?

    — C'est qu'elle _____ un blouson à porter avec son nouveau *(new)* jean.

> You will find the answers to this test on page 391. See the instructions for scoring
> with the answers. A perfect score is 14. If your score is below 11, you should
> review the verb **avoir** and its related expressions before going to class. (1 point
> each except: 2 points for items 2b / 5a,b / 6)

À faire! (2-3)

Manuel de classe, pages 69–72

As a *follow-up* to your work in class talking about past time, do Exercise X.

As *preparation* for work in class, do the following:
- read the explanation about information questions;
- ▭ listen to SEGMENT 11 of your *Student Tape;*
- write Exercises XI and XII;
- take Test 7.

CONTEXTE: QU'EST-CE QUE TU AS ACHETÉ?

*X. Mes achats (My purchases). On the basis of the information provided, describe yesterday's shopping activities.

> **MODÈLE:** à Line André/ une crème solaire *(suntan lotion)* / 52F
> *Hier (Yesterday) j'ai fait des achats. D'abord (First), je suis allé(e) à Line André où j'ai acheté une crème solaire. J'ai payé 52F.*

1. ensuite *(next)*/ à Madison / une cassette vidéo vierge / 39F

   _____

   _____

2. ensuite / à Go Sport / un sac de couchage *(sleeping bag)* / 249F

   _____

   _____

   _____

3. ensuite / au Plaisir du temps / des cartes postales et un livre / 68F

   _____

   _____

   _____

4. ensuite / à Pop bijoux / un collier *(necklace)* / 169F

   _____

   _____

   _____

5. ensuite / à La Redoute / un short / 139F

   _____

   _____

   _____

6. ensuite / chez Darty / un jeu vidéo / 270F

   _____

   _____

   _____

Enfin je suis rentré(e).

STRUCTURE: BASIC INFORMATION QUESTIONS
À *Go Sport*  SEGMENT 11

> **MARTINE:** **Pourquoi** est-ce que tu veux aller à Go Sport?
> **NATHALIE:** **Parce qu'**il y a des soldes.
> **MARTINE:** Ah, oui? **Et qu'est-ce que** tu vas acheter?
> **NATHALIE:** Une raquette de tennis.
> **MARTINE:** **Qui** va avec toi?
> **NATHALIE:** Janine et Paul.

Explication grammaticale SEGMENT 11

You already know how to ask questions that take *yes* or *no* as an answer. Frequently, however, you need to get some specific information. For example:

— **Qui** regarde la télé?	*Who*'s watching TV?
— Claudine.	Claudine.

To find out *who* is doing something, use **qui.**

— **Qu'est-ce qu'**elle cherche?	*What*'s she looking for?
— Une parfumerie.	A store that sells perfume.

To find out *what* someone wants or is doing, use **qu'est-ce que (qu').**

— **Où est-ce que** Claudine habite?	*Where* does Claudine live?
— À Bordeaux.	In Bordeaux.

To find out *where* something or someone is located, use **où est-ce que.**

The expressions **où est** (*where is*) and **où se trouve** (*where is located*) don't require **est-ce que**. For example:

— **Où est** Bordeaux?

— Pardon?

— **Où se trouve** la ville de Bordeaux?

— Ah, Bordeaux est à 557 km au sud-ouest (*southwest*) de Paris.

— Combien d'argent **est-ce que** tu as?   *How much* money do you have?
— Combien de cassettes **est-ce que**   *How many* cassettes did you buy?
  tu as achetées?

To find out *how much* or *how many*, use **combien de (d')** + *noun* + **est-ce que**.

To find out the price of something, you can simply use **combien** with the verb **coûter** (*to cost*).

Combien coûte un caméscope?

Combien coûtent des balles de tennis?

— **Pourquoi est-ce qu'**il ne   *Why* isn't he watching the soccer game?
  regarde pas le match de foot?
— **Parce qu'**il n'aime pas le football.   *Because* he doesn't like soccer.

To ask *why,* use **pourquoi est-ce que (qu')**. The answer to this question usually begins with **parce que (qu')**.

Application

*XI. Des questions. You're trying to get to know more about your friend Marcel's plans for Saturday. Here are the answers he gives to your questions; write the questions that you asked to provoke these answers. (The underlined words represent the information you need to find out.)

    MODÈLE: *Où est-ce que tu habites?*

                 J'habite <u>à Orsay.</u>

1. _____

  Je vais aller <u>aux 4 Temps</u> samedi (*Saturday*).

2. _____

  Les 4 Temps se trouvent <u>à La Défense.</u>

3. _____

  Je vais prendre <u>le métro</u> pour aller à La Défense.

4. _____

  Je vais acheter <u>des compact discs.</u>

5. _____

   Je vais acheter des compact discs <u>parce que nous avons un nouveau lecteur de compact discs</u>.

6. _____

   Un compact disc coûte <u>entre</u> *(between)* <u>50 et 150F</u>.

7. _____

   Je vais acheter <u>deux ou trois</u> compact discs.

8. _____

   <u>Chantal</u> va aller aux 4 Temps avec moi.

*XII. Pour faire continuer la conversation. You're sitting in a café with some friends. Whenever someone makes a statement or asks a question, you keep the conversation going by asking a follow-up question using the expressions in parentheses.

      MODÈLE: J'adore les chats *(cats)*. (pourquoi)
                        Pourquoi est-ce que tu adores les chats?

1. Je n'habite pas à Paris. (où est-ce que)

   _____

2. Jacqueline n'aime pas les chiens *(dogs)*. (pourquoi)

   _____

3. Nous n'avons pas de voiture. (comment est-ce que / aller en ville)

   _____

4. Je cherche quelque chose. (qu'est-ce que)

   _____

5. Il y a des gens *(people)* qui n'aiment pas le rock. (qui)

   _____

6. Nous allons souvent à Quimper. (où / se trouver)

   _____

7. J'ai soif. (qu'est-ce que / aller boire)

   _____

8. Je vais acheter un nouveau walkman. (combien / coûter)

   _____

9. Nous avons plusieurs *(several)* téléviseurs. (combien de)

   _____

TEST 7: BASIC INFORMATION QUESTIONS

Complete the following conversation by asking a follow-up question to each statement. The underlined words represent the information you should ask for in the preceding question.

Une nouvelle amie (A new friend). A French exchange student whom you've just met is telling you about her life in France.

Je suis née *(I was born)* à Paris, mais je n'habite pas à Paris.

1. _____

 J'habite <u>à Aix-en-Provence</u>.

2. _____

 Aix-en-Provence se trouve <u>dans le sud de la France, près de Marseille</u>.

3. _____

 Nous y habitons <u>parce que mes parents n'aiment pas Paris</u>.

4. _____

 À Aix il y a <u>une université, une cathédrale et la maison de Paul Cézanne</u>. Il y aussi plusieurs musées *(museums)*.

5. _____

 Il y a <u>quatre</u> musées à Aix. J'aime visiter la région autour d'*(around)* Aix. Nous avons une voiture, mais je voudrais acheter un vélo.

6. _____

 Un vélo coûte <u>entre 600F et 4 000F</u>. Je connais quelqu'un qui *(I know someone who)* va payer un vélo 5 000F.

7. _____

 <u>Jean-Claude Haberkamp</u>. Il est un peu fou *(crazy)*, non?

> You will find the answers to this test on page 392. Give yourself two (2) points for each correct answer—one point if you chose the appropriate question word and one point if the rest of the question is correct. A perfect score is 14. If your score is below 11, you should rework pages 70–72 before going to class.

À faire! (2-4)

Manuel de classe, pages 73–75

As a *general review* of this chapter, write Exercises XIII and XIV below.

*XIII. Des cartes postales. Tourists of all nationalities love to send postcards to their friends and families. Complete the following postcards sent by French tourists visiting the United States. The first card can be completed by adding a single word to each blank; the second card often requires the addition of more than one word to the blanks.

Chère Marielle,

    Me voici enfin à New York! Tout va très bien. J'_____ beaucoup la ville. Il y a un _____ comme à Paris, mais moi, je _____ l'autobus. C'est moins (*less*) dangereux.

    Je fais beaucoup de shopping. Hier je suis _____ à Macy's, un très grand magasin. J'y ai _____ des tee-shirts et un _____ . J'ai _____ $65 (325F). C'_____ un assez bon prix, non?

        Bises (*Love and kisses*).
           Anne

Marielle LE MINTIER

63, rue d'Amsterdam

75385 PARIS

FRANCE

Cher _____,

_____ enfin à San Francisco! C'est fantastique! _____ le tramway (trolley, cable cars); c'est très facile (easy).

_____ beaucoup de shopping.

Hier _____ à Nordstrom's, un grand magasin. Là j'ai acheté _____ _____ et _____ .

J'ai payé $ _____ (_____ F). C'est _____ _____ , non?

      Amitiés (*Friendly greetings*).
        Jean-Claude

André DEPOIX

189, boulevard de Courbevoie

92510 Neuilly-sur-Seine

FRANCE

ÉCRIVEZ!

XIV. Une carte postale. You're in Paris and, like most tourists, you've promised to send a postcard to a friend (who reads French). In the postcard you describe your initial reactions to Paris and then talk about a shopping trip to one of the stores at **Les 4 Temps.**

Write on a separate sheet of paper, imitating the format of a postcard. Then bring your "postcard" to class.

À faire! (2-5)   Manuel de classe, pages 76–77

As a way of *integrating* various aspects of this chapter, do Exercise XV.

Then listen to SEGMENT 12 of your *Student Tape.*

INTÉGRATION

XV. Questions pour des amis (Questions for friends). Using the suggested question words and verbs, write fifteen questions that you might ask a new friend or a group of friends.

EXPRESSIONS INTERROGATIVES: **qui / où (est-ce que) / combien (de) (est-ce que) / pourquoi est-ce que / qu'est-ce que**
VERBES: **acheter / aimer / aller / avoir / coûter / être (est) / prendre / se trouver**

> MODÈLES: *Qui prend l'autobus pour aller à l'université?*
> *Qui a besoin d'un stylo?*
> *Qui a acheté des compact discs?*
> *Où est-ce que tu habites?*
> *Pourquoi est-ce que tu es allé(e) aux 4 Temps?*

1. _____
2. _____
3. _____
4. _____
5. _____
6. _____
7. _____
8. _____
9. _____
10. _____
11. _____
12. _____
13. _____
14. _____
15. _____

PRONONCEZ BIEN! 🔲 SEGMENT 12
La liaison

You have already learned that, as a general rule, final consonants in French are silent. However, there is a special case when even the usually silent final consonants are pronounced. This case is called **une liaison** and involves the linking of sounds between one word *ending in a consonant* and another word *beginning with a vowel or a vowel sound.* You have been making liaisons with the subject pronouns **nous, vous, ils,** and **elles** and verb forms beginning with a vowel (**nous_aimons**) or a vowel sound (**vous_habitez** [the **h** of **habitez** is silent], **ils_ont**).

French speakers tend to use liaison more in formal speech (for example, when giving a talk or reading a poem) than in informal conversation. However, certain liaisons are required (**obligatoires**) in all situations. In particular, with expressions that you have already studied, the following liaisons are *mandatory:*

◆ an article + a noun beginning with a vowel or a vowel sound

    un_ordinateur, des_ordinateurs
    un_étudiant, des_étudiants

◆ a subject pronoun + a verb beginning with a vowel or a vowel sound

    vous_aimez, nous_avons, ils_habitent, elles_ont

◆ after the verb form **est**

    c'est_un bon prix, c'est_assez cher

There are also certain cases where liaison is forbidden (**interdite**). Liaison *never* occurs in the following situations:

◆ a proper name + a word beginning with a vowel or a vowel sound

    Jean / aime   **Robert / a faim**   **Georges / et François / habitent**

◆ a plural noun + a verb beginning with a vowel or a vowel sound

    les garçons / ont acheté   **les autres / habitent**

◆ after the conjunction **et** *(and)*

    Paul et / Annick   **un thé et / un café**

In addition, you have learned numerous expressions that include a liaison. For example,

    Comment_allez-vous?   **je suis_allé**   **À tout_à l'heure**
    de temps_en temps   **un croissant aux_amandes**
    une omelette aux fines_herbes

In French, liaison is accomplished by "adding" the final consonant to the following word. Thus, **vous_avez** is not pronounced [vuz ave] but rather [vu zave].

XVI. 🔲 SEGMENT 12 **La liaison.** Do the following pronunciation exercises.

A. Repeat the following groups of words, being careful to make a liaison by "adding" the final sound of one word to the beginning of the following word.

    un agenda / un album / un express / des élastiques / trois omelettes / les histoires d'amour /

    nous avons / vous habitez / elles aiment / vous allez / ils adorent / c'est en solde / il est étudiant

---

B. Repeat the following groups of words, being careful to *avoid* making a liaison.

Jacques a soif / Albert habite / Jean-Louis aime / les téléviseurs ont / Marie et Yves /

un sandwich et un demi / une calculatrice et un lecteur de CD

C. Now read the following sentences, making those liaisons that are required and avoiding those that are forbidden. Then listen to the model version.

1. Nous allons prendre deux omelettes aux fines herbes et deux Oranginas.

2. Est-ce que vous aimez jouer au tennis de temps en temps?

3. Jacques et Yves adorent les histoires d'amour au cinéma. C'est extraordinaire!

4. Les téléviseurs français ont souvent une télécommande *(remote control)*. C'est très pratique.

D. Finally, listen to the following passage, marking places where liaisons are made. Then listen again, noticing places where liaisons are *not* made. This passage is taken from Nathalie Sarraute's description of how women used to live.

Dans l'après-midi elles sortaient ensemble, menaient la vie des femmes. Ah! cette vie était extraordinaire! Elles allaient dans des «thés», elles mangeaient des gâteaux qu'elles choisissaient délicatement, d'un petit air gourmand: éclairs au chocolat, babas et tartes. [...]

Elles allaient dans des thés. Elles restaient là, assises pendant des heures, pendant que des après-midi entières s'écoulaient. Elles parlaient: «Il y a entre eux des scènes lamentables, des disputes à propos de rien. Je dois dire que c'est lui que je plains dans tout cela quand même. Combien? Mais au moins deux millions. Et rien que l'héritage de la tante Joséphine... Non... comment voulez-vous? Il ne l'épousera pas.» [...] On le leur avait toujours dit. Cela, elles l'avaient toujours entendu dire, elles le savaient: les sentiments, l'amour, la vie, c'était là leur domaine. Il leur appartenait.

Nathalie Sarraute, *Tropismes,*
Éditions de Minuit, 1957, pages 64, 65

In the afternoon they would go out together, would lead the life of women. Ah, this life was extraordinary! They would go to "teas," they would eat cakes that they chose delicately, in a slightly greedy manner: chocolate eclairs, babas, and pies. [. . .]

They would go to teas. They would stay there, seated for hours, while whole afternoons drifted away. They would talk: "There are some awful scenes between them, arguments over nothing. I must say that he's the one I really feel sorry for in all that. How much? But at least two million. And nothing but the inheritance from Aunt Josephine . . . No . . . no way. He won't marry her." [. . .] They had always been told that. They had always heard it said, they knew it: feelings, love, life, that was their province. It belonged to them.

À faire! (2-6)

Manuel de classe, pages 78–82

As a *review* of the grammatical structures in this chapter, do Exercises XVII and XVIII.

MISE AU POINT
Les verbes irréguliers **prendre** (page 59) *et* **avoir** (page 63)

*XVII. Des légendes (*Captions*). Write captions for the following drawings, using one of these verbs or expressions: avoir, avoir faim, avoir soif, avoir besoin de, prendre... pour aller... .

> MODÈLE: Monique...
> *Monique a besoin d'une calculatrice.*
> OU: *Monique n'a pas de calculatrice.*

1. Henri _____

_____ .

2. M. Mazure _____

_____ .

3. Elles _____

_____ .

4. Nous _____

_____ .

5. Vous _____
_____ ?

6. Philippe et Denise _____
_____ .

7. Je _____
_____ .

8. Christiane _____
_____ .

9. Tu _____
_____ ?

10. Nous _____
_____ .

Les questions d'information (page 70)

*XVIII. Faisons connaissance (*Let's get to know each other*)! You wish to get to know one of the foreign exchange students a bit better. First, make a statement about yourself (completing the sentences as necessary) and then follow up with a question for the student on the same topic. In some cases, you can get the information with a yes/no question; most times, you will need to use a question word (**qui, où, combien, pourquoi, qu'est-ce que**).

> **MODÈLE:** Moi, je n'aime pas *les films policiers.*
> *Toi, tu aimes les films policiers?*

1. Moi, j'habite à _____

   _____

2. _____ se trouve au nord *(north)* (au sud, à l'est *[east]*, à l'ouest) de

   _____

   _____

3. Moi, je vais aller à _____ pour faire du shopping.

   _____

4. Je vais prendre _____ pour y aller.

   _____

5. Moi, je vais acheter _____ et

   _____

6. _____ coûte(nt) $_____ à _____ .

   _____

7–8. Je ne vais pas acheter de _____

   parce que _____ . *(2 questions)*

   _____

   _____

In addition to the topics reviewed above, you should also look over the numbers from 70 to 1,000,000 (page 59 in the **Manuel de classe**).

CHAPITRE 2
Vous le prenez?

MENU

EXERCICE D'ÉCOUTE:
LE MÉTRO DE PARIS SEGMENT 13

Part of using the Paris **métro** system involves recognizing the station names. To familiarize yourself with some of these proper names, listen to some short conversations between people talking about using the **métro**. In each conversation, two stations will be mentioned by name; find each station in the list and put the number of the conversation next to it.

_____ Chapelle (Porte de la)   _____ Nation

_____ Châtelet   _____ Neuilly (Pont de)

_____ Châtillon–Montrouge   _____ Orléans (Porte d')

_____ Clignancourt (Porte de)   _____ Pantin (Église de)

_____ Concorde   _____ République

_____ Italie (Place d')   _____ St Denis–Basilique

_____ Montparnasse–Bienvenüe   _____ Sèvres (Pont de)

_____ Montreuil (Mairie de)   _____ Vincennes (Château de)

LECTURE: «SHOPPING RENTRÉE»

In September—the beginning of the school year (**la rentrée des classes**)—students usually need to buy things for school. The magazine *Phosphore,* a monthly periodical aimed at **lycée** *(high school)* students, has published some suggestions for the latest in school supplies. Unfortunately, due to a printer's error, the captions were separated from the illustrations. Match the captions to the illustrations, and then do the exercises that follow.

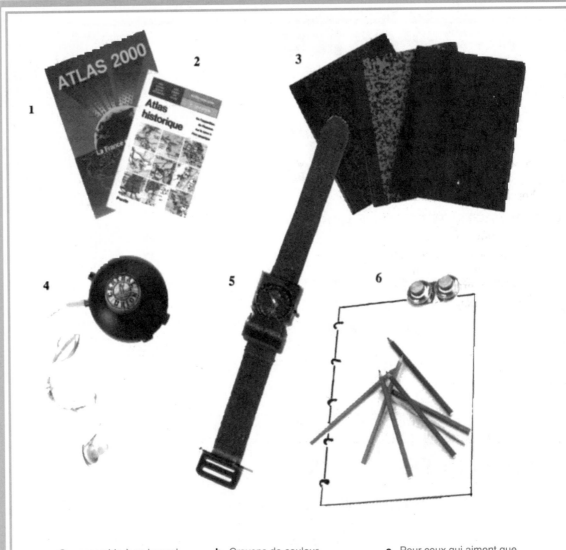

a. Ça ressemble à un journal intime, ce sera peut-être votre cahier de physique... (La Samaritaine, 34,50 F l'un.)

b. Crayons de couleur (Rougier et Plé) 105 F les douze), papier Canson (26,50 F le paquet), encrier (20,90 F). Salut l'artiste !

c. Pour ceux qui aiment que la radio leur explose (mais discrètement) dans les oreilles. (Central Union, 295 F.)

d. La montre qui se montre. Pour ne pas manquer l'heure de la récré. (Lorus Sport, 299 F.)

e. Des doutes sur la capitale du Honduras ? Pointez votre sextan sur l'Atlas 2000 (Nathan, 159 F.)

f. Charlemagne, il a inventé l'école, dit-on. Mais en quelle année ? Atlas historique. (Perrin, 135 F.)

Compréhension

1. Which caption goes with which illustration?

   1 ___   2 ___   3 ___   4 ___   5 ___   6 ___

2. Find in the captions the French equivalents of the following expressions:

   a. Not sure about _____

   b. they say _____

   c. It looks like a diary _____

   d. a bottle for ink _____

   e. So as not to miss recess _____

   f. For those who _____

Analyse. You will have noticed that the captions do not describe the article in question but rather try to say something catchy to interest the reader in it. Find some newspaper or magazine ads for school items sold in the United States. Write a paragraph (in English) comparing the French and American ads: do the American ads take a similar approach? Explain. (Use a separate sheet of paper.)

EXERCICE D'ÉCOUTE/ ENREGISTREMENT:
DES MESSAGES 🔲 SEGMENT 14

A. Je ne comprends pas très bien... (I don't understand very well...) Your French friend, Frédéric Chaumet, has sent you a note; unfortunately, part of the note got wet and you can't decipher it. When you call him up, you get his answering machine. Read his note, then record (on your own tape) a message to Frédéric, following the outline provided.

> Salut, ça va? An____ a besoin de vêtements. Il va aller aux Gа̄___ ___ayette samedi. Il voudrait acheter un sh____ ____ ____ ____ ____rts. Il y a des soldes. Les shorts coûtent seulement 95F. Nous allons prendre le métro pour y aller parce que c'____ ____ ____t. Si tu veux nous accompagner, téléphone-moi.
>
> Frédéric

Your message: Frédéric, c'est *(your name)*. Je ne comprends pas très bien le message que tu m'as laissé. *(Continue by asking five (5) questions about the information missing from his note. End by asking him to phone you and then say good-bye.)*

B. Déjeuner dimanche à une heure *(Lunch on Sunday at one o'clock).* You have invited your Swiss friend, Michèle Requet, who is staying with some relatives near the **Garibaldi métro** station, to have lunch with you at a restaurant on Sunday. She leaves a message on your answering machine asking for some details about your plans. Listen to her message (SEGMENT 14 of your *Student Tape;* you can take notes, if you wish.) Then record (on your own tape) a message for Michèle's answering machine, using the drawing below to help answer Michèle's questions.

> You probably are familiar with the term **rendez-vous**, since we also use it in English to refer to a meeting time and place. In French, you can say, for example: **Rendez-vous à deux heures (à la) place d'Italie.** *(We'll meet at 2 o'clock at **Place d'Italie**.)*

BRASSERIE SCOSSA
8, place Victor Hugo
(métro: Victor Hugo)

EXERCICE D'ÉCOUTE/ ACTIVITÉ ÉCRITE:
DEUX MESSAGES 🔲 SEGMENT 15

While home alone in the apartment of some French friends, you answer two phone calls and take down messages for the absent family members. The first call is for your French "brother" Christian; the second is for the mother of the family. (Both calls are recorded on SEGMENT 15 of your *Student Tape*.)

📞 **MESSAGE IMPORTANT**

_____ a appelé

pour _____

Message: _____

_____

_____

_____

_____

_____

_____

_____

📞 **MESSAGE IMPORTANT**

_____ a appelé

pour _____

Message: _____

_____

_____

_____

_____

_____

_____

_____

_____

LECTURE/ACTIVITÉ ÉCRITE: «LA PLACE VILLE-MARIE À MONTRÉAL»

Lisez!

Read the following short text about one of Montreal's largest attractions, then do the reading exercises that follow.

En France, le mot «place» signifie un espace public entouré de constructions. À Montréal et au Canada en général, le mot «place» désigne souvent un bâtiment colossal où se trouvent des bureaux, des commerces, des jardins intérieurs, des restaurants et des distractions.

Construite en 1957 par l'architecte I. M. Pei (architecte aussi du nouveau Louvre à Paris), la place Ville-Marie est un exemple impressionnant de l'urbanisme montréalais, bien adapté au climat difficile de cette région située au nord du continent américain. Dans la tour, en forme de croix, il y a des bureaux. Sous la tour on trouve d'immenses parkings, un vaste centre commercial, des restaurants de toutes sortes, des agences bancaires, des cinémas, etc. Les galeries marchandes du centre commercial sont reliées au métro (la station Bonaventure), aux gares de train et d'autobus, à huit grands hôtels, au palais des Congrès, à des logements (studios et appartements), à l'université du Québec, à la place des Arts (où se trouvent des théâtres et des salles de concert) et à un autre grand centre commercial (la place Bonaventure).

En somme, les 400 000 personnes qui, chaque jour, fréquentent la place Ville-Marie y trouvent une véritable ville sous la ville.

Adapted from **Au Québec,** *Guide Hachette Visa,* 1990, pages 92 and 93

Compréhension

1. Your traveling companions, who don't speak French, see a sign for **la place Ville-Marie** and ask you what it is. Give them an explanation with as many details as you can.

   _____

   _____

   _____

   _____

   _____

2. Why might a French traveler be somewhat confused the first time he/she saw the sign for **la place Ville-Marie?**

   _____

   _____

   _____

Écrivez!

Do *one* of the following writing exercises. (Use a separate sheet of paper.)

1. Write a note to a friend explaining how to get to **la place Ville-Marie** on the Montreal subway. Your friend is staying in a youth hostel near the **Côte-des-Neiges** subway station. Use the map on page 85 of the **Manuel de classe**.
2. You are visiting Montreal and have been to the **place Ville-Marie**. Write a postcard to a friend in France describing it.

JEU: LES MOYENS DE TRANSPORT

Unscramble the following sets of letters to form the French names of various means of transportation. Then reassemble the circled letters to form the name of a frequently used **direction** of the Paris **métro** system.

T N R I A   T R A I (N)

B U T U S O A

L O V É

R O T É M

I D À E P

T O O M

I U V T E R O

Direction _____ _____ _____ _____ _____ , _____ _____ _____ _____ _____ _____ _____

LEXIQUE

Pour se débrouiller

Pour acheter des vêtements
Je peux vous aider?
> Je cherche...
> Je voudrais...

Quelle est votre taille? / Quelle taille?
> (Un) (42).

Pour expliquer comment prendre le métro
Vous achetez (Tu achètes) un ticket (au guichet).
Vous prenez (Tu prends) la direction...

Vous changez (Tu changes) à...
Vous descendez (Tu descends) à...

Pour se renseigner (to get information)
Pourquoi... ? (Parce que...)
Qui... ?
Qu'est-ce que... ?

Où est-ce que... ?
Où est (sont)... ? / Où se trouve(nt)... ?
Combien de (d')... est-ce que... ?

Pour énumérer une suite d'actions
d'abord   ensuite   enfin

Thèmes et contextes

Ce qu'on peut acheter au magasin de matériel électronique

un baladeur / un walkman
une calculatrice
un caméscope
une chaîne hi-fi / une chaîne stéréo
un jeu vidéo

un lecteur de compact discs / un lecteur de CD
un magnétoscope
un ordinateur
un téléviseur (en) couleur

Les vêtements

un blouson
une chemise
un chemisier
un costume
une cravate

un débardeur
un jean
une jupe
un pantalon
un pull(-over)

une robe
un short
un sweat
un tailleur

Les couleurs

blanc(he)
bleu(e)
brun(e)
gris(e)

jaune
marron *(invariable)*
noir(e)
orange *(invariable)*

rose
rouge
vert(e)
violet(te)

Vocabulaire général

Noms

un achat
un avion
des boucles *(f.pl.)* d'oreille
un chat
un chien

une crème solaire
le métro
une montre
une moto(cyclette)

un musée
un sac de couchage
un vélo (d'appartement)
une voiture

Verbes

avoir
avoir besoin de
avoir faim / soif

changer
descendre

prendre
rentrer

Autres expressions

hier

plus

trop

Le langage familier

C'est très commode!
Comment?
Je suis desolé(e).
Je t'en prie.
Qu'est-ce qu'il y a?
Qu'est-ce que tu as?
Rien de plus simple.
Tu m'embêtes!

That's neat!
What did you say?
I'm sorry.
You're welcome.
What's the matter?
What's the matter with you?
Nothing could be easier.
You're bugging me!

UNITÉ 2

Chez les Batailler

La cathédrale
de Reims

Le départ pour l'école

Une rue commerçante
à Reims

CHAPITRE 3

En famille

À faire! (3-1)   *Manuel de classe, pages 93–97*

As an *introduction* to Unit Two, read pages 91 and 92 in the **Manuel de classe.**

As a *follow-up* to the presentation of the various rooms in a house or apartment, read pages 98 and 95 in the **Manuel de classe,** then do Exercises I and II below.

As *preparation* for work in class, do the following:
- read the explanation of the agreement of adjectives;
- 📼 listen to SEGMENT 16 of your *Student Tape*;
- study the new vocabulary on page 93;
- write Exercises III and IV;
- take Test 8.

CONTEXTE: L'ARRIVÉE DE CECILIA

*I. Le plan de la maison. Using the clues provided by the furniture and appliances, label the floors and the rooms of the Batailler house.

le cabinet de toilette / la chambre d'Adeline / la chambre de Benoît / la chambre de M. et Mme Batailler / la cuisine / l'entrée / l'escalier (*stairs*, m.) / le garage / le jardin / le premier étage / le rez-de-chaussée / la salle de bains / la salle de séjour

REMEMBER! An asterisk (✳) preceding an exercise number indicates that the exercise is self-correcting. You will find the answers to *Chapitre 3* at the back of this **Manuel de préparation,** beginning on page 393.

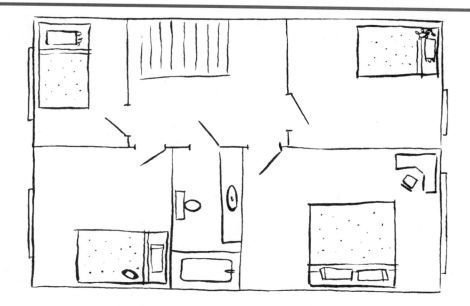

*II. Où est la cuisine? Use the suggested expressions to describe the location of various rooms (or objects) in the Bataillers' house.

EXPRESSIONS: **au rez-de-chaussée / au premier étage / à côté de / en face de / devant / derrière / entre / près de**

> MODÈLE: Où est la cuisine?
> *Elle est au rez-de-chaussée. Elle est à côté de la salle de séjour.*

1. Où est la salle de séjour?

   _____

   _____

2. Où est la chambre de Cecilia?

   _____

   _____

3. Où est la chambre de M. et Mme Batailler?

   _____

   _____

4. Où est la salle de bains?

   _____

   _____

5. Où est le cabinet de toilette?

   _____

   _____

6. Où est le vélo de Benoît?

   _____

   _____

STRUCTURE: DESCRIPTIVE ADJECTIVES
L'appartement d'Élodie 🔊 SEGMENT 16

MARTINE: J'ai vu (*I saw*) l'appartement d'Élodie. Il est très **joli.**

JEANNE: Oui... mais les chambres sont assez **petites,** non?

MARTINE: D'accord (*Agreed*)... mais la salle de séjour est **grande** et **ensoleillée.**

JEANNE: C'est vrai. Et la cuisine est très bien **équipée.**

Explication grammaticale 🔊 SEGMENT 16

Le bâtiment où Charles habite est très **moderne.** Il est assez **grand,** mais il n'est pas très **joli.**

The building where Charles lives is very *modern.* It's fairly *big (tall),* but it's not very *pretty.*

La maison de Bernadette n'est pas **moderne.** Elle n'est pas très **grande** non plus, mais elle est très **jolie.**

Bernadette's house is not *modern.* It's not very *big* either, but it's very *pretty.*

The words used to describe the house and the building—**moderne, grand(e)** and **joli(e)**—are adjectives. You will notice that the ending of the adjective changes depending on whether it's used to talk about **le bâtiment** (a masculine noun) or **la maison** (a feminine noun). In other words, in French, adjectives must agree in gender with the nouns they modify.

The *feminine* form of most adjectives is created by adding -e to the masculine form: **grand → grande, joli → jolie.** However, if the masculine form already ends in e, the feminine form stays the same: **moderne = moderne.**

Les bâtiments sont **grands.**
Les maisons sont **petites.**

The buildings are *big (tall).*
The houses are *small.*

In addition to agreeing in gender, adjectives in French must agree in *number* with the nouns they modify. That means that if a noun is singular, the adjective must be singular; if the noun is plural, the adjective must be plural.

The plural form of most adjectives is created by adding -s to the singular form. Note that there is no pronunciation change from singular to plural: **grand → grands, petite → petites, moderne → modernes.**

If you wish to qualify the adjective in some way, you can place words such as **très** *(very)* or **assez** *(fairly, rather)* in front of it: **très moderne, assez petites.**

Here are some adjectives frequently used to describe places where people live:

---

moderne
traditionnel / traditionnelle*
ancien / ancienne*

grand / grande
petit / petite

joli / jolie
laid / laide *(ugly)*
moche *(ghastly)*
sombre *(dark)*
ensoleillé / ensoleillée *(sunny)*

sale *(dirty)*
propre *(clean)*

confortable
bien aménagé / bien aménagée *(well laid out, fixed up)*
bien équipé / bien équipée

* Note that **traditionnel** doubles the **l** and **ancien** doubles the **n** before adding **-e** in the feminine.

For the most part, the color adjectives that you learned in Chapter 2 (**Manuel de classe,** page 66) follow the same rules as the other descriptive adjectives: **noir → noire, vert → verte.** However, notice the following special cases:

> violet → violette
> blanc → blanche
> marron = marron

In the plural, they add an **-s:**

> bleu → bleus
> brune → brunes

EXCEPTIONS:
(1) if the singular already ends in **s**, there is no change (**gris = gris**);
(2) the colors **marron** and **orange** are invariable—*i.e.,* they're the same in both the masculine and the feminine, and in the singular and the plural.

Application

*III. Comment est la maison d'Édouard (*What's Edward's house like*)? When you are asked to describe various houses and parts of houses, you respond by choosing, on the basis of the drawing, the appropriate adjective. Begin your answers with **il/elle est** or **ils/elles sont,** and be sure to make the adjective agree with the noun.

MODÈLE: Comment est la maison d'Édouard?
(grand / petit)
Elle est grande.

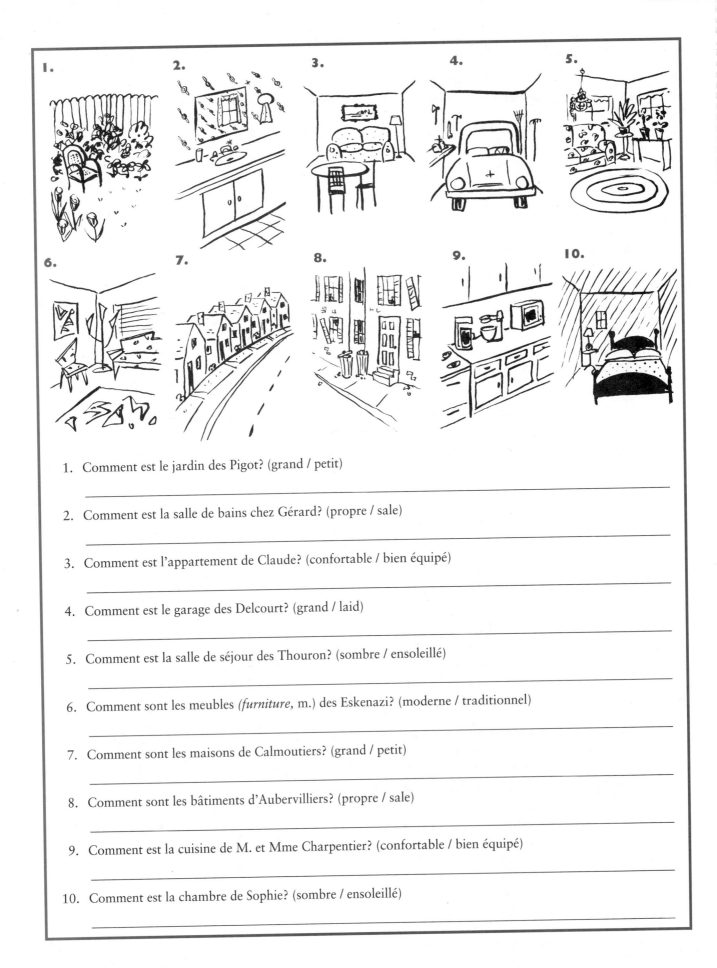

1. Comment est le jardin des Pigot? (grand / petit)

   _____

2. Comment est la salle de bains chez Gérard? (propre / sale)

   _____

3. Comment est l'appartement de Claude? (confortable / bien équipé)

   _____

4. Comment est le garage des Delcourt? (grand / laid)

   _____

5. Comment est la salle de séjour des Thouron? (sombre / ensoleillé)

   _____

6. Comment sont les meubles *(furniture, m.)* des Eskenazi? (moderne / traditionnel)

   _____

7. Comment sont les maisons de Calmoutiers? (grand / petit)

   _____

8. Comment sont les bâtiments d'Aubervilliers? (propre / sale)

   _____

9. Comment est la cuisine de M. et Mme Charpentier? (confortable / bien équipé)

   _____

10. Comment est la chambre de Sophie? (sombre / ensoleillé)

   _____

*IV. De quelle couleur est (sont)... ? The new friends of Philippe Cardineau are asking him questions about the colors of various things he owns. Using the cues provided, write the answers Philippe might give to their questions.

> **MODÈLE:** De quelle couleur est ton vélo? (blanc / vert)
> *Mon vélo? Il est blanc et vert.*

Did you notice how French expresses the idea of *your* when talking to someone with whom you use **tu?** That's right—**ton vélo.** However, if the question is about a feminine word, you have to use **ta**—for example, **ta chemise.** And if you're referring to a plural word, you use **tes.** It doesn't matter whether the word is masculine or feminine—**tes tee-shirts, tes chemises.**

And to answer the person's question, you use either **mon, ma,** or **mes,** again depending on the word your referring to: **mon tee-shirt, ma chemise; mes tee-shirts, mes chemises. Alors, tu y es?** *(Do you get it?)* **Oui? Parfait!** Now you can do the exercise.

> **MODÈLE:** De quelle couleur est ta maison?
> *Ma maison est blanche et marron.*

1. De quelle couleur est ta maison?

   _____

2. De quelle couleur est ta voiture?

   _____

3. De quelle couleur est ta chambre?

   _____

4. De quelle couleur est ta cuisine?

   _____

5. De quelle couleur est ton vélo?

   _____

6. De quelle couleur est ton short?

   _____

7. De quelle couleur est ton blouson?

   _____

8. De quelle couleur est ton pantalon?

   _____

9. De quelle couleur sont tes chemises?

   _____

10. De quelle couleur sont tes cahiers?

    _____

TEST 8: DESCRIPTIVE ADJECTIVES

Catherine Galesne is talking about where she lives and what she wears. On the basis of the drawing, complete the description by adding the correct form of an appropriate adjective. If a color is not evident from the drawing, you may choose any color you have not already used in this test.

J'habite dans une maison. Elle n'est pas très _____ . En fait *(In fact)*, elle est assez

_____ . De quelle couleur est ma maison? Elle est _____ et

_____ . La maison n'est pas moderne; elle est _____ . Les meubles sont

_____ aussi. La maison est très bien _____ : nous avons deux téléviseurs,

un magnétoscope, une chaîne hi-fi et un ordinateur. Derrière la maison il y a un jardin. Nous n'avons pas beaucoup

d'espace, mais il y a beaucoup de lumière *(light)*. Le jardin est toujours _____ . Dans le jardin

il y a beaucoup de fleurs. Elles sont très _____ . J'aime bien notre jardin.

   Tu veux parler de moi? D'accord. Qu'est-ce que je porte? D'habitude, je porte un short, une chemise et un

blouson. Aujourd'hui, par exemple, mon short est _____ , ma chemise est

_____ et _____ et mon blouson est _____ .

Nous voilà, moi et ma maison!

> You will find the answers on page 394 along with instructions for scoring the test.
> A perfect score is 24. If your score is less than 19, you should review this section
> before going to class.

À faire! (3-2)   *Manuel de classe, pages 98–103*

As a *follow-up* to the reading and discussion about housing in class, do Exercises V and VI.

LISEZ!
Le parc des Renardières

The following full-page apartment ad is trying to attract Parisians to the suburbs. The title of the ad (**Gare et paix** [Train station and peace]) is a word play on the title of the famous Russian novel by Tolstoy (**Guerre et paix**) [War and Peace].

First, skim the ad to see what kinds of information are included. Then, with the help of your other reading strategies, do the exercise that follows.

*V. Le Parc des Renardières. Answer in English the following questions about the apartment complex in the ad.

Location

1. How long does it take to get there by train from Paris? _____

    What station do you get off at? _____

2. If you go by car on the four-lane highway (**A13**), what direction are you going in relation to Paris?

    _____

    What exit do you get off at? _____

The apartment

3. This apartment is classified as **un 4 pièces.** However, there are obviously more than four rooms. In establishing this designation, which rooms are probably considered?

    _____

4. What other rooms does the apartment include?

    _____

Other features

5. What additional advantages does the ad mention in its effort to interest possible clients?

    _____

ÉCRIVEZ!

VI. Une publicité. You have been hired by an American company to find housing for some employees of their French affiliate who will be working in the United States. Find in a newspaper or magazine from your region an ad for an interesting apartment. Then create for the new employees a French version of that ad. Include a small map showing the location, a drawing of the apartment with the rooms labeled, and a paragraph suggesting some of the advantages of living there. You need not include every detail from the ad; concentrate on those details for which you have learned the French vocabulary. Use a separate sheet of paper.

À faire! (3-3)   *Manuel de classe, pages 104–108*

As a *follow-up* to the presentation of the family, professions, and nationalities in class, do Exercises VII and VIII. Consult the lists on pages 104 and 106 in the **Manuel de classe** for help with vocabulary.

As *preparation* for work in class, do the following:
*   read the explanation of possessive adjectives;
*   🔲 listen to SEGMENT 17 of your *Student Tape;*
*   write Exercises IX and X;
*   take Test 9.

CONTEXTE: LA FAMILLE

*VII. La famille Batailler. Use the suggested expressions to write sentences about family relationships among the various members of the Batailler family.

> **MODÈLE:** Adeline / fille
> *Adeline est la fille d'André et d'Hélène Batailler.*

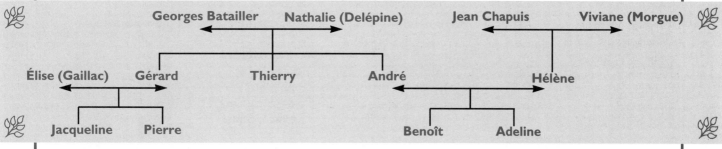

1. Adeline / sœur

   _____

2. Benoît / fils

   _____

3. Jean Chapuis / père

   _____

4. Nathalie Batailler / grand-mère

   _____

5. Élise Batailler / tante

   _____

6. Jacqueline et Pierre / cousins

   _____

7. Viviane / femme *(wife)*

   _____

8. Thierry / oncle

   _____

9. Benoît / petit-fils *(grandson)*

   _____

10. Jacqueline / petite-fille *(granddaughter)*

    _____

11. Hélène / mère

    _____

12. André / frère

    _____

13. Gérard / mari *(husband)*

    _____

14. Jean Chapuis / grand-père

    _____

15. Hélène / fille

    _____

*VIII. Les cartes de débarquement. You're working for a tourist group that coordinates travel for international groups. Using the information on your group list, fill out in French the landing cards (**cartes de débarquement**) for the members of your group. They will be traveling from New York to Paris on Air France flight 017.

Group #2087	17 July 1996	New York–Paris	AF 017	
NAME	GENDER	CITY, COUNTRY	ADDRESS	OCCUPATION
Abruzzi, Marcello	M	Turin, Italy	via Garibaldi	businessman
Delteil, Jean-Claude	M	Montréal, Canada	rue Sainte-Catherine	accountant
Fodéba, Annie	F	Lyon, France	rue Jean Moulin	doctor
Frye, Alan	M	Bristol, England	Dickens Mew	farmer
Kramer, Hilda	F	Munich, Germany	Leopold Strasse	secretary
Oh, Mata	F	Sapporo, Japan	Hamamatsucho	dentist
Sormani, Helen	F	Zurich, Switzerland	Dietzinger Strasse	teacher

CARTE DE DEBARQUEMENT
DISEMBARKATION CARD

ne concerne pas les voyageurs de nationalité française
ni les ressortissants des autres pays membres de la C.E.

not required for nationals of France
nor for other nationals of the E.C. countries

1 **NOM** : _____
NAME (en caractère d'imprimerie — please print)

Prénoms : _____
Given names

2 **Lieu de naissance** : _____
Place of birth

3 **Nationalité** : _____
Nationality

4 **Profession** : _____
Occupation

5 **Domicile** : _____
address

_____

6 **Aéroport ou port d'embarquement** : _____
Airport or port of embarkation

MARCELLO ABRUZZI

JEAN-CLAUDE DELTEIL

CARTE DE DEBARQUEMENT
DISEMBARKATION CARD

ne concerne pas les voyageurs de nationalité française
ni les ressortissants des autres pays membres de la C.E.

not required for nationals of France
nor for other nationals of the E.C. countries

1 **NOM** : _____
NAME (en caractère d'imprimerie — please print)

Prénoms : _____
Given names

2 **Lieu de naissance** : _____
Place of birth

3 **Nationalité** : _____
Nationality

4 **Profession** : _____
Occupation

5 **Domicile** : _____
address

6 **Aéroport ou port d'embarquement** : _____
Airport or port of embarkation

CARTE DE DEBARQUEMENT
DISEMBARKATION CARD

ne concerne pas les voyageurs de nationalité française
ni les ressortissants des autres pays membres de la C.E.

not required for nationals of France
nor for other nationals of the E.C. countries

1 **NOM** : _____
NAME (en caractère d'imprimerie — please print)

Prénoms : _____
Given names

2 **Lieu de naissance** : _____
Place of birth

3 **Nationalité** : _____
Nationality

4 **Profession** : _____
Occupation

5 **Domicile** : _____
address

6 **Aéroport ou port d'embarquement** : _____
Airport or port of embarkation

ANNIE FODÉBA

CARTE DE DEBARQUEMENT
DISEMBARKATION CARD

ne concerne pas les voyageurs de nationalité française
ni les ressortissants des autres pays membres de la C.E.

not required for nationals of France
nor for other nationals of the E.C. countries

1 **NOM** : _____
NAME (en caractère d'imprimerie — please print)

Prénoms : _____
Given names

2 **Lieu de naissance** : _____
Place of birth

3 **Nationalité** : _____
Nationality

4 **Profession** : _____
Occupation

5 **Domicile** : _____
address

6 **Aéroport ou port d'embarquement** : _____
Airport or port of embarkation

ALAN FRYE

CARTE DE DEBARQUEMENT
DISEMBARKATION CARD

ne concerne pas les voyageurs de nationalité française
ni les ressortissants des autres pays membres de la C.E.

not required for nationals of France
nor for other nationals of the E.C. countries

1 **NOM** : _____
NAME (en caractère d'imprimerie — please print)

Prénoms : _____
Given names

2 **Lieu de naissance** : _____
Place of birth

3 **Nationalité** : _____
Nationality

4 **Profession** : _____
Occupation

5 **Domicile** : _____
address

6 **Aéroport ou port d'embarquement** : _____
Airport or port of embarkation

HILDA KRAMER

CARTE DE DEBARQUEMENT
DISEMBARKATION CARD

ne concerne pas les voyageurs de nationalité française
ni les ressortissants des autres pays membres de la C.E.

not required for nationals of France
nor for other nationals of the E.C. countries

1 **NOM** : _____
   NAME (en caractère d'imprimerie — please print)

   Prénoms : _____
   Given names

2 **Lieu de naissance** : _____
   Place of birth

3 **Nationalité** : _____
   Nationality

4 **Profession** : _____
   Occupation

5 **Domicile** : _____
   address

6 **Aéroport ou port d'embarquement** : _____
   Airport or port of embarkation

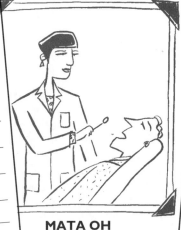

MATA OH

CARTE DE DEBARQUEMENT
DISEMBARKATION CARD

ne concerne pas les voyageurs de nationalité française
ni les ressortissants des autres pays membres de la C.E.

not required for nationals of France
nor for other nationals of the E.C. countries

1 **NOM** : _____
   NAME (en caractère d'imprimerie — please print)

   Prénoms : _____
   Given names

2 **Lieu de naissance** : _____
   Place of birth

3 **Nationalité** : _____
   Nationality

4 **Profession** : _____
   Occupation

5 **Domicile** : _____
   address

6 **Aéroport ou port d'embarquement** : _____
   Airport or port of embarkation

HELEN SORMANI

STRUCTURE: POSSESSIVE ADJECTIVES
Un album de photos 📼 SEGMENT 17

ANNICK: Et cette *(this)* photo? C'est **ton** frère?

MURIEL: Oui, c'est **mon** frère aîné avec **sa** femme et **leurs** enfants.

ANNICK: Et c'est qui, ça?

MURIEL: Ce sont **nos** amis les Fontenaille. **Ma** sœur et moi, nous sommes allées à Londres avec eux.

Explication grammaticale  SEGMENT 17

You have already encountered the possessive adjective forms for *my* (**mon, ma, mes**) and the "familiar" *your* (**ton, ta, tes**). The third person singular forms are similar: **son, sa, ses.** However, since adjectives agree with the noun they modify, *not* with (as in English) the person who possesses the noun, these forms (**son, sa, ses**) are the equivalent of both *his* and *hers*.

son vélo	*his bike* or *her bike*
sa chambre	*her room* or *his room*
ses amis	*his friends* or *her friends*

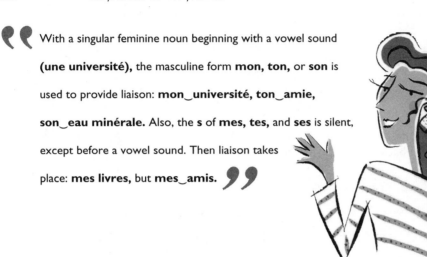

" With a singular feminine noun beginning with a vowel sound **(une université)**, the masculine form **mon, ton,** or **son** is used to provide liaison: **mon_université, ton_amie, son_eau minérale.** Also, the **s** of **mes, tes,** and **ses** is silent, except before a vowel sound. Then liaison takes place: **mes livres,** but **mes_amis.** "

With the equivalents of *our*, "formal or plural" *your*, and *their*, there are only two forms—singular and plural (**notre, nos / votre, vos / leur, leurs**). No distinction is made between masculine and feminine.

notre maison	*our house*
votre appartement	*your apartment*
leur chambre	*their room*
nos livres	*our books*
vos amis	*your friends*
leurs cassettes	*their friends*

The following chart summarizes the possessive adjectives in French:

SUBJECT	MASCULINE SINGULAR	FEMININE SINGULAR	MASC. AND FEM. PLURAL	ENGLISH EQUIVALENT
je	**mon**	**ma**	**mes**	*my*
tu	**ton**	**ta**	**tes**	*your*
il / elle / on	**son**	**sa**	**ses**	*his, her, one's*
nous	**notre**	**notre**	**nos**	*our*
vous	**votre**	**votre**	**vos**	*your*
ils / elles	**leur**	**leur**	**leurs**	*their*

Application

*IX. L'inventaire (The inventory). You and your roommate (camarade de chambre) have been renting an apartment from a landlord (propriétaire) who likes to kid you. As he/she watches you pack at the end of the year, you're discussing who has what. Complete the conversation by using mon, ma, mes or ton, ta, tes or votre, vos or notre, nos.

VOUS: Bon, j'ai _____ walkman, _____ chaîne stéréo et _____ cassettes. Est-ce que tu as

_____ calculatrice, _____ cahiers et _____ ordinateur?

VOTRE CAMARADE DE CHAMBRE: Oui. Et en plus (in addition) nous avons _____ téléviseur,

_____ livres et _____ magnétoscope.

VOTRE PROPRIÉTAIRE: Oui. Mais vous n'avez pas _____ compact discs et _____ appareil-photo.

Et attention! Vous avez _____ clés (keys)!

Pierre and his sister Danielle have been away at college. Their father watches them unpack and describes to his wife what the kids have brought back. Complete the father's description with son, sa, ses or leur, leurs.

PÈRE: Bon. Pierre a _____ magnétoscope, _____ chaîne stéréo, _____ disques laser et

_____ appareil-photo. Et Danielle, elle a _____ calculatrice, _____ vélo et _____

cassettes. Elle n'a pas _____ walkman. Bon... et les deux, ils ont _____ ordinateur,

_____ vêtements et _____ voiture. Mais où est _____ argent!?

*X. À qui est-ce (Whose is it)? Using the information provided, complete the following exchanges by adding the appropriate possessive adjectives.

1. *Alain is looking for his pens. Francine sees where they are.*

2. *Alain and Francine are looking at Didier's house.*

ALAIN: Où sont _____ stylos?

FRANCINE: Mais ils sont là! Regarde!

Dans _____ cahier.

ALAIN: Francine, ça, c'est _____ maison?

FRANCINE: Non, c'est la maison de Didier.

Elle est très jolie, _____ maison,

non? Moi, j'habite dans un appartement.

ALAIN: Ah, oui? _____ appartement est

près d'ici?

3. *Francine has found some cassettes.*

FRANCINE: Didier et Christine, ce sont

_____ cassettes?

CHRISTINE: Oui, ce sont _____ cassettes.

Merci.

5. *Alain is pointing out a house to Didier and Francine.*

> **François et Michèle Deliou**
> **145, avenue de Verdun**
> **36000 Châteauroux**

ALAIN: Bon, et ça, c'est la maison des Deliou.

FRANCINE: Mais non. Ce n'est pas _____

maison. Ils n'habitent pas dans la rue

Briçonnet.

ALAIN: Ah, non? Quelle est _____ adresse?

DIDIER: 145, avenue de Verdun.

7. *Francine wants to listen to some of Didier's compact discs.*

FRANCINE: Où sont _____ compact discs?

ALAIN: Ils sont dans _____ chambre.

Tu voudrais que je les cherche?

4. *Alain is looking at a bike.*

ALAIN: Francine, ça, c'est le vélo de Didier?

FRANCINE: Non, _____ vélo est noir.

Toi, tu as un vélo?

ALAIN: Oui, et _____ vélo est noir aussi.

6. *Alain is looking for the camcorder belonging to him and Francine.*

ALAIN: Où est _____ caméscope?

DIDIER: _____ caméscope est chez

moi. Je l'ai oublié *(I forgot it)*.

8. *Didier is asking Christine about Alain and Francine's keys.*

DIDIER: Est-ce qu'ils ont _____ clés?

CHRISTINE: Francine a _____ clés,

mais on ne peut pas trouver les

clés d'Alain.

TEST 9: POSSESSIVE ADJECTIVES

Complete the following conversations with the appropriate possessive adjectives.

1. — Tu habites avec _____ parents?

   — Non, _____ parents sont décédés. J'habite avec _____ oncle et _____ tante et _____ fils.

2. — Salut, Chantal. Comment vas-tu?

   — Très bien, Jean-Pierre. Et toi?

   — Oh, je vais bien. Écoute. Où est-ce qu'elle habite, _____ cousine Michèle?

   — Michèle? Elle habite à La Roche-sur-Yon avec _____ parents et _____ frère Jean-Paul.

3. — Dominique et Philippe, où est-ce que _____ grands-parents habitent?

   — Eh bien, _____ grands-parents paternels habitent à Rouen. _____ grand-père maternel habite à Paris.

4. — Laurence, où vas-tu?

   — Je vais à Orsay.

   — Ah, tu vas voir _____ amie Isabelle.

5. — Alors, Mademoiselle. Vous avez combien de frères?

   — J'ai un frère, Monsieur.

   — Et où est-ce qu'il habite, _____ frère?

   — Il habite à Montpellier avec _____ femme et _____ deux enfants.

> You will find the answers on page 394. Give yourself one (1) point for each correct answer. A perfect score is 15. If your score is less than 12, you should rework this section before going to class.

À faire! (3-4)   *Manuel de classe, pages 109–112*

As a *follow-up* to your work in class describing people, do Exercise XI. Consult the list on page 111 of the **Manuel de classe** for help with vocabulary.

As *preparation* for work in class, do the following:
- read the explanation of irregular adjectives;
- ▭ listen to SEGMENT 18 of your *Student Tape*;
- write Exercises XII, XIII, and XIV;
- take Test 10.

CONTEXTE: ILS SONT VRAIMENT TRÈS GENTILS, NOS ENFANTS!

*XI. Comment sont-ils (What are they like)? On the basis of the drawings, describe the following people. You may choose the color of each person's hair and eyes.

MODÈLE: *Il est (assez) jeune. Il est grand et costaud.*
Il a les cheveux blonds et les yeux bleus.
Il est sportif et (très) ambitieux.

Moi, je vais être un champion olympique.

Ça, c'est pour toi... et ça, c'est pour toi... mangez, puis nous allons jouer.

Non, non... je ne vais pas aller au cinéma... euh... je vais étudier.

Non, je vais déjeuner avec le directeur et puis je dois aller chercher les enfants à l'école.

1. _____

2. _____

3. _____

Il n'est pas nécessaire que je travaille... Ma femme et mes enfants s'occupent de moi.

Oh, oui. Je suis toujours de bonne humeur.

4. _____

5. _____

STRUCTURE: THE VERB *ÊTRE*

Deux sœurs 🔊 SEGMENT 18

> **JACQUES:** Alors, toi, **tu es** comme ta sœur?
>
> **PASCALE:** Oh, non. **Elle est** très sportive et moi, **je suis** plutôt *(rather)* intellectuelle.
>
> **JACQUES:** Mais **vous êtes** toutes les deux *(both)* assez sérieuses, n'est-ce pas?
>
> **PASCALE:** Oui, en effet *(as a matter of fact)*, et **nous sommes** très ambitieuses, ma sœur et moi.

Explication grammaticale 🔊 SEGMENT 18

You've already learned to use some of the forms of the verb être *(to be)*. Here is the complete conjugation of être in the present tense:

je **suis**	nous **sommes**
tu **es**	vous **êtes**
il / elle / on **est**	ils / elles **sont**

Application

XII. Que font-ils (What do they do)? Indicate the profession of each of the following people by completing the sentence with the appropriate form of the verb **être**.

1. Georges _____ architecte.

2. Monique et Chantal _____ journalistes.

3. Je _____ ouvrier.

4. Vous _____ professeur, non?

5. Nous _____ avocats.

6. Tu _____ archéologue?

Note grammaticale: Irregular descriptive adjectives

 SEGMENT 18

While doing the exercises involving descriptions, you've probably noticed that some adjectives undergo special changes before adding the -e of the feminine form. The following are a few basic patterns for you to learn:

-f	changes to	**-ve**	**sportif**	→	**sportive**
-n	changes to	**-nne**	**bon**	→	**bonne**
-el	changes to	**-elle**	**intellectuel**	→	**intellectuelle**
-il	changes to	**-ille**	**gentil**	→	**gentille** (nice)
-x	changes to	**-se**	**sérieux**	→	**sérieuse**
-et	changes to	**-ète**	**discret**	→	**discrète**
-er	changes to	**-ère**	**cher**	→	**chère**

In addition, three commonly used adjectives—**beau** (beautiful, handsome), **nouveau** (new), and **vieux** (old)—have special forms that you should learn.

Il est **beau**.	Elle est **belle**.
Ils sont **beaux**.	Elles sont **belles**.
Il est **nouveau**.	Elle est **nouvelle**.
Ils sont **nouveaux**.	Elles sont **nouvelles**.
Il est **vieux**.	Elle est **vieille**.
Ils sont **vieux**.	Elles sont **vieilles**.

*XIII. Comparaisons. You and your friend are making comparisons. For each statement, write another statement that uses the cue in parentheses. Remember to make the adjectives agree with the nouns.

> **MODÈLE:** Ma chemise est italienne. (pantalon)
> *Mon pantalon est italien aussi.*

1. Mon appartement est ancien. (maison)

_____

2. Ma voiture est nouvelle. (vélo)

_____

3. Mon ordinateur est cher. (chaîne hi-fi)

_____

4. Mon jean est nouveau. (chemise)

_____

5. Nos croque-monsieur sont très bons. (omelettes)

_____

6. Notre pizza est délicieuse. (croissants)

_____

7. Jean-Jacques est cruel. (Nathalie)

_____

8. Frédéric est très beau. (ses frères)

_____

9. Mathieu est très actif. (sa sœur)

_____

10. Olivier est souvent indiscret. (Brigitte)

_____

11. Victor est très beau. (Marie-Louise)

_____

12. Mon père est assez vieux. (mes parents)

_____

*XIV. Des contraires. It's often easier if you try to learn adjectives in pairs of antonyms (for example: **grand / petit**). Write logical sentences using the nouns and adjectives suggested. (In some cases, the choice of which adjective to use with which noun is a question of personal opinion.)

> **MODÈLE:** le musée d'Orsay / la cathédrale de Notre-Dame (ancien / nouveau)
> *Le musée d'Orsay est (assez) nouveau; la cathédrale de Notre-Dame est ancienne.*

1. les films de Woody Allen / les pièces *(plays,* f.) de Shakespeare (récent / ancien)

   _____

2. Blanche-Neige *(Snow White)* / sa marraine *(stepmother)* (cruel / gentil)

   _____

3. les hommes *(men)* / les femmes *(women)* (discret / indiscret)

   _____

4. moi / mon ami(e)... (actif / paresseux)

   _____

5. Meryl Streep / le capitaine Hook (beau / laid)

   _____

6. les grands-mères / les petites filles (jeune / vieux)

   _____

7. les films de Sylvester Stallone / les pièces de Neil Simon (bon / mauvais)

   _____

8. les maisons à San Francisco / le prix d'une maison à Minneapolis (cher / raisonnable)

   _____

TEST 10: THE VERB *ÊTRE*; IRREGULAR ADJECTIVES

Complete the sentences using the appropriate form of être and of one of the adjectives listed below. The adjectives marked with an asterisk (*) can each be used *twice*; each of the other adjectives in the list can only be used *once*.

ADJECTIVES: beau* / bon / cher / curieux / discret / gentil / intellectuel / nouveau* / sportif / vieux*

1. Qu'est-ce qu'ils _____ , Robert Redford et Tom Cruise!

2. Ma sœur joue au tennis, au golf et au volley. Elle _____ très _____ .

3. Notre maison date de 1689. Elle _____ très _____ .

4. Ma sœur Andrée et son amie Régine _____ très _____ ;
   elles posent *(ask)* beaucoup de questions.

5. Je vais manger encore des croissants. Ils _____ très _____ .

6. Mes sœurs Françoise et Marie-Laure aiment beaucoup la littérature, la musique classique et l'opéra, mais elles n'aiment pas du tout le sport. Elles _____ plutôt _____ .

7. Les livres pour notre cours de biologie _____ . Ils viennent de sortir *(were just published)*.

8. Moi, je trouve que Michelle Pfeiffer _____ très _____ .

9. Annie et toi, vous ne révélez *(reveal)* jamais les secrets de vos amis. Vous _____ très

   _____ .

10. Comment! La Peugeot que M. Giovanni veut *(wants)* acheter coûte 250 000F! Elle _____ très

    _____ !

11. Tu aimes ma robe? Elle _____ ; je viens de l'acheter *(just bought it)*.

12. Ma femme a 90 ans et moi, j'ai 88 ans. Nous _____ .

13. Véronique, tu _____ vraiment très _____ . Tu souris *(smile)* toujours,
    tu aides *(help)* ta mère à la maison, tu joues *(play)* avec tes petits frères.

> You will find the answers and instructions for scoring the test on page 395. A perfect score is 26. If your score is less than 21, you should rework this section before going to class.

À faire! (3-5)   *Manuel de classe, pages 112–116*

As a *follow-up* to your work on être, descriptive adjectives, and family in class, read the following text and do Exercises XV and XVI.

Then do the following:
- write Exercise XVII;
- 🔊 listen to SEGMENT 19 of your *Student Tape*.

LISEZ!
L'évolution de la famille

The following short passage is taken from a book providing information about France. Read through the passage once to get the general ideas and do Exercise XV. Then reread the passage, doing Exercise XVI as you go.

Si la famille demeure pour beaucoup de Français une valeur fondamentale et une institution des plus solides, elle n'en a pas moins connu depuis quelques années de profonds changements.

À partir de 1972–1973, on a assisté à une spectaculaire chute de la fécondité et de la nuptialité. En 1972, on enregistrait 878 000 naissances; en 1987, 770 000. Le taux de fécondité est de 1,8 enfant par femme (2,8 en 1965), ce qui fait de la France actuellement un des pays les plus féconds d'Europe, mais est insuffisant pour assurer le renouvellement des générations (2,1).

Dans le même temps, le nombre de mariages a diminué de 150 000 (266 000 en 1987 contre 417 000 en 1972, soit 4,8 mariages pour 1 000 habitants contre 8,1). Parallèlement, le nombre des divorces s'accroissait très sensiblement: 38 000 en 1972, plus de 100 000 aujourd'hui. On compte désormais 30 divorces pour 100 mariages (50 pour 100 à Paris).

Autre phénomène récent: le développement de l'union libre ou cohabitation. Ce sont 10% des couples (1 million de personnes) qui cohabitent (dont 20% chez les moins de 35 ans et 50% chez les moins de 25 ans). Conséquence de ce phénomène: 20% des naissances hors mariage.

Si ces faits ne constituent pas un bouleversement complet de la famille, ils révèlent néanmoins la coexistence de conceptions très différentes de la vie familiale.

Michaud et Kimmel, *Le Nouveau Guide France*,
(Hachette, 1990, pages 330-331)

---

*XV. En général. Answer the following general questions on the basis of your first reading of the passage.

1. What is the general subject of the passage?

_____

2. Identify *three* main ideas of the passage.

_____

_____

_____

*XVI. En détail. Now let's work our way through the passage, making use of various reading strategies *in combination* in order to get a more detailed grasp of the meaning.

Paragraph 1

List the cognates that you recognize. _____

_____

What other words do you already know or can you guess from context? _____

Summarize *(without* translating word for word) the main idea of the paragraph.

_____

Imagine that you looked up in a dictionary the word **si** *(if)*. Does its meaning change your version of the main idea? If so, how?

_____

_____

Paragraph 2

There are lots of numbers in this paragraph. How does the French punctuation of numbers differ from what is done in English? _____

_____

Do you recognize the words **fécondité** and **nuptialité** as cognates? If not, look in an English dictionary under *fec-* and *nupt-*. What do they mean? _____

_____

Which one applies particularly to this paragraph? _____

What other cognates can you recognize in this paragraph? _____

_____

Can you guess the meaning of **chute** from the context? What do the figures suggest—*a rise* or *a fall*?

_____

Can you guess the meaning of **naissances** from its connection to the idea of **fécondité**? What might they be registering or recording?

_____

Can you guess the meaning of **taux de fécondité** from its link to the figures? What do **1,8** and **2,8** represent?

_____

The words **a assisté** and **actuellement** are false cognates. Why wouldn't it make sense for **a assisté** to mean *assisted?* _____ (Its meaning is *was present at, saw).*

The term **actuellement** means *at the present time* (a good example of a false cognate you have to memorize!).

What word that you already know do you see in the middle of **renouvellement**? _____

What might the expression **le renouvellement des générations** refer to? _____

_____

If you couldn't before, can you now guess the meaning of **insuffisant**? _____

Paragraph 3

On the basis of the numbers, what do the verbs **a diminué** and **s'accroissait** mean? Do they seem to be synonyms or antonyms? _____

_____

Paragraph 4

On the basis of the first two sentences of the paragraph, what is the probable meaning of the expression **naissances hors mariage**? _____

_____

Paragraph 5

What word in this paragraph belongs to the same word family as **famille**? _____

What is the difference between the two words? _____

_____

Mais tu exagères vraiment, Gigi! That reading and exercise were pretty hard, especially without a dictionary.

J'sais. I know. I'm sure there were a few answers they didn't all get. That's all right. And it's OK to use a dictionary, too. What we need to show them, however, is all the strategies they can use when reading *before* they make use of a dictionary. **D'accord, mon cher Gaston?**

ÉCRIVEZ!

XVII. Voici ma famille. Your family has invited a French-speaking high school student to spend the summer with them as part of an international exchange program. They ask you to write a letter to the exchange student, expressing their pleasure at her upcoming visit and describing the family. Complete the letter, first giving information about yourself and then, in the second paragraph, describing your family. Include in your descriptions physical appearance, work and/or interests, and personality traits.

Chère Colette,

Ma famille et moi, nous sommes très heureux (heureuses) d'apprendre que vous allez passer l'été chez nous. Je m'appelle _____ _____ . J'ai _____ ans et je suis étudiant(e) à _____ .

_____

_____

_____

_____

_____

_____

Maintenant je voudrais vous faire une petite description de ma famille. Nous sommes

_____

_____

_____

_____

_____

_____

Nous attendons avec impatience votre arrivée. À bientôt.

Cordialement,

_____

PRONONCEZ BIEN!  SEGMENT 19
Les voyelles a, i, o, u

In French, the letters **a, i,** and **u**—when not combined with another vowel or with the consonants **m** or **n**—are pronounced as follows:

◆ **a** between the *a* sounds in the English words *fat* and *father*; pronounced with the mouth rounded

    la   **papa**   **ça va**

◆ **i** similar to the *i* sound in the English word *machine;* pronounced with the lips spread wide, as in a smile

    si   **ici**   **il habite**

◆ **u** unlike any English sound; to learn to make the sound represented by the letter **u**, first pronounce the French letter **i** (remember to spread your lips in a smile), then, keeping the interior of your mouth in the same tense position, move your lips forward as if to whistle

    tu   **une**   **musique**

The letter **o** represents two different sounds in French:

◆ **o [o]** similar to the vowel sound in the English word *go,* but more rounded and without letting your voice slide to add a second sound; keep your mouth tense

◆ **o [ɔ]** similar to the vowel sound in the English word *lost*

The sound [o] is used when the letter **o** is:

1. the last sound of a word—**métro**

2. before **s** plus a vowel—**rose**

3. when the letter **o** has a circumflex—**hôtel**

In other cases, the letter **o** is pronounced [ɔ]: **bonne, short, collier, omelette.**

The combinations **ai, au,** and **eau** are pronounced as *single vowel sounds* in French:

◆ **ai** similar to the *e* sound in the English word *melt*

    j'aime   **français**   **je vais**

◆ **au** and **eau** similar to the *o* sound in the English word *hope*

    au   **Claude**   **beau**

The combination **oi** is pronounced as a consonant plus a vowel in French:

◆ **oi** similar to the *wa* sound in the English word *watt*

    moi   **noir**   **trois**

The combination **ou** represents two different sounds in French:

◆ **ou [u]** similar to the *oo* sound in the English word *boot,* but without letting your voice slide to add a second sound

◆ **ou [w]** similar to the *w* sound in the English word *will*

The [w] sound is used when the combination **ou** is followed by a vowel sound: **oui, ouest, silhouette**

In all other cases, the [u] sound is used: **beaucoup, Louvre, cousin, pour.**

XVIII. 📼 SEGMENT 19 **Les voyelles *a, i, o, u.*** Do the following pronunciation exercises.

A. Read each word aloud, making an effort to pronounce the vowels in the French manner. First, open your mouth to pronounce **a.**

la / ma / Ça va? / papa / un agenda / un baladeur / à la gare

Now spread your lips (smile!) when saying **i.**

il / ici / il dîne / la ville / un livre / imiter

For the **u** sound, remember to maintain the tension inside your mouth while positioning your lips as far forward as possible, as if you were whistling.

une / tu / du / fume / sur / la lune / Jules / une mule

B. Read each pair of words aloud, being careful to clearly pronounce the [ɔ] of the first word and avoid making two sounds with the [o] of the second word.

notre, nos / votre, vos / téléphone, métro / sport, hôtel / octobre, rose / monotone, quelque chose

C. Now read each word aloud, being careful to pronounce each combination as a single vowel sound.

aime / français / anglais / je vais / aussi / autobus / de Gaulle / beau / ciseaux / rouge / cousin / le Louvre / souvent / Toulouse / Carcassonne / un sac à dos / la musique classique / une quiche aux épinards / un radiocassette stéréo

In the following words, be sure to pronounce the combination as a consonant or a consonant plus vowel.

oui / ouest / silhouette / pirouette / jouer / toi / moi / trois / poisson / soixante

Now read aloud these words that include two or more of the sounds practiced above.

d'habitude / pharmacie / Italie / politique / habiter / salut / autobus / portugaise / aujourd'hui / chocolat / appareil-photo / caméscope / beaucoup / obligatoire / Strasbourg

D. Give the following tongue-twisting sentences a try. Listen first to the tape, then try to imitate it.

Le papa de ma camarade va à la gare.
L'amie à qui il rend visite habite l'Île de la Cité.
Le mur murant Namur rend Namur murmurant.
J'ai laissé l'aîné chez les Français.
Au château Claude boit de l'eau chaude.
Voilà trois pois noirs pour toi et pour moi.

À faire! (3-6)
Manuel de classe, pages 117–120

As a *follow-up* to the work done in class with time and daily routines, read pages 117–119 in the **Manuel de classe** and then do Exercises XIX and XX.

As *preparation* for the next class, do the following:
- read the explanation of pronominal verbs;
- 📼 listen to SEGMENT 20 of your *Student Tape*;
- write Exercises XXI, XXII, and XXIII;
- take Test 11.

CONTEXTE: La journée des enfants Batailler

*XIX. La journée de M. et Mme Batailler. On the basis of the drawings, answer the questions about the daily routine of the parents of Benoît and Adeline.

1. À quelle heure est-ce que M. Batailler se lève?

   _____

2. Qu'est-ce qu'il fait ensuite?

   _____

3. Est-ce que Mme Batailler se lève avant ou après son mari?

   _____

4. À quelle heure est-ce que les Batailler quittent la maison pour aller au travail?

   _____

5. À quelle heure est-ce qu'ils rentrent à la maison?

   _____

6. Avec qui est-ce qu'ils dînent?

   _____

7. Qu'est-ce qu'ils font *(do)* après le dîner?

   _____

8. Vers quelle heure est-ce que les Batailler se couchent?

   _____

*XX. Quelle heure est-il? Rewrite the following times as they might appear in a document written in English.

> **MODÈLE:** trois heures vingt de l'après-midi
> *3:20 P.M.*

1. six heures et quart du matin _____

2. une heure et demie de l'après-midi _____

3. neuf heures moins le quart du soir _____

4. minuit cinq _____

5. cinq heures moins vingt-cinq du matin _____

6. midi moins dix _____

Now write out *in French* the following times shown; it is *not* necessary to distinguish between A.M. and P.M.

7. 7:00 _____

8. 2:09 _____

9. 8:53 _____

10. 11:45 *(two possibilities)* _____
_____

11. 4:15 _____

12. 6:30 _____

STRUCTURE: PRONOMINAL VERBS
Deux étudiants 🔊 SEGMENT 20

HENRI: Comment! Chantal ne fait pas ses études *(doesn't go to school)* ici à Bordeaux?

PAUL: Mais non, elle est à l'université de Grenoble.

HENRI:: Alors, quand est-ce que **vous vous parlez**?

PAUL: C'est facile. **Je me lève** de bonne heure. Et **elle se lève** de bonne heure aussi. **Nous nous téléphonons** trois ou quatre fois par semaine, le matin.

Explication grammaticale SEGMENT 20

Pronominal verbs are verbs that require a pronoun in addition to the subject. This additional pronoun can have two different meanings:

- In some cases, it expresses an action that *reflects back* on the subject (reflexive).

Je me lève.	*I get up. (Literally, I get myself up.)*
Elle s'habille.	*She gets dressed. (Literally, she dresses herself.)*

- In other cases, it expresses a *reciprocal* action in which two or more subjects interact.

Nous nous téléphonons.	*We call each other.*
Ils se retrouvent au café.	*They meet each other at the café.*

In both cases, the subject (noun or pronoun) is accompanied by its corresponding reflexive or reciprocal pronoun (**me, te, se, nous, vous**). This pronoun usually comes directly before the verb and the verb endings remain the same. For example, the verb **se lever** *(to get up)* is conjugated as follows:

je **me lève**	nous **nous levons**
tu **te lèves**	vous **vous levez**
il / elle / on **se lève**	ils / elles **se lèvent**

> Did you notice that the verb **se lever** requires an **è** instead of an **e** whenever the vowel following the **v** is *not* pronounced: **il se lève**, but **nous nous levons?**

To ask a question with a pronominal verb, use intonation, **est-ce que**, or an interrogative expression:

Vous vous amusez?	*Are you having a good time?*
À quelle heure est-ce qu'il se couche?	*What time does he go to bed usually?*

To make a negative statement with a pronominal verb, put **ne** in front of the reflexive or reciprocal pronoun and **pas** or **jamais** immediately after the verb:

Nous ne nous parlons pas très souvent.	*We don't talk to each other very often.*
Je ne me lève jamais avant 9h.	*I never get up before 9:00.*

The reflexive or reciprocal pronoun must agree with the subject even when the verb remains in the infinitive form:

Je vais me coucher à 9h ce soir.	*I'm going to go to bed at 9:00 tonight.*
Où est-ce qu'ils vont se retrouver?	*Where are they going to meet?*

Here is a list of some frequently used pronominal verbs.

REFLEXIVES			
s'amuser	*to have a good time*	**se promener**	*to go for a walk*
se coucher	*to go to bed*	**se promener à vélo**	*to go for a bike ride*
s'habiller	*to get dressed*	**se promener en voiture**	*to go for a (car) ride*
se lever	*to get up*	**se reposer**	*to rest*
se préparer (pour)	*to get ready (for)*		

RECIPROCALS	
se parler	*to speak (talk) to each other*
se retrouver	*to meet each other (by previous arrangement)*
se téléphoner	*to call each other*

Application

*XXI. Chez nous, on se couche à... Tell the usual bedtime of each family member by completing the sentences with the appropriate form of the pronominal verb **se coucher.**

1. Ma sœur _____ à 9h.

2. Mes parents _____ entre 10h et 11h.

3. En semaine, mon frère et moi, nous _____ vers 11h.

4. Le week-end, je _____ vers minuit.

5. Tes sœurs et toi, à quelle heure est-ce que vous _____ d'habitude?

6. Alors, tu _____ après moi.

*XXII. Le matin, chez les Cousineau... Annick Cousineau is telling what happens at her house on a typical weekday morning. Use the cues to write sentences describing these activities.

> **MODÈLE:** mon père / ne pas se lever / de bonne heure *(early)*
> *Mon père ne se lève pas de bonne heure.*

1. je / ne pas se lever / avant 8h

_____

2. mon père et ma mère / ne pas se parler / le matin

_____

3. mon frère et moi, nous / ne pas se parler / le matin / non plus *(either)*

_____

4. *(question)* toi et ta famille, vous / vous amuser / le matin

_____

Cecila et Katrina se téléphonent souvent.

*XXIII. Le dimanche (Sundays). Véronique Béziers explains what she does on Sundays. Use the cues to create her explanation. Unless otherwise specified, the subject of the sentence is **je.** Be careful! Not all the verbs are pronominal.

1. d'habitude / s'amuser bien / le dimanche

   _____

2. prendre / un café et des croissants

   _____

3. téléphoner à / mon amie Patricia

   _____

4. (nous) se parler au téléphone / pendant une heure ou deux

   _____

5. s'habiller

   _____

6. déjeuner / avec ma famille

   _____

7. quelquefois / (Patricia et moi, nous) se retrouver en ville / pour aller voir un film

   _____

8. quelquefois / (nous) se promener / au jardin public

   _____

9. rentrer / à la maison / entre 6h et 7h

   _____

10. le soir / se préparer pour la semaine

    _____

11. se coucher / vers 10h30 ou 11h

    _____

12. le dimanche, c'est le moment de la semaine où / se reposer

    _____

TEST 11: PRONOMINAL VERBS

Complete these vacation letters, using the appropriate form of the verb in parentheses.

Chers Maman et Papa,

Tout va bien ici! J'adore la maison de l'oncle Jacques. On passe toute la journée à faire du sport et on (manger) _____ très bien. Le seul problème, c'est que nous (se lever) _____ de très bonne heure (6h30 du matin) et que nous (se coucher) _____ assez tôt aussi (9h du soir). À part ça, c'est vraiment très bien ici et je (s'amuser) _____ beaucoup.

Grosses bises,
Édouard

Salut, Annick!

Comment vont les vacances? Tu (s'amuser) _____ bien? Toi et Jean-Pierre, vous (se téléphoner) _____ de temps en temps?

La vie ici n'est pas très gaie. Il n'y a pas grand-chose à faire. Je (ne pas se lever) _____ avant 11h du matin. Puis je (prendre) _____ quelque chose à manger. Mes parents (ils sont professeurs, tu sais!) (se préparer) _____ pour la rentrée. Et moi, je suis seule avec ma grand-mère. Nous (se parler) _____ pendant des heures ou plutôt elle parle et moi, j'écoute. Le soir, après le dîner, je (se promener) _____ avec mes parents. Nous (rentrer) _____ et nous regardons la télé. On (se coucher) _____ vers 10h30. C'est vraiment ennuyeux (boring)!

À bientôt,
Mireille

You will find the correct answers on page 396. Give yourself one (1) point for each correct verb form. A perfect score is 13. If your score is less than 10, you should review the conjugation of pronominal verbs before going to class.

À faire! (3-7)

Manuel de classe, pages 121-122

As a *general review* of this chapter, read the *Lecture*, then do Exercises XXIV, XXV, and XXVI.

INTÉGRATION: Lisez!
La journée de Claire

*Claire Renaudet is a French **lycée** student who lives in Nantes, a city of 250,000 inhabitants located in western France. In this passage, she describes typical school and weekend days.*

Je me lève à 7h 20 et je prends mon petit déjeuner. Puis je me prépare, ce qui me prend à peu près trois-quarts d'heure. Je pars au lycée à 8h 10. J'y vais à pied car il n'y a pas d'autobus qui y aille directement. Cela me prend environ 20 minutes. Généralement mes cours commencent à 8h 30. A midi j'ai une heure et demie pour manger: de 12h30 à 14h. Je déjeune à la cantine du lycée. Après le déjeuner, je vais dans les classes libres (pour faire mes devoirs) ou je sors du lycée pour me promener avec mes copains. Normalement les cours finissent entre 16h et 17h. Puis je rentre chez moi. Une fois rentrée, je fais mes devoirs pour le lendemain. Chez nous, on dîne vers 19h45. C'est ma mère qui prépare les repas. Après le dîner, je fais la vaisselle. Puis il y a encore des devoirs! Je me couche généralement vers 10h 30. Ce n'est pas très amusant!

C'est pour ça que je préfère le week-end. Les week-ends français commencent le samedi après-midi après le lycée. Par conséquent, le samedi matin, je me lève à 7h 20 aussi. Après les cours je vais au café avec des amis ou je fais du shopping. Le samedi soir nous allons au cinéma ou nous allons danser. Le dimanche matin, je ne me lève pas tôt ... je fais la grasse matinée jusqu'à 10h. Ensuite je prends mon petit déjeuner avec mes parents. L'après-midi, j'aime me promener avec ma copine Véronique. Et le dimanche soir, si j'ai le temps, je regarde la télé car il y a souvent de bons films.

✴XXIV. L'écriture *(Handwriting)*. While letters and numbers are the same in both French and English, differences in handwriting styles between the two languages can cause some problems.

Les lettres. Rewrite the following words in your own handwriting. Then circle any letters that are formed in a different fashion in French.

1. *mademoiselle* _____
2. *français* _____
3. *généralement* _____
4. *préparer* _____
5. *téléviseur* _____
6. *nature* _____
7. *déjeuner* _____
8. *avez-vous* _____

Les chiffres *(Numbers)*. Study the handwritten French numbers below. Then rewrite the following numbers in your own handwriting.

0 1 2 3 4 5 6 7 8 9

1. 36 _____ 5. 50 _____
2. 27 _____ 6. 11 _____
3. 49 _____ 7. 47 _____
4. 18 _____ 8. 62 _____

XXV. Comparons *(Let's compare)!* Compare Claire Renaudet's daily schedule with that of a high school student in the town or city where you grew up. Be sure to include in your comparison both similarities and differences. You may do this in English. Use a separate sheet of paper.

ÉCRIVEZ!

XXVI. Ma journée. Write a short description in French of your daily routine at your university. Include information about your morning activities, when and where you eat lunch, at what time you return to your dorm room (or home), when and where you eat dinner, and your evening activities. Use a separate sheet of paper.

VOCABULAIRE UTILE: **aller à mon premier cours** *(to go to my first class)* / **le restaurant universitaire** / **la résidence (universitaire)** *(dormitory)*

PHRASES: Telling time; Sequencing events; Linking ideas

VOCABULARY: Meals; Time expressions; Time of day; Food

GRAMMAR: Present tense; Reflexive construction with **se**

À faire! (3-8)

As a *review* of the grammatical structures presented in Chapter Three, do Exercises XXVII, XXVIII, and XXIX.

MISE AU POINT

Les adjectifs de description (page 92)
Les adjectifs possessifs (page 102)

*XXVII. Comparez-les (Compare them)! Using the adjectives provided, describe the object or person indicated, then, in comparison, describe a similar object or person from your own experience.

MODÈLE: Michel a une chambre dans une résidence universitaire.
Toi, tu as une chambre dans une résidence aussi. (grand / ensoleillé / joli)
Sa chambre est grande. Elle est ensoleillée. Elle est très jolie.
Ma chambre est (grande aussi). Mais elle est (sombre) et elle est (assez laide).

1. M. Navarre a une voiture. Toi, tu as (Tes parents ont) une voiture aussi. (grand / vieux / bleu)

   _____

   _____

   _____

2. Jacques habite dans un appartement. Tes amis (cousins, parents, etc.) habitent dans un appartement aussi. (petit / moderne / confortable)

   _____

   _____

   _____

3. Colette Michaud habite dans une maison. Tes parents (grands-parents, etc.) habitent dans une maison aussi. (petit / traditionnel / blanc)

   _____

   _____

   _____

4. Véronique a des grands-parents. Toi (et tes frères et tes sœurs), vous avez des grands-parents aussi. (gentil / patient / bavard)

   _____

   _____

   _____

5. Vincent a beaucoup d'amies. Toi, tu as des amies aussi. (jeune / intellectuel / idéaliste)

_____

_____

_____

Les verbes pronominaux (page 120)

*XXVIII. Le matin, chez moi. Describe typical morning activities where you live, using the verbs suggested. Vary the subjects—_i.e._, talk not only about yourself but also about other family members and/or friends.

> **MODÈLE:** _se lever_
> _Ma sœur et moi, nous nous levons vers 8h._ OU
> _Mes amis Jacques et Jean-Pierre se lèvent toujours à 6h._ OU
> _Moi, je me lève de bonne heure d'habitude._

VERBES: **se lever / ne pas se lever / préparer le petit déjeuner / prendre le petit déjeuner / se préparer pour / s'habiller avant (après) / se parler / ne pas se parler / se dépêcher** _(to hurry)_ **pour**

_____

_____

_____

_____

_____

_____

_____

*XXIX. Aujourd'hui (Today). Explain what you and some of your friends and/or family members _are going to do_ today. Use some of the verbs suggested below.

> **MODÈLE:** se parler (se téléphoner)
> _Mes parents vont se téléphoner après le déjeuner._ OU
> _Ma sœur et moi, nous allons nous parler avant le dîner._

VERBES: **se parler (se téléphoner) / se promener à vélo (en voiture, à pied) / se retrouver au (à la)... / s'amuser au (à la) ... / se reposer / se préparer / se coucher**

_____

_____

_____

_____

_____

_____

_____

CHAPITRE 3
En famille

ACTIVITÉ ÉCRITE:
Un autoportrait

You're going to spend a semester studying in France and have requested to stay with a French family. To help the French housing director match you with a family, you need to write a short self-portrait, describing yourself, your family background, your likes and dislikes, and your personality traits. Use a separate sheet of paper.

SYSTÈME-D
Writing Assistant
for French

PHRASES: Expressing an opinion; Describing people

VOCABULARY: Personality; Family members; Sports; Leisure

GRAMMAR: Adjective agreement; Adjective position; Present tense

EXPANSION

ACTIVITÉ ÉCRITE: UNE LETTRE

You have just learned that a French exchange student will be coming to spend three weeks with you and your family. Write him/her a letter in which you describe yourself and your family, where you live, and what a typical day is like at your house or apartment. Begin and end the letter as suggested below. Use a separate sheet of paper.

> Cher (Chère) _____ ,
>
> Nous sommes très heureux d'apprendre que vous allez passer trois semaines chez nous. Nous attendons avec impatience votre arrivée.
>
>
> (BODY OF LETTER)
>
>
> Je suis sûr(e) que nous allons bien nous amuser ensemble. À bientôt.
>
>
> Cordialement,
>
> _____

PHRASES: Describing people; Welcoming; Expressing an opinion

VOCABULARY: Family members; Personality; Time of day

GRAMMAR: Adjective agreement; Adjective position; Present tense; Reflexive construction with **se**

LECTURE: «TROIS CÉLÉBRITÉS»

Magazines and newspapers are constantly providing mini-portraits of famous people. Rapidly skim these three portraits of people in the spotlight and identify each person's claim to fame. Then scan the portraits a bit more slowly a second time, making use of your reading strategies to gain more specific information. You will not understand every detail; get as good an idea as you can about each celebrity.

Henri Leconte

Il s'appelle Henri Leconte et c'est un des meilleurs joueurs de tennis de France.

Henri est né en 1963 dans le nord de la France. Dans la famille Leconte, les quatre enfants et les parents aiment jouer au tennis le dimanche.

Aujourd'hui, Henri joue dans tous les grands championnats de tennis du monde.

Henri habite à Paris, mais il veut aller habiter en Suisse. Henri a beaucoup de talent et il est très sympathique; c'est un vrai champion!

FREDERIC CHIU

Il est pianiste et américain mais d'origine chinoise, l'énigmatique Frederic Chiu. Formé à la Juilliard School il a donné son premier concert public à l'âge de 14 ans. Depuis, il court le monde. Ce 18 février à Paris, il interprétera des pages de Liszt. Dans le cadre de l'Heure musicale Scribe.

SALIF KEITA

Salif Kaita est un drôle de bonhomme. Fils d'une aristrocratique famille africaine, il naît albinos, une caractéristique difficile à porter pour un bambin du Mali. Parti de chez lui, il traîne dans les rues, et se bâtit une existence de vagabond. «Kô-Yan» est son deuxième album. Il a eu les moyens de la peaufiner et d'utiliser les techniques modernes au service de mélodies ancestrales. Il répète sans cesse: «Pour nous, la France, c'est la maman».

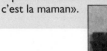

A. Identifiez-les! Why is each of these people famous?

1. Henri Leconte _____

2. Frédéric Chiu _____

3. Salif Keita _____

B. Qu'est-ce que vous avez compris (What did you understand)? Write a short paragraph in English about each of these three celebrities, providing as much information as you can about each of them. Use a separate sheet of paper.

LECTURE: «OFFRES LOCATIONS NON MEUBLÉES»

The following classified ads are for unfurnished apartments in Paris. Do the first exercise dealing with abbreviations, then scan the ads before doing the second exercise.

offres locations non meublées

1.
AV. DE VERDUN, dans
très bel imm. ancien, 7e
ét., asc., 3 P., tt cft. Parfait
état. 5 000F + ch.
Tél. le matin, 60-54-3-12

2.
RÉGION PARISIENNE,
dans une très agréable
rés., **à prox**. gare, cft
moderne, 3 P., 4e ét., asc.,
interphone, balc., gar.
sous-sol. 4 500 F + ch.
Tél.. 59--28--76-14

3.
LUXEMBOURG, Studio tt
cft, 2e ét., asc., imm.
pierre, salle dche,
kitchenette, cab. toil.,
cave, piscine, park.
3 900 F + ch.
Tél. 67-89-15-75

4.
7e ARRDT, 2 P., séj. +
chbre, cuis. équip., RdC.,
petite rés., ch. comp.
3 100 F.
Tél. 65-31-74-49

5.
BANLIEUE PARISIENNE,
4P. dans rés. calme, près
tts **commodités,** clair
ensoleillé, **comprenant:**
entrée, gde cuis., séjour
av. balc., 3 chbres, **w.-c.,**
s. de bns, nombreux
placards, park., jard.,
sous-sol. 6 500 F.
Tél. 22-46-81-39

stone / conveniences (stores)
including
(wine) cellar / (swimming) pool
toilet

closets

close to

intercom
basement

LEXIQUE DES ABBRÉVIATIONS

appt	appartement	gar.	garage	
arrdt	arrondissement	gd(e)	grand(e)	
asc.	ascenseur	imm.	immeuble	
av.	avec	jard.	jardin	
balc.	balcon	park.	parking	
banl.	**banlieue**	P.	**pièce**	*suburbs / room*
cab. toil.	cabinet de toilette	prox.	proximité	
cft	confort	RdC.	rez-de-chaussée	
chbre	chambre	rés.	résidence	
ch. comp.	**charges comprises**	s. à manger	salle à manger	*utilities included*
ch.	**chauffage**	s. de bns	salle de bains	*heating*
cuis.	cuisine	séj.	salle de séjour	
dche	douche	tél.	téléphone	
équip.	équipé(e)	tt(e)	**tout(e)**	*every*
ét.	étage			

A. Je ne comprends pas (I don't understand)! You're helping some friends who've just moved to Paris. Since they don't understand French very well, they're having trouble with the abbreviations in the apartment ads. Use the chart to help you describe the following apartments.

> **MODÈLE:** banl. / 3 P. / tt cft / séj. av. balc.
> *banlieue / trois pièces / tout confort / salle de séjour avec balcon* — It's a three-room apartment located in the suburbs. It has all the modern comforts. It has a living room with a balcony.

1. 16e arrdt / 5 P. / gde cuis. / jard. / interphone

2. banl. / 2 P. / cuis. / séj. av. balc. / tt cft

3. centre-ville / 4 P. / 6e ét. / asc. / 3 chbres / gd séj.

4. 6e arrdt / 3 P. / 1 chbre / séj. / s. à manger / rés. moderne

5. banl. / 2 P. / RdC. / cab. toil. / s. de bns / jard.

B. Quel appartement louer (Which apartment should we rent)? On the basis of what each of your friends says, choose the apartment (from the ads on page 132) that best suits his or her needs.

> **MODÈLE:** I'd like to be near stores and have lots of closet space.
> *Apartment 5.*

1. I don't like being in the middle of town, but it's important that I be able to get to a train station.

2. All I want is something small and inexpensive. If possible, I'd like to be on the first floor of a small building.

3. I'd like to live in a modern building; I'd prefer being up pretty high and I absolutely must have an intercom system.

4. I'm looking for something fairly modest, not too big, but it's got to have a pool. I love to swim when I come home from work.

5. Personally, I prefer older apartment buildings. They're charming and usually the apartments are more comfortable. I'd rather be up high with a view, but I'd need an elevator.

EXERCICE D'ÉCOUTE:
QUI EST LE COUPABLE? 🔈 SEGMENT 21

You're at the airport, listening to your Walkman while waiting for a plane. You hear a report about a crime that has just been committed. A witness describes the criminal, and then the police indicate that he is believed to be heading for the airport. Suddenly, you notice a person who seems to fit the description. Put a check next to the drawing of the person who looks like the criminal, then write your own description of that person. Use a separate sheet of paper.

EXERCICE D'ÉCOUTE:
TROIS APPARTEMENTS 🔲 SEGMENT 22

Listen to the radio announcements describing three different apartments for rent. Then write the number of the apartment that best fits each of the following sets of requirements.

> You and your friends are looking for a large apartment not far from the university. You want at least two bedrooms, a living room, and preferably a dining room. You need a large bathroom. Since you don't have any furniture, you need a furnished apartment that has a fully equipped kitchen. If the utilities are included, you can pay as much as 5,000 francs per month.
>
> Appartement numéro_____

> A family you know is looking for an unfurnished apartment in the suburbs. They don't want to pay more than 7,500 francs a month. The apartment should have three bedrooms, a large bathroom, a living room, and a modern kitchen.
>
> Appartement numéro_____

> Your parents are going to spend a year in France. They're interested in an apartment that has at least two bedrooms and are willing to live in the suburbs. They would like a living room, but they don't care about a dining room. They're hoping to pay 5,500 francs or less per month.
>
> Appartement numéro_____

ENREGISTREMENT:
MA FAMILLE ET MOI

Your family will be hosting a young French person for two weeks next summer. One of the program's requirements is that you send a tape describing a little of what the French visitor can expect to find when he/she arrives at your home. Your family has asked you to make this tape in French. Include on your recording: basic information about yourself and other members of your family, a description of your house or apartment, and an indication of what a typical summer day might be like.

JEU: Qui gagne le lecteur de compact discs?

Five students of different nationalities are attending a private school in Switzerland. One of them would like a CD player, but his/her parents refuse to buy one. However, he/she enters a lottery and wins the first prize—a CD player! Using the clues given, find out which of the five students is the winner.

HINT: After reading each clue, write something down. If you can fill in one of the boxes in the chart, do so. For example, for the statement **Le garçon canadien a un frère et une sœur**, put **Montréal** in the city box next to the number 2 in the **Frères / et sœurs** column. If you don't get enough information to fill a box, jot down a connection outside of the chart. For example, for **Éric aime écouter des cassettes de Bruce Springsteen**, write down **Éric cassettes, — musique**. Be careful: write only one name or item per box!

Les élèves s'appellent Jacques, Louise, Éric, Sara et Peter.
Ils sont de Londres, Paris, New York, Montréal et Madrid. Ils ont le nombre suivant de frères et sœurs:
    0, 1, 2, 3, 4.
Les pères des lycéens sont avocat, ingénieur, homme d'affaires, médecin et professeur.
Les élèves aiment beaucoup la musique, le football, le cinéma, le théâtre et la politique.
Ils ont (ou voudraient avoir) une voiture, un magnétoscope, un lecteur de compact discs, une chaîne stéréo et une moto.

1. Le jeune Canadien a un frère et une sœur.
2. Éric aime écouter des cassettes de Bruce Springsteen.
3. La fille anglaise s'intéresse beaucoup aux élections.
4. Éric n'est pas canadien.
5. Le père de Sara travaille dans une université. Il enseigne la littérature.
6. L'élève qui a une Kawasaki 500 a un frère et n'a pas de sœurs.
7. Sara aime regarder les films d'épouvante.
8. Le père de Sara parle espagnol à la maison.
9. Le fils du médecin a beaucoup de cassettes.
10. L'élève qui aime le sport est canadien.
11. Le médecin a trois filles et deux fils.
12. Le fils de l'homme d'affaires aime beaucoup Shakespeare et Molière.
13. Jacques adore le football.
14. Louise est la fille de l'ingénieur.
15. Sara a deux frères et une sœur.
16. Le père canadien n'est pas ingénieur et il n'est pas dans les affaires.
17. Peter voudrait être à Broadway.
18. Le fils de l'avocat a une Volkswagen.
19. La fille du professeur invite ses amis à regarder des vidéos.
20. Le fils de l'homme d'affaires a un frère, mais il n'a pas de sœurs.

Nom	Ville d'origine	Frères et sœurs	Profession du père	Activités	Possessions
		0			
		1			
		2			
		3			
		4			

LEXIQUE

Pour se débrouiller

Pour se situer

à côté (de)
au bout de
au rez-de-chaussée
au premier étage
devant
derrière

en bas
en haut
en face (de)
entre
près de

Pour décrire une maison

ancien (ne)
être bien aménagé(e)
    bien équipé(e)
    confortable
    ensoleillé(e)
    grand(e)
    joli(e)
    laid(e)
    moderne
    moche
    petit(e)
    propre
    sale
    sombre
    traditionnel(le)

Pour décrire sa famille

avoir (être d') une famille nombreuse
nous sommes... dans la famille
être fils (fille) unique
être l'aîné(e)
avoir... ans
il (elle) s'appelle...
mon nom de famille est...

mon prénom est...
être marié(e) avec
être divorcé(e)
être décédé(e)
être vivant(e)
être d'origine...

Pour décrire une personne

avoir les cheveux blonds (bruns, châtains, gris, noirs, roux)
avoir les cheveux longs (courts, frisés)
être chauve
avoir les yeux bleus (bruns, marron, verts)

être actif (active)

ambitieux (ambitieuse)	impatient(e)
assez (très) âgé(e)	indépendant(e)
bavard(e)	intellectuel(le)
beau (belle)	jeune
costaud *(invariable)*	malhonnête
courageux (courageuse)	marrant(e)
cruel(le)	mince / maigre
de bonne (mauvaise) humeur	optimiste
discret (discrète)	paresseux (paresseuse)
égoïste	pessimiste
frivole	petit(e)
généreux (généreuse)	réaliste
gentil(le)	sérieux (sérieuse)
grand(e)	sportif (sportive)
honnête	timide
idéaliste	

Pour parler de l'heure

À quelle heure... ?

Vers quelle heure... ?

> À (Vers) une heure (et quart / et demie / moins le quart) (du matin / de l'après-midi / du soir).

À midi / minuit.

Quelle heure est-il? / Vous avez l'heure?

Thèmes et contextes

Les membres de la famille

les parents *(m.pl.)*

la mère	le père

les enfants *(m.pl.)*

la fille	le fils

les grands-parents *(m.pl.)*

la grand-mère	le grand-père

l'oncle / la tante

le cousin / la cousine

les petits-enfants *(m.pl.)*

la petite-fille	le petit-fils

La maison

le balcon	l'escalier *(m.)*
le bureau	le jardin
le cabinet de toilette *(toilet with sink and sometimes shower)*	une pièce
	la salle à manger
la cave (à vin)	la salle de bains
la chambre	la salle de séjour / le living
le couloir	la terrasse
la cuisine	les toilettes *(toilet only)*
l'entrée *(f.)*	

Les professions

un agriculteur / une agricultrice

un(e) architecte

un(e) artiste

un(e) assistant(e)

un(e) avocat(e)

un cadre / une femme cadre

un(e) commerçant(e)

un(e) comptable

un(e) dentiste

un(e) employé(e) de maison

un(e) étudiant(e)

un(e) fonctionnaire

un homme (une femme) d'affaires

un ingénieur / une femme ingénieur

un(e) journaliste

un(e) mécanicien(ne)

un médecin / une femme médecin

un(e) musicien(ne)

un ouvrier / une ouvrière

un(e) pharmacien(ne)

un professeur / une femme professeur

un programmeur / une programmeuse

un(e) représentant(e) de commerce

un(e) secrétaire

un vendeur / une vendeuse

Les nationalités

allemand(e)

américain(e)

anglais(e)

belge

canadien(ne)

chinois(e)

égyptien(ne)

espagnol(e)

français(e)

italien(ne)

japonais(e)

marocain(e)

mexicain(e)

portugais(e)

russe

sénégalais(e)

suisse

vénézuélien(ne)

vietnamien(ne)

La routine

se lever

faire sa toilette

s'habiller

prendre le (son) petit déjeuner

quitter (la maison)

prendre un goûter

dîner

faire ses devoirs

se coucher

Vocabulaire général

Noms

l'année scolaire (f.)

un cours

un emploi du temps

une fleur

un meuble

le temps

un yaourt

Verbes

s'amuser

avoir l'air

se dépêcher

monter

se parler

se préparer (pour)

se promener (à vélo, en voiture)

se reposer

se retrouver

se téléphoner

Adjectifs

affreux (affreuse)	impressionnant(e)
ennuyeux (ennuyeuse)	nouveau (nouvelle)
fantastique	sensationnel(le)
immense	vieux (vielle)

Autres expressions

après	un peu
avant	non plus
chez	pendant les vacances
de bonne heure	surtout
de la même façon	tout le monde
en semaine	

Le langage familier

Chouette!	*Neat!*
D'accord.	*Agreed, OK.*
J'sais.	*I know.*
Qu'est-ce qu'il est... !	*Boy, is he (it) . . . !*
Tu exagères!	*You're going too far!*
Alors, tu y es?	*Do you get it (understand)?*

CHAPITRE 4

Une jeune fille au pair à Reims

À faire! (4-1)

Manuel de classe, pages 136–141

As a *follow-up* to the presentation of vocabulary in class, do Exercises I, II, and III.

As *preparation* for work in class, study the conjugation of the verb **faire** and do Exercise IV.

CONTEXTE: TOI, TU T'OCCUPES DES ENFANTS

✳I. Chez les Malavoy. On the basis of the drawings on page 142, complete the description of how the Malavoy family divides up the household chores.

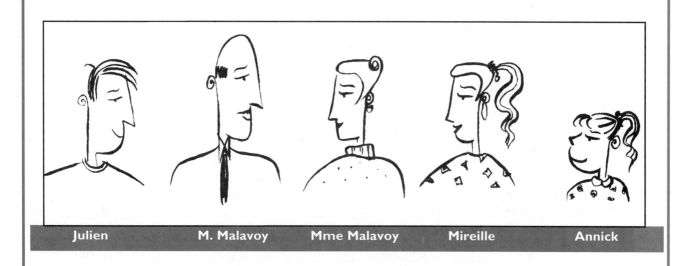

| Julien | M. Malavoy | Mme Malavoy | Mireille | Annick |

REMEMBER! An asterisk (✳) preceding an exercise number indicates that the exercise is self-correcting. You will find the answers to *Chapitre 4* at the back of this **Manuel de préparation**, beginning on page 397.

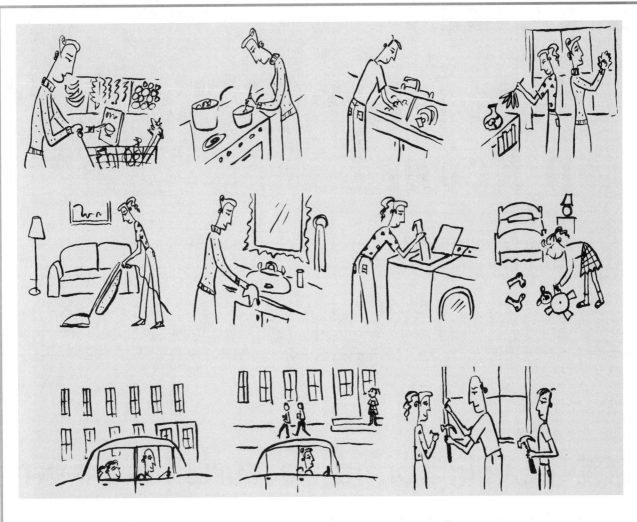

Mme Malavoy s'occupe des repas. Elle _____ et elle _____ .

Mais c'est Julien qui _____ .

Mireille et Annick aident leur mère à _____ . Mme Malavoy

_____ ; Mireille _____ et elle

_____ . Annick _____ .

Annick va à l'école élémentaire. M. Malavoy _____ et Mme Malavoy

_____ .

Mireille et Julien aident leur père à _____

* **II. L'emploi du temps de Mireille Malavoy.** The daily schedules of French **lycée** students differ considerably from those of American high school students. Mireille Malavoy is a student **en troisième** (roughly the equivalent of sophomore year in an American high school). With the help of the key to the abreviations, read her weekly schedule and then answer the questions that follow. Remember to use **le** with the days of the week in order to indicate repetition—"every Monday"—and note also that the first letter of days of the week in French is *not* capitalized.

Salle n° 15

Classe de 3A

HEURES	LUNDI	MARDI	MERCREDI	JEUDI	VENDREDI	SAMEDI
8–9 h	M 201 M Le Lons	M 201		M 201	SN 208 / SP 209	M M Le Lons 201
9–10 h	LVI { Ang 111 / Mr Blevet	SN Mme Grégoire 208		LVI { Ang 111	F 110	F 110
10–11 h	E P S M Charriaux	LVI { Ang 111		F 110 M Miraux	F 110	Grec 109
11–12 h	E P S	H.G. 107 Mme Buzat		LVII { Ald 112	LVII { Ald 112	SP 208 Mme Luvet
14–15 h	EMT 213 M Dalvet	HG 103		E.M.T. M Dalvet	Latin 110	
15–16 h	F 110 M Miraux	Latin 110		Latin 110		
16–17 h	LVII { Ald 112			E.P.S.	HG 108	

M = Mathématiques
F = Français
SN = Sciences naturelles
LVI (Ang) = Langue vivante I (Anglais)
LVII (Ald) = Langue vivante II (Allemand)

EPS = Éducation physique et sportive
EMT = Éducation manuelle et technique
SP = Sciences politiques
HG = Histoire et géographie

1. Quels jours est-ce que Mireille a un cours de mathématiques?

_____

2. Et un cours de français?

_____

3. Quels jours est-ce qu'elle a deux cours de langue vivante?

_____

4. Quel jour est-ce qu'elle a son cours de grec?

_____

5. Quels jours est-ce qu'elle n'a pas cours?

_____

*III. Vendredi 16 septembre 1994. When Mireille gets to each class, she takes out her notebook and immediately writes down the day of the week and the date in preparation for taking notes. Write the following dates as Mireille might put them in her notebook.

   MODÈLE: 16.9.94 (v)
                 vendredi 16 septembre 1994

1. 4.3.95 (s) _____

2. 20.6.95 (m) _____

3. 15.12.94 (j) _____

4. 1.11.95 (m) _____

5. 10.2.95 (v) _____

6. 28.1.95 (s) _____

7. 17.10.94 (l) _____

8. 11.4.95 (l) _____

Le verbe **FAIRE** *(TO DO; TO MAKE)*

je **fais**	nous **faisons**
tu **fais**	vous **faites**
il / elle / on **fait**	ils / elles / **font**

" While the verb **faire** is the equivalent of the English *to make* or *to do*, it is also used in lots of idiomatic expressions—especially those dealing with activities—where it has other English equivalents. For example, **faire du sport** (*to participate* in sports), **faire du ski** (*to go* skiing), and **faire du tennis** (*to play* tennis). "

---

*IV. Les activités de la famille Malavoy. Julien Malavoy talks about what he and his family do during their leisure time. Use appropriate forms of the verb **faire** to complete the questions and answers.

1. Alors, Julien, qu'est-ce que tu _____ pour t'amuser?

2. Moi, je _____ du ski.

3. Et tes parents, qu'est-ce qu'ils aiment _____ ?

4. Ils _____ du tennis.

5. Toi et tes sœurs, est-ce que vous _____ du tennis aussi?

6.-7. Non, nous ne _____ pas du tennis. Mireille, elle _____ de la natation *(swimming)*, et Annick aussi.

À faire! (4-2)

Manuel de classe, pages 142–143

As *preparation* for work in class, do the following:

   - read the explanation of the passé composé;
   - 🎞 listen to SEGMENT 23 of your *Student Tape;*
   - write Exercises V, VI, and VII;
   - take Test 12.

STRUCTURE: THE *PASSÉ COMPOSÉ*
Rendez-vous à l'aéroport 📼 SEGMENT 23

> **JEANNE:** Comment! **Vous n'êtes pas allés** ensemble *(together)* à l'aéroport? Et pourquoi donc?
>
> **MICHEL:** Eh, bien. Moi, **j'ai amené** Alain chez son copain. Ma femme **a laissé** la petite chez sa grand-mère. Ensuite **elle est allée** à la banque. Et puis **nous nous sommes retrouvés** à l'aéroport juste à temps pour prendre l'avion.

Explication grammaticale 📼 SEGMENT 23

In French, to talk about actions that occurred in the past, you use the past tense called the **passé composé** *(compound past)*. This tense is called "compound" because it is made up of two parts: a *helping or auxiliary verb*, which agrees with the subject, and a *past participle*. For most French verbs, the helping verb is **avoir**:

SUBJECT	AUXILIARY VERB (avoir)	PAST PARTICIPLE
nous	avons	acheté

Thus, the **passé composé** of the verb **acheter** is as follows:

acheter	
j'**ai acheté**	nous **avons acheté**
tu **as acheté**	vous **avez acheté**
il / elle / on **a acheté**	ils / elles **ont acheté**

Some verbs, however, use the auxiliary verb être. Thus, the **passé composé** of **aller** is as follows:

aller	
je **suis allé(e)**	nous **sommes allé(e)s**
tu **es allé(e)**	vous **êtes allé(e)(s)**
il / on **est allé**	ils **sont allés**
elle **est allée**	elles **sont allées**

 Notice that the past participle of a verb conjugated with **être** acts like an adjective. This means that you make it agree in gender (masculine or feminine) and in number (singular or plural) with the subject: **elle est allée, ils sont allés.**

How do you know which verbs use **être?** You just have to learn them! Sorry, but there's no easy answer. For now, among the verbs you already know, the ones that use **être** are: **aller, arriver, descendre, entrer, rentrer,** and **rester.** As you go along, we'll point out other verbs that use **être.**

In addition, *all* pronominal verbs are conjugated with the auxiliary verb être. The reflexive pronoun is placed directly in front of the form of être. Thus, the **passé composé** of **se lever** is as follows:

se lever	
je **me suis levé(e)**	nous **nous sommes levé(e)s**
tu **t'es levé(e)**	vous **vous êtes levé(e)(s)**
il / on **s'est levé**	ils **se sont levés**
elle **s'est levée**	elles **se sont levées**

To form the negative of the **passé composé**, simply insert **ne** and **pas** around the helping verb (or the reflexive/reciprocal pronoun + helping verb). Remember that **ne** becomes **n'** before a vowel.

Ils **n'**ont **pas** mangé leur dîner.
Nous **ne** sommes **pas** arrivés à l'heure.
Je **ne** me suis **pas** amusée.

The key to using the **passé composé** is learning the past participles. The past participle of an **-er** verb (no matter what its auxiliary may be) sounds exactly like the infinitive; however, the written form ends in **-é.**

INFINITIVE	PAST PARTICIPLE
regarder	regardé
rentrer	rentré
se coucher	couché

The past participles of some verbs often do not follow the same pattern. Among the verbs you have already learned, these have irregular past participles:

INFINITIVE	PAST PARTICIPLE
descendre	**descendu**
faire	**fait**
prendre	**pris**

Application

*V. Le passé composé. Complete the following sentences using the appropriate form of the **passé composé** of the indicated verb.

téléphoner (conjugated with **avoir**)

1. À qui est-ce que vous _____ ?

2. Moi, j'_____ à mon amie Françoise.

3. Puis Chantal et moi, nous _____ à nos cousins de Lille.

4. Maman _____ à Mémé.

5. Puis Maman et Papa _____ à l'oncle Gérard.

6. Et toi, Victor, à qui est-ce que tu _____ ?

aller (conjugated with **être**; remember to make the past participle agree with the *subject*)

7. Sylvie _____ au cinéma.

8.-9. Où est-ce que vous _____ , toi et Julien? Julien et moi, nous _____ à un concert.

10. Paul et Philippe _____ au match de basket, non?

11.–12. Et toi, Francine, où est-ce que tu _____ ? Moi, je _____ au cinéma avec Sylvie.

13. Chantal et Marguerite, est-ce qu'elles _____ au concert?

se coucher (conjugated with **être**; make the past participle agree with the *reflexive pronoun*)

14. Jacqueline _____ vers 11h hier soir.

15. Georges et son frère _____ à 9h30, comme d'habitude.

16. Moi (Sylvie), je _____ très tard *(late)*.

17. Moi (Philippe), je _____ très tard aussi.

18. En fait, Sylvie et moi, nous _____ à la même heure.

19. Éric ne _____ pas _____ très tard.

20. Et toi, à quelle heure est-ce que tu _____ ?

*VI. Samedi dernier (*Last Saturday*). Annick Malavoy is describing what happened last Saturday morning at her house. Use the words provided to recreate her description of the family's activities. Remember to use **être** with **aller, descendre, rentrer,** and **rester** as well as with all pronominal verbs; the other verbs are conjugated with **avoir.** The first one has been done for you as a model.

je (Annick)

1. se lever la première
   Je me suis levée la première.
   _____

2. s'habiller toute seule
   _____

3. descendre dans la salle de séjour
   _____

4. regarder des dessins animés à la télé
   _____

mon frère Julien

5. rester au lit jusqu'à 8h30

_____

6. s'habiller

_____

7. aller à la boulangerie

_____

8. acheter deux baguettes *(loaves of French bread)* et aussi des croissants

_____

mes parents

9. se lever à 9h

_____

10. ne pas s'habiller

_____

11. descendre déjeuner avec nous dans la cuisine

_____

12. faire des projets *(plans)* pour la journée

_____

ma sœur Mireille

13. se lever la dernière

_____

14. prendre une douche *(shower)*

_____

15. faire sa toilette

_____

16. ne pas déjeuner avec la famille

_____

Mireille et moi, nous

17. aller en ville pour faire des courses

_____

18. prendre l'autobus

_____

19. rentrer vers 1h

_____

20. s'amuser bien ensemble (place **bien** between the auxiliary verb and the past participle)

_____

Pour vous exprimer 🔲 Segment 23

Quelques adverbes désignant le passé *(A few adverbs denoting past time)*

hier	*yesterday*	**la semaine dernière**	*last week*
hier matin	*yesterday morning*	**lundi dernier**	*last Monday*
hier après-midi	*yesterday afternoon*	**il y a huit jours**	*a week ago*
hier soir	*last night*	**il y a quinze jours**	*two weeks ago*

*VII. Une quinzaine très chargée (A busy two weeks). The Malavoy family has had a very busy two weeks. Using the calendar as a guide, complete the sentences describing their activities. Today is Thursday, the twenty-second; consequently, all of the verbs must be in the **passé composé**.

LUNDI	MARDI	MERCREDI	JEUDI	VENDREDI	SAMEDI	DIMANCHE
5	6	7	8 M. et Mme: acheter une nouvelle voiture	9	10	11
12 M. et Mme: — M.: prendre l'avion pour aller à Berlin Mme: aller à Genève par le train	13	14 M. et Mme: se retrouver à Zurich	15 Annick: passer la journée chez sa grand-mère	16 → M. et Mme: rentrer en France	17 Julien: aller au cinéma avec ses copains autres: regarder un film à la télé	18 la famille: rester à la maison Mme et Mireille: nettoyer la maison M. et Julien: faire des réparations Annick: jouer avec ses copains
19 M. et Mme: dîner en ville enfants: manger une pizza à la maison	20	21 enfants: se lever de bonne heure enfants: aller à Paris avec M. Mme: téléphoner à ses parents	22	23	24	25

Row 13–14 spanning note: *faire un voyage en Allemagne et en Suisse*

MODÈLE: Hier matin les enfants...
Hier matin les enfants se sont levés de bonne heure.

1. Hier matin les enfants _____

2. Hier soir Mme Malavoy _____

3. Lundi soir M. et Mme Malavoy _____

4. Les enfants _____

5. Dimanche dernier toute la famille _____

6. Mireille et sa mère _____

7. Julien et son père _____

8. Annick _____

9. Samedi dernier Julien _____

10. Les autres _____

11. La semaine dernière M. et Mme Malavoy _____

_____

12. Le matin du 12, M. Malavoy _____

13. Et Mme Malavoy _____

14. Le 14, M. et Mme Malavoy _____

15. Et le 16, ils _____

16. Il y a huit jours Annick _____

17. Il y a quinze jours M. et Mme Malavoy _____

_____

TEST 12: THE *PASSÉ COMPOSÉ*

The wife of Marc Vandrisse is describing how she and Marc spent last Tuesday. Complete her description by giving the appropriate form of the **passé composé** of the verb in parentheses. Remember that it's Marc's *wife* who is speaking.

Quand le réveil a sonné *(the alarm went off)* mardi dernier, je (se lever) _____

tout de suite. Je (prendre) _____ une douche et je (s'habiller) _____ .

Marc (rester) _____ au lit; il (écouter) _____ les actualités

à la radio. Il (se lever) _____ à 8 heures. Nous (ne pas manger)

_____ . Nous (aller) _____ au travail. À midi et demi Marc

et moi, nous (se retrouver) _____ au Café Mably pour déjeuner. Puis nous (travailler)

_____ jusqu'à 6 heures. Moi, je (rentrer) _____ la première et

je (préparer) _____ le dîner. Après le dîner, Marc (faire) _____

la vaisselle et moi, je (passer) _____ l'aspirateur. Vers 21 heures 30 nos amis les Ambler

(téléphoner) _____ pour nous inviter à aller au cinéma. Mais Marc (décider)

_____ qu'il était trop fatigué *(he was too tired)*. Il (se coucher)

_____ et moi, je (regarder) _____ un film à la télé.

> You will find the correct answers on page 398. Give yourself one (1) point for each correct auxiliary verb and one (1) point for each correct past participle. A perfect score is 36. If your score is less than 28, you should review the conjugation of the **passé composé** before going to class.

À *faire!* (4-3)   *Manuel de classe, pages 144–149*

As a *follow-up* to the reading and discussion in class and as a *review* of the **passé composé**, do the following:
- read the text on school vacations and do Exercise VIII;
- write Exercises IX and X.

LISEZ!
Le calendrier scolaire

School vacations in France are somewhat different from those in the United States. Study the school calendar for the year 1993-94, then do the exercise that follows.

VOCABULAIRE UTILE: **hiver** *(winter)*, **printemps** *(spring)*

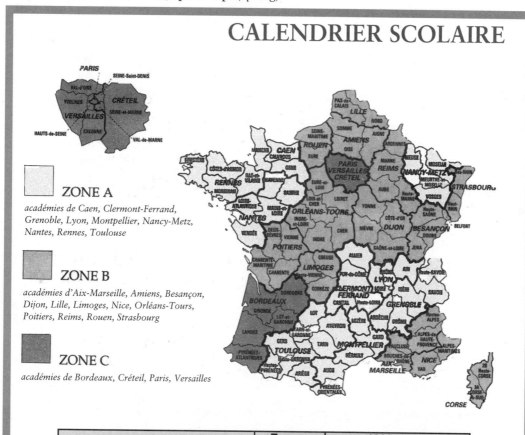

CALENDRIER SCOLAIRE

ZONE A
académies de Caen, Clermont-Ferrand, Grenoble, Lyon, Montpellier, Nancy-Metz, Nantes, Rennes, Toulouse

ZONE B
académies d'Aix-Marseille, Amiens, Besançon, Dijon, Lille, Limoges, Nice, Orléans-Tours, Poitiers, Reims, Rouen, Strasbourg

ZONE C
académies de Bordeaux, Créteil, Paris, Versailles

	Zones	1993–1994
Rentrée des personnels enseignants	A-B-C	Lundi 6 Septembre 93
Rentrée des élèves	A-B-C	Mardi 7 Septembre 93
Vacances de Toussaint	A-B-C	Du Jeudi 21 Octobre 93 au Mardi 2 Novembre 93
Vacances de Noël	A-B-C	Du Mardi 21 Déc. 93 au Lundi 3 Janvier 94
Vacances d'hiver	A	Du Vendredi 25 Févr. 94 au Lundi 14 Mars 94
	B	Du Vendredi 18 Févr. 94 au Lundi 7 Mars 94
	C	Du Vendredi 11 Févr. 94 au Lundi 28 Févr. 94
Vacances de printemps	A	Du Samedi 23 Avril 94 au Lundi 9 Mai 94
	B	Du Samedi 16 Avril 94 au Lundi 2 Mai 94
	C	Du Samedi 9 Avril 94 au Lundi 25 Avril 94
Vacances d'été	A-B-C	Mardi 5 Juillet 94

*VIII. Le calendrier scolaire en France et aux États-Unis. First, answer these questions about the French school calendar.

1. Quand recommencent les cours après les vacances d'été?

   _____

2. En France, quelles vacances sont uniformes—c'est-à-dire qu'elles commencent le même *(same)* jour pour

   tous les élèves? _____

3. Quelles vacances sont échelonnées—c'est-à-dire, commencent à des dates différentes selon *(according to)*

   la région où on habite? _____

4. Combien de temps durent *(last)* les vacances de Noël?

   _____

5. Si on habite à Marseille, quand commencent les vacances d'hiver? _____

   Et si on habite à Lille? _____

   Et à Paris? _____

6. Si on habite à Rouen, quel jour est-ce qu'on retourne à l'école après les vacances de printemps?

   _____

7. Quand finit *(end)* l'année scolaire en France?

   _____

Now answer these questions comparing the French calendar to a typical school year in the United States.

8. L'année scolaire est-elle plus *(more)* longue ou moins *(less)* longue en France qu'aux États-Unis?

   _____

9. Est-ce que les élèves français ont des vacances qu'on n'a pas aux États-Unis? Lesquelles *(which ones)*?

   _____

   Est-ce que les élèves américains ont des vacances qu'on n'a pas en France? Lesquelles?

   _____

10. Est-ce que vous préférez le calendrier français ou le calendrier américain? Pourquoi?

    _____

    _____

    _____

ÉCRIVEZ!

IX. Une journée avec les Américains. In the *Lecture* (page 148 of the **Manuel de classe**), you read a description of a typical French daily routine. Now it's your turn to describe a typical American daily routine. Imitate the format of the reading, giving the time and a description of the activities that take place. However, to simplify your task a bit, you can give your description in list form—*i.e.*, use the *infinitive* of the verbs you need (see the model). Use a separate sheet of paper.

> **MODÈLE:**   *6h30: se lever, s'habiller,* etc.

X. Ce que j'ai fait hier. Write a short paragraph in French describing your activities from the time you got up yesterday to the time you went to bed. When possible, talk about what you did with other people (**ma camarade de chambre et moi, mes amis et moi, mon mari,** etc.). Use a separate sheet of paper.

À faire! (4-4)

Manuel de classe, pages 150–155

As a *follow-up* to the presentation of vocabulary in class, read pages 150 and 153 in the **Manuel de classe** and do Exercises XI, XII, and XIII.

In *preparation* for work in class, do the following:
- study the conjugation of the verb **voir** and do Exercise XIV;
- read the explanation of the object pronouns **le, la, l', les,** and **y;**
- 🔲 listen to SEGMENT 24 of your *Student Tape;*
- write and correct Exercises XV and XVI;
- take Test 13.

CONTEXTE: ET VOILÀ LA CATHÉDRALE!

*XI. Qu'est-ce que vous avez fait? On the basis of the following drawings, complete the sentences on page 155 describing what you did during a visit to the city of Reims. The first answer in each group has been given as a model.

1

2 MUSÉE ST-RÉMI

3

4

5

6 LYCÉE JEANNE D'ARC

7

8

9

10

11

12

13

14

15

16

17

18

19

20

Nous avons visité...

1. _l'université_ _____
2. _____
3. _____
4. _____
5. _____

Nous sommes allés...

6. _au lycée Jeanne d'Arc_ _____
7. _____
8. _____
9. _____
10. _____

Nous avons cherché...

11. _une librairie_ _____
12. _____
13. _____
14. _____
15. _____

Nous nous sommes bien amusées...

16. _au parc_ _____
17. _____
18. _____
19. _____
20. _____

*XII. Les noms, les adresses et les numéros de téléphone.
Complete the following questions about names, addresses, and telephone numbers. Use **de** and the definite article (**le, la, l', les**) and make any necessary contractions.

1. Quel est le nom _____ hôtel?

2. Quelle est l'adresse _____ pharmacie?

3. Quel est le numéro de téléphone _____ librairie?

4. Quel est le nom _____ cinéma qui est
   près _____ gare?

5. Quel est le nom _____ restaurant qui est
   en face _____ cathédrale?

6. Quel est le numéro de téléphone _____ boulangerie
   qui est au bout _____ avenue de Champagne?

7. Quel est le numéro de téléphone _____ commissariat de police?

8. Quel est le nom de famille _____ grands-parents de Sylvie?

9. Quel est le nom _____ femme _____ professeur d'histoire?

10. Quel est le numéro de téléphone _____ amis de Francine?

Salut! Did you think Gaston and I had disappeared? No such luck. It's just that the more you learn about French, the less you need us. However, I wanted to remind you about contractions with **de**. When followed by **la** or **l'**, the preposition **de** (of, about, from) doesn't change— **le nom de la pharmacie, en face de l'hôtel.** However, **de** followed by **le** becomes **du**—à côté du musée (Gaston told you that in the **Manuel de classe**, didn't he?), and **de** followed by **les** becomes **des**— **le nom des cousins de Jean-Pierre.**

*XIII. La ville de Troyes. Troyes is a city of 60,000 inhabitants situated some 120 km to the south of Reims. With the help of the map and using the information provided, situate the following places in the city.

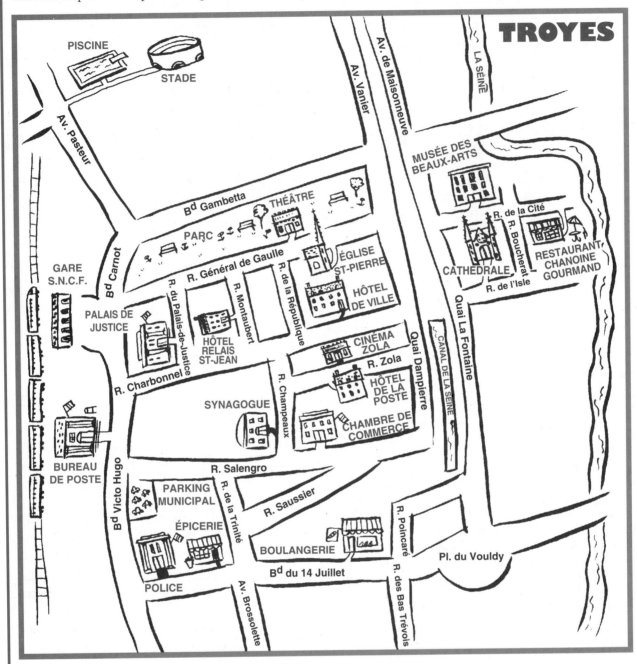

MODÈLE: hôtel Relais St-Jean / près de
L'hôtel Relais St-Jean est près de l'hôtel de ville (près du parc, près du Palais de Justice).

1. le musée des Beaux-Arts / près de

   _____

2. le cinéma Zola / en face

   _____

3. la gare / au bout de

   _____

4. la piscine / à côté de

_____

5. le Palais de Justice / au coin de

_____

> **MODÈLE:** une synagogue / la Chambre de Commerce
> *Il y a une synagogue dans la rue Champeaux, en face de la Chambre de Commerce.*

6. un théâtre / le parc

_____

7. un parking / le bureau de poste

_____

8. une épicerie / le commissariat de police

_____

9. un stade / l'avenue Pasteur

_____

10. une boulangerie / la place du Vouldy

_____

LE VERBE **VOIR** (*TO SEE*)

je **vois**	nous **voyons**
tu **vois**	vous **voyez**
il / elle / on **voit**	ils / elles **voient**

PASSÉ COMPOSÉ: **j'ai vu**

---

*XIV. Les amis. Complete the sentences with the appropriate forms of the verb **voir;** the tense is indicated in parentheses.

— Est-ce que tu _____ Georges le week-end dernier? (*passé composé*)

— Bien sûr. Je le _____ tous les week-ends. Le week-end dernier nous

_____ un très beau film ensemble. (*présent / passé composé*)

— Qu'est-ce que vous avez fait d'autre? Vous _____ Janine et Philippe? (*passé composé*)

— Non, nous ne les _____ plus très souvent. Et toi, tu les _____

régulièrement? (*présent / présent*)

— Non. Maintenant qu'ils sont mariés, on ne les _____ plus. En effet, j'ai l'impression

qu'ils ne _____ plus leurs vieux amis. (*présent / présent*)

STRUCTURE: THE OBJECT PRONOUNS *LE, LA, L',* *LES,* AND *Y*

Où elle est, la voiture? SEGMENT 24

SYLVIE:	On va en ville aujourd'hui?
ÉLAINE:	Oui, j'veux bien. On **y** va à pied?
SYLVIE:	Non, c'est trop loin. On peut *(can)* prendre la voiture de mon frère.
(Plus tard; dans la rue.)	
ÉLAINE:	Où elle est, la voiture de ton frère? Je ne **la** vois pas.
SYLVIE:	**La** voilà, devant le bureau de tabac.
ÉLAINE:	Ah, oui. Allons-**y**!

Explication grammaticale SEGMENT 24

Whenever possible, speakers try to avoid repeating nouns (in general) and objects of the verb (in particular) by using pronouns. Thus, in the dialogue above, instead of repeating **en ville** (On va en ville à pied?), the speaker substituted the pronoun **y** (On **y** va à pied?). The indirect object pronoun of place **y** can be used to replace any *preposition and noun* combination that indicates *where* something occurs. The English equivalent is *there*.

In the same way, instead of repeating **la voiture de ton frère** (Je ne vois pas la voiture de ton frère.), the speaker substituted the pronoun **la** (Je ne **la** vois pas.). The direct object pronoun **la** (along with its masculine form **le** and its plural form **les**) can be used to replace any *noun* that *directly* follows the verb—i.e., there is no preposition. In English, you say *him, her,* or *them* to refer to people, and *it* or *them* to refer to things. In French, no distinction is made between people and things. The following chart summarizes the use of these pronouns:

◆ INDIRECT OBJECT OF PLACE (preposition + noun of place)

	y	Nous allons **à l'église.** → Nous **y** allons.

◆ DIRECT OBJECT (noun directly following the verb)

MASC. SING.	**le**	Elle veut **mon cahier.** → Elle **le** veut.
FEM. SING.	**la**	Je cherche **ma tante.** → Je **la** cherche.
MASC. OR FEM. SING. + VOWEL OR VOWEL SOUND	**l'**	J'aime bien **ton frère.** → Je **l'**aime bien.
MASC. OR FEM. PLURAL	**les**	Il a **les billets.** → Il **les** a.

In the present tense, the object pronouns always *precede* the verb.

(affirmative statement)	Oui, je l'aime.	Nous y allons.
(negative statement)	Nous ne **les** avons pas.	Je n'y vais pas.
(question)	Est-ce que tu **la** veux?	Vous y allez aussi?

In the **passé composé**, the object pronouns *precede* the *auxiliary* verb.

(affirmative statement)	Je **les** ai trouvés.	Nous y sommes allés.
(negative statement)	On ne **l'**a pas vu.	Je n'y suis pas allé.
(question)	Tu **l'**as achetée?	Vous y êtes arrivés en retard?

When used with a conjugated verb followed by an infinitive, the object pronoun *precedes* the *infinitive*.

(affirmative statement)	Nous allons **l'**acheter.	Je veux y aller.
(negative statement)	Elle n'aime pas **les** regarder.	Nous n'allons pas y aller.
(question)	Tu vas **la** nettoyer?	Est-ce qu'ils vont y aller?

These pronouns can also be used with some special expressions. For example, **le, la,** and **les** can accompany **voilà** and **voici**; in this case, the pronouns *precede* the expression: **Les voilà! La voici!** And **y** is used with the imperative forms of **aller**; in this case, **y** *follows* the verb: **Allons-y! Vas-y! Allez-y!**

Application

*XV. Un couple mal assorti (*A poorly-matched couple*). Gaston and Gigi have very different life-styles. Use object pronouns to reproduce the answers they give to various questions.

> **MODÈLE:** Gaston, tu regardes souvent la télé? (oui) Et Gigi? (non, jamais)
> *Oui, je la regarde souvent. Non, elle ne la regarde jamais.*

1. Gaston, est-ce que tu prends souvent le métro? (oui, très souvent) Et Gigi? (non, jamais)

   _____

   _____

2. Gigi, est-ce que tu prépares les repas? (oui, toujours) Et Gaston? (non, jamais)

   _____

   _____

3. Gaston, est-ce que tu fais la vaisselle? (oui, de temps en temps) Et Gigi? (oui, assez souvent)

   _____

   _____

4. Gaston, est-ce que tu vas souvent au musée? (oui, assez souvent) Et Gigi? (non, jamais)

   _____

   _____

5. Gigi, est-ce que tu vas souvent à la piscine? (oui, de temps en temps) Et Gaston? (oui, deux ou trois fois par semaine)

   _____

   _____

*XVI. Dites la vérité (Tell the truth). Answer the following questions truthfully, using an object pronoun in your answer. Be sure to distinguish between statements in the present, in the past, or those involving an infinitive.

1. Est-ce que tu fais la lessive de temps en temps?

   _____

2. Est-ce que tu vas souvent au cinéma?

   _____

3. Est-ce que tu vois souvent tes grands-parents?

   _____

4. Est-ce que tu fais toujours tes devoirs de français?

   _____

5. Est-ce que tu as pris ton petit déjeuner ce matin?

   _____

6. Est-ce que tu as vu le film «Malcolm X»?

   _____

7. Est-ce que tu es allé(e) au théâtre récemment?

   _____

8. Est-ce que tu vas nettoyer ta chambre ce week-end?

   _____

9. Est-ce que tu voudrais aller à Paris un jour *(someday)*?

   _____

10. Est-ce que tu vas faire les courses ce week-end?

   _____

TEST 13: The object pronouns *LE, LA, L', LES,* and *Y*

Answer the following questions, using the cues provided and replacing the objects with pronouns.

> **MODÈLE:** Ils ont vu le film? (oui, la semaine dernière)
> *Oui, ils l'ont vu la semaine dernière.*

1. Elle prend l'autobus? (oui, tous les jours)

_____

2. Tu vois le bureau de tabac là-bas? (non)

_____

3. Mme Hourquin est à l'hôtel? (non)

_____

4. Vous faites la lessive? (oui, une ou deux fois par semaine)

_____

5. Où sont tes copains? (voilà, près de l'entrée)

_____

6. Est-ce que tes sœurs sont allées à Rome? (oui, l'année dernière)

_____

7. Vous avez trouvé les clés? (oui, dans le tiroir)

_____

8. Qui va préparer le dîner ce soir? (Papa)

_____

9. Tu voudrais aller au théâtre? (oui, je voudrais bien)

_____

> You will find the correct answers on page 399. Give yourself one (1) point for each correct pronoun and one (1) point for each correct placement of the pronoun. A perfect score is 18. If your score is less than 14, you should review the use of **le, la, l', les,** and **y** before going to class.

À faire! (4-5)

As a *follow-up* to the vocabulary presented in class, read page 161 of the **Manuel de classe** and write Exercises XVII and XVIII.

In preparation for work in class, do the following:
- learn the verb **vouloir** and do Exercise XIX;
- read the explanation of the use of the infinitive and the subjunctive with **il faut** and **vouloir**;
- ▭ listen to SEGMENT 25 of the *Student Tape*;
- do Exercises XX and XXI;
- take Test 14.

CONTEXTE: TU TOURNES À GAUCHE...

*XVII. Un message incomplet. A group of friends are in Châlons-sur-Marne (page 152 of the **Manuel de classe**) to attend a wedding. They have been given instructions on how to get to various places in the city. Unfortunately, certain parts of the instructions got wet in the rain and have been erased. Complete the first set of instructions, using the appropriate forms of **aller, continuer, prendre, tourner,** and **traverser**. The starting point is the **hôtel Bristol**.

> Pour aller à l'église Notre-Dame-en-Vaux, vous ⬦⬦⬦ l'avenue Sémard.
> Vous ⬦⬦⬦ jusqu'à la rue Jean-Jaurès où vous ⬦⬦⬦ à droite.
> Vous ⬦⬦⬦ la Marne et vous ⬦⬦⬦ tout droit dans la rue de la
> Marne jusqu'à la place Tissier. Vous verrez l'église sur votre gauche.

After the wedding, your friends had a minor car accident and had to be taken to the hospital. Complete the directions given to the driver on how to get from the hospital to police headquarters, using expressions such as **la, le, au, à la, dans, près de, à gauche, à droite, devant, jusqu'à,** etc.

> Pour aller au commissariat de police, vous prenez _____ rue Derrien _____ la place
> de Verdun. Vous traversez _____ place et vous continuez tout droit _____ la
> rue Léon Bourgeois. _____ place Tissier vous tournez _____
> dans la rue Prieur-de-la-Marne, puis vous tournez _____ dans la rue
> Garinet. Vous prenez la première rue _____ ; c'est la rue Carnot. C'est là que
> se trouve _____ commissariat de police.

*XVIII. La ville de Bamako. Mali is a French-speaking country in West Africa located at the edge of the Sahara Desert. In your job at the American Embassy in the capital city of Bamako, you're often asked where certain places are located and how one can get there. Using the American Embassy (**l'ambassade des États-Unis**) as a starting point, write out answers to the following requests. The first two come from strangers.

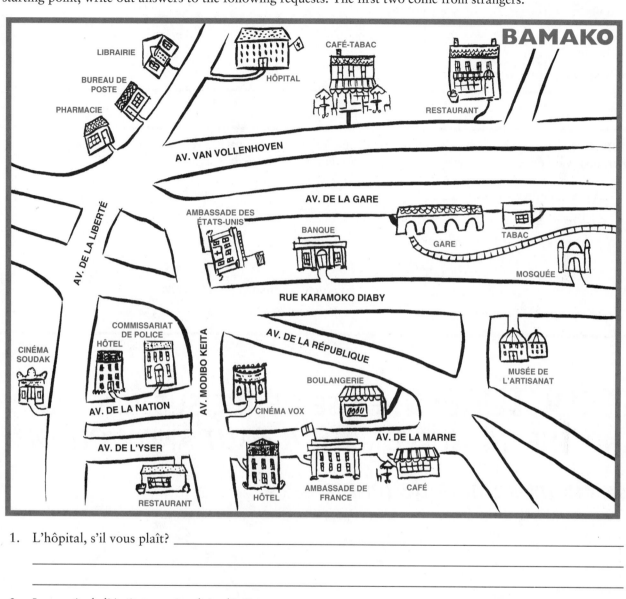

1. L'hôpital, s'il vous plaît? _____

_____

_____

2. Le musée de l'Artisanat, c'est loin d'ici? _____

_____

_____

The last two requests are from friends; consequently, use the **tu** form of verbs.

3. Dis, tu sais où se trouve le cinéma Soudak? _____

_____

_____

4. Je voudrais acheter des croissants. Est-ce qu'il y a une boulangerie près d'ici? _____

_____

_____

LE VERBE **VOULOIR** (*TO WANT*)

je **veux**	nous **voulons**
tu **veux**	vous **voulez**
il / elle / on **veut**	ils / elles **veulent**

Passé composé: **j'ai voulu** (*I tried*)

---

*XIX. Dimanche après-midi. You and your friends are talking about what you want to do on Sunday afternoon. Complete the sentences with the appropriate form of the verb **vouloir.**

1. Alors, qu'est-ce que vous _____ faire dimanche après-midi?

2. Hélène _____ aller au parc.

3. Mon père dit *(says):* «Maman et moi, nous _____ aller au musée.»

4. Moi, je _____ faire un tour en voiture.

5. Mon frère et ses amis _____ regarder un match de foot à la télé.

6. Et toi, qu'est-ce que tu _____ faire?

STRUCTURE: THE USE OF THE SUBJUNCTIVE AND THE INFINITIVE WITH *IL FAUT* AND *VOULOIR*

Les championnats de tennis SEGMENT 25

BERNARD: **Je voudrais** bien **aller** à Roland Garros vendredi pour voir les demi-finales. **Tu veux que je t'achète** un billet? Dis-le-moi tout de suite parce qu'**il faut acheter** les billets à l'avance.

VINCENT: Oh, j'aimerais bien. J'adore le tennis. Mais c'est pas possible. **Il faut que j'aille** chez le dentiste.

Explication grammaticale 📼 SEGMENT 25

In French, to express necessity *(something that has to be done)* or volition *(something you want to be done),* you use the subjunctive mood. French has two moods—the *indicative* (which includes the tenses you've been learning up until now) and the *subjunctive* (which...

Mes amis, don't worry about moods and tenses and necessity and volition!

Gaston, what are you doing? We're not supposed to intervene in the middle of grammatical explanations!

Je m'en moque! *(I don't care!)* They're making this much too complicated. **Écoutez,** here's what you need to know: there are certain verbs and expressions in French that are followed by what's called *the subjunctive.* Here's a list of some of them:

il faut que	*it's necessary that*
il est nécessaire que	*it's necessary that*
il vaut mieux que	*it's better that*
vouloir que	*to want that*
préférer que	*to prefer that*
exiger que	*to require that*

When these verbs and expressions are found in the first part of a sentence, you conjugate the verb in the second part in the subjunctive, just the way they did in the little dialogue: **Tu veux que je t'achète un billet? Il faut que j'aille chez le dentiste.**

Well, if you insist on doing this, you'd better tell them that this only happens when the subject of the second verb is different from the subject of the first verb (**Tu veux que je...; Il faut que je...**).

OK, OK. Gigi's right. When both verbs have the same subject (**Je voudrais bien aller...**) or when you're making a general statement not referring to a specific second subject (**Il faut acheter les billets...**), you don't use **que** and the second verb is in the infinitive. **Ça va, Gigi?**

Oui, ça va. Mais... now that you've taken over the whole explanation, don't you think it would be nice to tell them how the subjunctive is formed?

Non, non. I'll let *them* do it. They should be able to manage on their own without complicating it too much!

Terminaisons *(Endings):* -e, -es, -e, -ions, -iez, -ent

Formation: drop the **-ons** from the **nous** form of the present tense and then add the endings

que je **parle**	que nous **parlions**
que tu **parles**	que vous **parliez**
qu'il / elle / on **parle**	qu'ils / elles **parlent**

> **Chut!** Don't say anything to Gaston. He's always trying to simplify things, but there are some complications. There are a few verbs that have irregular subjunctive forms—for example, **faire:** the subjunctive stem is **fass-** **(que je fasse, que nous fassions).** And verbs like **aller, prendre,** and **voir** have two subjunctive stems—one for **je, tu, il,** and **ils,** the other for **nous** and **vous.** So you'd better learn this chart.

FORMES IRRÉGULIÈRES

aller	**prendre**	**voir**
que j'**aille**	que je **prenne**	que je **voie**
que tu **ailles**	que tu **prennes**	que tu **voies**
qu'il / elle / on **aille**	qu'il / elle / on **prenne**	qu'il / elle / on **voie**
que nous **allions**	que nous **prenions**	que nous **voyions**
que vous **alliez**	que vous **preniez**	que vous **voyiez**
qu'ils / elles **aillent**	qu'ils / elles **prennent**	qu'ils / elles **voient**

Application

*XX. Des conseils. Your father likes to give advice to young people. Sometimes he comes out with general statements he feels apply to everyone. Use **il faut, il vaut mieux,** or **il est nécessaire de** + *an infinitive* to recreate his advice.

> **MODÈLE:** beaucoup étudier
> *Il faut beaucoup étudier. (Il vaut mieux beaucoup étudier.) (Il est nécessaire de beaucoup étudier.)*

1. faire attention en classe

   _____

2. se reposer suffisament *(enough)*

   _____

3. aller à tous les cours

   _____

4. prendre des notes

   _____

5. écouter le professeur

   _____

Other times, your father addresses his advice to a particular person or persons. Use **il faut que, il vaut mieux que,** or **il est nécessaire que** + *a verb in the subjunctive* to recreate his statements.

> **MODÈLE:** tu / beaucoup étudier
> *Il faut que tu étudies beaucoup. (Il vaut mieux que tu étudies beaucoup.)*
> *(Il est nécessaire que tu étudies beaucoup.)*

6. tu / faire attention en classe

   _____

7. vous / se reposer suffisament

   _____

8. Michel / aller à tous les cours

   _____

9. tu / prendre des notes

   _____

10. Chantal et Georgette / écouter le professeur

    _____

*XXI. Je voudrais... Complete the sentence using either the infinitive (if there is only one subject) or the subjunctive (if there are two different subjects) of the verb in parentheses.

1. (voir) Je voudrais _____ la cathédrale.

2. (voir) Je voudrais que vous _____ la cathédrale.

3. (faire) Nous voulons qu'elle _____ le voyage avec nous.

4. (faire) Mais elle ne veut pas _____ le voyage.

5. (se coucher) Maman veut que tu _____ tout de suite.

6. (se coucher) Mais je ne veux pas _____ tout de suite.

7. (aller) Grand-père veut que nous _____ à Londres cet été.

8. (aller) Mais nous préférons _____ à Copenhague.

9. (rester) Mes frères et moi, nous ne voulons pas _____ à la maison le dimanche

   après-midi.

10. (rester) Mes parents exigent que nous y _____ .

TEST 14: THE INFINITIVE AND THE SUBJUNCTIVE WITH *IL FAUT* AND *VOULOIR*

Complete the following sentences with an infinitive or with the appropriate form of the subjunctive.

1. (apprendre) Dans notre université il faut _____ une langue étrangère.

2. (aller) Maman ne veut pas que j(e) _____ en Afrique.

3. (prendre) Il est nécessaire que vous _____ une décision tout de suite.

4. (parler) Ma grand-mère exige que nous _____ fulyani à la maison.

5. (acheter) Mon père préfère _____ une voiture japonaise.

6. (manger) Pour être en bonne santé, il faut qu'on _____ beaucoup de fruits.

7. (faire) Mon père exige que je _____ mes devoirs avant de sortir avec mes copains.

8. (aller) Il vaut mieux que vous _____ au commissariat ensemble.

9. (prendre) Papa ne veut pas que tu _____ sa nouvelle voiture.

10. (voir) Pourquoi est-ce que tu veux _____ le musée de l'Artisanat?

11. (regarder) Il est nécessaire qu'elles _____ ton livre?

12. (faire) Il vaut mieux _____ le voyage sans nous.

> You will find the correct answers on page 400. Give yourself one (1) point for each correct choice (infinitive or subjunctive) and one (1) point for each correct spelling of the subjunctive. A perfect score is 20. If your score is less than 17, you should review the use of **il faut** and **vouloir** before going to class.

À faire! (4-6)   *Manuel de classe, pages 161–164*

As a *follow-up* to the reading and discussion in class and as a review of giving directions, do the following:
- read the map of Nîmes and do Exercise XXII;
- write Exercise XXIII.

LISEZ!
Un itinéraire: la ville de Nîmes

Guidebooks written in French often use the infinitive rather than the present tense when laying out an itinerary. Read the following itinerary for a tour of Nîmes, a city in southern France known for its Roman ruins.

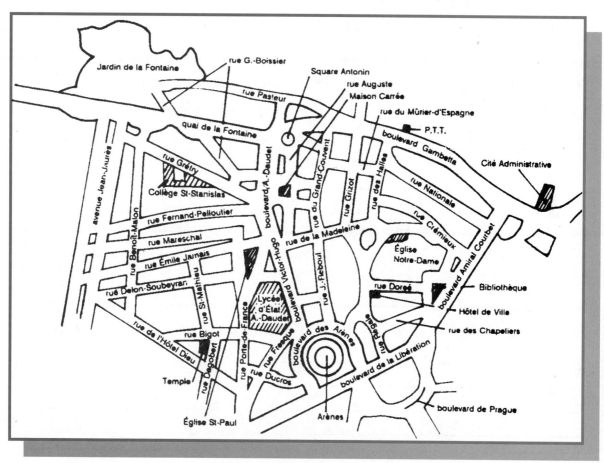

Prendre comme point de départ de la visite le boulevard des Arènes.

Visiter les Arènes (l'amphithéâtre de Nîmes).

Suivre en auto le boulevard Amiral Courbet jusqu'au boulevard Gambetta. Tourner à gauche et suivre le boulevard Gambetta jusqu'au square Antonin; prendre le boulevard A. Daudet. Laisser la voiture près de la Maison Carrée.

Visiter la Maison Carrée (un temple romain).

Reprendre la voiture. Suivre la rue Auguste et tourner à gauche après le square Antonin, puis suivre le quai de la Fontaine jusqu'au Jardin de la Fontaine.

Visiter le parc.

Reprendre la voiture et revenir aux Arènes par le boulevard Victor-Hugo.

---

*XXII. Un itinéraire. Trace on the map the route suggested by the guidebook.

VOCABULAIRE UTILE: **suivre** (*to follow*), **laisser** (*to leave*)

ÉCRIVEZ!

*XXIII. À Troyes. While staying in Troyes, you meet two French-speaking students from Montreal. Since they don't know the city very well, you leave them notes telling what your plans are, where and when to meet, and how to get there. Use the map on page 156.

1. Your friends, Gérard and his sister Sylvie, are staying in an apartment on the **rue Saussier.** Write them a note, asking them to meet you in front of the **cinéma Zola.**

> *Nous allons au cinéma ce soir. Rendez-vous à 8h devant le cinéma Zola, dans la rue Zola. Vous allez jusqu'à la rue Salengro et _____*
>
> _____
>
> _____
>
> _____
>
> _____

2. It's another day. This time you're going to a soccer match. In addition to describing how to get there, (a) you tell them that they have to be at the stadium before 7:30 (**avant 7h30**) and (b) you ask them if they want you to buy tickets.

> *Il y a un match de foot ce soir au stade municipal. Rendez-vous au stade.*
>
> _____
>
> _____
>
> _____
>
> _____

> **Attention, mes amis!** You can't translate word for word from English into French; you have to find parallel constructions. For example, in English you say *you have to* do something, but in French you need to construct the sentence with **il faut que tu (vous)** and the subjunctive. Another example: in English, you say *I want you* to do something, but in French you need to construct the sentence with **je veux que tu (vous)** and the subjunctive. ""

3. Imagine that Gérard (or Sylvie) has come to visit you at your university. He (or she) is staying on campus. Write a note making plans to meet you somewhere in town. In addition to giving information and directions, indicate the best means of transportation and ask if he (or she) wants you to draw a map (**faire un plan**). Use a separate sheet of paper.

PHRASES: Giving directions; Advising; Sequencing events

VOCABULARY: City; Means of transportation; Direction and distance

À *faire!* (4-7)

Manuel de classe, pages 165–170

As a *follow-up* to the vocabulary presentation in class, do the following:
- 🔲 listen to SEGMENT 26 of your *Student Tape;*
- do Exercise XXIV.

In *preparation* for the next class, do the following:
- read about the verb **pouvoir** and do Exercise XXV;
- read about the verb **venir** and the expression **venir de;**
- 🔲 listen to SEGMENT 27 of your *Student Tape;*
- write and correct Exercises XXVI and XXVII;
- take Test 15.

CONTEXTE: ALLÔ, ALLÔ...

*XXIV. 🔲 SEGMENT 26 **Vous pourriez prendre un message?** While home alone trying to do some work, Serge Chaumeau is interrupted by phone calls with invitations for his wife (Denise) and then his son (Jean-Philippe). Since neither one is home, Serge takes the messages for them. Listen to the recordings of the two conversations, and then reproduce the messages that Serge might jot down.

<table>
<tr><td colspan="2">LE VERBE POUVOIR (TO BE ABLE TO; CAN)</td></tr>
<tr><td>je peux</td><td>nous pouvons</td></tr>
<tr><td>tu peux</td><td>vous pouvez</td></tr>
<tr><td>il / elle / on peut</td><td>ils / elles peuvent</td></tr>
<tr><td colspan="2">PASSÉ COMPOSÉ: j'ai pu</td></tr>
</table>

*XXV. On ne peut pas sortir *(They can't go out)*. The following exchanges take place at the home of your French family when people want to go out but can't. Complete each sentence with the appropriate form of the verb **pouvoir**. Items 1–7 require the present tense; item 8, the **passé composé**.

1. Est-ce que je _____ aller chez Monique?

2. Non, tu ne _____ pas sortir cet après-midi.

3. Est-ce que nous _____ aller voir le nouveau film aux 7 Parnassiens?

4. Non, vous ne _____ pas sortir ce soir.

5. Annick ne _____ pas aller à la soirée.

6. Non, mais ses cousins, ils _____ y aller.

7. Pourquoi est-ce que Martin ne _____ pas sortir?

8. Parce qu'il n' _____ pas _____ terminer ses devoirs.

STRUCTURE: THE VERB *VENIR* AND THE EXPRESSION *VENIR DE*

Une invitation 📼 SEGMENT 27

JEAN-PIERRE: **Tu viens** chez moi ce week-end?
ANDRÉ: Non, je ne peux pas. Je vais rester à la maison avec la famille. Mes parents **viennent** de rentrer d'Europe.
JEAN-PIERRE: Ah, oui? Ma femme et moi, nous voulons aller en Europe l'année prochaine.
ANDRÉ: Alors, dans ce cas-là, **venez** chez nous parler avec mes parents de leur voyage.

Explication grammaticale 📼 SEGMENT 27

The verb **venir**, when used alone, has the meaning of the English *to come*. It is conjugated as follows:

je **viens**	nous **venons**
tu **viens**	vous **venez**
il / elle / on **vient**	ils / elles **viennent**

PASSÉ COMPOSÉ: **je suis venu(e)**

PRÉSENT DU SUBJONCTIF: **que je vienne / que nous venions**

When followed by the preposition **de** and an infinitive, it indicates that an action occurred in the *recent past*. Even though **venir de** is conjugated in the present tense, its meaning is past—the equivalent of the English *to have just* done something.

Ils viennent de rentrer d'Europe.

Je viens de me réveiller.

They've just come back
(They just came back) from Europe.
I just woke up.

Application

*XXVI. D'où venez-vous (Where do you come from)? Use the verb **venir** and the elements in parentheses to answer the questions about where people come from.

> **MODÈLE:** Jeanne est française? (Paris)
> *Oui, elle vient de Paris.*

1. Les Delavenne sont québécois? (Trois-Rivières)

   _____

2. Toi et ta sœur, vous êtes suisses? (Zurich)

   _____

3. Françoise est belge? (Bruxelles)

   _____

4. Je suis d'origine anglaise, moi? (Manchester)

   _____

5. Nous sommes d'origine espagnole? (Barcelone)

   _____

6. Et vous? Vous êtes américain(e)?

*XXVII. Une émission télévisée. Your friend is in the kitchen preparing dinner while his/her favorite TV program is on. Use **venir de** to tell him/her what *has just happened* on the program.

> **MODÈLE:** Deux hommes déguisés entrent dans une banque.
> *Deux hommes déguisés viennent d'entrer dans une banque.*

1. Un des hommes demande tout l'argent.

   _____

2. Ils prennent deux personnes en otages *(hostages)*.

   _____

3. Ils quittent la banque.

   _____

4. L'employé de la banque téléphone à la police.

   _____

5. Les agents de police arrivent.

   _____

6. Un client fait une description des voleurs *(thieves)*.

   _____

7. On annonce que cette histoire va continuer la semaine prochaine.

   _____

TEST 15: THE VERBS *POUVOIR* AND *VENIR;* THE EXPRESSION *VENIR DE*

Complete the sentences with the appropriate form of the present tense of the indicated verb or expression.

1.-2. — Qu'est-ce qu'il y a?

— Jean-Pierre (venir de) _____ téléphoner.

Martine et lui ne (pouvoir) _____ pas venir ce soir.

3.-6. — Vous (venir) _____ demain soir?

— Je voudrais bien, mais nous ne (pouvoir) _____ pas.

Je (venir de) _____ apprendre que ma mère a eu un accident.

Elle ne (pouvoir) _____ pas marcher.

7.-8. — Pourquoi est-ce que tu ne me regardes pas? Tu ne (pouvoir) _____ pas parler?

Tu (venir de) _____ passer un mauvais moment?

9.-10. — Nous sommes désolés, mais nous (ne pas venir) _____ ce soir. Ma femme est

malade.

— Oh, c'est dommage. Les Philibert, ils ne (pouvoir) _____ pas venir non plus.

> You will find the correct answers on page 401. Give yourself one (1) point for each correct verb form. A perfect score is 10. If your score is less than 8, you should review the conjugations of **pouvoir** and **venir** before going to class.

À faire! (4-8)
Manuel de classe, pages 170–173

As *practice* in reading, do Exercise XXVIII, read the following selection from the entertainment guide, and then do Exercise XXIX.

As a *follow-up* to making plans and giving directions, write Exercise XXX.

LISEZ!: «FLASH: L'HEBDO LOISIRS»

When visiting a city, or even when you live there, you will often want to read about opportunities for entertainment. The city of Toulouse, in southwestern France, publishes a bi-weekly entertainment guide called **Flash: L'Hebdo Loisirs**. *In this activity, you are to make use of your skimming and scanning skills in order to read parts of an issue of* **Flash**.

---

*XXVIII. Pré-lecture. To begin, think about reading an entertainment guide for an American city with which you are familiar.

1. The first thing you would probably want to do is to locate the table of contents. What cues (visual and linguistic) will help you find it? _____

   _____

2. Describe how you would go about making use of the guide, once you had found the table of contents.

   _____

   _____

FLASH

L'Hebdo Loisirs

Semaine du 3 au 13 mars 1990,
N° 597 - 5F

Sommaire

| 1 |

AU BLUE'S NOTE

PHILIPPE LEJEUNE
GERARD FREMAUX
Duo jazz

Philippe Lejeune : *piano*
Gérard Frémaux : *batterie*

CALLEJA QUARTET
Les 9 et 10 mars

Se succèdent blues, compositions originales et standards hiératiques. De plus Calleja a su réunir la section rythmique idéale. On a pu lire dans *Jazz Magazine* à propos de Richard Calleja *"qu'il est l'un des saxophonistes français les plus intéressants à l'heure actuelle."*

A 22 H AU RAGTIME

SIOU BROTHERS
Sextet blues
Les 9 et 10 mars

Le Ragtime :
14 place Arnaud Bernard,
61.22.73.01.

LE RENDEZ-VOUS ROCK DU SUD TOULOUSAIN

**A 18 H A LA BODEGA
LE FLAMENCO**
PACO DE ALHAMBRA
Flamenco

A 22H AU MANDALA
BATUCADA
Musique brésilienne

SPECIAL JAZZ CLUB, les mardis et mercredis.

Le Mandala :
23, rue des Amidonniers.
61.23.95.58.

| 11 |

ENSEMBLE PONTORMO
GROUPE VOCAL DE TOULOUSE

Direction : Alix BOURBON

«LE VOYAGE A LUBECK»

Œuvres de J. S Bach et D. Buxtehude
Mardi 13 mars, à 21h,
en L'Eglise Saint-Exupère

20

ESPACE CROIX-BARAGNON
24 rue Croix-Baragnon
61.52.57.72.
Du 21 février au 24 mars
Isabelle Mottes
Peintures

DIAGONAL
37 place des Carmes 61.55.57.59.
Jusqu'au 24 mars
Graham Rawle
"Boxes, photo-collages,
tableaux en trois D, installations.

GALERIE, CHARLENE RIBIERE
2 rue Dalayrac 61.99.09.99.
Jusqu'au 31 mars
Monique Malbert
peintures
"Femmes, Fleurs et Fruits"

GALERIE MUNICIPALE
DU CHATEAU D'EAU
Place Laganne 61.42.61.72
Du 1er mars au 2 avril
Espace I, II et III
"20 ans de photographies
créatives en France"

ART-SUD
17 rue Peyras 61.23.37.27.
Jusqu'au 10 mars
Isabelle Bloch
Peintures

ESPACE DES ARTS
Plein Centre - Colomiers 61.78.15.41.
Du 23 février au 31 mars
André Nouyrit
Sculptures et peintures
Mercredi 14 mars, à 20h30,
conférence de Marguerite Gaston
sur le thème «Sculpture et Nature».

GALERIE AXE ACTUEL
11 pl. de la Daurade 61.22.43.32.
Jusqu'au 17 mars
Marie Ducaté
Œuvres récentes

47

---

*XXIX. *Flash: L'Hebdo Loisirs.* Answer the following questions about the pages of *Flash* you have just looked at.

A. 1. On what page is the table of contents found? _____

2. Were you able to use the same cues that you mentioned in Exercise XXVIII, question 2? Explain.

_____

_____

3. Tell the following friends which page(s) of *Flash* they should consult for information about the activities in which they're interested.

a. Katie would like to see a play. _____

b. Tom would like to go see a French movie. _____

c. Diane would like to see an exhibit of paintings. _____

d. Lynn has heard that there is a place in Toulouse where you can take free-fall lessons. _____

e. Jim wants to go to hear some jazz. _____

f. Roger is mainly interested in having a good meal. _____

g. Ginny wants to hear some Bach or some Beethoven. _____

h. Kari wants to see a new movie. _____

B. Not all of your friends can read French; help those who ask for your assistance to use the listings on pages 11, 20, and 47.

1. Diane, who is a painter herself, is interested in seeing the work of other women painters. How many choices does she have? _____ She wants to know what hours the galleries are open. On the basis of the information provided in *Flash,* what would be the easiest way for you to get this information for her?

_____

2. Where will Jim be able to listen to some jazz? _____
Some of your other friends like music, but don't particularly care for jazz. What other kinds of music can you hear in Toulouse? _____

3. Will Ginny be able to hear some Bach or Beethoven? _____ Where? _____
In what form? _____

ÉCRIVEZ!

XXX. Des invitations. You're spending the semester in Toulouse. Using the expressions you have learned for making plans, write two invitations to some friends to join you for an activity chosen from the listings in *Flash.* Use a separate sheet of paper.

MODÈLE

> Chère Isabelle,
>   Tu aimes le blues? Est-ce que tu veux venir avec nous samedi soir? Nous allons au Ragtime écouter les Siou Brothers. Si tu peux y aller, on se retrouve à 21h45 devant le Ragtime, 14 place Arnaud Bernard.
>   À bientôt.
>   Jim

1. In the first invitation, you are free to choose any activity you wish. You'll meet your French friend at the site of the activity.
2. In the second invitation, you're planning to go to a concert at the **église Saint-Exupère.** Since your friend is from Belgium and doesn't know Toulouse very well, you give him/her directions on how to get to the church once he/she gets off the **métro.** See the map provided.

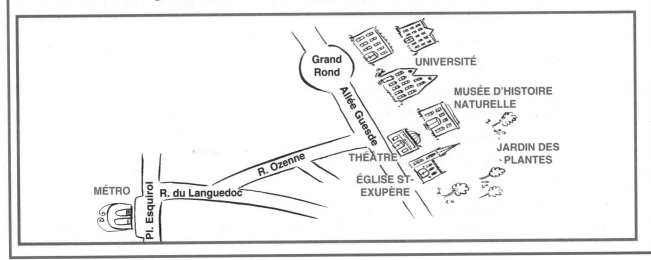

As a *follow-up* to the vocabulary and structures learned in this chapter, do Exercises XXXI and XXXII.

Then listen to SEGMENT 28 of your *Student Tape* and do Exercise XXXIII.

INTÉGRATION: ÉCRIVEZ!

*XXXI. Le journal de Cecilia. With the help of the suggestions provided below, recreate the entries in Cecilia Dos Santos' diary for last Friday and Saturday. Use a separate sheet of paper.

Vendredi

se lever (7h) / prendre une douche / s'habiller / réveiller les enfants / préparer leur petit déjeuner / prendre l'autobus pour aller en ville / prendre des renseignements *(information)* à l'université / déjeuner dans un fast-food / rentrer à la maison / ranger sa chambre / aller chercher les enfants (5h) / préparer le goûter / aider Mme Batailler à préparer le dîner / regarder la télé / se coucher (11h)

Samedi

faire la grasse matinée *(to sleep in)* / se lever (10h) / téléphoner à son amie Katrina / se donner rendez-vous pour aller au cinéma / déjeuner avec la famille / amener les enfants au cirque / retrouver Katrina devant le cinéma (8h15) / voir un film de Diane Kurys / aller dans un café / raccompagner Katrina chez elle / rentrer (minuit)

XXXII. Mon journal. Choose two days in the past month—a weekday and a weekend day—and write a journal entry in French for *each* one. Use a separate sheet of paper.

> SYSTÈME-D
> *Writing Assistant for French*
>
> PHRASES: Sequencing events; Linking ideas
>
> VOCABULARY: Months; Days of the week; Leisure
>
> GRAMMAR: Compound past tense

PRONONCEZ BIEN! 🔊 SEGMENT 28
The letter e

The pronunciation of the letter **e** in French varies considerably, depending on the type of accent mark that accompanies it.

◆ **é**   When accompanied by an **accent aigu**, the letter **é** is pronounced like the vowel sound in the English word *fail*; however, the French vowel is not a diphthong—*i.e.*, it is a single, steady sound. For example: **été, répéter, école.**

◆ **è, ê**   When accompanied by an **accent grave** or an **accent circonflexe**, the letter **è** is pronounced like the *e* in the English words *bed* and *belt*. For example; **mère, achète, êtes, scène.**

◆ **e**   When written without an accent, the letter **e** may represent three different sounds in French:

like **é**	when followed by a silent consonant at the end of a word—for example: **les, parler, assez.**
like **è, ê**	when followed by a pronounced consonant in the same syllable—for example: **elle, omelette.**
like **e** in **le**	in two letter words and at the end of a syllable—for example: **me, ne, petit.**

XXXIII. 🔊 SEGMENT 28 **La voyelle e.** Do the following exercises dealing with the various sounds represented by the letter **e.**

A. Read each word aloud, being sure to pronounce **é** with enough tension to avoid a diphthong *(i.e.,* letting the vowel slide to a different sound).

thé / café / église / métro / cathédrale / été / écouté / étudié / stéréo / téléphone / université / lycée / télévision

B. Now read each word aloud, being careful to pronounce **è** and **ê** with a short, open sound.

mère / père / frère / crème / achète / bibliothèque / êtes / fête

C. Now read each word aloud, being careful to distinguish among the three sounds of **e.**

like **é**:	des / mes / aller / et toi? / assez / manger / avez
like **è** or **ê**:	baguette / appelle / hôtel / chouette / express / lessive / vaisselle / il est
like **le**:	de / le petit / demain / retour / demande / me / ne

❝ **Écoutez!** There's something you need to know about the **e** without an accent. There's a tendency in French not to pronounce the **e**, if possible. What I mean is that French speakers tend to drop this **e** if the dropping of it leaves only two consonants together. When it's dropped, it's called the *mute* or *unstable* e. For example, in **samedi,** dropping the **e** leaves only **md,** which can easily be pronounced. However, if the second **e** of **vendredi** were dropped, the combination **drd** would remain, and that would be very difficult to pronounce. So the general rule, sometimes called **la loi des trois consonnes** *(the three-consonant rule),* says that the **e** is not pronounced so long as dropping it doesn't result in three consecutive consonant sounds. ❞

Doucement, ma petite Gigi! Let's tell the truth here! The **loi des trois consonnes** isn't really a *law!* It's just a descriptive guideline. You also have to know that certain groups of words are always pronounced in the same way—for example; **est-ce que** and **qu'est-ce que, parce que** and **je ne,** and **je me** and **pas de.** So, **mes amis,** at this stage in learning French, the most important thing for you to do is to be aware of this tendency—especially when listening to spoken French. And when you're speaking, try to drop the **e** in frequently used expressions. **D'accord?**

D. **Le *e* caduc.** *(The falling or dropped e.)* Read each word aloud, dropping the e when indicated by a slash and retaining it when it's underlined.

samédi / mercredi / omélette / médécin / achéter / appartement / bouchérie / tartelette / boulangérie / entreprise / je mé couche / je mé lève / je né vais pas / je né veux pas / où est-ce qué tu vas? / qu'est-ce qué tu veux? / pas dé pain / pas dé problème / je né suis pas / jé veux bien

E. Finally, listen to this passage from a French classical tragedy written in verse, paying special attention to the various pronunciations of e. You should notice that *in poetry* the unaccented e in the middle of a word or group of words is usually *pronounced*.

ANDROMAQUE

Seigneur, que faites-vous, et que dira la Grèce?

Faut-il qu'un si grand cœur montre tant de faiblesse?

Voulez-vous qu'un dessein si beau, si généreux,

Passe pour le transport d'un esprit amoureux?

Captive, toujours triste, importune à moi-même,

Pouvez-vous souhaiter qu'Andromaque vous aime?

Quels charmes ont pour vous des yeux infortunés

Qu'à des pleurs éternels vous avez condamnés?

Non, non, d'un ennemi respecter la misère,

Sauver des malheureux, rendre un fils à sa mère,

De cent peuples pour lui combattre la rigueur,

Sans me faire payer son salut de mon cœur,

Malgré moi, s'il le faut, lui donner un asile:

Seigneur, voilà des soins dignes du fils d'Achille.

ANDROMAQUE

My lord, reflect. What will Greece say of you?

Must from so great a heart such weakness flow?

Must such a noble, generous design

Pass for the impulse of a doting heart?

A captive, always hateful to herself,

How can you wish me to return your love?

What magic can you find in these sad eyes

Condemned by you to everlasting tears?

No, to respect an enemy's mishaps,

To give a son back to his mother's arms,

To fight a hundred nations' cruel will,

Without expecting, as your price, my heart

To give him refuge, even in spite of me,

These aims are worth of Achilles' son.

As a *review* of the grammatical structures in this chapter, do Exercises XXXIV, XXXV, XXXVI, and XXXVII.

MISE AU POINT

Le passé composé (page 145)

---

*XXXIV. Un samedi à la campagne. Marie-Laure spent last weekend with her parents (**M. et Mme Godin**) and her brother (**Didier**) at their country home. Play the role of Marie-Laure and describe your activities as well as the activities of the other members of your family. Use the verbs and expressions suggested and add details where necessary. Use a separate sheet of paper.

1. *Samedi matin*

   MARIE-LAURE (JE): se lever / s'habiller / déjeuner avec ses parents / aider sa mère à nettoyer la salle de séjour

   DIDIER: faire la grasse matinée / manger / jouer au golf avec son père

2. *Samedi après-midi*

   MARIE-LAURE (JE) ET MME GODIN: aller en ville / faire les courses / acheter / rentrer / se reposer

   DIDIER ET M. GODIN: (après le golf) rentrer / prendre une douche / regarder un match de football à la télé

3. *Samedi soir*

   MARIE-LAURE (JE) ET MME GODIN: préparer le dîner

   DIDIER ET M. GODIN: débarrasser la table / faire la vaisselle

   M. ET MME GODIN: faire une promenade / se coucher

   MARIE-LAURE (JE) ET DIDIER: retrouver des amis / aller à la discothèque / danser / voir... à la discothèque / se coucher

---

Les pronoms le, la, l', les et y (page 158)

---

*XXXV. Vous et votre famille... ? Answer the following questions about you and your family, replacing nouns with the object pronouns **le, la, les,** or **y** when possible.

> MODÈLE: Quand *(When)* est-ce qu'on fait la lessive chez vous? (le samedi ou le dimanche)
> *On la fait le samedi ou le dimanche.*

1. Qui fait la lessive chez vous?

_____

---

2. Qui fait les courses chez vous?

   _____

3. Est-ce qu'on va souvent au supermarché?

   _____

4. Est-ce que tu fais le ménage?

   _____

5. Dans quelles pièces est-ce qu'on passe l'aspirateur?

   _____

6. Qui prépare les repas chez vous?

   _____

7. Est-ce que vos parents vont souvent au cinéma?

   _____

8. Est-ce qu'ils aiment les films étrangers *(foreign)?*

   _____

L'emploi du subjonctif et de l'infinitif avec *il faut* et *vouloir* (page 164)

*XXXVI. Le week-end. When you're home for the weekend, there are always conflicts between you and your friends or other members of your family. Usually these conflicts are between, on the one hand, studies (**étudier, aller à la bibliothèque**), housework (**nettoyer, ranger, faire la vaisselle**), other responsibilities (**aider quelqu'un à, s'occuper de**), or other people's plans and, on the other hand, your own desires and preferences. Using the expressions provided, describe some of these conflicts.

   MODÈLE: Moi, j'aimerais... , mais... veut que je...
   Moi, j'aimerais bien regarder un match à la télé, mais
   mon père veut que je l'aide à faire des réparations.

1. Moi, j'aimerais... , mais... veut que je...

   _____

   _____

2. Moi, je voudrais bien... , mais il faut...

   _____

   _____

3. Ma mère veut que je... , mais je préfère...

_____

_____

4. Moi, je veux... , mais... exige que...

_____

_____

5. Moi, j'aime... , mais il est souvent nécessaire...

_____

_____

L'expression *venir de* (page 172)
Les pronoms *le, la, l', les et y* (page 158)

*XXXVII. Préparatifs de voyage. You and your family have plans to visit the châteaux of the **Vallée de la Loire.** Because all of you tend to do things at the last minute, your mother is always checking up on you. Indicate that someone *just did* whatever he/she was (they were) supposed to do. Use the expression **venir de** and replace nouns with pronouns wherever possible.

> **MODÈLE:**   Est-ce que Papa a payé les billets?
> *Oui, il vient de les payer.*

1. Toi et ta sœur, vous avez fait les valises?

   _____

2. Tu as fermé les fenêtres?

   _____

3. Est-ce que tes frères ont rangé leur chambre?

   _____

4. Ta sœur est allée à la pharmacie?

   _____

5. Tu as trouvé le *Guide Michelin*?

   _____

6. Papa a réservé les chambres d'hôtel?

   _____

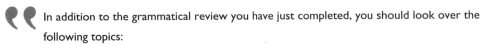

In addition to the grammatical review you have just completed, you should look over the following topics:

— the verbs **faire** (page 144), **voir** (page 157), **vouloir** (page 164), and **pouvoir** (page 172)

— the use of **de** and the definite article (page 155)

CHAPITRE 4
Une jeune fille au pair à Reims

ACTIVITÉ ÉCRITE: UNE LETTRE

After having studied French for a year, you have the opportunity to spend the summer in France with some business acquaintances of your parents. You live in their house, take French courses at the local university, and also help take care of their children. After a couple of weeks in France, you write a letter *in French* to your instructor. Use a separate sheet of paper and tell him/her about:

1. Your routine: you get up at 7:30, shower, dress, have breakfast, go to the university until noon, come home, take care of the kids until supper time, do your homework, watch TV, and talk with the parents.
2. Your activities last weekend: you and your French family went to Versailles, visited the palace (**le château**), had dinner in a nice restaurant, went to the movies and saw an American film, went to bed quite late, and had a very good time.
3. Your plans for this weekend: you are very tired, are going to get up late and not get dressed before noon, and are going to rest.

SYSTÈME-D
Writing Assistant
for French

PHRASES: Telling time; Linking ideas; Sequencing events

VOCABULARY: Toilette; Time expressions; Time of day; Meals; Leisure

GRAMMAR: Adjective agreement; Adjective position; Present tense; Compound past tense; Future with **aller**

EXPANSION

ACTIVITÉ ÉCRITE: Mon journal

You've been keeping a diary in which you record your daily activities. You don't want your friends to be able to read it, so you write in French. Create entries for last week in the form of several short paragraphs. Use a separate sheet of paper.

PHRASES: Telling time; Linking ideas; Sequencing events

VOCABULARY: Toilette; Time expressions; TIme of day; Leisure; Sports

GRAMMAR: Compound past tense; Future with **aller**

LECTURE: «Le travail au pair»

*A friend of yours who knows very little French is interested in applying for **au pair** work in France. Help your friend by summarizing for him/her the following information sent by the French Embassy to prospective **au pair** workers.*

CONSULAT GÉNÉRAL DE FRANCE
«AU PAIR»

Pour l'obtention d'un visa "au pair" les pièces suivantes sont à fournir :

- *un passeport non périmé*
- *une photo d'identité (2,5cm x 2,5cm) prise de face, en noir et blanc ou en couleurs*
- *un contrat de travail en bonne et due forme, signé par le Ministère du travail*
- *un chèque bancaire ou postal libellé à l'ordre du Consulat général de France ou la somme de 60 dollars en liquide. Les frais d'obtention peuvent varier selon le cours du dollar.*
- *une enveloppe à votre adresse affranchie à 1,95 dollar pour l'envoi en recommandé d'un passeport*
- *un formulaire d'inscription à une université ou à un lycée français.*

Si vous ne demandez pas votre visa par correspondance et ne pouvez vous présenter en personne au Consulat général, la personne qui remplira les documents en votre nom doit fournir une procuration.

Le service des visas est ouvert du lundi au vendredi et de 9h à 14h.

Now help your friend fill out the two-page visa application.

DEMANDE POUR UN VISA DE PLUS DE TROIS MOIS
(à remplir très lisiblement en français)

Application for a visa exceeding three months
(To be written very clearly in French)

NOM (en capitales) *SURNAME (capital letters)* PRÉNOMS (en minuscules) *FIRST NAMES (small letters)*

(N° de série annuelle)
(Yearly series number)

NOM de jeune fille (en capitales) *MAIDEN NAME (capital letters)*

Né   le _____ à _____
(Date of birth)   *(place of birth)*

Nationalité actuelle : _____ d'origine :_____
(Present nationality)   *(of origin)*

Domicile habituel : _____
(Home address)

Résidant actuellement à :_____
(Present address, street, n°, etc.)

Profession ou qualité : _____
(Profession)

Situation militaire :_____
(Military status)

Photographie
(Photograph)

Titre de voyage
(Passport)

NATURE ET DURÉE DU VISA
(TYPE AND DURATION OF VISA)

Séjour de _____ mois

Établissement définitif
(Permanent residence)

délivré le : _____
(issued on)

par : _____
(by)

valuable jusqu'au :
(valid until)

Situation de famille : _____   Enfants (nombre)_____
(Married, single, etc.)   *(Children : number)*

âge :
age

Voyagerez-vous seul ou avec des membres de votre famille ?
(Will you be traveling alone or with members of your family ?)

Si, OUI, indiquez leur nom et prénoms :
(If in the affirmative, state their names and first names)

Carte de séjour (1)
(Permit to stay n°)

N° _____

délivrée le : _____
(issued on)

par:_____
(by)

valable jusqu'au :
(Permit expiry date)

Motifs détaillés de la demande :
(Detailed reasons for your application)

Avez-vous l'intention d'exercer une activité lucrative ? Si, OUI, laquelle et où ?
(Do you intend obtaining employment or establishing a business or industry in France? If so, state which, and where located)

-Sinon justifiez vos moyens d'existence (attestation bancaire, certificat d'hébergement, pension, etc...)
(If not, can you prove that you have sufficient means to live in France? (Letter from you bank, or a certificate of board and lodging, pension, etc.)

-S'il s'agit d'études universitaires ou stages techniques, indiquez les établissements qui seront fréquentés :
(If for university studies or technical courses, please state which and where)

(1) Titre de séjour détenu par les personnes étrangères au pays dans lequel la demande est présentée, ou carte de séjour des étrangers ayant déjà résidé en France:
Aliens Certificate of Registration, or "Carte de Séjour" for persons who have previously lived in France.

Adresse en France :
(Please indicate your addresses in France during your stay)

Attaches familiales en France (adresses précises et éventuellement professions) :
(Family connections in France) (Exact addresses, street numbers)

Références en France (Adresses précises – Firmes industrielles, commerciales, etc...)
(References in France) (Exact addresses, street numbers)

Avez-vous déjà habité la France pendant plus de trois mois sans interruption ?
Si oui, précisez à quelle date et où ?
(Have you already lived in France for more than three months? If so, indicate when and where)

Références dans le pays de résidence (adresses précises) :
(Reference in the country where you reside) (Addresses, street numbers)

S'il ne s'agit pas d'un visa d'établissement :
   - Où comptez-vous rendre en sortant de France ?
(If the application is not for permanent residence: to where do you intend proceeding when leaving France?)

Vous engagez-vous à quitter le territoire francais à l'expiration du visa qui
vous sera éventuellement accordé ?
(Do you undertake to leave the French Territory upon the expiration of the visa granted to you?)

Ma signature engage ma responsabilité et m'expose, outre les poursuites
prévues par la loi en cas de fausse déclaration, à me voir refuser tout visa à
l'avenir.
(My signature binds me and makes me liable to prosecution in case of false declaration and to refusal of any visa in the future).

À_____ le _____ 19_____
                    (Signature)

> *Emplacement réservé*
> *à l'Administraion*
> *(Place reserved*
> *for administration)*

LECTURE: «UNE NOUVELLE MAISON»

*Your French friend Valérie has just moved (**vient de déménager**). In this letter, she describes her new house. Read the letter, concentrating on the description of the house, then draw its floor plan. Use a separate sheet of paper.*

Charly, le 15-06-94

Chers Pierre et Nicole,

Comment allez-vous? Ici, tout va pour le mieux, surtout depuis que tous les soucis de déménagement sont terminés.

Je vous écris — comme promis — pour vous donner quelques renseignements sur l'organisation de la maison. L'idée que vous soyez intéressés par l'achat d'un logement dans notre lotissement nous enchante! Laissez-moi donc vous décrire l'agencement des pièces.

Tout de suite en entrant, il y a une entrée, mais ce n'est pas un couloir, car elle mène directement à la salle à manger et au salon qui ne forment qu'une seule grande pièce. Nous avons là deux grandes portes-fenêtres et une cheminée. Face à la porte d'entrée se trouve la cuisine — très agréable car très grande — et à droite se trouvent les escaliers qui mènent aux chambres à coucher, à la salle de bains et aux W.C. Les trois chambres sont assez spacieuses, et deux d'entre elles ont des fenêtres qui donnent sur le jardin. Enfin, nous pouvons profiter d'un assez grand terrain devant et derrière la maison, sans vis-à-vis gênant avec les voisins. Dans l'ensemble, je peux dire que nous sommes satisfaits, d'autant plus que l'endroit est très calme et verdoyant.

J'aimerais beaucoup que vous veniez manger un soir du mois prochain afin que vous vous rendiez mieux compte de tout cela.

En attendant de vos nouvelles, je vous embrasse.

Valérie

LECTURE/ACTIVITÉ ÉCRITE: «LES PAGES JAUNES»

You have already learned how to make telephone calls within France. Now study the following excerpts from the French yellow pages about making international phone calls. Then do the exercises that follow.

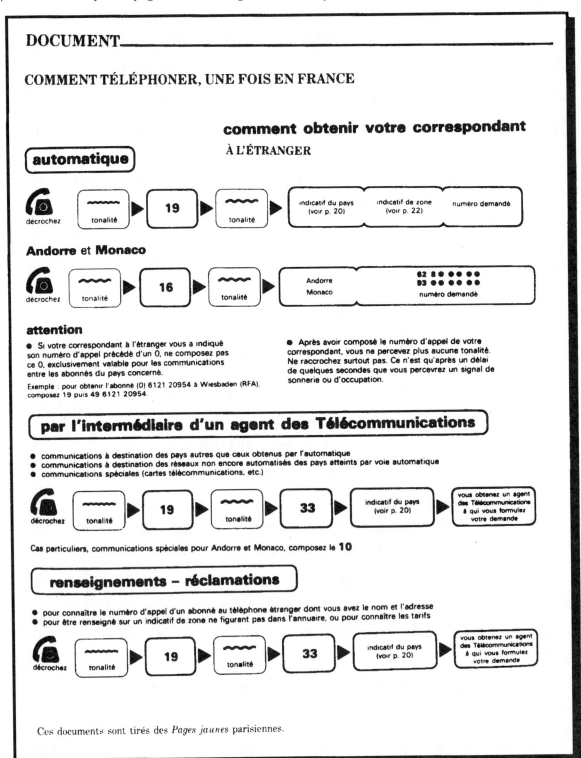

DOCUMENT

COMMENT TÉLÉPHONER, UNE FOIS EN FRANCE

comment obtenir votre correspondant
À L'ÉTRANGER

automatique

décrochez ▸ tonalité ▸ 19 ▸ tonalité ▸ indicatif du pays (voir p. 20) — indicatif de zone (voir p. 22) — numéro demandé

Andorre et Monaco

décrochez ▸ tonalité ▸ 16 ▸ tonalité ▸ Andorre / Monaco — 62 8 ● ● ● ● / 93 ● ● ● ● ● numéro demandé

attention

● Si votre correspondant à l'étranger vous a indiqué son numéro d'appel précédé d'un 0, ne composez pas ce 0, exclusivement valable pour les communications entre les abonnés du pays concerné.

Exemple : pour obtenir l'abonné (0) 6121 20954 à Wiesbaden (RFA), composez 19 puis 49 6121 20954.

● Après avoir composé le numéro d'appel de votre correspondant, vous ne percevez plus aucune tonalité. Ne raccrochez surtout pas. Ce n'est qu'après un délai de quelques secondes que vous percevrez un signal de sonnerie ou d'occupation.

par l'intermédiaire d'un agent des Télécommunications

● communications à destination des pays autres que ceux obtenus par l'automatique
● communications à destination des réseaux non encore automatisés des pays atteints par voie automatique
● communications spéciales (cartes télécommunications, etc.)

décrochez ▸ tonalité ▸ 19 ▸ tonalité ▸ 33 ▸ indicatif du pays (voir p. 20) ▸ vous obtenez un agent des Télécommunications à qui vous formulez votre demande

Cas particuliers, communications spéciales pour Andorre et Monaco, composez le **10**

renseignements – réclamations

● pour connaître le numéro d'appel d'un abonné au téléphone étranger dont vous avez le nom et l'adresse
● pour être renseigné sur un indicatif de zone ne figurant pas dans l'annuaire, ou pour connaître les tarifs

décrochez ▸ tonalité ▸ 19 ▸ tonalité ▸ 33 ▸ indicatif du pays (voir p. 20) ▸ vous obtenez un agent des Télécommunications à qui vous formulez votre demande

Ces documents sont tirés des *Pages jaunes* parisiennes.

INDICATIFS DE QUELQUES PAYS

Allemagne	49
Belgique	32
Canada	1
Espagne	34
États-Unis	1
Italie	39
Japon	81
Maroc	212
Mexique	52
Royaume-Uni	44
Russie	7
Suisse	41

Pour téléphoner de France. Your parents and other family members ask for help in making the following international calls. Look at page 166 of the **Manuel de classe** and give them *detailed* instructions on how to dial in each instance.

1. A friend is taking care of your house while you and your family are in France. Your father wants to call home to make sure everything is all right.

   _____

   _____

   _____

2. Your Canadian cousin, who is traveling with you, wants to call home and talk to his/her parents. They have said that he/she may call collect.

   _____

   _____

   _____

3. Your grandfather and grandmother are planning to visit some friends who live in Italy. They want to call and let their friends know when to expect them. Your grandparents have their friends' address, but not their telephone number.

   _____

   _____

   _____

Pour téléphoner des États-Unis. There are several French-speaking exchange students at your university—some from France, others from Francophone countries. Prepare a short brochure (written *in French*) that explains in detail how they should go about telephoning home. You are free to choose the Francophone countries from which the students come. Use a separate sheet of paper.

EXERCICE D'ÉCOUTE:
Des messages 📼 Segment 29

You find yourself alone in the apartment of the French family with which you are staying. The parents (**M. et Mme Loridon**) and your French "brother" (**Mathieu**) are all out, so you have to answer the phone. Listen to each conversation (Segment 29 of your *Student Tape)*, filling in the time, place, and any other relevant information on the message pad by the phone.

✍️ en votre absence	✍️ en votre absence	✍️ en votre absence
Date _____ Heure _____	Date _____ Heure _____	Date _____ Heure _____
À l'attention de M. _____	À l'attention de M. _____	À l'attention de M. _____
M. _____	M. _____	M. _____
Société _____	Société _____	Société _____
Téléphone _____	Téléphone _____	Téléphone _____
A TÉLÉPHONÉ ☐ MERCI D'APPELER ☐	A TÉLÉPHONÉ ☐ MERCI D'APPELER ☐	A TÉLÉPHONÉ ☐ MERCI D'APPELER ☐
EST PASSÉ VOUS VOIR ☐ VOUS RAPPELLERA ☐	EST PASSÉ VOUS VOIR ☐ VOUS RAPPELLERA ☐	EST PASSÉ VOUS VOIR ☐ VOUS RAPPELLERA ☐
DEMANDE UN ENTRETIEN ☐ **URGENT** ☐	DEMANDE UN ENTRETIEN ☐ **URGENT** ☐	DEMANDE UN ENTRETIEN ☐ **URGENT** ☐
Message: _____	Message: _____	Message: _____

ENREGISTREMENT: Le répondeur

Record each of the following messages on a tape to be handed in to your instructor.

1. You are staying in an appartment in Limoges (a city in central France). Some French-speaking friends are going to be passing through Limoges and you'd like them to have dinner with you. When you call them there's no one home, so you leave a message on the **répondeur** *(answering machine)*. Invite them to dinner and explain how to get to your apartment. Suggestion: Have them go to the **hôtel Royal Limousin** (there's a parking lot next door) and then walk to your apartment (**12, rue Maupas**) from there.

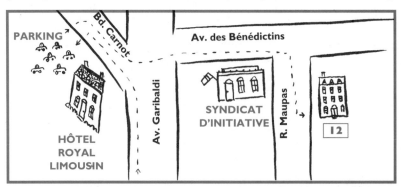

2. You are back in the United States. You've made friends with a French-speaking exchange student and would like to invite him/her to join you and some other friends for an activity. When you call there's no one home, so you leave a message on the **répondeur**. Tell him/her about your plans and ask if he/she wants to join you. Be sure to be clear about when, where, and how to get to where the activity will take place.

JEU: LES MOTS CROISÉS

Do the following crossword puzzle in French by filling in the missing words according to the clues. Don't worry about accent marks: in French crosswords, the letter E may stand for é or è or ê or e. (A few answers have already been filled in to get you started.)

HORIZONTALEMENT

1. On achète des choses sucrées et des choses salées à une _____ .
5. On peut souvent acheter un journal dans un bureau de _____ .
8. Vous allez souvent _____ théâtre?
9. Ils habitent près d'ici? Quelle est _____ adresse?
10. Je _____ veux pas être ingénieur.
11. Marc est un élève sérieux. Il fait toujours ses devoirs. Il _____ beaucoup.
12. Qui _____ à la piscine? Vous y allez? Tiens! Nous aussi.
13. Après Paris, Lyon est la _____ la plus peuplée de France.
14. Est-ce qu'il y a _____ pharmacie dans le quartier?
15. Les jeunes Français font leurs études secondaires dans un collège et ensuite dans un _____ .
18. Où est Cécile? Voici _____ livres.
20. — La bibliothèque, s'il vous plaît?
   — Je m'excuse, mais je ne suis pas du quartier. Demandez à l'_____ de police.
23. **J'ai, tu as, elle a,** etc.—ce sont les formes du verbe _____ .
24. Le continent où se trouve la France s'appelle l'_____ .
26. L' _____ St-Sauveur, où est-ce qu'elle se trouve?
27. Quel âge avez-vous? J'ai dix-sept _____ .
28. Vous avez des lettres à envoyer *(to send)*? Il faut aller au bureau de _____ .

VERTICALEMENT

1. Il y a beaucoup d'argent dans une _____ .
2. S'il vous plaît, la _____ Mazeppa, elle est près d'ici?
3. Le maire et ses adjoints travaillent à l'_____ de ville.
4. Mon frère est étudiant à l'université; moi, je suis _____ dans un lycée.
5. Jacqueline _____ la rue Dauphine pour aller à la pharmacie.
6. Les gens du Midi (du sud de la France) aime jouer aux _____ .
7. On retrouve ses amis au _____ pour parler et pour prendre quelque chose à boire ou à manger.
16. On va voir le film «Cyrano» au _____ Rex.
17. Vous aimez voyager par le train? Il y a cinq _____ à Paris: St-Lazare, Montparnasse, du Nord, de l'Est, d'Austerlitz.
19. On fait du sport au _____ .
21. Est-ce que _____ as tes clés?
22. _____ , je préfère la musique moderne.
23. Vous avez l'air très jeune. Quel _____ avez-vous?
25. Ma sœur et moi, nous cherchons _____ compact discs. Est-ce que vous en avez?

LEXIQUE

Pour se débrouiller

Pour indiquer la date

Quelle est la date aujourd'hui? / Nous sommes le combien aujourd'hui?

Aujourd'hui, c'est le (5 avril).

Nous sommes (aujourd'hui) le (premier mai).

Pour évoquer le passé

hier (matin, après-midi, soir)

la semaine dernière

(lundi) dernier

il y a huit (quinze) jours

Pour demander et donner des renseignements

Qu'est-ce que c'est? / C'est quoi, ça?

Est-ce qu'il y a un(e)... près d'ici (dans le quartier)?

Oui, il y en a un(e) dans la rue... (près de...)

Où est (se trouve) le (la)... ?

Il (Elle) est (se trouve) dans la rue... (en face de...)

Pour expliquer comment aller quelque part

Vous quittez (Tu quittes) l'autoroute à...

Vous descendez (Tu descends) de l'autobus à...

Vous sortez (Tu sors) de...

Vous prenez (Tu prends) le boulevard...

Vous allez (Tu vas) tout droit.

Vous tournez (Tu tournes) à gauche / à droite.

Vous continuez (Tu continues) jusqu'à la (jusqu'au)...

Vous traversez (Tu traverses) le (la)..

Pour exprimer la volonté

exiger que

il faut (que) / il est nécessaire que (de)

il vaut mieux (que)

préférer (que)

vouloir (que)

Pour proposer une activité

Tu voudrais (Vous voudriez)... ?

Tu veux (Vous voulez)... ?

Tu as (Vous avez) le temps de... ?

Bien sûr.

Pourquoi pas?

Oui. C'est une bonne idée.

Oui, j'veux bien.

Je voudrais bien, mais je ne peux pas.

mais il faut que je...

mais je n'ai pas le temps.

Pour fixer un rendez-vous

On se retrouve (devant le cinéma) à (17h).
Rendez-vous à (17h) (au café de la Régence).

Pour exprimer son plaisir, son déplaisir et sa déception

Chouette! / Super! / Sensationnel! (Sensass!) / Super-bon! / Super-chouette! / Génial!
Ça ne me dit pas grand-chose. / Et après (alors)?
C'est dommage. / Une autre fois, peut-être.

Pour parler des tâches ménagères

amener	faire la vaisselle
débarrasser	nettoyer
faire les courses	passer l'aspirateur
faire le ménage	ranger
faire la lessive	

Thèmes et contextes

Les jours de la semaine

lundi
mardi
mercredi
jeudi
vendredi
samedi
dimanche

Les mois de l'année

janvier	mai	septembre
février	juin	octobre
mars	juillet	novembre
avril	août	décembre

Les bâtiments et les lieux publics

une bibliothèque	un hôtel de ville
un bureau de poste / la poste	un lycée
une cathédrale	un musée
un collège	un parc / un jardin public
un commissariat de police	une piscine
une école	un stade
une église	une synagogue
une gare	un théâtre
un hôpital	une université

Les établissements commerciaux

une banque	une épicerie
une boucherie	un fast-food
une boulangerie	un hôtel
un (bureau de) tabac	une librairie
une charcuterie	une pharmacie
un café	un restaurant
un cinéma	un supermarché

Vocabulaire général

Noms

un anniversaire

une baguette

une douche

la journée

une pièce de théâtre

un projet

une quinzaine

le repas

le répondeur

une séance

une tartine

Verbes

déménager

faire

faire la grasse matinée

laisser

s'occuper de

(se) réveiller

venir (de)

voir

Autres expressions

à l'heure

à mon avis

à toute vitesse

encore une fois

ensemble

le (la, les) même(s)

quand

tous les jours

tout

tout de suite

tout seul (toute seule, tous seuls, toutes seules)

voici

voilà

Adjectifs

libre

principal(e)

Le langage familier

Ça s'est bien passé? — *Did it go OK?*

C'est ça? — *Is that right?*

C'est ça. — *That's right.*

C'est formidable! — *That's terrific (great)!*

Dis donc! — *Oh, come on!*

Je m'en moque! — *I don't care!*

Doucement! — *Slowly! Take it easy!*

UNITÉ 3

Un voyage de retour

Calmoutier: pont sur
la Colombine

Rue à Calmoutier

Le village de Calmoutier

Calmoutier: le lavoir
(*public wash house*)

Calmoutier: l'église et le
monument aux morts (*to the
[war] dead*)

CHAPITRE 5

En route!

À faire! (5-1)
Manuel de classe, pages 192–196

As an *introduction* to *Unit Three*, read pages 189–191 in the **Manuel de classe.**

As a *follow-up* to the presentation of getting a hotel room, do Exercises I and II.

As *preparation* for work in class, do the following:
- read the explanation about the future tense;
- 📼 listen to SEGMENT 30 of your *Student Tape;*
- write Exercises III, IV, V, and VI;
- take Test 16.

CONTEXTE: À L'HÔTEL CHAPLAIN

*I. C'est à quel étage? Look at the keys in the drawings and indicate on which floor each room is located by adding **-ième** to the numbers two and above. Remember that, in France, **le rez-de-chaussée is** the ground floor and the American second floor is **le premier étage.**

MODÈLE: *C'est au troisième étage.*

1. _____ 2. _____ 3. _____ 4. _____

_____ _____ _____ _____

5. _____ 6. _____ 7. _____ 8. _____

_____ _____ _____ _____

REMEMBER! An asterisk (*) preceding an exercise number indicates that the exercise is self-correcting. You will find the answers to *Chapitre 5* at the back of this **Manuel de préparation,** beginning on page 402.

*II. Qu'est-ce qu'on trouve dans un hôtel? Label the various things you might find in a hotel based on the vocabulary you learned in the *Contexte*.

1. _____
2. _____
3. _____
4. _____

5. _____
6. _____
7. _____
8. _____

STRUCTURE: THE FUTURE TENSE
Un voyage à Genève — SEGMENT 30

ALBERTINE: François et moi, **nous serons** à Genève au mois d'avril.
MIREILLE: C'est chouette, ça! **Vous irez** en avion?
ALBERTINE: Moi, **je prendrai** l'avion. François **fera** le voyage en voiture.
MIREILLE: Quand **tu arriveras, tu pourras téléphoner** à mes cousins.
Ils viendront te chercher à l'aéroport.

Explication grammaticale — SEGMENT 30

The future tense in French is the equivalent of the English *will (shall)* + verb. To form the future tense, simply add the endings **-ai, -as, -a, -ons, -ez,** and **-ont** to the infinitive form of the verb. Notice that the final **-e** of a verb ending in **-re** is dropped before the future-tense ending is added.

LE FUTUR

arriver	descendre
arriver-	**descendr-**
j'arriver**ai**	je descendr**ai**
tu arriver**as**	tu descendr**as**
il / elle / on arriver**a**	il /elle / on descendr**a**
nous arriver**ons**	nous descendr**ons**
vous arriver**ez**	vous descendr**ez**
ils / elles arriver**ont**	ils / elles descendr**ont**

Many of the irregular verbs that you've learned have irregular future stems. The endings, however, are the same as for the regular verbs (-ai, -as, -a, -ons, -ez, -ont). The most common verbs that have irregular future stems are:

aller	**ir-**	j'**irai**	pouvoir	**pourr-**	nous **pourrons**
avoir	**aur-**	tu **auras**	venir	**viendr-**	vous **viendrez**
être	**ser-**	elle **sera**	voir	**verr-**	ils **verront**
faire	**fer-**	on **fera**	vouloir	**voudr-**	elles **voudront**
falloir	**faudr-**	il **faudra**			

When the present tense is used in a clause with **si** (*if*), the resulting clause is in the future tense to indicate that an event *will* occur *if* a certain condition is true:

> **Si** les routes **sont** bonnes, **nous prendrons** la voiture.
> *If the roads are good, we will (we'll) take the car.*

> **Je** te **téléphonerai** demain soir **si j'ai** le temps.
> *I will (I'll) call you tomorrow night if I have the time.*

Application

*III. Le futur. Use the future tense of the verbs in parentheses to complete the sentences.

1. (écouter) Nous _____ du jazz au festival.

2. (descendre) Elle _____ à l'hôtel Chaplain.

3. (parler) Ils _____ au prof.

4. (prendre) Est-ce que tu _____ la voiture?

5. (jouer) Vous _____ tranquillement ensemble!

6. (travailler) Elles _____ pour mon père.

7. (réserver) On _____ une chambre.

8. (descendre) Vous _____ chez nous pendant les vacances?

9. (aimer) Il _____ beaucoup ce cadeau.

10. (prendre) Moi, je _____ le train.

*IV. Projets de vacances. Indicate what the following people will do during their vacations. Put the sentences into the future tense.

>   MODÈLE: Maurice est à Paris. Il visite le Louvre. Il va au musée Rodin.
>   *Maurice sera à Paris. Il visitera le Louvre. Il ira au musée Rodin.*

1. Janine a 18 ans. Elle va au Canada avec ses parents. Ils font du camping.

   _____

2. Nous sommes à la plage. Nous pouvons nager. Nous voulons probablement faire de la planche à voile.

   _____

   _____

3. Georges et son cousin prennent le train pour aller à Marseille. Ils descendent chez leurs grands-parents. Ils mangent beaucoup de bonnes choses.

   _____

   _____

4. Je vais en Angleterre. Je fais du tourisme. Je vois le palais de Buckingham.

   _____

5. Tu es chez toi. Il faut que tu t'occupes de ton petit frère. Tu peux téléphoner à tes amis.

   _____

   _____

6. Pascale vient chez nous. Elle peut avoir ma chambre. Elle s'amuse ici.

   _____

*V. En l'an 2025. Imagine the world in the year 2025. Put the sentences into the future tense.

1. Nous habitons d'autres planètes. _____

2. Les hommes et les femmes sont égaux *(equal)*.

   _____

3. On peut acheter le bifteck sous forme de pilule *(pill)*.

   _____

4. Il n'y a pas de guerres *(wars)*. _____

5. Nous faisons des voyages interplanétaires.

   _____

6. Nous rencontrons des habitants d'autres planètes.

   _____

7. On peut passer ses vacances sur la lune *(moon)*.

   _____

8. Il n'y a pas de pollution. _____

9. Les enfants étudient un minimum de quatre langues à l'école.

   _____

10. Nous allons au travail deux jours par semaine.

   _____

The future tense is very useful when you want to talk about a future time that is fairly distant. But you already know another way to talk about the future. When you use the verb **aller** plus the infinitive, you're usually referring to the near future. There are other verbs, besides **aller**, that will give you lots of ways to let others know what is going to happen. For example, you can use the following verbs with an infinitive: **avoir l'intention de (J'ai l'intention d'aller aux États-Unis.)** or **penser (Je pense visiter Boston.)** or **compter (Je compte voir la Maison Blanche.)** or **espérer (J'espère voir le Président des États-Unis.).** And you've probably already noticed that when you use **vouloir (Je veux absolument aller aux États-Unis!)** you're really talking about the future. From my examples you can also tell how badly I want to visit the United States! And I hope to come and see you very soon!

Ma pauvre petite Gigi! If you're going to give them these expressions, you should really also tell them what they mean! Some meanings may be obvious, but: **compter** means *to count on;* **espérer** means *to hope to;* **penser** means *to think about.* You might also have told them that the accute accent in **espérer** changes to a grave accent in the present tense, except with **nous** and **vous** (j'espère, tu espères, il/elle/on espère, nous espérons, vous espérez, ils/elles espèrent).

Now look who's complicating things!

Tais-toi! *(Be quiet! Shut up!)* Don't pay any attention to her. Go ahead and do the next exercise.

---

*VI. Mes rêves (My dreams)! Use the expression in parentheses to indicate what the following people want to do.

MODÈLE: Janine va en Italie. (She wants to...)
Janine veut aller en Italie.

1. Bruce fait du ski. (He intends to...)

   _____

2. Monique prend des leçons de piano. (She hopes to...)

   _____

3. Nous voyons nos grands-parents. (We're counting on...)

   _____.

4. Elles vont en Floride. (They hope to...)

   _____

5. Vous visitez les musées de Paris? (Do you want to...)

   _____

6. Tu descends en Espagne pendant les vacances? (Are you thinking about...)

   _____

7. J'étudie le russe. (I'm going to...)

   _____

TEST 16: THE FUTURE

PART A

Use the verbs in parentheses with an infinitive to give your own answers to the following questions.

> **MODÈLE:** Qu'est-ce que vous faites ce week-end? (aller)
> *Je vais aller à Philadelphie.*

1. Qu'est-ce que vous allez faire après vos études? (espérer)

   _____

2. Qu'est-ce que vous allez faire le week-end prochain? (compter)

   _____

3. Pour qui allez-vous travailler après vos études? (avoir l'intention de)

   _____

4. Qu'est-ce que vous faites pendant les vacances d'été? (penser)

   _____

5. Quels pays étrangers est-ce que vous visiterez un jour? (vouloir)

   _____

6. Qu'est-ce que vous faites ce soir? (aller)

   _____

PART B

Use the future tense to indicate that the children are going to do what their parents remind them to do on the first day of the school year.

> **MODÈLE:** Tu vas arriver à l'heure?
> *Oui, j'arriverai à l'heure.*

7. Tu vas prendre le bus?

   _____

8. Tu vas te présenter à Mlle Chartrand?

   _____

9. Michel va être tranquille en classe?

   _____

10. Vous allez prendre du lait au déjeuner?

    _____

11. Tes frères vont faire attention en classe?

    _____

12. Vous allez apporter un stylo et un cahier?

    _____

13. Janine va avoir beaucoup de patience?

    _____

14. Tu vas jouer gentiment avec tes amis?

    _____

15. Tes sœurs vont aller au cours d'anglais?

    _____

You will find the correct answers on page 403. In Part A, give yourself one (1) point for each correct conjugated verb and infinitive (a total of six points). In Part B, give yourself one (1) point for each correct future tense (a total of nine points). A perfect score for both parts is 15. If your score is below 12, you should review pages 199–202 before going to class.

À faire! (5-2)

Manuel de classe, pages 196–201

As a *follow-up* to your in-class work with the future tense, do Exercises VII, VIII, and IX.

As *preparation* for work in class, read the texts on pages 206–208 and do Exercise X.

Parlons de vous!

VII. Si... Complete the following sentences using verbs in the future tense. Try to vary the verbs as much as possible.

1. Ce soir, si j'ai assez de temps, je _____

_____

2. Un jour, si je travaille beaucoup, je _____

_____

3. S'il fait beau ce week-end, mes amis et moi, nous _____

_____

4. Si je (ne) réussis (pas) à l'examen de français, mon professeur _____

_____

5. Si je (ne) gagne (pas) beaucoup d'argent cette année, je _____

_____

6. Si je vais en Europe, _____

_____

VIII. Dans dix ans. Imagine the future of the people indicated. In ten years, where will they live, what work will they do, etc.? Write at least three sentences about each person and use the future tense of as many verbs as possible.

1. mon meilleur ami (ma meilleure amie)

_____

_____

_____

2. mes parents (ou mes enfants)

_____

_____

_____

3. moi

_____

_____

_____

4. mon professeur de français

_____

_____

_____

ÉCRIVEZ!

IX. Lettre de la cliente à l'hôtel. Read the following letter requesting a room reservation at the hôtel Chaplain in Paris. Then write your own letter based on the model, making appropriate reservations for you and a friend or family member. Make sure to follow the format of the model letter.

MODÈLE:

Jeannette Bragger
83 North Pleasant St.
Milesburg, PA 16810
USA

                                 Hôtel Chaplain
                                 11 bis, rue Jules Chaplain
                                 75006 Paris
                                 FRANCE

                                 le 13 mars 1994

Messieurs,
    Je vous serais obligée *(I would appreciate it)* de bien vouloir me réserver une chambre simple *(single room)* avec douche et WC du 5 juin au 10 juin. J'arriverai des États-Unis le matin du 5 juin et je serai donc à l'hôtel entre 10 heures et 11 heures.
    Je vous remercie de me répondre rapidement avec tous les renseignements nécessaires. Je cherche surtout à savoir le prix de la chambre et du petit déjeuner, si vos chambres ont le téléphone direct et s'il y a un téléviseur.
    Je vous prie d'agréer, Messieurs, l'expression de ma considération distinguée.

                                 Jeannette Bragger

VOTRE LETTRE: Now write your letter to one of the hotels in Vesoul, the departmental seat of Haute-Saône, ten kilometers from the village of Calmoutier. Since you don't have a **Guide Michelin,** you only have the hotel address. Be sure to ask for any information of interest to you. Use a separate sheet of paper.

HÔTELS: **Vendanges de la Bourgogne,** 49, bd Charles de Gaulle, 70000 Vesoul, France
                 Lion, 4, pl. République, 70000 Vesoul, France
                 Relais N19, route nationale 19, 70000 Vesoul, France

SYSTÈME-D
Writing Assistant
for French

PHRASES: Writing a letter; Asking for information; Asking for the price

VOCABULARY: Rooms; Meals; Bathroom

GRAMMAR: Future tense

The information listed above may be of help as you do this writing assignment. If you have access to the **système-D Writing Assistant for French,** you will find these categories on your computerized program. If you don't use the program, consult in the **Manuel de préparation** the *Lexique* (Phrases, Vocabulary) and the Table of Contents (Grammar) for the chapters indicated.

LISEZ!

*The following passages on the French high-speed train (**Train à Grande Vitesse** or **TGV**) are taken from the **Guide Bleu** on France and from the **Guide du voyageur TGV**. Read through the passages once, skimming for the main ideas. Then read the questions in Exercise X and read the passages again keeping in mind the details needed to answer the questions.*

Le Train à Grande Vitesse (TGV)

Le TGV a été inauguré en 1981 après dix ans de projets et de construction. En 1991, plus de 50 pour cent de la totalité du trafic ferroviaire national se fait par le TGV et ce chiffre augmente d'année en année.

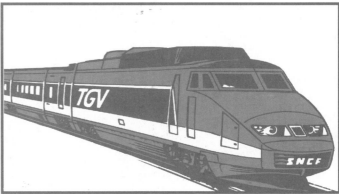

Paris–Lyon en 2h, Paris-Genève en 3h29, Paris-Marseille en 4h40 et Montpellier en 4h40, et des gains de temps sur l'ensemble du réseau Sud-Est: le Train à Grande Vitesse n'a plus à prouver ses mérites. Pour le prix d'un billet normal de 1ère ou 2ème classe (supplément aux périodes de pointe) après réservation obligatoire de votre place, il vous conduira à 270 km/h (sur la ligne à grande vitesse) dans des conditions de confort parfaites, vers la Bourgogne, les Alpes ou le Midi méditerranéen. Vers l'Ouest, le TGV Atlantique atteint 300 km/h pour vous conduire au Mans en 1h37, à Angers en 2h17, à Nantes ou à Rennes en 2h50 (tarification spéciale).

Guide Bleu France, Hachette 1990, page 19

Document SNCF

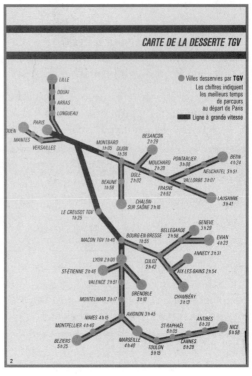

Vous préparez votre voyage

AVANT LE DÉPART...

Billet et Résa TGV : un double sésame

Pour voyager à bord du TGV, munissez-vous de deux titres de transport:

-le billet, correspondant au parcours à effectuer. Les tarifs pour un même trajet sont uniformes. Ainsi, le prix du billet TGV est identique à celui de la même liaison à bord d'un autre train et vous pouvez bénéficier des réductions habituelles ;

-la Résa TGV : c'est le titre de réservation sur lequel est indiqué votre numéro de voiture et de place. La réservation à bord du TGV est nécessaire. Son prix est modulé en fonction des horaires et de la fréquentation du train.
Attention : la Résa TGV n'est valable que pour le TGV dans lequel vous avez réservé !

Si vous voyagez en première classe, vous pouvez également prévoir la réservation de votre repas, à bord du train.

Compostez bien vos titres de transport !

Avant de monter dans le TGV, n'oubliez pas de composter séparément tous vos titres de transport. Si vous avez omis de valider vos billets, ou s'ils ne sont pas valables, la somme forfaitaire de 90 F par personne vous sera demandée par l'agent du service commercial. Cette même somme forfaitaire de 90 F vous sera réclamée (en plus du coût réel de la Résa TGV), si vous achetez votre réservation dans le train.

Sachez profiter du calendrier voyageurs !

Bleu, blanc, rouge. Le calendrier voyageurs est divisé en périodes, qui tiennent compte des heures d'affluence et des moments plus calmes. Indépendamment du prix de votre Résa TGV, la SNCF vous propose des réductions applicables sur le prix de votre billet, presque tous le jours de l'année. Le calendrier voyageurs est à votre disposition, dans toutes les gares et agences de voyages.

Le Résa TGV

La Résa TGV est le titre de transport qui vous garantit une place assise.
Elle est indispensable pour prendre place à bord du TGV. Elle indique non seulement le numéro de votre place, de votre voiture et la classe dans laquelle vous allez voyager, mais aussi son niveau de prix (de 1 à 4), identifiable dans les tableaux horaires grâce aux couleurs.

RÉSA TGV `1`
s'applique aux TGV ayant des places disponibles en 1ère et en 2ème classe. Le prix de la réservation est identique dans les deux classes. C'est le tarif le moins cher.

RÉSA TGV `2`
s'applique aux TGV très demandés en 1ère classe. Montant de la réservation plus élevé en 1ère qu'en 2ème classe.

RÉSA TGV `3`
s'applique aux TGV très demandés en 2ème classe. Montant de la réservation plus élevé en 2ème qu'en 1ère classe.

RÉSA TGV `4`
s'applique aux TGV très demandés dans les deux classes. Montant de la réservation majoré en 1ère et en 2ème classe.

Document SNCF

Index des gares et Prix des billets

RELATIONS AU DÉPART OU À DESTINATION DE PARIS	Prix du billet Plein tarif Trajet simple		Prix des titres "RESA TGV"							
			1	2		3		4		
	1re classe	2e classe	2e classe	1re classe	2e classe	1re classe	2e classe	1re classe	2e classe	
AIX-LES BAINS	410 F	274 F	16 F	64 F	32 F	32 F	56 F	80 F	64 F	
ANNECY(1)	431 F	287 F	16 F	64 F	32 F	32 F	56 F	80 F	64 F	
ANNEMASSE	436 F	291 F	16 F	64 F	32 F	32 F	56 F	80 F	64 F	
ANTIBES	654 F	436 F	16 F	32 F	24 F	16 F	40 F	56 F	48 F	
AVIGNON	492 F	328 F	16 F	64 F	32 F	32 F	56 F	80 F	64 F	
BEAUNE	287 F	192 F	16 F	64 F	32 F	32 F	56 F	80 F	64 F	
BELLEGARDE	416 F	277 F	16 F	64 F	32 F	32 F	56 F	80 F	64 F	
BERNE	620 F	397 F	32 F	80 F	40 F	40 F	72 F	96 F	80 F	
BESANÇON	316 F	211 F	16 F	64 F	32 F	32 F	56 F	80 F	64 F	
BÉZIERS	578 F	385 F	16 F	32 F	24 F	16 F	40 F	56 F	48 F	
BOURG-EN-BRESSE	355 F	237 F	16 F	64 F	32 F	32 F	56 F	80 F	64 F	
CANNES	648 F	432 F	16 F	32 F	24 F	16 F	40 F	56 F	48 F	
CHALON-SUR-SAÔNE	305 F	203 F	16 F	64 F	32 F	32 F	56 F	80 F	64 F	
CHAMBÉRY (1)	416 F	277 F	16 F	64 F	32 F	32 F	56 F	80 F	64 F	
CULOZ	400 F	267 F	16 F	64 F	32 F	32 F	56 F	80 F	64 F	
DIJON	264 F	176 F	16 F	64 F	32 F	32 F	56 F	80 F	64 F	
DOLE	293 F	195 F	16 F	64 F	32 F	32 F	56 F	80 F	64 F	
ÉVIAN	456 F	304 F	16 F	64 F	32 F	32 F	56 F	80 F	64 F	
FRASNE	334 F	223 F	16 F	64 F	32 F	32 F	56 F	80 F	64 F	
GENÈVE	431 F	287 F	16 F	64 F	32 F	32 F	56 F	80 F	64 F	
GRENOBLE	441 F	294 F	16 F	64 F	32 F	32 F	56 F	80 F	64 F	
LAUSANNE	444 F	290 F	32 F	80 F	40 F	40 F	72 F	96 F	80 F	
LE CREUSOT TGV	305 F	203 F	16 F	96 F	48 F	48 F	80 F	112 F	96 F	
LYON	375 F	250 F	16 F	96 F	48 F	48 F	80 F	112 F	96 F	
MACON TGV	339 F	226 F	16 F	96 F	48 F	48 F	80 F	112 F	96 F	
MARSEILLE	552 F	368 F	16 F	32 F	24 F	16 F	40 F	56 F	48 F	
MONTBARD	222 F	148 F	16 F	64 F	32 F	32 F	56 F	80 F	64 F	
MONTÉLIMAR	451 F	301 F	16 F	64 F	32 F	32 F	56 F	80 F	64 F	
MONTPELLIER	542 F	362 F	16 F	32 F	24 F	16 F	40 F	56 F	48 F	
MOUCHARD	310 F	207 F	16 F	64 F	32 F	32 F	56 F	80 F	64 F	
NEUCHÂTEL	521 F	336 F	32 F	80 F	40 F	40 F	72 F	96 F	80 F	
NICE	664 F	443 F	16 F	32 F	24 F	16 F	40 F	56 F	48 F	
NÎMES	517 F	345 F	16 F	32 F	24 F	16 F	40 F	56 F	48 F	
PONTARLIER	345 F	230 F	16 F	64 F	32 F	32 F	56 F	80 F	64 F	
SAINT-ÉTIENNE	405 F	270 F	16 F	96 F	48 F	48 F	80 F	112 F	96 F	
SAINT-RAPHAËL	633 F	422 F	16 F	32 F	24 F	16 F	40 F	56 F	48 F	
THONON-LES-BAINS	451 F	301 F	16 F	64 F	32 F	32 F	56 F	80 F	64 F	
TOULON	588 F	392 F	16 F	32 F	24 F	16 F	40 F	56 F	48 F	
VALENCE	426 F	284 F	16 F	64 F	32 F	32 F	56 F	80 F	64 F	
VALLORBE	350 F	233 F	32 F	80 F	40 F	40 F	72 F	96 F	80 F	

Document SNCF

*X. Prenons le TGV! Your friends are planning a trip to France. Since they've heard so much about the French high-speed trains, they want to have the chance to travel on the **TGV**. Their travel agent has sent them the *Guide du Voyageur* but, unfortunately, they don't read French. They give you the brochure and write down some questions for you. Write down the answers to their questions based on what you learn from the brochure.

1. What things do we need in order to take the **TGV**?

   _____

2. What are the four price ranges, and what are the differences among them?

   _____

   _____

   _____

   _____

3. What if we're sure we want a meal on the train, what should we do?

   _____

4. What are the second-class prices (tickets and reservations), one way, from Paris to the following cities on the **TGV?**

   a) Berne (Suisse)   _____ _____ _____ _____

   b) Dijon   _____ _____ _____ _____

   c) Besançon   _____ _____ _____ _____

   d) Marseille   _____ _____ _____ _____

   e) Cannes   _____ _____ _____ _____

   f) Genève (Suisse)   _____ _____ _____ _____

5. We've been told that before boarding the train, we have to validate our ticket and reservation at one of the **composteurs** (*orange machine into which you insert tickets to get them punched*). What happens if we forget to do this?

   _____

   _____

6. From what you've read in the brochure, is there anything else you think is really important for us to know?

   _____

   _____

À *faire!* (5-3)

Manuel de classe, pages 202–207

As a *follow-up* to the presentation on train travel, read pages 202–203 in the **Manuel de classe** and do Exercise XI.

As *preparation* for work in class, do the following:
- read the explanations for the verbs **sortir, partir,** and **quitter;**
- 🔲 listen to SEGMENT 31 of your *Student Tape;*
- write Exercises XII, XIII, and XIV;
- take Test 17.

*XI. Des horaires de trains.** Your friend is going to travel by train in France and Switzerland. Since he doesn't read French, you answer his questions in writing so that he can use what you wrote as a reference for making his plans.

Symboles

A	Arrivée		Couchettes	&	Facilités handicapés
D	Départ		Voiture-lits	EA	Euraffaires réservation nécessaire en 1ère CL
		X	Voiture-restaurant		
			Grill-express		Vélo
			Restauration à la place	#	Train à supplément modulé
	Eurocity		Bar		
	Cabine 8		Vente ambulante		

Remarque

Les trains circulant tous les jours ont leurs horaires indiqués en gras
Tous les trains offrent des places assises en 1re et 2e classe, sauf indication contraire dans les notes.
Certains trains circulant rarement ne sont pas repris dans cette fiche

Numéro de train		498	59	57	57	57	67234	66538/9	66538/9	203/2	203/2	55	94	1917	90	53	357/6	1709	253
Notes à consulter		1	2	3	4	5	6	7	8	8	9	10	11	12	13	14	15	16	17
			#													#	#		
Paris-Est	D		06.57	08.45	08.58	08.58				10.45	10.57	**13.03**		16.03		**17.16**	18.49	19.47	22.58
Epernay	D													17.11				20.56	
Reims	D																		
Chalons-sur-Marne	D		08.18							12.04	12.18			17.28				21.14	00.33
Bar-le-Duc	A		08.52	10.38	10.49	10.49				12.39	12.53			18.07		20.47		21.55	01.14
Bar-le-Duc	D		08.53	10.39	10.51	10.51				12.40	12.54			18.08		20.48		22.08	01.24
Metz-Ville	A		09.44	11.48	11.43	11.43				13.51	13.48	**15.44**		19.04		19.55	21.39	22.59	02.17
Metz-Ville	D	03.02	09.48			11.50	12.04	12.36	12.36	13.55	13.55		16.04	19.12	20.01		21.42	23.03	
Hagondange	A		09.59			12.01	12.24	12.52	12.52	14.06	14.06				20.12		21.54	23.14	
Thionville	A	03.24	10.10			12.10		13.02	13.02	14.15	14.15		16.24	19.32	20.22		22.04	23.23	
Thionville	D	03.39	10.14			12.12		13.04		14.17	14.17		16.26	19.34	20.24		22.09	23.27	
Luxembourg	A	04.05	10.35			12.33		13.26		14.38	14.38		16.49	19.56	20.45		22.30	23.48	

1. On one of my trips, I'm going from Paris to Thionville where I have a cousin.

   a) If I want to get to Thionville by about 8:30 P.M., which train should I take? How many stops does that train make before Thionville? How long does that train stop in Metz-Ville? Do I have time to get off and get my cousin a present?

   _____

   b) What if I want to get to Thionville by about 2:15 P.M., which train should I take? _____

   c) What if I want to get off in Metz-Ville to do some shopping and still get to Thionville by 2:15? Which train should I take? When does it get to Metz? When does the appropriate train leave Metz?

   _____

Numéro de train		11711	1611	66327	17105	11961	1621	17107	68527	1903	1701	61213	17111	68529	17119	1623	1623	17123	1625	1705	1705	68521	68723	17127	17131	1927	1807	68823	1917	1627	1707	68621
Notes à consulter		1	2	3	4	5	6	4	7	8	9	10	11	12	13	14	15	16	17	18	19	20	21	13	11	22	23	24	25	26	27	28
Paris-Est	D	00.05	**00.15**		06.12	07.01	**07.16**	07.19		08.01	08.01	08.15	08.17		10.12	11.03	11.03	12.17	12.52	13.17	13.17			14.15	14.44	15.02	15.24		16.03	16.19		**16.28**
Chateau-Thierry	A	00.59	01.09		07.23	07.49		08.30		08.48	08.48		09.25		11.22	11.49	11.49	13.29		13.38	14.03				15.25	15.52				17.09		
Dormans	A							08.03					12.02	13.50																		
Epernay	A	01.25	01.34	01.44	08.17	08.25		08.33		09.12	09.12		10.05			12.15	12.15	14.04	14.25	14.25	14.35	14.35						16.32	16.46	17.10	17.33	**17.38**	17.44
Reims	A		02.06		08.45			09.10		09.47	10.28		10.40			12.36	12.36	14.24		15.02	15.09			16.29			17.12		17.53			18.24

2. I want to go visit the Batailler family in Reims.

   a) Which train should I take from Paris if I want to get there before 9:00 A.M.? How many stops does that train make before Reims? _____

b) The Bataillers have invited me for dinner at 7:00 P.M.. What's the last *direct* train I can take to get there in time?

_____

c) I've heard that Reims has a great cathedral. I'd like to get there around 12:30 P.M. so that I can spend the afternoon sightseeing before going to the Bataillers' for dinner. Which is the best train to take?

_____

150   Genève-Aéroport—Genève–Lausanne   Tous les trains Genève-Aéroport ✈ –Genève voir 152, Renens–Lausanne voir 20?

CFF, Lausanne

	3023	EC 106	3435	1621	3023	1921	IC 521	IC 721	3027	3441	1877	EC 31	3027	1923	IC 623	IC 723	3033	3445	162?
Genève-Aéroport ✈				9 15		9 38	9 44	9 48			10 15	10 24		10 38	10 44	10 48			11 1?
Genève 151				9 22		9 45	9 51	9 55			10 22	10 31		10 45	10 51	10 55			11 22
Genève	9 02	9 07		9 25		9 48	9 54	9 58	10 05		10 25	10 34		10 48	10 54	10 58	11 02		11 25
Chambésy									10 09								11 06		
Les Tuileries									10 11								11 08		
Genthod-Bellevue		9 07							10 12								11 10		
Creux-de-Genthod									10 14								11 12		
Versoix		9 15							10 17								11 15		
Pont-Céard		9 17							10 19								11 17		
Mies		9 19							10 21								11 19		
Tannay		9 21							10 23								11 21		
Coppet		9 24							10 25								11 24		
Founex		9 27							10 28								11 27		
Céligny		9 29							10 30								11 29		
Crans		9 31							10 32								11 31		
Nyon 155		9 35			9 38		10 00		10 36			10 38		11 00			11 35		11 3?
Nyon		→			9 39		10 01		→			10 39	10 47	11 01		→			11 3?
Prangins					9 43														
Gland					9 46								10 51						
Gilly-Bursinel					9 49														
Rolle					9 53								10 56						
Perroy					9 55								10 58						
Allaman					9 59								11 01						
Etoy					10 01								11 03						
St-Prex					10 05								11 07						
⌐olochenaz					10 07								11 09						
Morges 156			9 34	9 55	10 11	10 17				10 34	10 55		11 13	11 17				11 34	11 55
Morges-St-Jean			9 36							10 36								11 36	
Lonay-Prèverenges			9 38							10 38								11 38	
Denges-Echandens			9 41							10 41								11 41	
Renens VD 102, 200, 202, 210			9 46		10 17					10 46			11 21					11 46	
Lausanne 22		9 41	9 51	10 05	10 22	10 27		10 32		10 51	11 05	11 08	11 26	11 27		11 32		11 51	12 0?
Lausanne 250			9 53					10 34		10 53	11 10					11 34			
Fribourg 250				pour Fribourg				11 18		pour Fribourg	11 57					12 18			
Bern 250								11 42			12 22					12 42			
Basel SBB 500								12 59								13 59			
Zürich HB 650								12 57								13 57			
Zürich Flughafen ✈ 750								13 16								14 16			
Lausanne 210			9 48	10 12				20			11 12			20				12 12	
Neuchâtel 210			10 35	10 59				11 05			11 59			12 05				12 55	
Biel/Bienne 210			10 55	11 21				11 25			12 21			12 25				13 2?	
Basel SBB 230			12 01	12 36				11 25						12 36				14 36	
Zürich HB 650								12 53			13 53			13 53					
Lausanne 100			9 55			10 32					11 13		11 32			11 55			
Sion			11 03			11 41					12 07		12 41			13 03			
Brig			11 52			12 23					12 36		13 23			13 52			

3. When I'm in Geneva, I plan to make several trips to Lausanne.

a) How long does it take to make the trip from Geneva to Lausanne on a direct, non-stop train?

_____

b) What if I want to get to Lausanne at about noon but want to stop in Nyon for about an hour and a half? Which train should I take? When does it get to Nyon? Which train should I take to Nyon to get to Lausanne by around noon?

_____

c) If I want to get to Lausanne by shortly after 11:00 A.M., which is the best train to take?

_____

250	Lausanne–Fribourg–Bern																	Trains régionaux Fribourg–Bern voir 290	
Genève-Aéroport + 150	13 15	13 48		14 15		14 48		15 15		15 48		16 15			16 48			
Genève 150	13 25	13 58		14 26		14 58		15 58		16 25				16 58				
Lausanne	14 05	14 32		15 05		15 32		16 05	16 31	16 32		17 05			17 32			
CFF/SBB, Lausanne	3455	4325	IC 729	3461	1889	3461	4327	IC 733	3465	4329	IC 691	IC 737	3471	1893	3471	4333	IC 739	2073	347
Lausanne	13 53	14 14	14 34	14 53	15 10	15 14	15 34	15 53	16 14	16 33	16 34	16 53	17 10	17 14	17 34	17 49		17 5
Pully-Nord	13 56	14 17		14 56		15 17		15 56	16 17			16 56		17 17				17 5
La Conversion	13 58	14 20		14 58		15 20		15 58	16 20			16 58		17 20				18 0
Bossière	14 00	14 22		15 00		15 22		16 00	16 22			17 00		17 22				18 0
Grandvaux	14 03	14 25		15 03		15 25		16 03	16 25			17 03		17 25				18 0
Puidoux-Chexbres 111	14 06	14 29		15 06		15 29		16 06	16 29			17 06		17 29			17 58	18 0
Puidoux-Chexbres	14 07	14 30		15 07		15 30		16 07	16 30			17 07		17 30			17 59	18 0
x Moreillon	×14 09	×14 32		×15 09		×15 32		×16 09	×16 32			17 07		×17 32				18 0
Palézieux 251, 256	14 15	14 38		15 15	15 25	15 38		16 15	16 38			17 15	17 25	17 38			18 06	18 1
Palézieux	14 16	14 52		15 16	15 26	15 39		16 16	16 39			17 16	17 26	17 39			18 07	→
Oron	14 20			15 20				16 20				17 20						
Vauderens	14 26			15 26				16 26				17 26						
Siviriez	14 30			15 30				16 30				17 30						
Romont 254	14 34			15 34	15 40			16 34				17 34	17 40					
Romont	14 44		→	15 41	15 44			16 44				→	17 41	17 44				
Villaz-St-Pierre	14 48				15 48			16 48						17 48				
Chénens	14 52				15 52			16 52						17 52				
Cottens	14 55				15 55			16 55						17 55				
Neyruz	14 58				15 58			16 58						17 58				
Rosé	15 01				16 01			17 01						18 01				
Matran	15 04				16 04			17 04						18 04				
Villars-sur-Glâne	15 07				16 07			17 07						18 07				
Fribourg 252, 255	15 11		15 18	15 57	16 11			16 18	17 16	17 18		17 57	18 11	18 18				
Fribourg 290			15 19	15 59				16 19		17 17	17 19		17 59	18 19				
Bern			15 42	16 22				16 42		17 40	17 42		18 22	18 42				
Bern 450			15 45					16 45			17 45			18 45				
Olten 450			16 57					17 57			18 57			19 57				
Zürich HB 650			17 16					18 16			19 16			20 16				
Zürich Flughafen + 750			15 48					16 48			17 48			18 48				
Bern 450			16 30					17 30			18 30			19 30				
Olten 450			16 59					17 59			18 59			19 59				
Basel SBB 500																		
Bern 460			15 48	16 31				17 31		17 44	17 48		18 31	19 25				
Luzern			17 12	17 46				18 49		19 12	19 46			21 04				

Voir voitures directes — Via Olten (avec changement) — dp 14 39 au lieu de 14 52 — Les trains sont en correspondance lorsque le battement est d'au moins – 6 minutes à Bern – 4 minutes à Lausanne

Lausanne–Palézieux ⊕ dans les trains régionaux — ⑤ et 16 avr; sauf 27 déc, 3 jan et 17 avr

4. From Lausanne, I plan to go to Fribourg and the Swiss capital city of Bern.

a) If I decide to spend the night in Fribourg, I'd like to get there by 4:00 P.M. Since I don't know the area, I wouldn't mind if the train stopped a few times. Which train should I take? _____

b) Which is the most direct train from Lausanne to Fribourg before 4:00 P.M.? _____

c) On a fairly direct train from Lausanne to Bern, how long does it take on the average? _____

d) Which is the best train to take if I'm meeting some friends at the Bern train station at 6:30 P.M.?_____

e) How long does it take, on the average, to get from Fribourg to Bern? _____

f) If I want to go from Bern to Luzern, which train should I take to arrive at around 8:00 P.M.? _____

g) About how long does it take to get from Bern to the airport in Zurich? _____

STRUCTURE: THE VERBS *SORTIR, PARTIR,* AND *QUITTER*

Elle part pour les États-Unis 🔊 Segment 31

SOPHIE:	Quoi? **Tu pars** déjà?
EMMA:	Oui, je vais chez Véronique.
SOPHIE:	Ah! **Vous sortez** ce soir, vous deux?
EMMA:	Non, non, non, non. Je dois *(have to)* l'amener à l'aéroport. **Elle part** pour les États-Unis. Son fiancé y est déjà *(already)*; **il est parti** la semaine dernière.

Explication grammaticale 🔊 Segment 31

The verbs **sortir** and **partir** both mean *to leave*. However, **sortir** means *to leave* in the sense of *to go out of a place* or to *go out socially*. **Partir** is used in the more general sense of the word.

sortir *(to go out)*	**partir** *(to leave)*
je **sors**	je **pars**
tu **sors**	tu **pars**
il / elle / on **sort**	il / elle / on **part**
nous **sortons**	nous **partons**
vous **sortez**	vous **partez**
ils / elles **sortent**	ils / elles **partent**
PASSÉ COMPOSÉ: **je suis sorti(e)**	PASSÉ COMPOSÉ: **je suis parti(e)**
SUBJONCTIF: **que je sorte**	SUBJONCTIF: **que je parte**
FUTUR: **je sortirai**	FUTUR: **je partirai**

Application

* XII. Qu'est-ce que vous allez faire? Complete the following dialogues using the appropriate tenses and forms of the verbs **sortir** and **partir**.

Dialogue 1: You question your classmate about his/her plans for this evening. Use the present tense.

sortir

—Avec qui est-ce que tu _____ ce soir?

—Je _____ avec Paul et Martine.

—Ah, vous _____ tous ensemble?

—Oui, nous _____ en voiture.

—Mais quand est-ce que tu fais tes devoirs? Tu _____ tous les soirs!

Dialogue 2: Classes are over for the year. Your teacher asks you about your plans for the summer. Use the future tense or the immediate future.

partir

—Vous _____ aujourd'hui?

—Oui, je _____ pour la France.

—C'est formidable! Vous _____ seul(e) ou avec des amis?

—Mon ami et moi, nous _____ ensemble et mes parents vont nous retrouver à Paris.

—Et vos parents, quand est-ce qu'ils _____?

—Ma mère _____ le 15 juin et mon père _____ le 20.

—Allez, au revoir. Et bonnes vacances!

Dialogue 3: Your friend has just come back from a weekend trip. You want to find out about his weekend. Use the **passé composé.**

partir

— Quand est-ce que tu _____?

— Ma femme et moi, nous _____ vendredi après-midi.

— Est-ce que vous _____ de la Gare de l'Est?

— Oui, nous avons pris le train Paris–Bâle.

Dialogue 4: You continue to find out about their weekend. Use the **passé composé.**

sortir

— Est-ce que vous _____ samedi soir?

— Oui, bien sûr. Ma femme _____ avec des amis. Moi, je _____ avec mes parents. Ma femme et moi, nous nous sommes retrouvés vers 21 heures 30. Ensuite, nous _____ ensemble pour manger quelque chose.

— Alors, c'était un week-end agréable?

— Oui. Nous nous sommes bien amusés.

Dialogue 5: You and your family are getting ready to leave on a trip. You're running late and you're trying to get everyone to hurry up. Use the subjunctive.

partir

— Alors, qu'est-ce qui se passe? Il faut que nous _____ tout de suite.

— Calme-toi! Nous avons assez de temps. Les enfants, vous avez vos sacs à dos *(backpacks)*? Je ne veux pas que vous _____ sans vos sacs à dos.

— Pourquoi est-ce qu'il faut toujours qu'on _____ à la dernière minute?

— Mais, c'est pas la dernière minute! Toi, il faut toujours que tu _____ des heures à l'avance. C'est vraiment pas nécessaire.

Note grammaticale: Verbs that mean *to leave* 🔊 SEGMENT 31

French has three different verbs that mean *to leave*: **sortir, partir,** and **quitter.**

◆ The verb **quitter** (conjugated with **avoir** in the **passé composé**) always has a direct object—that is, you must specify the place or person you're leaving.

   Elle **quitte** l'hôtel.   J'ai **quitté** mes amis à 10h.

◆ The verbs **sortir** and **partir** (both conjugated with **être** in the **passé composé**) are used either alone or with a preposition.

   Je **sors.**   Nous **partons.**
   Elle **est sortie du** cinéma.   Ils **sont partis pour** Paris.

◆ The meanings of **sortir** and **partir** can be easily remembered by associating them with their opposites.

   Entrer dans is the opposite of **sortir de.**

   Elle **est entrée dans** l'ascenseur.   Elle **est sortie** de l'ascenseur.

   Arriver de is the opposite of **partir pour.**

   Nous **arrivons de** Paris.   Nous **partons pour** Paris.

◆ The verb **sortir,** sometimes accompanied by the preposition **avec,** is used to express the idea of *going out socially (on a date or with friends).*

   Elle **va sortir** ce soir.   Nous **sortons** souvent **avec** Monique et Joseph.

XIII. *Sortir*, *partir* ou *quitter*? Fill in the blanks using either **sortir**, **partir**, or **quitter** in the appropriate tense.

1. Hier matin, je _____ la maison avant 8h.

2. Nous ne _____ pas souvent le soir. Nous sommes trop fatigués.

3. Quand est-ce que tu _____ pour l'Angleterre?

4. D'habitude, ils _____ du cours de maths, ils _____ le bâtiment et ils _____ pour rentrer chez eux.

5. Je _____ en vacances la semaine prochaine.

6. Hier soir, elle _____ du cinéma avant la fin du film.

7. Tu _____ ta femme l'année dernière?

8. Où est Jeanne? Elle _____ avec ses amis il y a une heure.

XIV. À quelle heure? Use the elements provided to ask a question and then to give an answer. Invent a time for the answer. Be careful to use the correct tense.

> MODÈLE: vous / partir pour Chicago
> —*À quelle heure est-ce que vous partez pour Chicago?*
> —*Nous partons pour Chicago à midi.*

1. tu / quitter la maison le matin

_____

_____

2. elles / sortir hier soir

_____

_____

3. vous / partir pour Miami

_____

_____

4. tes parents / sortir le samedi soir

_____

_____

5. tu / quitter le restaurant hier

_____

_____

6. ils / partir de New York demain

_____

_____

7. elle / sortir de sa classe

_____

_____

8. vous / quitter la bibliothèque

_____

_____

TEST 17: The verbs *SORTIR*, *PARTIR*, and *QUITTER*

Fill in the blanks using the correct tense of one of the three verbs.

1. Sylvie, est-ce que tu _____ hier soir? Oui, je suis allée au cinéma.

2. Quand est-ce qu'ils _____ pour la Nouvelle-Orléans? Dans trois semaines *(three weeks from now)*.

3. Je ne comprends pas. Elle _____ ses amis il y a une heure sans leur dire un mot *(without saying a word)*.

4. Je ne _____ jamais sans un peu d'argent *(money)* dans mon portefeuille *(wallet)*.

5. Est-ce que Jean et toi vous _____ de Charles de Gaulle ou d'Orly?

6. Elle _____ la maison tous les matins à 7h30.

7. Quand nous _____ le soir, nous rentrons rarement avant minuit.

8. Est-ce qu'elles _____ le cinéma avant la fin du film hier soir?

9. Ils _____ hier soir avec mes deux sœurs.

10. Je suis en retard *(late)*? Oui, le train _____ la gare il y a trois minutes.

11. Quand nous irons à Dijon, nous _____ de la Gare de l'Est.

12. Et toi, Marc, quand tu iras à Nice, de quelle gare est-ce que tu _____ ?

You will find the correct answers on page 404. Give yourself two (2) points for each correct answer (one point for the correct verb choice and one point for the correct tense and spelling). A perfect score is 24 points. If your score is below 19, you should review pages 212–215 before going to class.

À faire! (5-4)

Manuel de classe, pages 207–216

As a *follow-up* to the presentation on road travel and the weather, read pages 211 and 214 in the **Manuel de classe** and do Exercises XV and XVI.

As *preparation* for work in class, do the following:
- read the explanation about geographical names and prepositions;
- 🔊 listen to SEGMENT 32 of your *Student Tape*;
- write Exercises XVII, XVIII, XIX, and XX;
- take Test 18.

CONTEXTE: VESOUL–CALMOUTIER EN VOITURE

*XV. La signalisation routière. In this *Contexte,* you saw the signs you might see along French roads. Look at the following signs and indicate, in English, what each of them means.

1.
2.
3.
4.
5.
6. 7. 8.

1. _____   5. _____
2. _____   6. _____
3. _____   7. _____
4. _____   8. _____

*XVI. Quel temps fait-il en France? Study the following chart, which gives an overview of the winter and summer weather in some major French cities. Then answer the questions on page 218.

Quel temps fait-il en France?

	l'hiver	l'été	la pluie	les vents
PARIS	l'hiver peut être assez froid, avec quelques gelées	les mois d'été sont en général, chauds et orageux	il pleut 160 jours (45%) par an, en petites ondées	changeants
BREST	il fait doux, les gelées sont rares	l'été est souvent frais et humide	elle tombe 2 jours sur 3, le temps est souvent couvert	les vents d'ouest dominants amènent une petite pluie fine
STRASBOURG	rudes hivers avec une centaine de jours de gelées	étés chauds, parfois très chauds, et lourds	elle tombe 190 jours (52%) par brusques averses	bise du Nord
GRENOBLE	longue saison froide, avec 80 jours de gelées	l'été est plutôt court et assez frais	pluies et chutes de neige record (140 jours—38%)	locaux et tournants parfois violents
BORDEAUX	hivers doux et brumeux, comme à Brest	étés chauds	pluies fréquentes (un jour sur deux)	vents d'ouest et de nord-ouest
PERPIGNAN	il ne fait jamais bien froid, l'air reste sec	le temps reste au "beau fixe" comme à Nice	pluies rares mais fortes (un jour sur quatre)	tramontane
NICE	il gèle rarement	long, souvent très chaud	même genre de pluies qu'à Perpignan	mistral

En somme, il ne fait jamais ni très chaud ni très froid... grâce aux vents de l'Atlantique, qui entrent profondément à l'intérieur des terres (sauf en Alsace et en montagne)... il pleut un peu partout mais ni trop, ni trop peu.

1. Dans quelle ville est-ce qu'il pleut le plus souvent *(the most often)*?

   _____

2. Si on cherche un temps doux en hiver, quelles villes est-ce qu'on va visiter?

   _____

3. Quel temps fait-il à Paris en été?

   _____

4. Quel temps fait-il à Grenoble en hiver?

   _____

5. Dans quelles villes est-ce qu'il pleut rarement mais, quand il pleut, il pleut à torrents?

   _____

6. Quelles villes ont l'été le plus long et l'hiver le plus court *(shortest)*?

   _____

STRUCTURE: GEOGRAPHICAL NAMES AND PREPOSITIONS

Il fait beaucoup de voyages 〔📼〕 SEGMENT 32

STÉPHANE:	Comment? Tu pars encore? Mais tu viens de rentrer **du** Canada, **des** États-Unis et **d'**Angleterre! Et le mois prochain, tu dois aller **au** Portugal!
LAURENT:	Oui, je sais. Et avant d'être à Lisbonne, il faut que j'aille **à** Nîmes.
STÉPHANE:	Ah, tu vas dans le Midi *(south of France)*? Moi j'aimerais bien t'accompagner.
LAURENT:	Ça serait chouette. Mais **de** Nîmes, je vais **au** Portugal avant de rentrer **en** France. Tu voudrais venir avec moi?
STÉPHANE:	Non, **de** Nîmes je remonterai *(will come back up)* **à** Paris.

Explication grammaticale 📼 Segment 32

You've already learned that most city names in French appear without an article. Most other geographical names are preceded by a definite article, including continents (**l'Europe, l'Asie, l'Afrique**), countries (**la France, l'Italie, les États-Unis**), French provinces (**la Normandie, la Provence, la Bretagne**), rivers (**la Seine, le Mississippi, le Susquehanna**), and mountains (**les Alpes, les Pyrénées, le Jura**).

However, when you wish to express the idea of being *in* or *at* a place or of going *to* or coming *from* somewhere, the definite article either disappears (**en France, d'Alsace**) or is combined with the preposition **à** or **de** (**aux États-Unis, du Maroc**).

	FEMININE COUNTRY OR MASCULINE COUNTRY BEGINNING WITH VOWEL	MASCULINE COUNTRY BEGINNING WITH CONSONANT	PLURAL COUNTRY
to, in, at	**en**	**au**	**aux**
from	**de (d')**	**du**	**des**

◆ The great majority of geographical names ending in -e are feminine: **la France, la Bretagne, la Chine, la Belgique**. Two exceptions are **le Mexique** and **le Zaïre**.

◆ Geographical names ending in a letter other than -e are usually masculine: **le Canada, le Japon, le Danemark, Israël** (no article used), **les États-Unis**. Remember, however, that masculine names beginning with a vowel or a vowel sound use **en** and **de (d')** to allow for liaison and elision: **en Iran, d'Irak**.

Application

*XVII. Qu'est-ce qu'on parle... ? Using the countries in parentheses, indicate where the following languages are spoken. Remember that you can use the last letter of the country to help you determine the gender. However, beware of exceptions!

> **MODÈLE:** Où est-ce qu'on parle allemand? (Allemagne / Suisse)
> *On parle allemand en Allemagne et en Suisse.*

1. Où est-ce qu'on parle français? (France / Tunisie / Canada / Maroc / Suisse)

   _____

2. Où est-ce qu'on parle anglais? (Angleterre / Australie / États-Unis)

   _____

3. Où est-ce qu'on parle chinois? (Chine)

   _____

4. Où est-ce qu'on parle espagnol? (Espagne / Pérou / Argentine / Mexique)

   _____

5. Où est-ce qu'on parle japonais? (Japon)

   _____

6. Où est-ce qu'on parle suédois? (Suède)

_____

7. Où est-ce qu'on parle portugais? (Portugal / Brésil)

_____

8. Où est-ce qu'on parle russe? (Russie)

_____

LES PAYS DU MONDE SEGMENT 32

l'Europe *(f.)*
l'Allemagne *(f.)*
l'Angleterre *(f.)*
la Belgique*
le Danemark
l'Espagne *(f.)*
la France*
la Grèce
l'Italie *(f.)*
les Pays-Bas *(m. pl.)*
le Portugal
la Russie
la Suède
la Suisse*

l'Afrique *(f.)*
l'Afrique du Sud
l'Algérie* *(f.)*
le Cameroun*
la Côte-d'Ivoire*
la Libye
le Maroc*
le Sénégal*
la Tunisie*
le Zaïre*

l'Asie *(f.)*
la Chine
l'Inde *(f.)*
le Japon
le Viêt-nam

le Proche-Orient
l'Égypte *(f.)*
l'Irak *(m.)*
l'Iran *(m.)*
Israël *(m.)*

l'Océanie *(f.)*
l'Australie *(f.)*
la Nouvelle-Zélande
les Philippines *(f. pl.)*

l'Amérique du Nord *(f.)*
le Canada*
les États-Unis *(m. pl.)*
le Mexique

l'Amérique du Sud
l'Argentine *(f.)*
le Brésil
la Colombie
le Pérou
le Vénézuela

" This isn't a very complete list of countries! What about some of my favorites, like Latvia (**la Lettonie**), Estonia (**l'Estonie**), and Lithuania (**la Lituanie**) that just recently regained their independence? "

" **Mais tu exagères, toi!** You can't give a list of *all* the countries in the world! Students would go crazy! If they want to know the French name of a country that's not listed here, they'll have to look it up in an English/French dictionary. **C'est pas très compliqué!** "

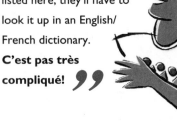

* Pays francophones = où le français est une des langues parlées

*XVIII. Où se trouve... ? Indicate in which countries the following cities can be found.

> **MODÈLE:** Paris
> *Paris se trouve en France.*

1. Madrid _____

2. Montréal _____

3. Rome _____

4. Berlin _____

5. Tokyo _____

6. Londres _____

7. Baton Rouge _____

8. Moscou _____

9. Lisbonne _____

10. Bruxelles _____

11. Mexico _____

12. Jérusalem _____

13. Beijing _____

14. Dakar _____

15. Copenhague _____

16. Buenos Aires _____

17. Manille _____

18. Calcutta _____

19. Genève _____

20. Le Caire _____

*XIX. Un congrès mondial (*An international meeting*). The following is a list of delegates to an international meeting. Indicate how many delegates come from each of the following countries.

> **MODÈLE:** la France (12)
> *Il y a douze délégués de France.*

1. l'Algérie (3) _____

2. l'Allemagne (10) _____

3. la Belgique (5) _____

4. le Canada (10) _____

5. le Cameroun (2) _____

6. la Côte-d'Ivoire (6) _____

7. le Danemark (3) _____

8. les États-Unis (8) _____

9. l'Iran (4) _____

10. Israël (7) _____

11. l'Italie (6) _____

12. le Mexique (5) _____

13. la Suisse (7) _____

14. les Philippines (1) _____

15. la Russie (10) _____

Note grammaticale: The pronoun *y* and geographical names 🔲 SEGMENT 32

In addition to the uses of the pronoun y that you've already learned *(Chapter 4),* y is used to replace a geographical name with the prepositions **à, en, au,** and **aux.** In this case, the English equivalent is often *there:*

—Tu vas à **Paris**?	Are you going *to Paris?*
—Oui, j'y vais demain.	Yes, I'm going *(there)* tomorrow.
—Vous avez fait des études **aux États-Unis**?	Did you study *in the United States?*
—Oui, nous y avons fait des études l'année dernière.	Yes, we studied *there* last year.

Remember that, in a sentence, the pronoun y takes the same position as other direct-object pronouns.

- Before the verb in simple and compound tenses:

    J'y vais tous les jours.
    Elle y est allée.

- Before the infinitive when used with a conjugated verb + infinitive:

    On peut y visiter le musée du Louvre.

---

*XX. Ils y vont? Answer the questions using the pronoun y to replace the prepositions and geographical names. Answer in the affirmative or negative as indicated.

> MODÈLE: Les parents de Micheline vont au Canada? (oui / non)
> *Oui, ils y vont.*
> *Non, ils n'y vont pas.*

1. Guy va en Belgique? (oui) _____

2. Vous allez au Danemark? (non) _____

3. François est allé en Australie? (oui) _____

4. Elles sont allées à Seattle? (non) _____

5. Marguerite va aller en Bretagne? (oui) _____

6. Tu veux aller au Mexique? (non) _____

7. Ta cousine va faire des études au Vénézuéla? (oui) _____

8. Ils sont allés en Normandie? (non) _____

TEST 18: GEOGRAPHICAL NAMES AND PREPOSITIONS

PART A
Fill in the blanks using the appropriate prepositions.

Nous sommes allés...   *Ils sont revenus...*

1. _____ France.   11. _____ États-Unis.

2. _____ Maroc.   12. _____ Lettonie.

3. _____ Israël.   13. _____ Brésil.

4. _____ Pays-Bas.   14. _____ Tunisie.

5. _____ Danemark.   15. _____ Philippines.

6. _____ Suisse.   16. _____ Bretagne.

7. _____ Berlin.   17. _____ Genève.

8. _____ Japon.   18. _____ Italie.

9. _____ Alsace.   19. _____ Viêt-nam.

10. _____ Toulouse.   20. _____ Belgique.

PART B
Rewrite each sentence, replacing the preposition and geographical name by the pronoun y.

21. Je ne pense pas aller en Colombie. _____

22. Nous sommes allés au Sénégal. _____

23. Elle ne va pas à Grenoble. _____

24. Est-ce que tu es allé au Portugal? _____

25. Avec qui est-ce que vous allez en France? _____

26. J'aimerais aller en Australie. _____

27. Ma tante est allée en Asie. _____

28. Quand est-ce que tu vas aux États-Unis? _____

> You will find the correct answers on page 405. Give yourself one (1) point for each correct answer. A perfect score is 28 points. If your score is below 22, you should review pages 218–222 before going to class.

À faire! (5-5)

As a *follow-up* to weather expressions practiced in class, do the following:
- write Exercise XXI;
- read the meteorological texts and do Exercises XXII and XXIII.

As *preparation* for work in class, do the following:
- 📼 listen to SEGMENT 33 of your *Student Tape* and do Exercise XXIV;
- write Exercise XXV.

Parlons de vous!

XXI. Dans la région où j'habite... Write a short paragraph about weather conditions in your area during each of the following months or seasons.

> **MODÈLE:** au mois de septembre
> *Dans la région où j'habite, il fait très beau au mois de septembre. Il ne pleut pas beaucoup, mais quelquefois il fait du vent. En général, nous avons beaucoup de soleil mais il commence aussi à faire frais. J'aime le mois de septembre parce que c'est la saison du football américain.*

1. en été

_____

_____

_____

_____

2. au mois de décembre

_____

_____

_____

_____

3. en avril

_____

_____

_____

_____

LISEZ!: MÉTÉO FRANCE

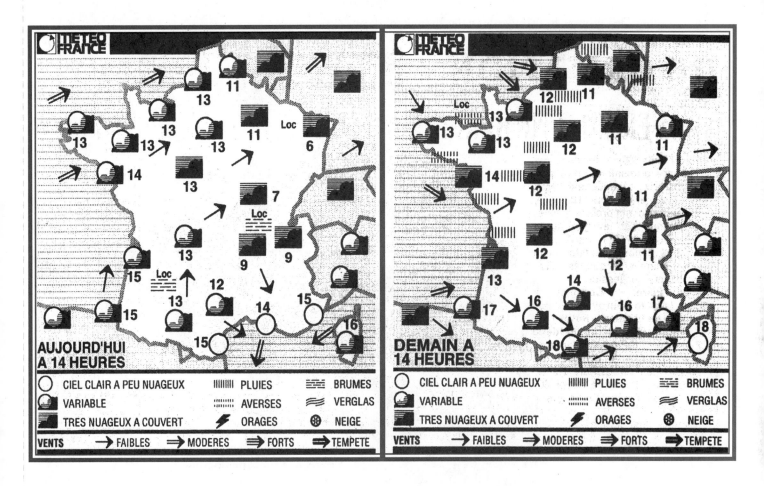

*XXII. Quel temps fait-il? Scan the weather section of the French newspaper *Le Figaro* and indicate in English today's predicted weather for each of the following regions.

1. Paris _____

    _____

2. northern France _____

    _____

3. eastern France _____

    _____

4. southwestern France _____

    _____

5. the Mediterranean region _____

    _____

*XXIII. La météo. It is now the next day. Respond in English to each of the following inquiries according to the information provided in yesterday's weather report.

1. Will today in Paris be warmer or cooler than yesterday?

   _____

2. What will the weather be like today in Paris?

   _____

3. Where were the warmest spots in France yesterday? And the coldest?

   _____

4. My aunt and uncle are leaving for Corsica today. What's the weather like there at this time of year?

   _____

   _____

**Prévisions météorologiques:
possibilité de pluie**

PRONONCEZ BIEN! SEGMENT 33

The consonant l and the combinations il, ll, and ill

◆ **l**   In general, the single consonant **l** is pronounced [l] as in the English word *lake*.

   la   Italie   hôtel

◆ **il**   At the the end of a word, the combination **il** is pronounced [il] when preceded by a consonant.

   avril   mil   péril

   When preceded by a vowel, the combination **il** is pronounced [j] as in the English word *you*.

   travail   détail   soleil

◆ **ll**   When preceded by a vowel other than **i**, the combination **ll** is pronounced [l].

   elle   football   folle

◆ **ill** When the combination **ill** is at the beginning of a word, the **ll** is also pronounced [l].

illusion   illégal   illustration

When the combination **ill** follows a consonant, it may be pronounced either [l] or [j]. In the following words and their derivatives, **ill** is pronounced [l].

mille   ville   tranquille

In all other words, the **ll** of **ill** following a consonant is pronounced [j].

fille   famille   habiller

When the combination **ill** follows a vowel sound, it is always pronounced [j]. The **i** does *not* represent a separate sound. To pronounce the combination **aille** [aj], produce only two sounds, [a] + [j]. The same is true of **ouille** [uj] and **eille** [ej].

travailler   brouillard   bouteille

XXIV. 🔲 Segment 33 **La consonne *l* et les combinaisons *il, ll* et *ill*.** Now do the following pronunciation exercises. Repeat each word or sentence, making an effort to pronounce the [l] and [j] sounds correctly.

A. First, prononce the sound [l].

Calmoutier / village / lavoir / église / Vesoul / Lure / ville / colonne / sculpté / sous-sol / particularité / cataclysme / exilé / latin / colombe / mille / avril / péril / elle / ils / calme / folle / illumination / Philippe / tranquillité / illégitime / Italie / Allemagne / baseball / million / malade / villageois / similaire / national / siècle / belle / chapelle / choléra / vallée / millionnaire / pilote

B. Now, pronounce the sound [j].

portail / soleil / travailler / bataille / ail / brouillard / Versailles / travail / détail / fille / vieil / habiller / appareil / Marseille / vieille / réveil / bouteille / meilleur / braille / feuille / sommeil / patrouille / ferraille / oreille / pareil / mouillé / réveiller / billet / accueillir / briller / tailleur / bailler / Mireille / aille / gentille / brillant / médaille / merveilleux / taille / cercueil / cédille / œil / fauteuil / grenouille / bouillon / Chillon / ailleurs / infaillible / coquilles / billard / guillotine

C. Now read the following sentences, taking care to pronounce the sounds [l] and [j] correctly.

La fille de Marcel habite dans le village de Calmoutier.

Quand il fait du soleil, ils aiment faire du lèche-vitrine en ville.

Dans cette église, il y a des colonnes sculptées et des cercueils dans le sous-sol.

Pendant la bataille de Waterloo, les patrouilles de Napoléon ont attaqué les soldats de Wellington.

Il faut que tu ailles à Marseille pour manger de la bouillabaisse avec beaucoup d'ail.

Elle est allée à la Gare de l'Est pour acheter des billets pour Toulouse.

À l'hôtel Chaplain, les chambres sont ensoleillées et il y a toujours une belle salle de bains et des lits très confortables.

D. Listen to the poem by the sixteenth-century French poet Pierre de Ronsard. The second time the poem is read, repeat in the pauses provided, pronouncing the [l] and [j] sounds with care.

The sonnet was written for Hélène de Surgères, a lady-in-waiting at the court of the king and it was first published in 1578. Ronsard asks the lady to look into the future and to imagine herself as an old woman, spinning her yarn by candlelight, and regretting the past when she rejected the attentions of the author. He urges her to enjoy the present, to take full advantage of it, and not to wait for tomorrow.

QUAND VOUS SEREZ BIEN VIEILLE...

Quand vous serez bien vieille, au soir, à la chandelle,

Assise auprès du feu, dévidant et filant,

Direz, chantant mes vers, en vous émerveillant:

'Ronsard me célébrait du temps que j'étais belle.'

Lors vous n'aurez servante oyant telle nouvelle,

Déjà sous le labeur à demi sommeillant,

Qui au bruit de mon nom ne s'aille réveillant,

Bénissant votre nom de louange immortelle.

Je serai sous la terre, et fantôme sans os

Par les ombres myrteux je prendrai mon repos;

Vous serez au foyer une vieille accroupie,

Regrettant mon amour et votre fier dédain.

Vivez, si m'en croyez, n'attendez à demain:

Cueillez dès aujourd'hui les roses de la vie!

Pierre de Ronsard, *Sonnets pour Hélène, II, XLIII,*

Translation

When you are very old, at dusk by candle-light,

Talking beside the fire the while you spin your wool,

Singing my verse, you'll say, as something wonderful,

Thus Ronsard, long ago, for love of me did write.

Then not a serving maid, grown drowsy with the night

And slumbering o'er the task she plies beneath your rule,

But startled at my name will quit her spinning-stool,

To bless your name with praise the years shall never blight.

I shall be in my grave, a disembodied ghost,

Resting where myrtles bloom along the shadowy coast:

You crouching o'er the hearth will be an aged crone,

Regretting all the love you proudly put away.

Wait for no morrow. Ah! believe me, snatch to-day

The roses of your life, that shall so soon be gone.

Ronsard & la Pléiade, by George Wyndham,
© 1906, New York: The MacMillan Co.

ÉCRIVEZ!

XXV. Lettre d'un voyage. First, read the letter that Jeannette wrote about her trip from the United States to Calmoutier to a friend of hers in Toulouse. You'll recognize most of what you read. Don't worry about some words you might not know.

Calmoutier, le 15 juin 1994

Chère Delphine,

Me voilà enfin arrivée à Calmoutier. Je t'ai beaucoup parlé de ce voyage de retour et c'est avec une grande joie que j'ai retrouvé ma famille après une absence de 16 ans.

Le voyage a été assez agréable. J'ai pris un vol Air France de l'aéroport de Dulles jusqu'à Paris. Il faisait un temps affreux aux États-Unis quand je suis partie. Il pleuvait, il faisait du vent et il y avait du brouillard. J'étais contente de partir. Bien entendu, c'était un vol de nuit, ce qui n'est jamais très agréable. J'ai des difficultés à dormir dans les avions. Mais il faut dire que les repas ont été tout à fait exceptionnels. Vous, les Français, vous trouvez toujours le moyen d'offrir des plats délicieux et bien présentés. Même dans un avion!

Mon arrivée à Charles de Gaulle a été facile et les formalités ont été rapides. Il n'y avait pas de queue au contrôle des passeports ni à la douane. J'ai pris le bus Air France jusqu'à la place de l'Étoile où j'ai pris un taxi pour aller à l'hôtel. Comme tu me l'avais suggéré, je suis descendue à l'hôtel Chaplain. Tu avais bien raison: c'est un hôtel à prix modéré qui est propre et se trouve dans une rue assez tranquille. J'avais même un balcon.

Après quelques jours passés à jouer la touriste à Paris, j'ai pris le train pour aller à Vesoul. Ce voyage aussi s'est passé sans problèmes. J'adore les trains et ça ne me dérange donc pas de passer des heures à regarder par la fenêtre et à écouter le bruit du train. À Vesoul, ma cousine Annie m'attendait et nous avons fait les dix kilomètres jusqu'à Calmoutier en voiture. À notre arrivée, toute la famille nous attendait devant la porte. Tu imagines un peu l'émotion!

Voilà mon voyage. Je suis très heureuse d'être de retour et de refaire la connaissance de tous les membres de ma famille. J'espère que tout va bien chez toi. Dis bonjour de ma part à Jacques, Daphné et Yvan.

Amitiés,
Jeannette

Now, on a separate sheet of paper, write your own letter about a trip you took. Be sure to write several sentences about each of the following topics: the weather, where you stayed, how you traveled, and what you did.

PHRASES: Writing a letter; Describing weather; Sequencing events

VOCABULARY: Seasons; Traveling; Means of transportation

GRAMMAR: Compound past tense

Oh, là là! Did you notice that Jeannette uses a verb tense with **-ais** and **-ait** endings? That's a past tense called the *imperfect.* For the time being, you might try using this tense in your letter to describe certain conditions. For example, with the weather, you can use **il faisait beau, il pleuvait, il y avait du soleil** to say that the weather *was* beautiful or it *was raining* or that the sun *was shining* when you were doing something. You can use **j'étais (il était, elle était)** when you want to talk about where you were or how you were feeling.

Mais c'est pas tout! You can also say **j'avais (il avait, elle avait)** when you want to describe a condition in the past. For example, I'm always saying **j'avais très faim** because I always seem to be hungry and I love to eat!

À faire! (5-6)

Manuel de classe, pages 221–223

As a *general review* of the chapter, write Exercise XXVI.

INTÉGRATION

XXVI. Un voyage en Europe. You're on a trip in Europe. As your trip progresses, you send postcards to a friend in Belgium. For each postcard include the information indicated.

1. On this first postcard, you talk about your arrival in France (date), you give the weather in Paris, you indicate that you will go to Versailles tomorrow because you want to see Louis XIV's castle.

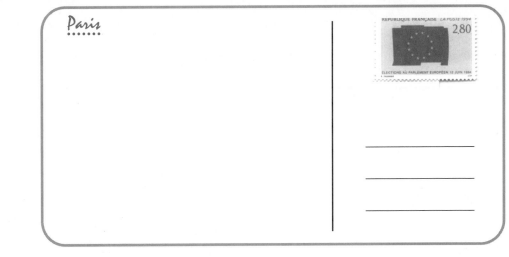

2. On the second postcard you talk about what you did yesterday. You took a trip with friends to the city of Reims. Tell what you did in Reims, which hotel you stayed in, what the weather was like, and where you went to dinner.

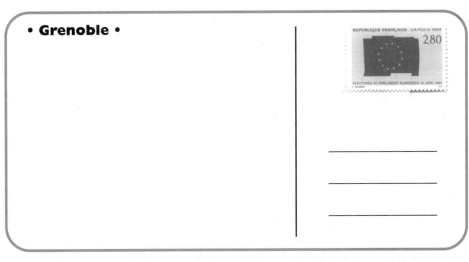

3. You're now in the city of Grenoble. On this postcard, explain that you're leaving tomorrow on a trip that will take you to four different countries. Say where you will go (using the future tense), how you will get there (train? car? plane?), and how long you will stay in each country.

As a *general review* of grammatical structures studied in the chapter, do Exercises XXVII, XXVIII, XXIX, and XXX.

MISE AU POINT

The following exercises will help you review the grammatical structures you've studied in this chapter. The page numbers in parentheses refer to the explanations of these structures in the **Manuel de préparation**.

Le *futur* (pages 199–200)

XXVII. Ne t'inquiète pas! Use the verbs in the list to reassure your friends. Put the verbs into the future tense.

VERBES: revenir / voir le film demain soir / prendre le bus / avoir plus de temps la semaine prochaine / pouvoir les acheter demain / retrouver / être de retour la semaine prochaine / aller mieux dans quelques jours / pouvoir acheter un cadeau pour le Nouvel An

> MODÈLE: Mon petit chien a disparu.
> *Ne t'inquiète pas! Il reviendra.*

1. J'ai perdu mon portefeuille.

    _____

2. On ne peut pas aller au cinéma ce soir.

    _____

3. Mes parents sont partis en vacances sans moi.

    _____

4. Qu'est-ce que je vais faire? Ma voiture est en panne.

    _____

5. Ma sœur est malade *(sick)*.

    _____

6. Mon père est très occupé. Il ne peut pas sortir avec moi.

    _____

7. Nous avons oublié *(forgot)* l'anniversaire de notre grand-mère.

    _____

8. Je n'ai pas acheté les livres pour le cours d'anglais.

    _____

Les verbes *partir*, *sortir* et *quitter* (pages 213–214)

✱XXVIII. Je quitte la maison à... Write down what you do in the following situations. Use the verb **sortir**, **partir**, or **quitter** as appropriate in each context.

> **MODÈLE:** Explain at what time you leave the house when you go to a movie.
> *Je quitte (je pars de) la maison à 19h.*

Explain:

1. at what time you leave the house when you go out on Saturday night.

   _____

2. at what time you leave home to go to classes in the morning.

   _____

3. on which weekend evening(s) you and your friends go out.

   _____

4. at what time you leave home to go to a sporting event such as a basketball game.

   _____

5. at what time a member of your family leaves for work in the morning.

   _____

6. on which evening(s) you and your friends go out during the week.

   _____

7. at what time you and your friends leave your French class.

   _____

Les noms géographiques, les prépositions et le pronom *y* (pages 219, 222)

✱XXIX. Leurs expériences internationales. For each of the people mentioned, say (a) where he/she is from, (b) which city he/she is going to (went to, will go to), and (c) in which country the city is located. Follow the model.

> **MODÈLE:** Simone Chartrand / France / Berlin (futur)
> *Simone Chartrand vient de France. Elle ira à Berlin. Berlin se trouve en Allemagne.*

1. Michèle Bosquet / Belgique / New York (passé composé)

   _____

2. Najip Bouhassoun / Maroc / Londres (présent)

   _____

3. Louise Hébert / Canada / Madrid (futur)

   _____

4. Keke Fleurissant / Haïti / Lisbonne (passé composé)

_____

5. Monique Dupuy / Suisse / Le Caire (présent)

_____

6. Giulio Massano / Italie / Dijon (futur)

_____

7. Angèle Kingué / Cameroun / Tokyo (passé composé)

_____

8. Epoka Mwantuali / Zaïre / Manille (présent)

_____

* **XXX. Mes voyages.** Answer the questions about your travels. Use the pronoun y in your answers. Make sure you use the correct verb tenses.

MODÈLE: Est-ce que vous êtes déjà allé(e) en Louisiane?
Oui, j'y suis déjà allé(e). OU
Non, je n'y suis pas encore (not yet) _allé(e)._

1. Est-ce que vous avez l'intention d'aller en Tunisie un jour?

_____

2. Est-ce que vous êtes déjà allé(e) en Nouvelle-Angleterre _(New England)_?

_____

3. Est-ce que vous voudriez aller au Cameroun?

_____

4. Est-ce que vous comptez faire des études en France?

_____

5. Est-ce que vous êtes déjà allé(e) à Madrid?

_____

6. Est-ce que vous êtes déjà allé(e) au Québec?

_____

7. Est-ce que vous voudriez passer des vacances en Suisse?

_____

8. Est-ce que vous ferez un voyage en Russie dans l'avenir _(in the future)_?

_____

CHAPITRE 5
En route!

EXPANSION

LECTURE/ACTIVITÉ ÉCRITE:
«LETTRE D'ANNE-MARIE BUHLER»

Calmoutier, le 13 janvier 1994

Chère Jeannette,

Nous espérons que tu as franchi[1] l'année 1994 en forme[2] et avec beaucoup d'enthousiasme, de courage et d'optimisme malgré ce monde[3] qui n'arrête pas[4] «d'exploser» de toute part.[5] En tout cas, nous te souhaitons[6] plein de bonnes choses[7] et surtout une bonne santé[8] et la réalisation de tes projets immédiats et lointains.[9]

Noël s'est fêté selon la coutume à Calmoutier et pour ce qui me concerne, je suis partie pour le 1er en Suisse. Je suis restée huit jours au chalet où j'ai entamé[10] un cycle «écritures»: mon courrier[11] souffre d'un sérieux retard et j'avais l'intention d'y voir plus clair pendant ces journées dans le calme des montagnes.

Ce mois de janvier a bien commencé. Nous avons une température printanière[12] avec de la pluie, pendant que des tempêtes secouent[13] le restant du pays. Un hiver qui tarde.[14] À vrai dire, c'est assez déconcertant et tout le monde est fatigué de l'humidité. On aimerait bien avoir un peu de neige.

Depuis quelques jours je viens de m'établir un programme: anglais chaque jour pour raviver[15] mes connaissances,[16] aller plus loin et peut-être les utiliser un jour..., continuer le classement de mes photos (du début du siècle jusqu'à ta visite) commencé il y a deux ans. Maintenant tout est prêt pour la mise en page des albums. Un travail de recherches sur l'histoire de Calmoutier aux archives départementales m'a été demandé par Michel (le maire). Je trouverai toujours quelques occupations mais ma détermination pour l'anglais sera prioritaire.

Que deviens-tu, Jeannette? Ton livre avance-t-il? Je vais te quitter, en renouvelant[17] mes vœux[18] pour 1994 et en te remerciant pour le sweat qui me va à merveille.

Grosses bises affectueuses,
Annie

VOCABULAIRE: 1. crossed into 2. in good health 3. world 4. doesn't stop 5. everywhere 6. we wish you 7. lots of good things 8. good health 9. long-term 10. I began 11. correspondence 12. spring-like 13. shake 14. long in coming 15. renew 16. knowledge 17. renewing 18. wishes

Portrait de... In her letter, Annie talks about her interests and the things she's doing. Write a portrait of someone you know well. Talk about this person's travels and his/her interests and activities. Use a separate piece of paper.

PHRASES: Describing people; Comparing and contrasting

VOCABULARY: Family members; Professions; Trades, occupation; Geography; Leisure

GRAMMAR: Adjective position; Present tense

Une invitation. One of the reasons that Annie is working so hard on her English is that she'd like to visit the United States one of these days. Write her a letter urging her to take a trip to the US. Talk about interesting places to see (which particular states) and try to convince her to come to your region. Use a separate piece of paper.

PHRASES: Writing a letter; Inviting; Persuading; Reassuring

VOCABULARY: Geography; City; Direction and distance

GRAMMAR: Future tense

Enregistrement à l'aéroport Charles de Gaulle

LECTURE: «TGV: LE TEXAS À GRANDE VITESSE»

The following passage is a news item from **Le Journal français d'Amérique.** *Read it once just for the general meaning. Then read it again for details.*

Le TGV Atlantique

LE TRACÉ PROPOSÉ

C'est finalement le TGV qui l'a emporté sur[1] son concurrent[2] allemand FasTrac pour équiper le Texas d'un train à grande vitesse. Les autorités texanes, dans un vote unanime, ont confié[3] au groupe mené par[4] GEC-Alsthom, associé pour l'occasion à la Morrison Knudsen Corporation, grande compagnie américaine de construction basée à Boise (Idaho), le soin[5] de relier[6] Houston à Dallas (450 km) à près de 320 km/h dès 1998.

Le projet prévoit[7] aussi, en 1999, une liaison Dallas–San Antonio, avec arrêt[8] à Austin, la capitale de l'État, et plus tard, si la demande existe, une liaison San Antonio–Houston, ce qui ferait au total un triangle de 1 000 km de voies[9] rapides.

Certes, la technologie du TGV français et dix ans d'expérience ont joué un rôle dans la prise de décision, mais c'est surtout le montage[10] financier qui fut[11] l'argument décisif. Car il y a tout de même une condition pour que le projet se réalise: c'est que son financement soit trouvé dans les deux ans, et surtout qu'il soit entièrement assuré par des fonds privés[12] [...].

Reprinted with permission of the *Journal Français d'Amérique*

VOCABULAIRE: *1. triumphed over 2. competitor 3. conferred 4. lead by 5. task 6. linking 7. foresees 8. stop 9. tracks 10. arrangement 11. was 12. private funds*

Compréhension du texte. Answer the following questions based on what you learned from the newspaper article.

1. What is the timeline for completing the entire project? What will happen and when?

   _____

   _____

2. What company was the major competitor along with the French for this project and what country does it represent? _____

3. Which American company will be responsible for construction in this project?

   _____

4. How many kilometers per hour is the Texas TGV going to go? How many miles is that per hour?

   _____

5. Why did Texas finally vote to use the TGV for the project? _____

   _____

6. When the project is completed, how many miles will the train cover? _____

7. How does this project have to be financed? _____

LECTURE: «Calmoutier, USA»

In this reading, you're going to find out about the former community of Calmoutier, in Ohio. Although the town no longer exists officially, it continues to live on in the memories of older people and through the grave stones in the old parish cemetery.

◆ ◆

«Marguerite, épouse de François Marthey»
«Ici Repose le Père Bollet»
«Ici Repose en Paix Clarice, fille de B. & E. Girard, née le 13 avril 1850, décédée le 6 mai 1870, âgée de 20 ans»
«Mort le 27 sept. 1970, âgé de 60 ans, 7 mois et 7 jours, Boigegrain»

Voilà quelques inscriptions sur les croix de fer[1] et les monuments de pierre[2] dans le vieux[3] cimetière Sainte-Geneviève de la paroisse[4] de Calmoutier, dans l'état d'Ohio. Ce cimetière est un des seuls vestiges d'une communauté qui était, autrefois, ce village prospère.

L'histoire de ce village américain est très intéressante et remonte[5] à l'époque de l'inondation[6] d'une partie de Calmoutier, en France (le 9 août 1832). C'est en cette année que Claude Drouho, sa famille, et d'autres habitants ont quitté Calmoutier pour s'installer aux États-Unis. En arrivant, ce groupe s'est arrêté[7] dans la riche région agricole[8] de l'Ohio, où ils ont fondé leur communauté et lui ont donné le nom de leur village d'origine. Deux ans plus tard, avec l'encouragement de M. Drouho, Calmoutier, USA a commencé à accueillir[9] les prêtres[10] catholiques français qui faisaient le tour des communautés. Augustin Rollinet, né en 1796, était un de ces prêtres itinérants et il a été enterré[11] dans le cimetière Sainte-Geneviève.

Jusqu'à la fin du 19e siècle, d'autres familles françaises sont venues s'installer à Calmoutier. Les noms au cimetière et dans les annales de la paroisse témoignent de[12] cette immigration: Bresson, Boigegrain, Chenevey, Chollet, Malcuit, Mérillat, Roussel, Grosjean, Jeanvoine, Valot, Marthey, Deveaux, Mougin, Pailliotet, Besançon.

L'histoire de la famille Besançon est particulièrement révélatrice. Dix membres de cette famille se sont embarqués du port du Havre (France) en 1847 sur un bateau[13] qui portait le nom de Crotons. Ils ont apporté avec eux leur rouet[14] et un métier à tisser.[15] Les femmes de la famille ont donc continué à filer la laine[16] et le coton qui étaient utilisés pour fabriquer les vêtements des gens du village.

Clétus Hosfeld, à l'âge de 90 ans, habite encore aujourd'hui avec sa femme et sa fille dans une maison à côté du cimetière. Ses souvenirs du passé sont très précis. Écoutons ce qu'il nous raconte en anglais:

"Our people were all farmers. They came over by ship to New York, came up the Hudson River, then rode the canal to Erie and over to Cleveland. Then they took the canal to Massillon and got to Calmoutier by horse and wagon."

L'église Sainte-Geneviève

VOCABULAIRE: *1. iron crosses 2. headstones 3. old 4. parish 5. goes back to 6. flood 7. stopped 8. agricultural 9. to welcome 10. priests 11. was buried 12. bear witness to 13. ship 14. spinning wheel 15. weaving loom 16. spin the wool*

Clarence Besançon, lui, est un des résidents permanents les plus vieux de Calmoutier. Il se souvient bien[17] des gens qui habitaient Calmoutier autrefois et les visiteurs cherchant des renseignements sont souvent envoyés chez lui.

Aujourd'hui, Calmoutier n'existe que[18] dans les noms et les souvenirs d'une trentaine[19] de personnes qui habitent encore la paroisse. Les festivals d'été ont disparu, les habitants sont morts ou dispersés, mais, écoutons encore ce que dit M. Hosfeld:

> "It was a wonderful time then. But things change and so has Calmoutier and most remember it. The French are gone and the Amish are here. But it's been a good life for those of us who remained and we don't regret it."

C'est en rétablissant[20] l'histoire de leur village, qu'un groupe des habitants a fait un séjour[21] à Calmoutier, en France, au début des années 80. C'était un retour émouvant[22] pour les habitants de Calmoutier des deux côtés de[23] l'Atlantique.

VOCABULAIRE: 17. *remembers well* 18. *exists only* 19. *thirty or so* 20. *in reestablishing* 21. *trip* 22. *moving* 23. *on both sides of*

◆ ◆ ◆ ◆ ◆◆ ◆ ◆ ◆ ◆◆ ◆ ◆ ◆◆ ◆ ◆ ◆ ◆◆ ◆ ◆ ◆◆ ◆ ◆ ◆ ◆◆ ◆ ◆ ◆◆ ◆ ◆ ◆ ◆◆ ◆ ◆ ◆◆ ◆ ◆ ◆ ◆◆ ◆ ◆◆

> **Compréhension du texte.** Based on what you read, reconstitute the historical chronology of the founding of Calmoutier, USA. Give as many details as you can and talk about what traces of the village remain.

ENREGISTREMENT: ITINÉRAIRE D'UN VOYAGE

Record a short account of a trip you once took on your own tape. Talk about the itinerary, what the weather was like, the means of transportation you used, where you stayed, and what you did. Remember to use some linking words such as **d'abord, ensuite (puis),** and **enfin (finalement)**. Useful vocabulary: **le lendemain / le jour suivant** *(the next day),* **la veille** *(the day before),* **ce jour-là** *(that day).*

EXERCICE D'ÉCOUTE: MESSAGES AU HAUT-PARLEUR SEGMENT 34

Whenever you're in a train station or airport in France, American tourists who don't speak French ask you questions about the train or plane announcements they have heard over the loudspeaker. Listen to the announcements and then answer their questions.

1. a. What track does the train from Nantes arrive on? _____

   b. When will it be there? _____

   c. Do we have plenty of time to get our luggage onto the train? _____

2. a. What time does the train leave for Strasbourg? _____

   b. We don't smoke. Should we go to the front or the back of the train? _____

   c. We have first-class tickets. Where do we sit? _____

3. a. When is the TGV going to pull out? _____

   b. Are there any stops before we get to Marseille? _____

4. What did the announcement say about Flight 432 from Pointe-à-Pitre?

   _____

5. a. What's the destination of Flight 24? _____

   b. What gate does it leave from? _____

EXERCICE D'ÉCOUTE: Au guichet
de la gare Segment 35

Two friends find themselves standing in the same line at a Paris train station. They talk and then each one takes care of his or her business. Listen to the conversation (Segment 35 of your *Student Tape)*, then answer the questions in French.

Véronique

1. Où est-ce qu'elle va? _____

2. Combien de personnes vont l'accompagner? _____

3. Combien de temps est-ce qu'elle va y passer? _____

4. Quand est-ce qu'elle va partir? Quand est-ce qu'elle va rentrer à Paris? _____

   _____

5. Quelle sorte de billet Véronique prend-elle? _____

6. Est-ce qu'elle paye par chèque? _____

Jean-Pierre

7. Où va-t-il?_____

8. Combien de temps va-t-il y passer? _____

9. Combien de personnes vont l'accompagner? _____

10. Qui va l'accompagner? _____

11. Quand est-ce qu'ils vont partir? Par quel train? _____

    _____

12. Est-ce qu'il a droit à une réduction de tarif? Pourquoi? _____

    _____

ACTIVITÉ ÉCRITE: Un voyage futur

Write an account of a trip you hope to take some day. When will you take the trip, where will you go, how will you get there, with whom will you go, where will you stay, what will you do, etc.? Remember to use some time expressions such as **d'abord** *(first)*, **ensuite (puis)** *(then)*, **enfin (finalement)** *(finally)*, **ce jour-là** *(that day)*, **le lendemain (le jour suivant)** *(the next day)*, and **la veille (le jour précédent)** *(the day before)*.

SYSTÈME-D ● Writing Assistant for French	PHRASES: Traveling; Seasons; Geography; Leisure
	VOCABULARY: Describing weather; Describing objects; Sequencing events
	GRAMMAR: Future tense

JEU: Es-tu vagabond(e) ou sédentaire?

In this game, leave from box number one. Answer the questions and move in the direction of the arrows that correspond to your answers. Once you've arrived at one of the exits (A, B, C, D, E, or F), verify your answers on page 243.

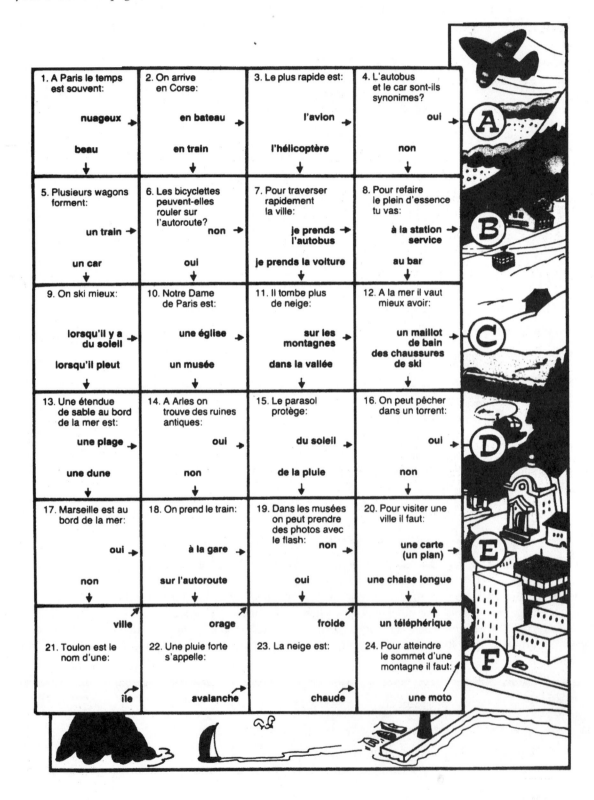

LEXIQUE

Pour se débrouiller

Pour demander une chambre d'hôtel

Est-ce que vous avez une chambre pour... ?

Je voudrais une chambre...

J'ai réservé une chambre au nom de...

Il me faut une chambre...

Une chambre pour...

Pour préciser le type de chambre

... pour une (deux, trois) personne(s)

... avec un grand lit (deux lits)

... avec (une) douche ([un] bain)

... avec (un) WC

... au premier (deuxième, etc.) étage, si possible

... avec (un) balcon

... une chambre qui donne sur la cour

... une chambre qui ne donne pas sur la rue

... avec (sans) salle de bains

Pour se renseigner à l'hôtel

C'est à quel étage?

C'est combien, la chambre? (Quel est le prix de la chambre?)

Le petit déjeuner est compris?

Est-ce qu'il y a un téléviseur dans la chambre?

Et le téléphone, est-ce qu'il est direct? (Est-ce que c'est une ligne directe?)

Vous fermez à quelle heure, le soir?

Est-ce qu'il y a un ascenseur?

Pour parler de l'avenir

aller + *infinitif*

avoir l'intention de + *infinitif*

compter + *infinitif*

espérer + *infinitif*

penser + *infinitif*

vouloir + *infinitif*

Pour parler des saisons et du temps

Quel temps fait-il (est-ce qu'il fait) au printemps?

Il fait du soleil.

Il y a du soleil.

Il fait bon.

Il ne fait pas trop froid, pas trop chaud.

Il y a quelques nuages.

Quelquefois il pleut. (**passé composé**: il a plu)

Quel temps fait-il en été?

Il fait beau.

Il fait chaud.

Il fait (un temps) humide.

Il y a un orage.

Quel temps fait-il en automne?

Le ciel est couvert.

Le temps est nuageux.

Il fait du vent.

Il y a du vent.

Il fait frais.

Il fait du brouillard. (Il y a du brouillard.)

Il fait mauvais.

Quel temps fait-il en hiver?
>> Il fait froid.
>> Il gèle.
>> Il neige.
>> Et quelle est la température?
>>>> La température est de cinq degrés.

Il y a du verglas.
Quel temps affreux!

Il fait cinq degrés (dehors).

Thèmes et contextes

Les trains
un arrêt
un billet (aller simple, aller-retour)
le calendrier des trains
une couchette
fumeur / non-fumeur

une gare
l'horaire (m.) des trains
le TGV
une voiture
un wagon-lit

La voiture
l'autoroute (f.) à péage
l'essence (f.)
l'huile (f.)
un pneu
une roue
une station-service

être en panne (d'essence, de moteur)
changer la roue
faire le plein (d'essence)
tomber en panne
vérifier l'huile

Les saisons
l'été (m.) / en été
l'automne (m.) / en automne

l'hiver (m.) / en hiver
le printemps / au printemps

Vocabulaire général

Noms
l'argent (m.)
la campagne
un département
la douane

le lendemain
le portefeuille
une réunion
la veille

Verbes
dépenser
dormir
partir

quitter
sortir

Autres expressions
d'abord
enfin
ensuite
en tout cas
être en retard
finalement

malade
oublié
perdu
puis
quel(le)

Le langage familier

avoir du fric   *to have some dough / bread [money]*
Tais-toi!   *Shut up!*
T'as raison!   *You're right!*
Ça te dérange (pas)?   *Does it bother you? Would it bother you...?*
Tu plaisantes!   *You're kidding!*
un petit bled   *a small hole-in-the-wall.*
Mon Dieu!   *Good grief!*
Je parie que...   *I bet that...*
Je suppose.   *I guess.*

CHAPITRE 6

Un repas de fête

À faire! (6-1)

Manuel de classe, pages 244–252

As a *follow-up* to the presentation on meals and food, do the following:
- read pages 248–249 in the **Manuel de classe**;
- do Exercises I, II, and III.

As *preparation* for work in class, do the following:
- read the explanation about expressions of quantity and the pronoun **en** below;
- 📼 listen to SEGMENT 36 of your *Student Tape*;
- write Exercises IV through VIII;
- take Test 19.

CONTEXTE: CONVERSATION À TABLE— LE REPAS

" Gaston has already told you something about the article called the partitive (**de** + the definite article) when you want to express the idea of *some*. The partitive articles are **du, de la, de l'**, and **des**. They're very easy to use. In order to do the exercises on page 246, you also need to know that, after a negative expression such as **ne... pas**, all of the partitives simply become **de** or **d'** no matter what the gender and the number of the noun is (**Je ne veux pas de viande.** *I don't want any meat.*). Let me give you some examples both in the affirmative and the negative to help you remember the partitive: **Au déjeuner, je mange *de la* salade. Je *ne* mange *pas de* salade au dîner. Elle aime manger *des* fruits mais elle *ne* mange *pas de* bananes. Je veux *du* rosbif. Je *ne* veux *pas de* poulet.** "

" **C'est très facile, tout ça!** But I also want to remind you that you're going to use the definite article whenever you use verbs of preference, liking, or disliking. They're easy to remember because there aren't a lot of them: **aimer (assez, bien, beaucoup), ne pas aimer, adorer, préférer, détester.** So, if you want to say that you like or dislike something *in general*, use one of these verbs with a definite article in front of the noun (**J'aime le café. Je n'aime pas les brocolis. J'adore les fruits.**). Now you're ready to do the exercises. **Bonne chance!** (*Good luck!*) "

*I. C'est quoi, ça? Use the partitive to identify each of the following food items.

> MODÉLES: C'est quoi, ça?
> pain
> *C'est du pain.*
>
> oranges
> *Ce sont des oranges.*

C'est quoi, ça?

1. eau   _____

2. pâté   _____

3. bière   _____

4. framboises   _____

5. vin blanc   _____

6. raisin   _____

7. jambon   _____

8. salade de tomates   _____

9. saumon fumé   _____

10. crevettes   _____

11. dinde   _____

12. brocolis   _____

13. oignons   _____

14. (pommes) frites   _____

15. vinaigrette   _____

16. camembert   _____

17. gâteau au chocolat   _____

18. spaghettis   _____

19. glace   _____

20. Coca   _____

*II. Qu'est-ce que je te sers? Use the partitive to complete the following short sentences. Be careful to use just **de** when the sentence is negative.

1. Qu'est-ce que je t'offre à boire? Je prendrais volontiers _____ café.

2. Et tu veux manger quelque chose? Merci, non. Je viens de manger _____ pâtisseries.

3. Je ne veux pas _____ oignons mais je prendrais bien _____ brocolis.

4. Je peux vous servir _____ pommes de terre? Oui, volontiers. Et je prendrais bien encore _____ salade.

5. Comment? Il n'y a pas _____ pâtisseries? Est-ce qu'il y a _____ petits gâteaux?

REMEMBER! An asterisk (*) preceding an exercise number indicates that the exercise is self-correcting. You will find the answers to *Chapitre 6* at the back of this **Manuel de préparation,** beginning on page 406.

6. Tu reprends _____ gâteau? Merci, non. Mais peut-être _____ glace.

7. Tenez, je vous sers _____ poulet et _____ carottes. Non, merci, pas _____ carottes.

8. Alors, les enfants, mettez-vous à table. Il y a _____ soupe à l'oignon, _____ pain, _____ légumes et _____ dinde.

9. Elle a acheté _____ fromage? Oui, il y a _____ brie et _____ camembert. Pas _____ gruyère? Dommage.

10. Pour le dessert, je mange toujours _____ fruits. Et je bois toujours _____ thé.

*III. Mes préférences. Name the food items that you like, dislike, or eat sometimes. The number of items you're to name depends on the number of lines you have to fill. Use the definite article or the partitive depending on the statement you're asked to make.

> **MODÈLES:** les fruits que j'aime   les viandes que je mange souvent
> *J'aime les bananes.*   *Je mange souvent du poulet.*
> *J'aime les oranges.*   *Je ne mange jamais de porc.*

1. les fruits que j'aime   _____

_____

_____

_____

2. les légumes que j'aime   _____

_____

_____

3. les fruits que je n'aime pas   _____

_____

4. les légumes que je déteste   _____

_____

5. le poisson que je mange quelquefois   _____

6. les viandes que je mange souvent   _____

_____

7. les viandes que je déteste   _____

_____

8. les desserts que je mange souvent   _____

_____

9. les boissons que je consomme souvent   _____

_____

_____

STRUCTURE: EXPRESSIONS OF QUANTITY AND THE PRONOUN *EN*

Conversation à la charcuterie SEGMENT 36

EMPLOYÉE:	Bonjour, Madame. Vous désirez?
CLIENTE:	Voyons. Donnez-moi **250 grammes de** salade de tomates et **quatre tranches de** jambon.
EMPLOYÉE:	Et avec ça? **Un peu de** pâté?
CLIENTE:	Non, j'**en** ai **encore**. Mais donnez-moi **une boîte de** petits pois.

Explication grammaticale ⌷ SEGMENT 36

You've already learned the question **combien de?** to express *how much?* or *how many?*. But up to now, you've generally used numbers to answer these questions: **Combien de sœurs est-ce que tu as? J'ai deux sœurs.** Now you'll learn a variety of expressions of quantity, either general or specific, that you can use in your answers. As you study these expressions, note that all of them are followed by an invariable **de**, regardless of the gender or the number of the noun they modify.

◆ GENERAL QUANTITIES

Combien de compact discs est-ce que tu as?
J'ai **beaucoup de** compact discs, mais j'ai **très peu de** cassettes.
  I have *a lot of* compact discs, but I have *very few* cassettes.

beaucoup de	a lot of, a great deal of, many, much
ne... pas beaucoup de	not many, not much
un peu de	a little, a little bit of
très peu de	very little, very few

◆ SPECIFIC QUANTITIES

Qu'est-ce que tu as acheté?
J'ai acheté **un morceau de** pâté et six **tranches de** jambon.
  I bought *a piece of* pâté and six *slices of* ham.

un kilo de	a kilogram of		une douzaine de	a dozen of
une livre de	a (French) pound (500 grams) of		un morceau de	a piece of
50 grammes de	50 grams of		un bout de	a piece of *(colloquial)*
un litre de	a liter of		une tranche de	a slice of
une bouteille de	a bottle of		une boîte de	a can of

◆ EXPRESSIONS OF SUFFICIENCY

Combien d'argent est-ce que tu as?
Je n'ai pas assez d'argent pour acheter un vélo.
    I *don't* have *enough* money to buy a bike.

trop de	too much, too many
assez de	enough
ne... pas assez de	not enough

◆ COMPARISON OF NOUNS

Combien d'argent est-ce que tu as?
J'ai plus d'argent que Paul. **J'ai autant d'argent que** Marie. **J'ai moins d'argent que** toi.
    I have *more money than* Paul. I have *as much money as* Mary. I have *less money than* you.

The expressions of quantity **plus de** *(more)*, **autant de** *(as much)*, and **moins de** *(less)* are used to compare nouns and are also followed by **que**. If you want to use a pronoun rather than a noun in the second part of your comparison, use the stress pronouns **moi, toi, lui, elle, nous, vous, eux** *(they,* m.*)*, **elles**.

J'ai plus d'argent que lui.   I have *more money than he* (does).

Application

*IV. Questions d'argent. Describe each person's financial situation, using the expressions **beaucoup, pas beaucoup, un peu,** and **très peu.**

                Monique: 60F   **Sylvie:** 7 000F   **Edgar:** 2F   **Jean-Paul:** 25F

    MODÈLE: Est-ce que Monique a de l'argent?
            Oui, mais elle n'a pas beaucoup d'argent.

1. Est-ce qu'Edgar a de l'argent?

    _____

2. Et Sylvie?

    _____

3. Et Monique?

    _____

4. Et Jean-Paul?

    _____

Now decide if each person has enough or not enough money to buy the things indicated. Use the expressions **assez de** and **pas assez de.**

    MODÈLE: Une calculatrice coûte 60 francs. (Monique)
            Monique a assez d'argent pour acheter une calculatrice.

5. Un ordinateur coûte 12 000F. (Sylvie)

_____

6. Un ticket de métro coûte 6F50. (Monique)

_____

7. Un petit pain coûte 2F. (Edgar)

_____

8. Un vélo coûte 1 200F. (Sylvie)

_____

9. Un walkman coûte 150F. (Jean-Paul)

_____

10. Un disque laser coûte 45 francs. (Jean-Paul)

_____

11. Un Coca coûte 8F. (Edgar)

_____

12. Une tarte aux pommes coûte 55F. (Monique)

_____

*V. Qu'est-ce que vous avez acheté? Tell how much of each item each person bought yesterday.

    MODÈLE: Mme Tanson / eau minérale (1 bouteille)
                     Mme Tanson a acheté une bouteille d'eau minérale.

1. mon père / pommes (2 kilos)

_____

2. je / Coca (1 litre)

_____

3. Mlle Lecuyer / jambon (4 tranches)

_____

4. nous / croissants (1 douzaine)

_____

5. M. Robichou / pâté (250 grammes)

_____

6. elles / gruyère (1 bout)

_____

7. je / brie (250 grammes)

_____

8. Mme Batailler / fromage (1 morceau)

_____

9. Jacques / raisin (500 grammes)

_____

10. Yves / abricots (1 livre)

_____

*VI. Comparaisons. Use the elements to make comparisons between how many of something different people have.

> **MODÈLE:** cassettes (Suzanne = 20 / Jacques = 10)
> *Suzanne a plus de cassettes que Jacques.*
> *Jacques a moins de cassettes que Suzanne.*

1. CD (Élodie = 15 / Pierre = 23)

   _____

2. jeux vidéo (Nicolas = 6 / Laura = 4)

   _____

3. dictionnaires (Antoine = 3 / Aurélie = 3)

   _____

4. bouquins (Thérèse = 70 / Antoine = 50)

   _____

5. magazines de sports (Lydie = 5 / Alexandre = 5)

   _____

6. cahiers (Solange = 9 / Thomas = 12)

   _____

7. bracelets (Nicole = 8 / Michèle = 8)

   _____

Note grammaticale: The pronoun **en** ▭ Segment 36

The object pronoun **en** replaces nouns introduced by the preposition **de**. It usually refers to things rather than people. You've just learned how to use the partitive and how to express quantities. In both cases, the preposition **de** is used and, therefore, substitutions are made with the pronoun **en.**

◆ To replace a noun preceded by a partitive (**du, de la, de l', des**):
   In this case, the English equivalent of **en** is *some* or *any*.

Qui veut **de la glace?**	Who wants *some ice cream?*
Moi, j'**en** veux.	I'll have *some.*
Moi, je n'**en** veux pas.	I don't want *any.*

◆ To replace a noun used with an expression of quantity (**beaucoup de, une tranche de, un kilo de,** etc.):
   In this case, **en** often has no equivalent in English.

Elle a **beaucoup d'argent?**	Does she have *a lot of money?*
Oui, elle **en** a **beaucoup.**	Yes, she has *a lot* (of it).
Non, elle n'**en** a pas **beaucoup.**	No, she doesn't have *a lot* (of it).

♦ To replace a noun preceded by a number:
In this case, **en** often has no equivalent in English (note that in the French negative response the number is omitted).

Tu as **un dictionnaire**?	Do you have *a* dictionary?
Oui, j'**en** ai **un.**	Yes, I have *one.*
Non, je n'**en** ai pas.	No, I don't have *one.*

In a sentence, **en** takes the same position as the other object pronouns you've learned: Before the conjugated verb in simple and compound tenses.

J'**en** prends une douzaine.   Il **en** a acheté deux bouteilles.

Before the infinitive in the combination conjugated verb + infinitive.

Elles ont l'intention d'**en** manger.

---

*VII. Pour faire du poulet suisse et des roulés au jambon. Study the recipe below and answer the questions using the pronoun **en** as often as possible in your answers.

Poulet Suisse et roulés au jambon

Recette micro-ondes
1 ¹/₂   tasse (375 mL) poulet cuit grossièrement haché
1   boîte 10³/4 oz (320 g) soupe crème de poulet condensée
1   oignon vert, finement tranché
6   tranches de jambon bouilli
2   tasses (500 mL) de riz cuit
¹/4   tasse (65 mL) de crème sure ou yaourt
¹/4   tasse (65 mL) de lait
¹/2   tasse (125 mL) fromage Suisse râpé
paprika

Dans un bol à mélanger, combiner le poulet, ¹/3 tasse (75 mL) de soupe et l'oignon.
Mettre ¹/4 tasse (65 mL) de ce mélange sur chaque tranche de jambon et rouler.
Fixer avec des cure-dents si nécessaire.
Étendre le riz dans un plat à micro-ondes peu profond de 1 ¹/2 pinte (1.30 L). Placer le jambon roulé sur le riz. Mélanger le reste de la soupe avec la crème sure et le lait. Verser sur les roulés. Cuire à HI (max.) 12 à 14 minutes. Saupoudrer de fromage et de paprika. Couvrir et laisser reposer 5 minutes avant de servir.

MODÈLES: Est-ce qu'il faut du sucre pour faire ce plat?
Non, il n'en faut pas.

Est-ce qu'il faut du yaourt pour faire ce plat?
Oui, il en faut un quart de tasse (cup).

1. Est-ce qu'il faut des carottes pour faire ce plat?

   _____

2. Est-ce qu'il faut du riz *(rice)?*

   _____

3. Combien de tasses de poulet haché *(chopped)* est-ce qu'il faut?

   _____

4. Est-ce qu'on met *(put)* du lait dans ce plat?

   _____

5. Combien de tranches de jambon est-ce qu'il faut acheter?

   _____

6. Est-ce qu'on met des oignons verts dans ce plat?

_____

7. Où est-ce qu'on met un quart de tasse *(a quarter of a cup)* du mélange *(mixture)*?

_____

8. Pourquoi est-ce qu'il faut des cure-dents *(toothpicks)*?

_____

*VIII. En écoutant... *(While listening . . .)* The following is a series of conversations you've heard in a variety of contexts. Complete them using the suggested elements with the pronoun **en** or with **ça**.

À table

> **MODÈLES:** —Tu veux de la salade? (non)   —Tu n'aimes pas la salade? (non / ne jamais manger)
> —*Non, merci. Je n'en veux pas.*   —*Non, je n'en mange jamais.*

1. Tu veux du fromage? (non)

_____

Tu n'aimes pas le fromage? (non / manger très peu)

_____

2. Tu veux des oignons? (non)

_____

Tu n'aimes pas les oignons? (non / ne jamais manger)

_____

3. Tu veux du pain? (oui)

_____

Ah, tu aimes le pain? (oui / manger à tous les repas)

_____

À l'épicerie

> **MODÈLES:** —Tu aimes les pommes? (oui / beaucoup)   —Tu vas acheter des pommes? (un kilo)
> —*Oui, j'aime beaucoup ça.*   —*Oui, je vais en acheter un kilo.*

4. Tu aimes les bananes? (oui / beaucoup)

_____

Combien de bananes vas-tu acheter? (six)

_____

5. Tu as acheté de l'eau minérale? (trois bouteilles)

_____

Tu vas servir de l'eau minérale avant le dîner? (non / avec le dîner)

_____

6. Tu aimes les brocolis? (non / détester)

_____

Tu ne veux pas acheter de brocolis? Ils sont très bons. (non, merci)

_____

Au centre commercial

MODÈLES: —Est-ce qu'il y a une bijouterie ici? (oui / à côté du magasin de matériel électronique)
—*Oui, il y en a une à côté du magasin de matériel électronique.*

—Est-ce qu'ils ont des bracelets? (oui)
—*Oui, ils en ont.*

7. Tu as vu un magasin de sports? (oui, au premier étage)

_____

Est-ce qu'ils ont des skis? (non)

_____

8. Tu vois ce jean? (oui)

_____

Est-ce tu aimes bien ce jean? (oui)

_____

9. Tu vas acheter ce livre? (non)

_____

Tu n'as pas assez d'argent? (non)

_____

10. On mange des frites? (oui, au Macdo)

_____

Et tu veux un hamburger? (oui)

_____

TEST 19: THE PARTITIVE, EXPRESSIONS OF QUANTITY, THE PRONOUN *EN*

PART A
Complete the following dialogue by adding the appropriate definite article or partitive.

— Par où est-ce qu'on commence?

— Moi, il faut que j'aille à la papeterie pour acheter _____ cartes postales et _____ stylos. Je n'ai pas _____ stylo.

— Ce n'est pas très intéressant. Moi, je préfère aller à la bijouterie. Ils ont _____ bracelets et _____ boucles d'oreilles.

— Bon, on y va. Mais moi, je veux aussi aller au magasin de sports. Mon frère adore _____ football et c'est bientôt son anniversaire.

— Mon frère préfère _____ musique. Je vais donc lui acheter _____ compact discs.

— Écoute, j'ai aussi promis à ma mère d'aller au supermarché pour acheter _____ café, _____ confiture et _____ eau minérale. Et nous n'avons pas _____ glace.

— Alors moi, je vais peut-être faire mes courses aussi. Il me faut _____ pain, _____ oignons, _____ brocolis, _____ œufs et _____ lait. Je vais aussi acheter _____ fruits. Ma famille adore _____ bananes et _____ oranges d'Espagne.

— Bon. On a beaucoup à faire aujourd'hui. Commençons par la papeterie.

PART B

Use the cues to respond to the salesperson's question. Then, since the salesperson wasn't sure he understood your second request, formulate the next question he would ask using the pronoun **en**.

> **MODÈLE:** Qu'est-ce que je peux faire pour vous? (1 kilo / abricots; 1 livre / salade de tomates)
> *Un kilo d'abricots et une livre de salade de tomates, s'il vous plaît.*
> *La salade de tomates, vous en voulez une livre?*

Qu'est-ce que je peux faire pour vous?

1. 1 litre / vin rouge; 8 tranches / gruyère

   _____

   _____

2. 1 bouteille / Perrier; 2 kilos / pommes

   _____

   _____

3. 200 grammes / pâté; 1 petit morceau / brie

   _____

   _____

4. une douzaine / œufs; 1 livre / salade de concombres

   _____

   _____

5. un bout / gruyère; 1 livre / jambon

   _____

   _____

PART C

Make the following comparisons using the cues in parentheses (+ means more, – means less, = means an equal number or amount).

> **MODÈLE:** Janine a beaucoup de pulls. (– / Jacques)
> *Janine a moins de pulls que Jacques.*

1. Hugues a peu de cassettes. (– / Monique)

   _____

2. Francine achète beaucoup de magazines. (+ / Noëlle)

   _____

3. Zoé a beaucoup de compact discs. (= / Vincent)

   _____

4. Patrick achète peu de livres. (– / Renée)

   _____

5. Gabrielle a très peu de boucles d'oreilles. (– / sa mère)

   _____

6. Xavier a beaucoup de cravates. (= / Bernard)

   _____

7. Solange achète beaucoup de fruits. (+ / Richard)

_____

8. Perrine mange beaucoup de légumes. (+ / son frère)

_____

You will find the correct answers on page 407. In Part A, give yourself one (1) point for each correct answer (a total of 20 points). In Part B, give yourself two (2) points for each of the quantities and one (1) point for each sentence with **en** (a total of 15 points). In Part C, give yourself one (1) point for each correct comparison (a total of 8 points). A perfect score for all three parts is 43 points. If your score is below 34 points or if you did particularly poorly in one of the three sections, you should review pages 245–253 before going to class.

À faire! (6-2)

Manuel de classe, pages 253–259

As a _follow-up_ to your in-class work with leisure-time activities, read pages 257–259 in the **Manuel de classe** and do Exercises IX, X, XI, and XII.

As _preparation_ for work in class, do the following:
- read the explanation about the imperfect tense;
- 🖭 listen to SEGMENT 37 of your _Student Tape;_
- write Exercises XIII, XIV, XV, XVI, and XVII
- take Test 20.

Parlons de vous!

*IX. Questions personnelles. Answer the following questions using the pronoun **en** in your responses.

Votre famille

1. Combien de personnes est-ce qu'il y a dans votre famille?

_____

2. Est-ce que vous avez des frères? Combien?

_____

3. Est-ce que vous avez des sœurs? Combien?

_____

4. Avez-vous des oncles et des tantes qui habitent la ville où vous habitez?

_____

Vos loisirs

5. Combien de films avez-vous vus le mois dernier?

_____

6. Combien de matchs sportifs avez-vous vus le mois dernier?

_____

7. Combien d'émissions télévisées est-ce que vous regardez par semaine?

_____

Ce que vous mangez

8. Est-ce que vous mangez beaucoup de fruits?

_____

9. Est-ce que vous mangez du chocolat? Combien de fois par semaine?

_____

10. Est-ce que vous mangez assez de légumes?

_____

11. Est-ce que vous buvez beaucoup de café?

_____

12. Est-ce que vous buvez de l'alcool? Combien? (pas beaucoup, beaucoup, trop)

_____

CONTEXTE: CONVERSATION À TABLE—LES LOISIRS

LE VERBE **LIRE**   SEGMENT 37

je **lis**	nous **lisons**
tu **lis**	vous **lisez**
il / elle / on **lit**	ils / elles **lisent**

PASSÉ COMPOSÉ: **j'ai lu**   SUBJONCTIF: **que je lise**   FUTUR: **je lirai**

---

*X. Ils lisent beaucoup. Fill in the blanks using the appropriate tense of the verb lire.

1. Jeannette _____ des romans policiers tous les soirs avant de s'endormir *(to go to sleep)*.

2. Hier Jean-Claude est allé à la bibliothèque où il _____ un roman et un article sur les élections américaines.

3. Il faut absolument que tu _____ ce magazine. Il y a beaucoup de choses intéressantes.

4. Quand nous ne pouvons pas dormir *(to sleep)*, nous _____ des magazines.

5. Et vous, qu'est-ce que vous _____ quand vous ne pouvez pas dormir?

6. Je vous recommande cet article. Il faut que vous le _____.

7. Quand je serai en vacances, je _____ beaucoup de livres.

8. Le semestre prochain, mes étudiants _____ un roman de Camus.

9. Je suis très contente. Mes filles _____ presque tous les jours. Elles adorent lire.

10. Est-ce que tu _____ cette pièce de théâtre le semestre dernier?

*XI. Un week-end au bord de la mer (*A weekend at the seashore*). Marie-Laure spent last weekend at the seashore with her parents and brother. From the drawings, describe what Marie-Laure and Didier did. When appropriate, use connecting words such as **d'abord**, **ensuite (puis)**, and **enfin**. The first one has been started for you.

1. samedi matin

   Marie-Laure s'est levée à 8h. D'abord, elle est allée à la plage (beach) *où...*

   _____

   _____

2. samedi après-midi

   _____

   _____

   _____

3. samedi soir

   _____

   _____

   _____

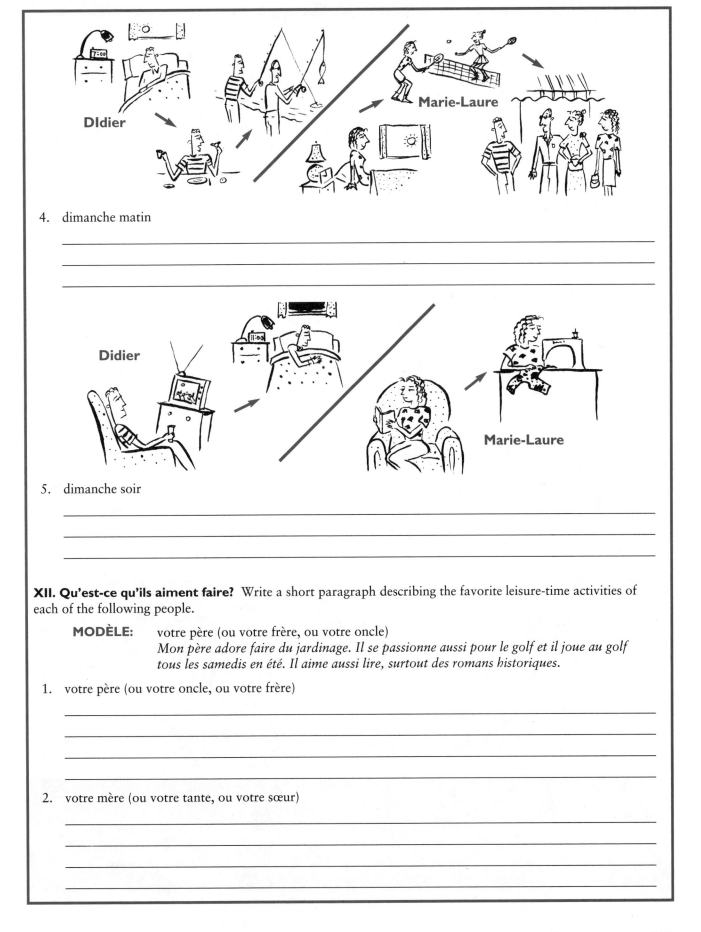

4. dimanche matin

_____

_____

_____

5. dimanche soir

_____

_____

_____

XII. Qu'est-ce qu'ils aiment faire? Write a short paragraph describing the favorite leisure-time activities of each of the following people.

      MODÈLE: votre père (ou votre frère, ou votre oncle)
                  Mon père adore faire du jardinage. Il se passionne aussi pour le golf et il joue au golf
                  tous les samedis en été. Il aime aussi lire, surtout des romans historiques.

1. votre père (ou votre oncle, ou votre frère)

_____

_____

_____

_____

2. votre mère (ou votre tante, ou votre sœur)

_____

_____

_____

_____

3. votre ami

_____

_____

_____

4. votre amie

_____

_____

_____

5. vous

_____

_____

_____

_____

STRUCTURE: THE IMPERFECT TENSE
Les vacances d'été   SEGMENT 37

Quand j'**étais** petit, ma famille **passait** tous les étés au bord de la mer. Nous **avions** une maison près de Noirmoutier. D'habitude, nous y **allions** début juillet. Mes frères et moi, nous **étions** toujours très contents de retrouver le rythme des vacances. On **se levait** assez tard, on **faisait** des promenades, on **se baignait**, on **retrouvait** des amis et on **oubliait** (forgot) le stress de la vie scolaire. Et toi, qu'est-ce que tu **faisais** pendant les vacances?

Explication grammaticale  SEGMENT 37

Comment est-ce que **tu t'amusais** quand **tu étais** petite?
Je jouais avec mes copains.
Nous avions un petit lapin et nous le **promenions**
   dans le quartier.

What *did you do for fun* when *you were* little?
I played with my buddies.
We had a little rabbit and *we used to walk* him
   around the neighborhood.

You've already learned to express actions in the past using the **passé composé** as well as a few forms of the imperfect (**j'étais, il faisait,** etc.). Now you'll learn this second past tense more thoroughly. The imperfect tense will allow you to describe what you *used to do*.

To form the imperfect, begin with the **nous** form of the present tense, drop the **-ons** ending, and add the endings **-ais, -ais, -ait, -ions, -iez, -aient.** This rule applies to all French verbs except **être,** which has the irregular stem **ét-** (the endings remain the same, however).

L'IMPARFAIT			
INFINITIVE	**parler**	**faire**	**être**
STEM	nous **parl**ons	nous **fais**ons	**ét-**
je	parl**ais**	fais**ais**	**ét**ais
tu	parl**ais**	fais**ais**	**ét**ais
il / elle / on	parl**ait**	fais**ait**	**ét**ait
nous	parl**ions**	fais**ions**	**ét**ions
vous	parl**iez**	fais**iez**	**ét**iez
ils / elles	parl**aient**	fais**aient**	**ét**aient

Application

*XIII. Les soirs d'été. Françoise Delain is remembering the summer evenings she used to spend at her grandparents' home in the mountains. Complete each sentence with the appropriate imperfect-tense form of the verb in parentheses.

1. (passer) Nous _____ l'été avec mes grands-parents.

2. (avoir) Ils _____ une maison à la montagne.

3. (aimer) J'_____ les soirées chez mes grands-parents.

4. (faire) Après le dîner, ma mère et moi, nous _____ la vaisselle.

5. (s'installer) Mon père et mon grand-père _____ dans le jardin.

6. (être / vouloir) Mon frère, qui _____ le plus jeune de la famille,
    _____ toujours que Pépé parle de sa jeunesse *(youth).*

7. (habiter) «Pépé, où est-ce que tu _____ avant d'acheter cette maison?»

8. (jouer / être) «Est-ce que vous _____ ensemble, toi et Mémé, quand vous
    _____ petits?»

Note grammaticale: Uses of the imperfect ▭ Segment 37

◆ Habitual actions in the past

Tous les étés **nous allions** au bord de la mer. Every summer *we used to go (would go)* to the seashore.
Je restais quelquefois au lit jusqu'à midi, Sometimes *I stayed (would stay)* in bed until noon,
    mais **mon père se levait** toujours avant 7h.   but *my father* always *got up* before 7 o'clock.

The imperfect tense is used to describe what happened over and over again in the past. Certain adverbs and expressions often accompany the imperfect tense and therefore give you a clue as to when to use it. These expressions reinforce the idea of habitual actions—things that *used to be done* or *would be done* repeatedly. Among these adverbs and expressions are:

autrefois	in the past
d'habitude / en général	usually
fréquemment	frequently (often)
quelquefois	sometimes
souvent	often
toujours	always
tous les jours	every day
une (deux, etc.) fois par jour	once (twice, etc.) a day
une (deux, etc.) fois par semaine	once (twice, etc.) per week
le lundi, le mardi, etc.	Mondays, Tuesdays, etc.
le matin, l'après-midi, le soir	mornings, afternoons, evenings

In addition to expressing habitual past actions, the imperfect tense is used to tell about several other situations in the past:

◆ To indicate that actions *were going on:*

Pendant que **nous parlions, elle regardait** la télé. While *we were talking, she was watching* TV.

◆ To set the background or context for a story:

Il était neuf heures. **J'étais** en visite à Berlin. **C'était** *It was* 9 o'clock. *I was* visiting Berlin. *It was*
    la fin de l'hiver et **il faisait** encore très froid.   the end of winter and *it was* still very cold.
Nous étions trois dans un petit restaurant. *There were* three of us in a small restaurant.

The specific events of the story will be told mainly in the **passé composé: Soudain une vieille femme a ouvert la porte et a crié...** *(Suddenly an old lady opened the door and shouted...).*

◆ To describe physical attributes and age:

Il avait les cheveux blonds. *He had* blond hair.
Elle avait cinquante ans. *She was* fifty years old.

---

*XIV. Pendant que nos parents étaient en Italie... Last year, Jean Carrer's parents spent two months in Italy. Use the elements provided and the imperfect tense to describe what Jean's and his sister's life was like during their parents' absence.

    MODÈLE: en général / ma sœur et moi / s'occuper de tout *(to take care of everything)*
                    En général, ma sœur et moi, nous nous occupions de tout.

1. tous les matins / nous / se réveiller de bonne heure

   _____

2. quelquefois / elle / rester au lit pendant une heure ou deux

   _____

3. d'habitude / je / se lever tout de suite

   _____

4. je / prendre une douche / toujours

   _____

5. le matin / je / ranger / la maison

   _____

6. ma sœur / faire les courses

   _____

7. nous / déjeuner ensemble / fréquemment

   _____

8. l'après-midi / nous / se séparer

   _____

9. elle / retrouver ses amies / au stade

   _____

10. je / aller en ville

   _____

11. le vendredi soir / ma sœur et ses amies / dîner en ville

   _____

12. le samedi soir / je / sortir avec mes copains

   _____

XV. La soirée de Claire. Claire Maurant and her friends organized a party. All of the guests except Alain got to the party by 9:00. Use the imperfect and the elements given to describe what everyone was doing when Alain finally arrived.

   MODÈLE: Cécile / chanter
   Cécile chantait.

1. Sacha / écouter de la musique   _____

2. Michèle / parler avec Yvette   _____

3. Georges et Véronique / danser   _____

4. Claire / chercher des boissons   _____

5. Jacques et Henri / manger   _____

6. Jérôme / regarder la télé   _____

7. M. Matignon / prendre des photos   _____

8. tout le monde / s'amuser bien   _____

*XVI. Le bon vieux temps (The good old days). Much has changed since your grandparents were young. Many people look back and think that things were better in the good old days. This is what happened when sixteen-year-old Madeleine described her current activities to her grandfather. Use the cues in parentheses and the imperfect tense to state the grandfather's memories.

MODÈLE: Je mange tous les jours à la cafétéria. (à la maison)
Moi, je mangeais tous les jours à la maison.

Attention! Did you notice the **e** in **je mangeais**? Since you form the imperfect from the **nous** form of the present tense, it's important to remind you that **-ger** infinitives are conjugated with an **e** in the **nous** form: **nous mangeons, nous rangeons, nous nageons, nous voyageons**. So, it makes sense that the imperfect should retain the **e** when you drop the **-ons** and add the imperfect ending...

Mais attends! C'est pas tout! You can't just...

J'sais, j'sais! Laisse-moi finir! *(Let me finish!)* I was just going to say that the **e** rule is true for every person except **nous** and **vous**. Why don't I just give you the full conjugation of one of these verbs in the imperfect tense: **je mangeais, tu mangeais, il/elle/on mangeait, nous mangions, vous mangiez, ils/elles mangeaient. Bon. Ça y est!** *(That's it!)* Are you happy now Gaston?

Ouais! *(Yeah!)* **Je suppose.**

1. Mes amis et moi, nous allons souvent au cinéma. (café)

   _____

2. Je regarde la télé tous les jours. (écouter la radio)

   _____

3. Ma mère et mon père travaillent. (aussi)

   _____

4. Je fais de l'aérobic. (faire des promenades)

   _____

5. Je me lève à dix heures du matin le week-end. (7 heures)

   _____

6. Mes amis et moi, nous avons des motos. (vélos)

   _____

7. La famille mange rarement ensemble. (toujours)

   _____

8. Je veux quitter la maison à l'âge de 18 ans. (rester à la maison jusqu'à l'âge de 22 ans)

   _____

9. Je voyage beaucoup. (mes parents et moi, aussi)

   _____

10. J'adore le chocolat. (préférer les pâtisseries)

    _____

*XVII. Le début d'une histoire. Here are the first few lines of a story that someone is planning to tell you. Rewrite each sentence, putting all the verbs in the imperfect. Use a separate sheet of paper.

C'est une nuit de décembre. Il fait froid. Il neige. Nous sommes deux dans la voiture—ma sœur Lucienne et moi. Mais la voiture ne marche pas. Nous n'avons plus d'essence. Au bord de la route il y a une vieille femme. Elle a les cheveux blancs et son cou est très long. Elle promène un chien et elle chante très fort (very loudly). Ma sœur et moi la trouvons un peu bizarre et je ne suis pas content de la rencontrer.

TEST 20: THE IMPERFECT TENSE

PART A
Nicole's family is talking about the day President Kennedy was shot. Use the cues to write their answers to her questions. Be sure to use the imperfect tense.

> MODÈLE: Papa, où est-ce que tu étais le jour où on a assassiné le président Kennedy? (être au bureau [office])
> *Moi, j'étais au bureau.*

1. Qu'est-ce que tu faisais, Papa? (travailler / parler avec des collègues)

   _____

2. Et toi, Maman? Qu'est-ce que tu faisais? (être dans la cuisine / préparer le déjeuner)

   _____

3. Pépé et Mémé, où est-ce que vous étiez? (faire de la voile près de Biarritz)

   _____

4. Que faisait l'oncle Georges? (être au musée / regarder les tableaux de Monet)

   _____

5. Et la tante Berthe? (passer un examen / avoir beaucoup de difficultés)

   _____

6. Et ma cousine Sandrine? (jouer avec ses copains)

   _____

7. Et l'oncle Paul? (voyager en Inde)

   _____

8. Et Mémé Charlotte? (écouter la radio)

   _____

PART B

Pierre Le Guiniec likes to reminisce with his old friends about what they did and what things were like when they were young. Use the cues and the imperfect tense to compose sentences about Pierre's past.

MODÈLE: le samedi / on / jouer au football
Le samedi on jouait au football.

1. tous les jours / je / prendre l'autobus pour aller à l'école

   _____

2. en hiver / Georges / être souvent malade

   _____

3. à cette époque / nous / habiter très loin du lycée

   _____

4. je / aller souvent chez Martin pour déjeuner

   _____

5. nos parents / être très jeunes

   _____

6. ma mère / avoir 28 ans

   _____

7. le matin / mes sœurs / quitter la maison après moi

   _____

8. mon petit frère / ne pas se lever avant 9h

   _____

9. nos parents / avoir beaucoup de patience avec nous

   _____

10. mon père / partir souvent en voyage

    _____

11. ma mère / travailler aussi

    _____

12. et vous / qu'est-ce que vous / faire / ?

    _____

13. toi / sortir souvent avec tes parents / ?

    _____

> You will find the correct answers on pages 408–409. In Part A, give yourself one (1) point for each correct verb. In Part B, give yourself one (1) point for each correct verb. A perfect score is 25. If your score is below 20, you should review pages 260–264 before going to class.

À faire! (6-3)

Manuel de classe, pages 259–262

As a *follow-up* to work done in class on the imperfect tense and leisure-time activities, do Exercises XVIII, XIX, and XX.

ÉCRIVEZ!

XVIII. Ma vie a bien changé! Write a composition about what your life used to be like when you were a child (imperfect tense) and what it's like now (present tense). First talk about your childhood activities and your routine on weekdays, weekends, and vacations. Then say what you do now. Begin the first part of your composition with one of the following phrases: **Quand j'étais jeune... / Quand j'étais petit(e)....** Begin the second part with **Aujourd'hui...** or **Maintenant...** If you prefer, you can talk about someone else (*e.g.,* your children or your grandparents). Use a separate sheet of paper.

PHRASES: Describing people; Linking ideas; Comparing and contrasting

VOCABULARY: Leisure; Arts; Sports; Seasons

GRAMMAR: Past imperfect

The information listed above may be of help as you do this writing assignment. If you have access to the *système-D Writing Assistant for French,* you will find these categories on your computerized program. If you don't use the program, consult (in the **Manuel de préparation**) the *Lexique* (Fonction, Vocabulaire) and the Table of Contents (Grammar) for the chapters indicated.

LISEZ!

*XIX. Des recherches. Your instructor has asked you to do a project on French vacation habits. As part of your research, you consult information shown from the statistical encyclopedia *Quid* for the answers to the following questions.

> ## TOURISME: STATISTIQUES
>
> **Pays visités. Arrivées aux frontières par nationalité (en milliers). France.** 36 748 dont 7 656 All.; 5 035 Britanniques; 3 678 Hollandais; 3 714 Suisses; 3 043 Belges; 2 768 Amér. du N.; 2 347 Italiens.
>
> **Touristes étrangers. Quels pays visitent-ils (en milliers)? Français.** Espagne 9 982; Italie 8 462; G.-B. 1 632; All. 575; Suisse 531; Autriche 499; Yougoslavie 432; Grèce 406; États-Unis 334; Portugal 313; P.-Bas 261; Turquie 103.
>
> **Statistiques françaises. Hébergement.** Lits 15.8 millions dont en %: villages de vacances et maisons familiales 1,7; hôtellerie 10,2; gîtes et chambres d'hôtes 1; résidences secondaires 71,6.
>
> **Hôtels classés.** 19 859 (chambres 496 677) dont: *1 étoile:* 10 256 (172 790); *2 ét.:* 7 021 (192 137); *3 ét.:* 1 447 (645 089); *4 ét.:* 281 (18 735); *4 ét. luxe:* 127 (17 667).
>
> **Camping-caravaning** (terrains classés). Terrains 8 684 (places 2 498 014 en 1985) dont: *1 étoile:* 1 510 (227 629); *2 ét.:* 4 723 (1 280 663); *3 ét.:* 1 447 (645 089); *4 ét.:* 472 (286 832).
>
> **Maisons familiales de vacances.** 840 (lits 89 221). **Villages de vacances agréés:** 580 (201 022). **Auberges de jeunesse:** 330 (18 452).
>
> **Vacances dans l'année. Mode de transport (%).** Auto 76,6 (Parisiens 54,5); train 11,7 (29,6); avion 6,1 (13,3); car 3,7 (0,7). **Séjours (genre) en %.** Mer 32,2; campagne 27,6; montagne hors sports d'hiver 24,7; circuit 3,4.

1. To save space when dealing with large numbers, statisticians often leave off the zeros. Some of the figures listed are rounded off **en milliers** *(thousands)*. Note also that, in French, fractions are expressed with a comma (3,7%) rather than with a period as in English.

   a. How many Germans visited France? _____

   b. How many tourists came from North America? _____

   c. How many French people visited Italy? _____

   d. How many French people came to the United States? _____

   e. What region did some 1,632,000 French people visit? _____

2. a. When on vacation in France, where do the majority of French people spend the night?

      _____

   b. Among the hotels that are rated in France, the greatest number receive how many stars? _____

   c. Is this also true for campgrounds? _____

   d. How many spaces are available in youth hostels in France on a given night? _____

3. When going on vacation, do Parisians and people living in the provinces travel in the same way? Explain.

_____

_____

4. What is the most popular kind of vacation for the French? And what is the least popular?

_____

XX. Et maintenant à vous! A French friend is doing research about vacation and leisure-time habits in the United States. She sends you a questionnaire to fill out about you and your family.

Les vacances
Quand vous et votre famille partez en vacances...

	toujours	souvent	de temps en temps	rarement	jamais
1. est-ce que vous quittez l'état où vous habitez?					
2. est-ce que vous quittez votre région? (le Sud, le «Mid-West», etc.)					
3. est-ce que vous quittez votre pays?					
4. est-ce que vous voyagez en voiture?					
5. est-ce que vous voyagez en avion?					
6. est-ce que vous prenez le train?					
7. est-ce que vous allez au bord de la mer?					
8. est-ce que vous allez à la montagne?					
9. est-ce que vous descendez dans un hôtel?					
10. est-ce que vous faites du camping?					

Qu'est-ce que vous faites quand vous avez du temps libre?
Les sports

	toujours	souvent	de temps en temps	rarement	jamais
11. Est-ce que vous faites du patinage?					
12. Est-ce que vous faites de la planche à voile?					
13. Est-ce que vous faites des randonnées?					
14. Est-ce que vous faites du ski?					
15. Est-ce que vous faites de l'aérobic?					

Les activités à la maison

	toujours	souvent	de temps en temps	rarement	jamais
16. Est-ce que vous faites de la peinture?					
17. Est-ce que vous lisez?					
18. Est-ce que vous collectionnez des timbres?					
19. Est-ce que vous bricolez?					
20. Est-ce que vous regardez la télé?					
21. Est-ce que vous bavardez au téléphone?					
22. Est-ce que vous jouez aux cartes?					

À faire! (6-4)

As a *follow-up* to work done in class, do Exercises XXI, XXII, and XXIII.

As *preparation* for work in class, do the following:
- read the explanations about the comparative and the superlative;
- 🎧 listen to SEGMENT 38 of your *Student Tape;*
- write Exercises XXIV, XXV, XXVI, and XXVII;
- take Test 21.

CONTEXTE: CONVERSATION À TABLE—LES JEUNES

XXI. Mes relations avec mes parents. Answer the questions by filling in the following survey form about your relationship with your parents. Your answers can reflect a current situation or the relationship you had with your parents in the past.

❖❖

1. Vous entendez-vous (entendiez-vous) bien avec votre mère?

   oui, très bien _____   non, très mal _____

   oui, plutôt bien _____   ne me prononce pas _____

   non, plutôt mal _____

2. Vous entendez-vous (entendiez-vous) bien avec votre père?

   oui, très bien _____   non, très mal _____

   oui, plutôt bien _____   ne me prononce pas _____

   non, plutôt mal _____

3. Qu'est-ce qui vous plaît le plus chez vos parents?

   Vous sentez qu'ils vous aiment. _____   Ils ont l'esprit jeune. _____

   Ils vous font confiance *(trust you)*. _____   Ils sont sincères *(honest)* avec vous. _____

   Ils s'intéressent à vous *(care about you)*. _____   Ils sont assez sévères. _____

   Ils ne sont pas sévères *(strict)*. _____   Ils s'intéressent à vos études. _____

   Ils tiennent leurs promesses. _____   Ils vous écoutent. _____

   Vous pouvez leur parler de vos problèmes. _____ Autre _____

   Ils vous donnent assez d'argent. _____

4. Qu'est-ce qui vous déplaît chez vos parents?

Vous ne pouvez pas leur parler de vos problèmes. _____		Ils manquent de tendresse. _____	
Ils ne vous donnent pas assez d'argent. _____		Ils se disputent souvent entre eux. _____	
Ils sont trop sévères. _____		Ils vous téléphonent rarement. _____	
Ils sont vieux-jeu (old-fashioned). _____		Ils ne s'intéressent pas à vos études. _____	
Ils ne vous font pas confiance. _____		Autre. _____	
Ils sont indifférents envers vous. _____		Aucun défaut à signaler. _____	
Ils manquent de sincérité avec vous. _____			

5. Qui est-ce que vous consultez quand vous avez des problèmes?

votre père _____		un(e) conseiller(ère) _____	
votre mère _____		un professeur _____	
un frère ou une sœur _____		un(e) ami(e) _____	
un autre membre de la famille _____			

◆ ◆

XXII. Une conversation. Redo the conversation from the *Contexte* section of the **Manuel de classe** by filling in the blanks with your own words. For example, in the first line, instead of saying **des jeans**, you might want to start with **des tee shirts, des shorts**, etc. Make sure that the conversation still makes sense when you're done with it. You might want to consult the dialogue on page 264 in the **Manuel de classe** to give you some ideas of the kinds of words that might fit the contexts.

JOSETTE: Ah bon! On porte _____ aux dîners de fête?

SIMONE: Qu'est-ce que tu dis?

JOSETTE: Mais regarde! Elles portent toutes _____ . Autrefois, on mettait _____
pour un dîner de fête.

SIMONE: Oui, j'sais. Mais remarque, on n'est plus dans les années _____ . La mode
_____ . Les jeunes, ils vivent de façon plus _____ .

JOSETTE: Oui, ils sont très _____ , comme ils disent. Mais moi, je n' _____
comment on peut être relax en écoutant la musique _____ .

SIMONE: _____ . Pour moi, c'est _____ et c'est tout. Mais tu sais, nous,
quand on était jeune, on avait moins de _____ pour _____ .
Il fallait travailler _____ .

JOSETTE: _____ , si je me rappelle bien, _____ ça n'existait pratiquement pas.

LE VERBE **METTRE** (TO PUT [ON]) 🔲 SEGMENT 38

je **mets**	nous **mettons**
tu **mets**	vous **mettez**
il / elle / on **met**	ils / elles **mettent**

PASSÉ COMPOSÉ: **j'ai mis** FUTUR: **je mettrai**
SUBJONCTIF: **que je mette** IMPARFAIT: **je mettais**

Autres verbes conjugués comme mettre: permettre (to permit), **promettre** (to promise)

*XXIII. Le verbe _mettre._ Fill in the blanks using the indicated tense of the verb **mettre.**

1. (présent) Qu'est-ce que tu _____ quand tu sors le soir?

2. (imparfait) Qu'est-ce que vous _____ autrefois pour un repas de fête?

3. (imparfait) Moi, je _____ toujours une robe.

4. (présent) Mais aujourd'hui je _____ un jean.

5. (subjonctif) Je ne veux pas que mes enfants _____ un tee-shirt quand nous allons au restaurant.

6. (passé composé) Je sais. Mon fils _____ une belle chemise et une veste hier soir.

7. (présent) Il _____ toujours des vêtements qui sont à la mode _(in fashion)._

8. (futur) Qu'est-ce que tu _____ pour aller à la fête?

9. (futur) Je ne sais pas encore. Je _____ peut-être cette jupe.

10. (présent) Il fait froid. Vous _____ un pull-over?

11. (passé composé) Où est-ce qu'elles _____ les vêtements à laver?

12. (subjonctif) Il faut que vous _____ tout cela dans les valises.

STRUCTURE: THE COMPARATIVE AND THE SUPERLATIVE

Les étudiants d'hier et d'aujourd'hui SEGMENT 38

Mlle Lamy:	J'ai l'impression que les étudiants d'aujourd'hui sont **moins** sérieux **que** ceux _(those)_ d'autrefois.
M. Duval:	Oui, c'est parce qu'ils ont **plus de** temps libre.
Mlle Lamy:	Mais, aussi il faut dire que leur vie est bien **plus** compliquée **que** la vie d'autrefois.
M. Duval:	C'est vrai. Et en plus, il y a toujours des exceptions. Par exemple, dans mon cours de littérature, j'ai **les** deux **meilleurs** étudiants de toute ma carrière.
Mlle Lamy:	Tout ça pour dire qu'on ne peut pas généraliser!

Explication grammaticale SEGMENT 38

◆ The comparative

In a previous section, you already learned to make comparisons of nouns (**Elle a plus d'argent que Paul**). Now you will work on comparisons made with adjectives. Study the examples and then read the rules on how to use the comparative.

Elle est **plus grande que** son frère.	She's *taller than* her brother.
Il est **aussi sérieux que** sa sœur.	He's *as serious as* his sister.
Il est **moins intelligent que** son père.	He's *less intelligent than* his father.

The expressions **plus** *(more)*, **aussi** *(as)*, and **moins** *(less)* are used to compare adjectives. **Que** *(than, as)* is added before the element with which the comparison is being made.

◆ The comparative of the adjective **bon** and the adverb **bien**

Mes notes sont **bonnes**.	My grades are *good*.
Mes notes sont **meilleures que** les notes de Marie.	My grades are *better than* Marie's grades.
Mes notes sont **aussi bonnes que** les notes de Paul.	My grades are *as good as* Paul's grades.
Mes notes sont **moins bonnes que** les notes de Jean.	My grades are *less good (worse)* than Jean's grades.
Il parle **bien**.	He speaks *well*.
Il parle **mieux que** moi.	He speaks *better than* I (do).
Il parle **aussi bien que** Monique.	He speaks *as well as* Monique.
Il parle **moins bien que** Sylvie.	He speaks *less well* than Sylvie.

The adjective **bon** and the adverb **bien** each have an irregular form to show superiority: **bon(ne)(s)** becomes **meilleur(e)(s)**, **bien** becomes **mieux**. The English equivalent of both **meilleur** and **mieux** is *better*. Be sure to distinguish between the adjective **meilleur**, which modifies a noun and agrees with it in gender and number (**Les pommes sont meilleures que les poires**), and the adverb **mieux**, which modifies a verb and is invariable (**Il parle mieux le français que moi**). Notice that the comparative forms of **bon** and **bien** are regular when you want to indicate equality or inferiority.

Application

*XXIV. Comparaisons. Make comparisons using the cues in parentheses.

> **MODÈLE:** Jean est grand. (Marc +)
> *Marc est plus grand que Jean.*

1. Janine est intelligente. (Suzanne –)

   _____

2. Hervé est généreux. (Monique =)

   _____

3. Mes parents sont traditionalistes. (les parents de Jacques –)

   _____

4. Le cours de français est difficile. (le cours de chinois +)

   _____

5. Mes amis sont amusants. (les amis de mes parents –)

_____

6. Le prof de français est patient. (le prof de chinois =)

_____

7. Simone est sympathique. (Isabelle +)

_____

8. Paul est sportif. (Félix –)

_____

XXV. Meilleur et mieux. Make comparisons using the cues in parentheses. Remember that **bon** becomes **meilleur** and **bien** becomes **mieux** when you want to say *better*.

     MODÈLE: Les oranges de Californie sont bonnes. (les oranges d'Espagne +)
                      Les oranges d'Espagne sont meilleures que les oranges de Californie.

1. Jean chante bien. (Véronique +)

_____

2. François travaille bien. (Alexandre =)

_____

3. Marcel mange bien. (Annie –)

_____

4. Le poulet est bon. (les légumes +)

_____

5. Les notes de Marie sont bonnes. (les notes de Paul –)

_____

6. Ce restaurant japonais est bon. (l'autre restaurant japonais =)

_____

7. Mes amis dansent bien. (je +)

_____

8. Le Perrier est bon. (le Vittel +)

_____

Note grammaticale: The superlative   SEGMENT 38

Thérèse est **l'étudiante la plus avancée de** la classe.	Thérèse is *the most advanced student in* the class.
Elle a **les meilleures notes de** tous les étudiants.	She has *the best grades of* all the students.
Elle a **le moins de temps libre de** tous ses amis.	She has *the least amount of free time of* all her friends.
C'est elle qui parle **le mieux** le français.	She's the one who speaks French *the best*.

In French, the superlative forms are the same as the comparative forms (**plus, moins, meilleur,** and **mieux**), except that the definite article **le, la,** or **les** is added.

In the case of adjectives, the article agrees with the noun: **l'étudiante la plus avancée.** In the case of nouns, the superlative form acts like an expression of quantity (**le moins de temps libre**). Notice that the French equivalent of *in* or *of* after a superlative is **de.**

*XXVI. Les ouvriers de l'atelier Michelin (*The workers at the Michelin plant*). Use the elements provided to make the comparisons according to what you know from the chart.

Nom de l'ouvrier	Âge	Qualité du travail	Salaire (par mois)
Jean-Loup	22	excellent	10 000F
Mireille	21	médiocre	7 500F
Albert	40	assez bien	12 500F
Thierry	55	bien	10 000F
Jacqueline	18	bien	6 500F

MODÈLE: Thierry / âgé
Thierry est l'ouvrier le plus âgé.

1. Jacqueline / âgé

_____

2. le travail de Jean-Loup / bon

_____

3. Jacqueline / gagner *(to earn)* de l'argent

_____

4. Jacqueline / jeune

_____

5. Albert / gagner de l'argent

_____

6. le travail de Mireille / bon

_____

*XXVII. Que pensent les étudiants de leurs cours? Use the cues to make statements in the superlative about a variety of courses.

MODÈLE: le cours / + difficile / physique
Le cours le plus difficile est le cours de physique.

1. le cours / + facile / biologie

_____

2. le cours / où il y a / + examens / français

_____

3. le cours / où on donne / + bonnes notes / musique

_____

4. le cours / où il y a / – examens / gymnastique

_____

5. le cours / où on donne / – bonnes notes / astronomie

_____

6. le cours / – difficile / statistiques

_____

7. le cours / où il y a / + devoirs / allemand

_____

8. le cours / où on donne / + bonnes notes / volley-ball

_____

TEST 21: THE VERB METTRE, THE COMPARATIVE, AND THE SUPERLATIVE

PART A

Use the cues to indicate how much money people put, have put, must put, used to put, or will put into the bank. The appropriate tense is given in parentheses.

> **MODÈLE:**   (présent) Jean / 100F
> *Il met 100F à la banque.*

1. (passé composé) ma mère / 2 000F

    _____

2. (futur) mes cousines / 1 500F

    _____

3. (subjonctif) il faut que je / 350F

    _____

4. (présent) mon père / 1 600F

    _____

5. (imparfait) mes amis / 75F

    _____

6. (futur) ma tante / 10 000F

    _____

7. (passé composé) mes frères / 540F

    _____

8. (subjonctif) il faut que mes sœurs / 600F

    _____

PART B

Students in the science department have been asked to evaluate their courses. Look at the results of their evaluations and make comparisons.

Cours	Difficulté	Nombre d'examens	Excellentes notes	Note moyenne
Biologie	difficile	3	A = 6	B-
Physique	très diff.	4	A = 3	C+
Chimie	assez diff.	4	A = 8	B
Géologie	difficile	5	A = 6	B
Astronomie	facile	2	A = 15	B+

> **MODÈLE:**   être difficile / biologie / physique
> *Le cours de biologie est moins difficile que le cours de physique.*

1. être difficile / géologie / biologie

    _____

2. être difficile / chimie / astronomie

_____

3. être difficile / chimie / physique

_____

4. il y a / examens en / géologie / biologie

_____

5. il y a / examens en / chimie / physique

_____

6. il y a / examens en / astronomie / chimie

_____

7. on / donner des bonnes notes en / astronomie / chimie

_____

8. on / donner des bonnes notes en / physique / biologie

_____

9. en général / on / se débrouiller bien en / astronomie / chimie

_____

10. en général / on / se débrouiller bien en / physique / biologie

_____

PART C

Now use the cues to make statements in the superlative about the same courses. In some cases, the most or the least is indicated in parentheses (– or +).

MODÈLE: facile
Le cours d'astronomie est le cours le plus facile.

1. difficile

_____

2. examens (–)

_____

3. examens (+)

_____

4. notes (+)

_____

5. notes (–)

_____

You will find the correct answers on page 410. Give yourself one (1) point for each correct verb in Part A, two (2) points for each correct answer in Part B, and two (2) points for each correct answer in Part C. A perfect score is 38. If your score is below 30, you should review pages 272–275 before going to class.

As a *follow-up* to work done in class, do Exercises XXVIII and XXIX.

As *preparation* for work in class, do the following:
- 🎧 listen to SEGMENT 39 of your *Student Tape*;
- do Exercise XXX.

Parlons de vous!

XXVIII. Mes deux profs. Choose two professors— one man and one woman. Begin by naming them and giving a physical description.

Mon professeur de _____

Description physique: _Il_ _____

_____

_____

_____

Mon professeur de _____

Description physique: _Elle_ _____

_____

_____

_____

Now tell to what degree each of the following adjectives applies to your two profs. Use some expressions of comparison (**plus, moins, aussi... que**).

> **MODÈLE:**   patient
> M. Sanchez et Mme Kline sont tous les deux (both) *très patients.* OU
> M. Sanchez est assez patient, mais je pense que Mme Kline est plus
>   patiente que M. Sanchez.

1. sportif

_____

_____

2. optimiste (pessimiste)

_____

_____

3. ambitieux

_____

_____

4. généreux

_____

_____

5. intelligent

_____

_____

6. sympathique

_____

_____

ÉCRIVEZ!

XXIX. Ma famille. Choose one of the categories from the reading on page 269 of the *Manuel de classe*. Write a composition describing your family (or an anonymous family) and how it fits the category. Give specific examples to support your choice. Use a separate sheet of paper and begin your composition with: **Ma famille représente la famille ouverte (le groupement d'intérêt familial / la famille tradition / la famille cocon).**

> **SYSTÈME-D**
> **●**
> *Writing Assistant for French*
>
> PHRASES: Describing people; Comparing and contrasting; Weighing alternatives
>
> VOCABULARY: Family members; Leisure
>
> GRAMMAR: Present tense; Comparison

PRONONCEZ BIEN! SEGMENT 39
Nasal vowels

The most commonly-used nasal vowels in French are [ã], [ɛ̃], and [ɔ̃]. A vowel is nasalized when it is followed by the letter **m** or **n** *in the same syllable*. In this situation, the vowel is nasalized and the **m** or **n** is *not* pronounced. Once you learn which spellings are associated with each nasal vowel, the actual pronunciation of the vowels is relatively simple.

◆ [ã]   The [ã] sound, represented by the spellings **am, an, em,** and **en,** is pronounced like the nasal vowel in the English word *flaunt*.

   camping   tante   temps   descendre

◆ [ɛ̃]   The [ɛ̃] sound is represented by the spellings **aim, ain, eim, ein, im, in, ym, yn,** and **en** and the endings **-ien, -yen, -éen.** In addition, the combinations **un** and **um** are pronounced [ɛ̃]. There is no exact equivalent to the [ɛ̃] sound in English, but the vowel sound in the word *and* can serve as an approximate guide for pronunciation.

   faim   magasin   train   bien   européen   simple   vin

◆ [ɔ̃] The [ɔ̃] sound is represented by the spellings **om** and **on**. Again, there is no exact English equivalent, but the vowel sound in the word *song* is a reasonable approximation of the pronunciation.

bonjour   **monde**   **tomber**   **compter**

XXX. 🔊 SEGMENT 39 **Les voyelles nasales.** Do the following pronunciation exercises. Repeat each word or sentence, making an effort to pronounce the nasal vowels correctly.

A. First, pronounce the sound [ã]:

roman / langage / comment / présenter / souvent / temps / rarement / envie / gentille / intéressant / en / vent / vêtements / fantastique / aventure / camping / croissant / jambon / orange / menthe / banque / chanter / commander / manger / changer / blanc / descendre / rentrer / prendre / comment / embêter / devant / en bas / entre / ensoleillé / grand / ambitieux / patient / indépendant / marrant / parents / chambre / représentant

B. Now pronounce the sound [ɛ̃].

bien / copain / quelqu'un / magasin / dessin / pain / raisin / cinq / vin / combien / enfin / chien / simple / cousin / jardin / bain / mécanicien / médecin / musicien / canadien / italien / marocain / mexicain / vietnamien / européen / matin / lundi / juin / principal / train / plein / printemps / ski alpin / peinture / timbres / bouquin / un / brun

C. Now pronounce the sound [ɔ̃].

saumon / jambon / poisson / oignon / monde / bon / décontracté / façon / tomber / compact disc / bonjour / trombone / citron / ballon / rencontrer / allons-y / blouson / complet / pantalon / marron / nom / avion / montrer / confortable / sombre / nombreuse / prénom / oncle / balcon / comptable / maison / fonctionnaire / non / mon / compris / réunion

D. Listen to the poem by the 20th-century French poet Robert Desnos. The predominant nasal sound in the poem is [ã]. Repeat each line the second time the poem is read.

Le pélican

Le capitaine Jonathan,
Étant âgé de dix-huit ans,
Capture un jour un pélican
Dans une île d'Extrême-Orient.

Le pélican de Jonathan,
Au matin, pond un œuf tout blanc   pond un œuf: *lays an egg*
Et il en sort un pélican
Lui ressemblant étonnamment.   Lui: *Him (the pelican)* / étonnament: *amazingly*

Et ce deuxième pélican
Pond, à son tour, un œuf tout blanc   à son tour: *in turn*
D'où sort, inévitablement,
Un autre qui en fait autant.   qui en fait autant: *who does the same*

Cela peut durer pendant très longtemps   durer: *(to) last*
Si l'on ne fait pas d'omelette avant.

Robert Desnos, *Chantefables*
(Robert Desnos, *Poètes d'aujourd'hui*, Éditions Pierre Seghers, 1965

À faire! (6-6)

Manuel de classe, pages 270–276

As a *follow-up* to work done in class, read pages 270, 271, and 274 in the **Manuel de classe** and do Exercises XXXI, XXXII, and XXXIII.

As *preparation* for work in class, do the following:
- read the explanation about the differences between the imperfect and the **passé composé**;
- 🔲 listen to SEGMENT 40 of your *Student Tape*;
- write Exercises XXXIV, XXXV, and XXXVI;
- take Test 22.

CONTEXTE: CONVERSATION À TABLE— QUESTIONS DE SANTÉ

LES VERBES EN **-IR** 🔲 SEGMENT 40

je maig**ris**	nous maig**rissons**
tu maig**ris**	vous maig**rissez**
il / elle / on maig**rit**	ils / elles maig**rissent**

PASSÉ COMPOSÉ: **j'ai maigri** IMPARFAIT: **je maigrissais**

FUTUR: **je maigrirai** SUBJONCTIF: **que je maigrisse**

AUTRES VERBES EN **-IR**

choisir *(to choose)*	grossir
finir *(to finish)*	réussir (à un examen) *(to succeed / to pass [an exam])*
grandir	vieillir *(to age)*

---

*XXXI. Qu'est-ce qu'ils ont? Write sentences telling where each person pictured is in pain or hurts. Use the expression **avoir mal à**.

MODÈLE: Janine
Janine a mal à la gorge.

 Janine

 Judith

 Philippe

1. _____ 2. _____

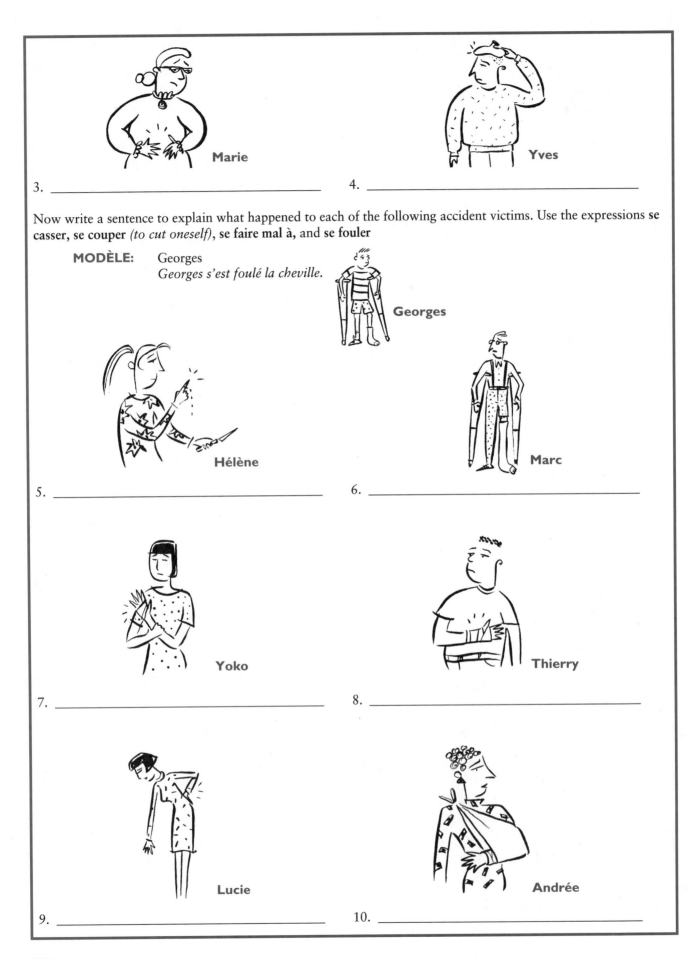

Marie

Yves

3. _____   4. _____

Now write a sentence to explain what happened to each of the following accident victims. Use the expressions **se casser, se couper** *(to cut oneself)*, **se faire mal à,** and **se fouler**

MODÈLE: Georges
Georges s'est foulé la cheville.

Georges

Hélène

Marc

5. _____   6. _____

Yoko

Thierry

7. _____   8. _____

Lucie

Andrée

9. _____   10. _____

Now write sentences describing the symptoms of the people in the drawings.

MODÈLE: *Il a mal à l'estomac.*

11. _____   12. _____

13. _____   14. _____

15. _____   16. _____

***XXXII. Les verbes en -ir.** Fill in the blanks using the verbs and tenses indicated in parentheses. (See page 281 for the conjugation of **-ir** verbs.)

1. (finir / subjonctif) Il faut que je _____ mes devoirs.

2. (finir / passé composé) Est-ce que tu _____ la vaisselle?

3. (finir / présent) Nous _____ toujours nos exercices de français.

4. (réussir / futur) Est-ce que vous _____ à vos examens?

5. (maigrir / présent) Pourquoi est-ce qu'elles _____ ?

6. (grandir / présent) Cet enfant _____ très vite!

7. (choisir / passé composé) Ils _____ leurs cours pour le semestre prochain?

8. (grossir / subjonctif) Il faut que vous _____ un peu.

9. (réussir / imparfait) Autrefois, on _____ mieux à l'école.

10. (finir / futur) Ils _____ cet exercice avant moi.

***XXXIII. Le corps humain.** Label the parts of the body shown in the drawing.

STRUCTURE: THE IMPERFECT AND THE PASSÉ COMPOSÉ

Une rencontre en ville 🔲 SEGMENT 40

Hier, j'**ai fait** un tour en ville. Pendant que je **faisais** du shopping, j'**ai rencontré** André et nous **sommes allés** au Café de la Gare. Nous **étions** bien contents d'être ensemble. Je **portais** une robe élégante et des sandales et André **portait** une très belle chemise. Nous **étions** tous les deux très chic. Nous **avons passé** trois heures ensemble à parler et à regarder les gens.

Explication grammaticale 🔲 SEGMENT 40

So far, you've learned two past tenses—the imperfect and the **passé composé**. Each is used in different situations and, although both tenses describe actions in the past, there are key distinctions you have to make.

◆ If a past action is habitual, repeated an unspecified number of times, or performed in an indefinite time period, the verb will be in the imperfect. As a general rule, the imperfect tends to be more descriptive.

Il faisait beau; les enfants jouaient dans le parc pendant que je faisais tranquillement du tricot sur un banc.

◆ If the past action occurs only once, is repeated a specific number of times, or is performed in a definite time period with its beginning and end indicated (or implied), the verb will be in the **passé composé**. As a general rule, the **passé composé** moves a story's action forward in time.

Je me suis levée, j'ai pris une tasse de café et j'ai quitté la maison.

<table>
<tr><th colspan="2">SUMMARY OF USES</th></tr>
<tr><th>IMPERFECT</th><th>PASSÉ COMPOSÉ</th></tr>
</table>

DESCRIPTION
Elle était très jolie quand elle était jeune.

HABITUAL ACTION
Ils parlaient français tous les jours.

SINGLE OCCURENCE
Ce matin **je me suis préparé** un bon petit déjeuner.

INDEFINITE PERIOD OF TIME
Quand **j'étais** jeune, **j'avais** un chien.
Il faisait très beau.

DEFINITE PERIOD OF TIME
En 1992, **j'ai passé** deux mois au Portugal.
Hier, **il a fait** très beau.

ACTION REPEATED AN UNSPECIFIED NUMBER OF TIMES
Nous allions souvent au parc.

ACTION REPEATED A SPECIFIED NUMBER OF TIMES
Nous sommes allés au parc trois fois le mois dernier.

◆ The following model sentences each contain a verb in the imperfect and another one in the **passé composé**. The imperfect describes what was going on when something else happened. The **passé composé** is used to interrupt an action already in progress. Note that the imperfect in French often corresponds to the progressive *was doing* or *were doing* in English.

Il travaillait en France quand **son fils est né.**
Il était au bureau quand **sa femme a téléphoné.**
Il parlait avec ses collègues quand **il a appris** la nouvelle.

He was working in France when *his son was born.*
He was in the office when *his wife called.*
He was talking with his colleagues when *he got* the news.

Application

*XXXIV. Qu'est-ce qu'ils ont fait hier? Explain what each person did yesterday and what the situation was like. Decide which verbs should be in the imperfect and which ones should be in the **passé composé**.

> **MODÈLE:** Marie / aller / jardin public—faire du soleil
> *Hier Marie est allée au jardin public. Il faisait du soleil.*

1. nous / rester / maison—pleuvoir

   _____

2. Micheline / faire des courses — y avoir beaucoup de circulation *(traffic)*

   _____

3. Jean et Pierre / aller / Versailles — avoir envie / sortir

   _____

4. je / vouloir rendre visite / oncle — prendre / train

   _____

5. nous / prendre / métro — être pressés *(to be in a hurry)*

   _____

*XXXV. Qu'est-ce qu'ils faisaient quand... ? Answer the questions, using the cues in parentheses. Be careful to distinguish between the imperfect and the **passé composé.**

> **MODÈLE:**   Qu'est-ce qu'ils faisaient quand tu es arrivé(e)? (jouer aux cartes)
> *Quand je suis arrivé(e), ils jouaient aux cartes.*

1. Qu'est-ce que tu faisais quand Jean a téléphoné? (prendre le petit déjeuner)

   _____

2. Qu'est-ce que vous faisiez quand elle est descendue? (faire la lessive)

   _____

3. Qu'est-ce qu'il faisait quand tu es sorti(e)? (travailler au jardin)

   _____

4. Qu'est-ce qu'elles faisaient quand il est rentré? (étudier)

   _____

5. Qu'est-ce que je faisais quand tu t'es couché(e)? (regarder la télé)

   _____

6. Qu'est-ce que nous faisions quand vous êtes allés au café? (faire les courses)

   _____

7. Qu'est-ce qu'il faisait quand elle a quitté la maison? (s'occuper des enfants)

   _____

8. Qu'est-ce que tu faisais quand Marc est tombé? (mettre la table)

   _____

*XXXVI. La Révolution de 1789. Put the sentences into the past, using either the imperfect or the **passé composé** according to the context.

1. La Révolution commence au mois de mai 1789.

   _____

2. Le roi *(king)* ne veut pas écouter les membres de la bourgeoisie.

   _____

3. La bourgeoisie n'est pas contente parce qu'elle paie trop d'impôts *(taxes)*.

   _____

4. Le 14 juillet 1789, les Parisiens prennent la Bastille (une prison).

   _____

5. En 1792, les révolutionnaires proclament la république.

   _____

6. Le roi Louis XVI n'a plus d'autorité.

   _____

7. Le gouvernement révolutionnaire guillotine le roi et sa femme, Marie-Antoinette, en 1793.

   _____

8. Napoléon Bonaparte est général dans l'armée française quand la Révolution commence.

   _____

9. Il fait la guerre *(war)* en Égypte quand il apprend la nouvelle que le gouvernement français a besoin d'un «leader».

   _____

10. En 1799, il rentre en France, il prend le pouvoir *(power)* et enfin, en 1804, il se déclare empereur.

    _____

11. Malheureusement *(Unfortunately)*, Napoléon ne donne pas aux Français la paix *(peace)* qu'ils cherchent.

    _____

TEST 22: -*IR* VERBS, THE IMPERFECT, AND THE *PASSÉ COMPOSÉ*

PART A
Fill in the blanks using the verbs and tenses in parentheses.

1. (finir / present) Est-ce que vous _____ toujours vos devoirs de français? Oui, je les

   _____ toujours.

2. (réussir / passé composé) Est-ce que les étudiants _____ à l'examen?

   Marc _____ mais Marie non.

3. (choisir / subjunctive) Il faut que vous _____ entre un job et les études. Pourquoi est-ce qu'il

   faut que je _____ ?

4. (grossir / future) S'il continue à manger comme ça, il _____ . Je sais, moi, que je

   _____ si je passe beaucoup de temps avec lui.

5. (grandir / present) Les enfants _____ trop vite.

6. (finir / imperfect) Quand nous étions jeunes, nous _____ rarement nos devoirs.

PART B
L'histoire d'un «hold-up». In the following account of a bank holdup, change the present tense to either the imperfect or the **passé composé** according to the context.

Vers 14 heures, deux hommes et une femme entrent dans la banque. Moi, je suis au guichet. Un des hommes est très grand; il a les cheveux noirs; il a une barbe; il est très mince. Il parle très fort et il a l'air impatient. Il a un pistolet.

_____

_____

_____

_____

L'autre homme n'est pas grand. Il est gros et il a une moustache. Il porte un tee-shirt avec «Malibu» inscrit sur le dos. Il demande aux clients de lui donner leurs portefeuilles. Il prend aussi nos montres.

_____

_____

_____

_____

La femme est grande. Elle a les cheveux blonds. Elle porte un jean et un tee-shirt rouge. Elle a un sac à dos. Elle prend nos affaires. Ensuite elle sort de la banque. Elle est le chauffeur de la voiture.

_____

_____

_____

_____

_____

La voiture est une Citroën. Elle est grise et elle est assez neuve _(new)_.

_____

_____

Il y a beaucoup de clients dans la banque. Nous sommes très nerveux. Nous avons peur _(are afraid)_.

_____

_____

Les employés de la banque sont très courageux. Ils restent calmes. Une employée sonne l'alarme et les hommes quittent la banque très vite.

_____

_____

_____

Heureusement, la police arrive quelques minutes plus tard. Mais les voleurs _(robbers)_ ne sont plus là.

_____

_____

> You will find the correct answers on page 412. Give yourself one (1) point for each correct verb in Parts A and B. A perfect score is 45. If your score is below 36, you should review pages 281–288 before going to class.

As a *follow-up* to work done in class, write Exercises XXXVII and XXXVIII.

As *preparation* for class work, do Exercise XXXIX.

ÉCRIVEZ!

*XXXVII. Une lettre de remerciements. Complete the following thank-you letter that Jeannette sent to her family in Calmoutier by filling in the blanks with appropriate words. The list of words is provided in random order and you may use each word only once, except **en**, which can be used twice.

aurez / rentre / à / occupe / lire / mettre / jardin / en / ça / est / ai passé / jours / chère / va / retrouver / en / piscine / chaud / photos / y / santé / ai / années / remercie / suis rentrée / chers

> *State College, le 15 juillet 1994*
>
> _____ *Annie,* _____ *tous,*
>
> *Je* _____ *chez moi il y a huit* _____ *et je vous écris*
>
> *tout de suite pour vous donner de mes nouvelles. Mais tout d'abord, je vous* _____
>
> *mille fois du séjour formidable que j'* _____ *chez vous. Après toutes ces*
>
> _____ *, c'* _____ *avec grande joie que*
>
> *j'* _____ *refait la connaissance de tout le monde.*
>
> *Comment* _____ *va chez vous? Est-ce que tout le monde est en bonne*
>
> _____ *? Est-ce que vous préparez votre voyage* _____
>
> *Suisse? Combien de temps est-ce que vous* _____ *resterez? Marcel, tu continues à*
>
> *travailler dans ton* _____ *? Et Annie, tes* _____ *sont bien*
>
> *réussies? J'aimerais bien en avoir pour les* _____ *dans mon album.*
>
> *Depuis mon retour, il fait très* _____ *et très humide ici. Je passe mon temps à*
>
> _____ *les livres que j'ai ramenés (brought back) de France, je vais nager à la*
>
> _____ *de l'université de temps en temps et je m'* _____ *de la*
>
> *maison et de mes chats. Dans quinze jours je vais aller* _____ *Californie pour rendre visite à*
>
> *mes frères. Je passerai huit jours* _____ *Los Angeles et trois jours à San Francisco. Je*
>
> *serai contente de* _____ *mes frères, mes nièces et mes neveux. Après ça, il faudra que je*
>
> _____ *pour préparer mes cours.*
>
> *Enfin, c'est à peu près tout. J'espère que tout* _____ *bien chez vous. Écrivez-moi quand*
>
> *vous* _____ *le temps.*
>
> *Je vous embrasse tous bien fort.*
>
> *Jeannette*

XXXVIII. Une autre lettre de remerciements. You've just spent a month in Paris with French friends. Now that you're back, write a letter to thank your friends for everything they did for you. Use the letter in Exercise XXXVII as a guide. You might also want to talk about the highlights of your trip or what you're doing now. Use a separate sheet of paper.

PHRASES: Writing a letter; Describing weather; Thanking

VOCABULARY: Traveling; City; Leisure; Store

GRAMMAR: Past imperfect; Compound past tense

XXXIX. Une interview. The editor of a small French newspaper has asked you to interview one of your classmates about his/her childhood. Before you meet with the person, write at least eight questions you want to ask. Use such topics as leisure-time activities, health (sports and exercise), and food. Then interview the person during the next class period. Be sure to distinguish between the **passé composé** and the imperfect when you write your questions. Use a separate sheet of paper.

À faire! (6-8)

Manuel de classe, pages 280–281

As a *general review* of the chapter, write Exercises XXXX and XXXXI.

INTÉGRATION

XXXX. Quand il/elle était jeune... Now that you've interviewed your classmate, write up a short report about what you learned. Be sure to distinguish between the **passé composé** and the imperfect. Use a separate sheet of paper.

XXXXI. Je me présente. You've been accepted in a summer program to study in Quebec. You've just received the name of your roommate. Write the person a letter in which you introduce yourself and talk about yourself, your likes, and your dislikes. Be sure to address such topics as leisure-time activities, food, health (sports and exercise), and what you used to do when you were younger. Use a separate sheet of paper.

À faire! (6-9)

Manuel de classe, pages 281–282

As a *general review* of the grammatical structures studied in the chapter, do Exercises XXXXII, XXXXIII, XXXXIV, and XXXXV.

MISE AU POINT

Les expressions de quantité (pages 248–249)

*XXXXII. Combien? You're in charge of doing some of the shopping for a large dinner party. Use the cues provided to write sentences about how much of everything you're going to buy.

> **MODÈLE:** tomates (5 kg)
> *Cinq kilos de tomates.*

1. poulets (4) _____
2. pommes de terre (8 kg) _____
3. brie (750 gr) _____
4. Perrier (10 bouteilles) _____
5. fraises (2 livres) _____
6. haricots verts (3 kg) _____
7. jambon (20 tranches) _____
8. gruyère (un gros bout) _____
9. œufs (1 douzaine) _____
10. pâtisseries (10) _____

Le pronom en (pages 251–252)

XXXXIII. Ce que j'ai acheté. Now answer the questions about your purchases by using the pronoun **en**. Use the cues from Exercise XXXXII to give the information.

> **MODÈLE:** Combien de tomates est-ce que tu as acheté?
> *J'en ai acheté cinq kilos.*

1. Combien de poulets est-ce que tu as acheté?

   _____

2. Est-ce que tu as acheté beaucoup de pommes de terre?

   _____

3. Est-ce que tu as acheté du camembert?

   _____

4. Est-ce que tu as acheté du Coca?

   _____

5. Est-ce que as acheté des fraises?

   _____

6. Est-ce que tu as acheté des petits pois?

_____

7. Combien de jambon est-ce que tu as acheté?

_____

8. Combien de gruyère est-ce que tu as acheté?

_____

9. Est-ce que tu as acheté assez d'œufs?

_____

10. Est-ce que tu as acheté des pâtisseries?

_____

Le comparatif et le superlatif (pages 273, 274)

*XXXXIV. Des traits caractéristiques. Most of the members of the Jacquette family are very different from each other. Use the cues in parentheses to show how they are different or the same.

MODÈLE: Cécile et Jean (+ / paresseux)
Cécile est plus paresseuse que Jean.

1. Fernand et Janine (– / intelligent)

_____

2. la tante Nicole et l'oncle Bernard (= / ambitieux)

_____

3. les frères et les sœurs (+ / bavard *[talkative]*)

_____

4. Chantal et Philippe (+ / parler bien l'anglais)

_____

5. les garçons et les filles (– / travailler bien à l'école)

_____

6. Mme Jacquette et M. Jacquette (= / généreux)

_____

7. Mme Jacquette et M. Jacquette (+ / être bon cuisinier)

_____

8. Hervé et Jacqueline (+ / énergique)

_____

9. Adeline et Marie (– / nerveux)

_____

10. les grands-parents et les parents (– / sévère)

_____

L'imparfait et le passé composé (pages 261–262, 285–286)

*XXXXV. Une excursion à Versailles. Use the **passé composé** or the imperfect of the verbs in parentheses to complete the paragraphs. Note that the verbs **apprendre** *(to learn)* and **comprendre** *(to understand)* are conjugated the same way as **prendre**.

La première fois que je _____ (aller) en France, j'_____ (passer) un mois chez mon oncle Christian et ma tante Josette. Mes parents _____ (vouloir) que j'apprenne le français. Christian et Josette m'_____ (apprendre) beaucoup de choses. Nous _____ (visiter) des monuments, nous _____ (faire) des excursions en voiture et j'_____ (manger) beaucoup de bonnes choses. Un jour, Christian _____ (décider) que nous allions passer la journée à Versailles. Nous _____ (faire) le voyage en train et nous _____ (s'amuser bien).

Le château de Versailles _____ (être) très impressionnant. Je _____ (ne pas comprendre) l'histoire que _____ (raconter) le guide, mais j'_____ (comprendre) qu'il _____ (être) surtout question du roi Louis XIV. On l'_____ (appeler) aussi le Roi Soleil et son règne _____ (durer) 72 ans, de 1643 à 1715. À mon avis, ce roi _____ (avoir) des habitudes assez bizarres. Il _____ (faire) sa toilette devant tout le monde, et la personne qui _____ (pouvoir) l'habiller _____ (être) très estimée des autres. Chaque jour, certains aristocrates _____ (participer) donc à la cérémonie du lever et du coucher du roi.

Maintenant que j'_____ (terminer) mes études de français, je sais que mes idées sur Louis XIV _____ (être) très simplistes. Les idées et les actions de Louis XIV _____ (beaucoup influencer) le développement politique de la France.

*In addition to the grammatical structures reviewed above, you should look over the partitive, -ir verbs, and the verb **mettre**.*

CHAPITRE 6
Un repas de fête

LECTURE: «Jeux de mots: Jetons de la poudre aux yeux!»

The following article from *le Journal français d'Amérique* illustrates the use of a large number of idiomatic expressions in French that refer to a part of the body. Do the prereading exercise, then read the article, and finally do the comprehension exercise that follows the reading.

Prélecture. Think of eight idiomatic expressions in English that use the parts of the body and put them into sentences. For example: *He's always on my back about something!*

1. _____
2. _____
3. _____
4. _____
5. _____
6. _____
7. _____
8. _____

Jetons de la poudre aux yeux!

par Marie Galanti

Dans notre dernier numéro, nous avons vu que la langue française semble avoir fait du pied son bouc émissaire. Les autres parties du corps sont souvent les plus favorisées dans les expressions populaires et idiomatiques. Regardons-en quelques-unes.

Même le doigt, aussi insignifiant soit-il, a meilleure presse. Ne disons-nous pas quand on ne veut pas dévoiler les sources d'une information: *mon petit doigt me l'a dit!?* Le nez lui-même mérite plus d'égards que le pied puisque si, par hasard, une personne en domine une autre et lui fait faire ses quatre volontés, on parlera de *mener quelqu'un par le bout du nez.* Et on dira de quelqu'un qui nous énerve et que nous avons du mal à tolérer: *Je l'ai dans le nez.*

Mais je crois que l'œil est encore plus valorisé. Il sert de point de départ à toute une foule d'expressions, mettant cette partie du corps sous un jour favorable. D'une chose très coûteuse on dira qu'*elle coûte les yeux de la tête.* Mais évidemment un gourmand peut aussi avoir *les yeux plus grands que le ventre* et ne pas être capable de tout manger ce qu'il a mis sur son assiette. Il lui reste à espérer que dans cette situation, les autres auront la courtoisie de *fermer les yeux* et de faire semblant de ne rien voir. À moins, bien sûr que cette gourmandise soit si flagrante qu'elle *saute aux yeux.*

Les vigilants savent qu'il est utile de *tenir quelqu'un à l'œil* ou de le surveiller si on se méfie un peu, au risque, direz-vous, *de ne pas fermer l'œil* de la nuit et de rester en éveil jusqu'aux petites heures du matin.

Si les choses ne s'arrangent pas, peut-être sera-t-il nécessaire d'avoir une conversation en tête-à-tête ou *entre quatre yeux* avec la personne en question.

Mais sachez que si on vous répond: *Mon œil!,* c'est que l'on ne vous accorde pas tout le respect que vous méritez, que l'on cherche peut-être à se moquer de vous ou même *à se payer votre tête.*

Si tout cela vous semble un peu extravagant ou *tiré par les cheveux,* rappelez-vous simplement que nous ne voulons pas trop compliquer les choses ni *couper les cheveux en quatre.* Nous cherchons à éviter les erreurs ou *de se mettre le doigt dans l'œil.*

Reprinted from *Journal français d'Amérique*, Vol. 10, no. 22, 4–17 nov. 1988

Exercice de compréhension. Using the context provided in the article and consulting a dictionary when necessary, give an English equivalent for at least ten of the expressions in italics. In some cases, the English equivalent does not use a part of the body.

1. _____
2. _____
3. _____
4. _____
5. _____
6. _____
7. _____
8. _____
9. _____
10. _____

LECTURE: «UNE CONSULTATION GRATUITE» (EXTRAIT DE *KNOCK* PAR JULES ROMAINS) SEGMENT 41

Listen to the excerpt from the play **Knock** *by Jules Romains. Don't try to understand every word; work on capturing the general tone and movement of this scene from a famous French comedy of the early twentieth century.*

Le docteur Knock est nouvellement arrivé à la commune (le petit village) de Saint-Maurice. Son prédécesseur était vieux et n'avait pas beaucoup de patients. Le docteur Knock est beaucoup plus ambitieux. Il commence par annoncer des consultations gratuites.[1]

KNOCK: C'est vous qui êtes la première, Madame? *(Il fait entrer la dame en noir et referme la porte.)* Vous êtes bien du canton?[2]

LA DAME EN NOIR: Je suis de la commune.

KNOCK: De Saint-Maurice même?

LA DAME: J'habite la grande ferme[3] qui est sur la route de Luchère.

KNOCK: Elle vous appartient?[4]

LA DAME: Oui, à mon mari et à moi.

KNOCK: Si vous l'exploitez vous-même, vous devez avoir beaucoup de travail?

LA DAME: Pensez, Monsieur! Dix-huit vaches,[5] deux bœufs, deux taureaux,[6] six chèvres,[7] une bonne douzaine de cochons,[8] sans compter la basse-cour.[9]

KNOCK: Je vous plains.[10] Il ne doit guère vous rester de temps pour vous soigner.

LA DAME: Oh! non.

KNOCK: Et pourtant vous souffrez.

LA DAME: Ce n'est pas le mot. J'ai plutôt de la fatigue.

KNOCK: Oui, vous appelez ça de la fatigue. *(Il s'approche d'elle.)* Tirez la langue.[11] Vous ne devez pas avoir beaucoup d'appétit.

VOCABULAIRE: *1. free   2. district   3. farm   4. belongs   5. cows   6. bulls   7. goats   8. pigs   9. not counting the poultry yard 10. I feel sorry for you.   11. Stick out your tongue.*

LA DAME: Non.

KNOCK: Vous êtes constipée.

LA DAME: Oui, assez.

KNOCK: *(Il l'ausculte.)*[12] Baissez la tête. Respirez.[13] Toussez. Vous n'êtes jamais tombée d'une échelle,[14] étant petite?

LA DAME: Je ne me souviens pas.[15]

KNOCK: *(Il lui palpe*[16] *le dos, lui presse brusquement les reins.)*[17] Vous n'avez jamais mal ici le soir en vous couchant?

LA DAME: Oui, des fois.

KNOCK: Essayez de vous rappeler. Ça devait être une grande échelle.

LA DAME: Ça se peut bien.[18]

KNOCK: C'était une échelle d'environ trois mètres cinquante, posée contre un mur. Vous êtes tombée à la renverse. C'est la fesse[19] gauche, heureusement. Vous vous rendez compte de votre état?[20]

LA DAME: Non.

KNOCK: Tant mieux.[21] Vous avez envie de guérir,[22] ou vous n'avez pas envie?

LA DAME: J'ai envie.

KNOCK: Ce sera long et très coûteux. On ne guérit pas en cinq minutes un mal qui traîne[23] depuis quarante ans.

LA DAME: Depuis quarante ans?

KNOCK: Oui, depuis que vous êtes tombée de votre échelle.

LA DAME: Et combien que ça me coûterait?

KNOCK: Qu'est-ce que valent les veaux actuellement?[24]

LA DAME: Ça dépend... quatre ou cinq cents francs.

KNOCK: Et les cochons gras?[25]

LA DAME: Plus de mille francs.

KNOCK: Ça vous coûtera à peu près deux cochons et deux veaux... Mais ce que je puis vous proposer, c'est de vous mettre en observation. Ça ne vous coûtera presque rien. Au bout de quelques jours vous vous rendrez compte[26] par vous-même de votre état, et vous vous déciderez... Bien. Vous allez rentrer chez vous. Vous êtes venue en voiture?[27]

LA DAME: Non, à pied.

KNOCK: Il faut trouver une voiture. Vous vous coucherez en arrivant. Une chambre où vous serez seule, autant que[28] possible. Faites fermer les volets et les rideaux.[29] Aucune[30] alimentation solide pendant une semaine. Un verre d'eau de Vichy toutes les deux heures et, à la rigueur,[31] une moitié de biscuit. À la fin de la semaine, si vos forces et votre gaieté sont revenues,[32] c'est que le mal est moins sérieux qu'on ne pouvait croire.[33] Si, au contraire, vous éprouvez une faiblesse[34] générale, nous commencerons le traitement. C'est convenu?[35]

LA DAME: *(soupirant)*[36] Comme vous voudrez.[37]

Jules Romains, *Knock*

VOCABULAIRE: 12. *listens to her heart and lungs* 13. *Breathe.* 14. *ladder* 15. *I don't remember.* 16. *feels* 17. *kidneys* 18. *That's possible.* 19. *buttock* 20. *Are you aware of your condition?* 21. *So much the better.* 22. *Do you really want to be cured?* 23. *has been dragging on* 24. *How much are calves worth these days?* 25. *fat* 26. *will realize* 27. *Did you come by car?* 28. *as much as* 29. *Have the shutters and blinds closed.* 30. *No* 31. *if worse comes to worse* 32. *have come back* 33. *than one might have believed* 34. *feel a weakness* 35. *Agreed?* 36. *sighing* 37. *As you wish.*

Appréciation du texte. Answer the following questions about the scene from the play.

1. What is Knock's objective in this consultation?

    _____

2. What is his strategy for attaining this goal?

    _____

3. How does the woman react to the doctor?

    _____

4. In your opinion, which of her symptoms are real and which are imagined?

    _____

5. What do you think of Knock's "prescription" for the woman?

    _____

6. What do you imagine the result will be?

    _____

EXERCICE D'ÉCOUTE: QUE DIT LE MÉDECIN? 🔲 SEGMENT 42

You're traveling in France with your brother and sister when they become ill. Because they do not speak French, you have explained their symptoms to the doctor. As you listen to the doctor's advice and instructions (recorded on SEGMENT 42 of your *Student Tape),* take notes *in English.* You will probably not understand every word; the important thing is to get the gist of the information.

1. *About your sister*

    _____

    _____

    _____

    _____

2. *About your brother*

    _____

    _____

    _____

    _____

    _____

    _____

EXERCICE D'ÉCOUTE: PROJETS DE VACANCES 📼 SEGMENT 43

Listen while Luc and his family discuss plans for spring vacation. Then do the exercises.

LES PERSONNAGES: Luc, sa sœur Sophie, son père, sa mère
LES ENDROITS MENTIONNÉS: la Normandie, les Alpes, Aix (Aix-en-Provence), Agadir (Maroc)

Compréhension générale. Choisissez la bonne réponse.

1. Où est-ce que la famille passe normalement les vacances?
   a. à la montagne
   b. chez des amis
   c. dans un autre pays européen
   d. chez la grand-mère de Luc et de Sophie

2. Où est-ce que la famille va passer les vacances cette année?
   a. chaque membre de la famille dans un endroit différent
   b. dans un Club Med en Afrique
   c. chez la grand-mère de Luc et de Sophie
   d. en Espagne

3. Est-ce que tout le monde est content?
   a. oui
   b. non

Compréhension des détails. Répondez, en français ou en anglais, aux questions suivantes.

1. Qui veut aller en Normandie? Pourquoi?

   _____

2. Pourquoi est-ce que les jeunes ne veulent pas aller à Aix?

   _____

3. Quel est le sport préféré de Sophie? Et de Luc?

   _____

4. Qui a choisi les vacances pour cette année?

   _____

ENREGISTREMENT: MON ENFANCE

Record (on your own tape) a passage about your childhood for a younger member of your family. Talk about where you used to live, what you used to do in your free time, the foods you liked to eat, what you used to wear, what leisure-time activities you were involved in, etc. Be careful to use the imperfect tense when necessary.

ACTIVITÉ ÉCRITE: CARTES POSTALES

While you're in France, you write postcards to a variety of people.

1. The first postcard is to a person who doesn't know where you are and what you're doing.

2. The second postcard is to your French instructor. Talk about your arrival in France and at the hotel. Say something about the hotel and your room.

3. The third postcard is to a friend from your French class. Talk about the family you're staying with in France.

ACTIVITÉ ÉCRITE: MON ARBRE GÉNÉALOGIQUE

Study the family tree of the Buhler/Bragger families and then answer the questions in French about the relationships between the various members of the family. (Note that blue designates a male and black a female.) Then create your own family tree on a separate sheet of paper. You'll be discussing your family tree with your classmates in class.

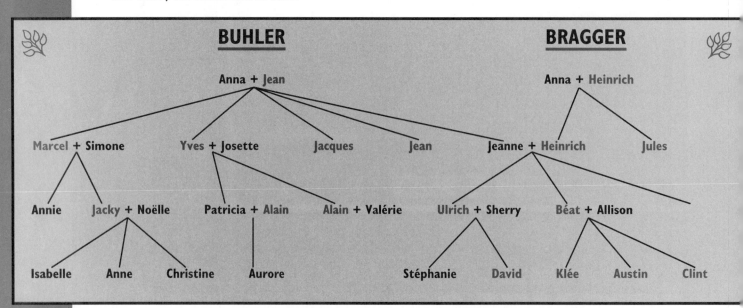

Simone / Jeannette
Simone est la tante de Jeannette.

1. Stéphanie / Jeannette _____

2. Jeannette / Annie _____

3. Yves / Patricia _____

4. Jacky / Béat _____

5. Jacques / Jeanne _____

6. Simone / Marcel _____

7. Klée / Austin _____

8. Clint / Jeannette _____

9. Aurore / Josette et Yves _____

10. Ulrich / Sherry _____

11. Isabelle / Christine _____

12. Jeanne et Heinrich / David _____

JEU: SANTÉ, EXERCICE, CORPS HUMAIN

Can you find in this **crucigram** 20 or more French words relating to health, exercise, and the body? The words may be read forward, up, down, or diagonally. Accents do not matter.

M	E	D	I	C	A	M	E	N	T
A	S	B	D	H	O	Y	B	E	E
L	T	E	K	E	C	G	R	Z	T
D	O	S	I	V	I	S	A	G	E
E	M	L	S	E	L	P	S	R	A
M	A	I	N	U	R	N	W	I	T
E	C	E	G	X	Q	T	H	P	F
R	Z	O	U	L	F	J	N	P	I
Y	M	E	E	C	O	U	D	E	E
O	Y	B	O	U	C	H	E	M	V
G	E	N	O	U	R	O	D	A	R
A	I	C	H	E	V	I	L	L	E

LEXIQUE

Pour se débrouiller

Pour identifier les repas

le petit déjeuner

le déjeuner

le goûter

le dîner

Pour identifier les parties d'un repas et les plats

un apéritif

la bière

le champagne

le martini

le pastis

le scotch

le vin blanc

le (vin) rosé

le vin rouge

le whisky

le pain

une baguette

un croissant

un pain de campagne

des petits pains *(m. pl.)*

un hors-d'œuvre

les crevettes *(f. pl.)*

une assiette de crudités

les huîtres *(f. pl.)*

le jambon

le pâté

la salade de tomates

la salade de concombres

le saumon fumé

le plat principal (le plat de résistance)

la viande et le poisson

un bifteck (un steak)

une côtelette de porc

de la dinde

le homard

un gigot d'agneau

du poulet

un filet de sole

une truite

les légumes *(m. pl.)*

des carottes *(f. pl.)*

des petits pois *(m. pl.)*

des haricots verts *(m. pl.)*

des brocolis *(m. pl.)*

des oignons *(m. pl.)*

des pommes de terre *(f. pl.)*

la salade

une salade verte

de la vinaigrette

les fromages *(m. pl.)*

le brie

le camembert

le gruyère

les desserts *(m. pl.)*

de la glace

une tarte aux pommes (aux fraises, aux abricots)

une pâtisserie

un gâteau (au chocolat)

des petits gâteaux (des biscuits) *(m. pl.)*

les fruits *(m. pl.)*

une banane

des framboises *(f. pl.)*

des fraises *(f. pl.)*

une orange

une pêche

une poire

une pomme

du raisin

le petit déjeuner français ou américain

de la confiture	du bacon
du beurre	des crêpes (f. pl.)
des œufs (m. pl.)	des céréales (f. pl.)

Pour inviter quelqu'un à s'asseoir

Mets-toi (Mettez-vous) à table!

Assieds-toi! (Asseyez-vous!)

Mets-toi (Mettez-vous) à côté de (entre, au bout de)...

Pour offrir à boire ou à manger

Tu veux (Vous voulez) boire (manger) quelque chose?

Qu'est-ce que tu veux (vous voulez) boire (manger)?

Sers-toi (Servez-vous), je t'en (vous en) prie.

Encore un peu de... ?

Pour accepter l'offre

Oui, je veux bien (j'veux bien).

Oui, merci.

D'accord. Avec plaisir.

Oui, peut-être...

Oui, volontiers.

Pour refuser l'offre

Pas pour moi, merci.

Merci, non. Pas pour moi.

Tu es (Vous êtes) très gentil(le)(s).

Non, merci. Je viens de prendre un verre.

Non, merci. J'ai déjà bien mangé.

Pour trinquer

À ta (votre) santé!

À la tienne! (À la vôtre!)

Tchin-tchin!

Pour demander quelque chose

Tu veux (Vous voulez) me passer le sel?

Tu me passes (Vous me passez) le poivre?

Tu pourrais (Vous pourriez) me passer le pain?

Passe-moi (Passez-moi) les haricots, s'il te (vous) plaît.

Pour offrir de l'aide

Je peux te (vous) donner un coup de main?

Je peux t'aider (vous aider)?

Tu veux que je t'aide? (Vous voulez que je vous aide?)

Pour faire des commentaires sur les plats

C'est très bon.

C'est délicieux.

C'est parfait.

Ça sent très bon.

Pour exprimer les quantités

les quantités générales

(ne... pas) beaucoup de

un peu de

très peu de

les quantités spécifiques
    un kilo de
    une livre de
    (50) grammes de
    un litre de
    une bouteille de
    une douzaine de
    un morceau de
    un bout de
    une tranche de
    une boîte de
les expressions pour dire si ça suffit
    trop de
    (ne... pas) assez de

Pour parler des loisirs

se détendre (je me détends, tu te détends, il/elle/on se détend,
    nous nous détendons, vous vous détendez, ils/elles se détendent)
se passionner pour (le tennis, etc.)
s'amuser à + infinitif
s'intéresser à
passer son temps à + infinitif
être amateur (fana) de / faire du (de la, de l') ... en amateur
le temps libre

Pour parler des symtômes

Je me suis blessé(e) au bras.
Je me suis cassé la jambe.
Je me suis foulé la cheville.
Je me suis fait mal au doigt.
J'ai mal à la tête (à la gorge, au dos).
Je tousse.
J'éternue.
J'ai le nez qui coule.
J'ai le nez bouché.
Je n'ai pas d'appétit.
J'ai des vertiges.
J'ai du mal à dormir.
J'ai de la fièvre.
J'ai la migraine.
J'ai un rhume.
J'ai pris un coup de soleil.

Pour demander un médicament dans une pharmacie

J'ai besoin de quelque chose pour la gorge.
J'ai besoin de quelque chose contre la toux (le rhume des foins, la migraine, la grippe,
    le mal de mer, le mal de l'air).

Pour demander un médicament particulier

J'ai besoin...
    d'un tube d'aspirines.
    de gouttes pour le nez (pour les yeux).
    de pastilles pour la gorge.
    d'antihistaminiques.
    de comprimés pour l'estomac.

Pour parler de sa taille

être au régime

garder la ligne

grandir

grossir / prendre du poids

maigrir / perdre du poids

Il fait un mètre soixante-quinze.

Il pèse soixante-treize kilos.

Pour parler du passé

autrefois

d'habitude / en général

fréquemment

quelquefois

souvent

toujours

tous les jours (mois, ans, lundis, etc.)

une (deux, etc.) fois par jour (semaine, mois, an, etc.)

le lundi (mardi, etc.)

le matin (l'après-midi, le soir)

Thèmes et contextes

Les loisirs

faire du patinage (de la luge, de la planche à voile, du ski nautique, de la voile, une randonnée,
du roller blade, de la planche à roulettes, du ski, du golf, du tennis, du jogging, de l'aérobic,
du jardinage, de la peinture, la cuisine, du bricolage, de la couture)

jouer au golf (au tennis, au basket, au foot, aux cartes)

jouer du piano (de la guitare, du violon)

aller à la pêche

bricoler

collectionner les timbres

écouter la radio (de la musique)

être photographe amateur (faire de la photo)

lire (le journal, un magazine, un livre, un bouquin)

nager (se baigner)

parler (bavarder) au téléphone

regarder la télé

tricoter

Les parties du corps

la tête	l'oreille *(f.)*
le visage	le nez
l'œil *(m.)* (les yeux)	les dents *(f. pl.)*
la bouche	la gorge
le cœur	le poignet
le cou	la main
le dos	les doigts *(m. pl.)*
les épaules *(f. pl.)*	le coude
le bras	le ventre
la poitrine	le genou
la cuisse	la jambe
le doigt de pied	la cheville
les cheveux *(m. pl.)*	le pied

Vocabulaire général

Noms

l'ail (m.)
le bruit
un dada
l'eau (f.)
un(e) élève
un fana(tique)
la jeunesse

le lait
la nourriture
une petite goutte
la plage
la santé
le stress
un terrain de foot

Adjectifs

décontracté(e)
prêt(e)

sec (sèche)
stressé(e)

Verbes

boire
choisir
dire
écrire
finir
gagner
lire

mettre (mettre la table, se mettre à table)
oublier
permettre
promettre
réussir (à un examen)
vieillir

Autres expressions

à cette époque-là
au milieu de
avoir l'air + adjectif
dehors

du matin au soir
partout
vraiment

Le langage familier

Attendez!
Nous voilà!
Quoi de neuf?
Qu'est-ce que ça veut dire?
C'est curieux.
Je suis gourmand(e).
Je suis gourmet.
Je vais me régaler.
Il est mal (bien) élevé.
Quelle barbe!
Ça y est!
Bien sûr!
Bonne chance!
Dommage.

Hold on! Wait a minute!
Here we are!
What's new?
What does it mean?
That's odd.
I love to eat.
I appreciate good food.
I'm going to enjoy myself.
He's a brat. (a good kid).
What a drag!
That's it!
Of course!
Good luck!
Too bad.

UNITÉ 4

Études et travail

Une employée de bureau

On discute

On discute de littérature

Daphné fait ses devoirs.

CHAPITRE 7
Une famille toulousaine

À faire! (7-1)

Manuel de classe, pages 296–303

As an *introduction* to *Unit Four,* read pages 296–298 in the **Manuel de classe.**

As a *follow-up* to the presentation of work in a French company, do Exercises I and II.

As *preparation* for work in class, do the following:
- read the explanation about the expressions **depuis quand, depuis combien de temps,** and **depuis;**
- 🔲 listen to SEGMENT 44 of your *Student Tape;*
- write Exercises III, IV, and V;
- take Test 23.

CONTEXTE: JACQUES CHARTIER, CADRE SUPÉRIEUR

I. Les métiers et les professions. Select six specific jobs or professions. Then provide the generic professional name for each of them. Finally, give the most likely work site for each. Use a variety of jobs, job categories, and work sites.

	TRAVAIL/JOB	CATÉGORIE PROFESSIONNELLE	LIEU DE TRAVAIL
MODÈLE:	*machiniste*	*ouvrier*	*garage (usine)*
1.	_____	_____	_____
2.	_____	_____	_____
3.	_____	_____	_____
4.	_____	_____	_____
5.	_____	_____	_____
6.	_____	_____	_____

REMEMBER! An asterisk (✱) preceding an exercise number indicates that the exercise is self-correcting. You will find the answers to *Chapitre 7* at the back of this **Manuel de préparation,** beginning on page 413.

II. Qu'est-ce qu'il fait, Jacques Chartier? You've just met Jacques Chartier and you write to one of your French friends about him. First, give a physical description based on the photos you've seen. Then talk about his family, what he does, where his office is, if he travels a lot and where, and anything else you wish to add. Refer to the photos and the monologue in the **Manuel de classe** to help you present your ideas and use a separate sheet of paper.

STRUCTURE: THE EXPRESSIONS *DEPUIS QUAND, DEPUIS COMBIEN DE TEMPS,* AND *DEPUIS*

Un nouvel emploi 🔲 SEGMENT 44

OLIVIER: Comment va Michel Maillet? Je ne l'ai pas vu **depuis** longtemps.
LISA: Ah, tu ne savais pas? Il travaille maintenant pour Kodak à Paris.
OLIVIER: Ah bon? **Depuis quand?**
LISA: **Depuis** le mois de janvier.

Explication grammaticale 🔲 SEGMENT 44

Depuis quand est-ce que tu fais du jogging?	*How long (Since when, Since what point in time) have you been jogging?*
Je fais du jogging **depuis** l'âge de 25 ans.	*I've been jogging since I was 25 years old.*
Et **depuis combien de temps** est-ce que tu fais du yoga?	*And how long (for how much time) have you been doing yoga?*
Depuis deux ans.	*For two years.*

Depuis quand and **depuis combien de temps** are used to ask questions about something that started in the past and *is continuing in the present.*

QUESTION	ANSWER
depuis quand?	**depuis** *(since)* + a specific point in time
depuis combien de temps?	**depuis** *(for)* + a length of time

Note that any form of **depuis** is usually accompanied by the *present tense*, since the activity is still going on. The verb is the equivalent of the English *has (have) been doing*. However, in the negative, since the activity stopped some time ago, you may use the **passé composé** to explain that you have *not* done something *since* a specific time or *for* a certain amount of time.

Je n'ai pas parlé à Jacques **depuis** début mars.   *I haven't spoken* to Jacques *since* the beginning of March.
Je n'ai pas fait de jogging **depuis** trois jours.   *I haven't gone jogging for* three days.

Application

*III. Une question de temps. Use the elements provided to ask a question and then supply the answer (given in parentheses). Remember to distinguish between **depuis quand** and **depuis combien de temps**.

> **MODÈLES:**   M. Parbot / travailler chez Renault (dix ans)
> *Depuis combien de temps est-ce que M. Parbot travaille chez Renault?*
> *Il travaille chez Renault depuis dix ans.* OU
> *Il y travaille depuis dix ans.*

1. vous / habiter en France (1975)

   _____

   _____

2. tu / faire des études à l'université (deux ans)

   _____

   _____

3. Anne / avoir mal à la gorge (trois jours)

   _____

   _____

4. tu / se sentir mal (dimanche dernier)

   _____

   _____

5. Anne-Marie / étudier l'anglais (1990)

   _____

   _____

6. Marcel / travailler dans le jardin (une heure)

   _____

   _____

*IV. Mme Beaune chez le médecin. Mme Beaune has been feeling sick for several days. She goes to see a doctor who has been recommended by a friend. When she arrives for her appointment, the receptionist asks her some questions. Use the cues in parentheses to reproduce Mme Beaune's answers.

> **MODÈLE:**   Depuis quand habitez-vous à Paris? (1982)
> *J'habite à Paris depuis 1982.*

1. Ah, bon. Vous habitez donc ici depuis onze ans? (non / _____ ans)

2. Depuis combien de temps travaillez-vous chez Peugeot? (dix ans)

3. Depuis combien de temps est-ce que vous n'êtes pas allée chez le médecin? (deux ans)

_____

4. Depuis combien de temps est-ce que vous êtes enrhumée? (trois ou quatre jours)

_____

5. Et vous avez de la fièvre? Oui? Depuis quand? (hier)

_____

6. Qu'est-ce que vous prenez? Des antihistaminiques? Depuis combien de temps? (deux jours)

_____

7. Vous ne dormez pas bien? Depuis combien de temps est-ce que vous avez du mal à vous endormir? (deux jours)

_____

8. Vous avez de l'appétit? Non? Depuis quand est-ce que vous n'avez pas mangé? (avant-hier *[the day before yesterday]*)

_____

*V. Traduisons! Although you're not usually asked to do translation exercises in « *J'veux bien!* », it can be useful to do so when working with **depuis**. As you translate the following sentences from English to French, pay particular attention to the differences in verb tenses between the two languages.

Mais dis donc! *(Say!)* **Qu'est-ce qu'on fait ici?** We've never had students translate before! Why are we doing it here?

T'as raison! D'accord, allez-y!

J'sais. In this case, I think it will help. For example, when students are thinking of a statement like *I've had a cold for three days,* they'll be tempted to use a past tense just like in English. It's important for them to practice the French equivalent, which uses the present tense: **J'ai un rhume depuis trois jours.** By going from the English to the French, they'll become more aware of the difference.

1. I've been sick for several weeks. I've had a temperature since last Monday.

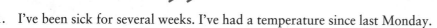
_____

2. My friend has been living here for a month. She's been in my French class for 10 days.

_____
_____

3. My parents have been in France since the beginning (**le début**) of the month.

_____

4. How long have you had migraines?

_____

5. Since when have you been a pharmacist?

_____

6. I haven't seen my grand-parents for several years (**plusieurs années**).

_____

7. We haven't gone sailing since 1988.

_____

8. How long have they been living here? Since when?

_____

TEST 23: THE EXPRESSIONS *DEPUIS QUAND, DEPUIS COMBIEN DE TEMPS,* AND *DEPUIS*

Use the elements provided to ask a question and then supply the answer (given in parentheses).

MODÈLES: vous / faire de la danse classique (1991)
Depuis quand est-ce que vous faites de la danse classique?
Je fais (Nous faisons) de la danse classique depuis 1991.

il / être au régime (trois semaines)
Depuis quand est-ce qu'il est au régime?
Il est au régime depuis trois semaines.

1. tu / faire de l'aérobic (la semaine dernière)

_____

_____

2. vous / être médecin (1978)

_____

_____

3. elles / travailler pour Kodak (cinq ans)

_____

_____

4. il / avoir une voiture (l'âge de 18 ans)

_____

_____

5. tu / faire partie du club (trois mois)

_____

_____

6. elle / habiter à Calmoutier (toujours)

_____

_____

7. vous / avoir ce poste (un an)

_____

_____

8. ils / étudier le français (un semestre)

_____

_____

You'll find the correct answers on page 413. Give yourself two (2) points for each question (correct choice of **depuis quand** or **depuis combien de temps** and correct spelling of the verb) and one (1) point for each answer. A perfect score is 24. If your score is below 19, you should review pages 310–314 before going to class.

À faire! (7-2)

Manuel de classe, pages 304–306

As a *follow-up* to your in-class work with the expressions **depuis quand, depuis combien de temps,** and **depuis,** do Exercise VI.

As a *follow-up* to the listening comprehension activity about the Cambodian taxi driver, do Exercise VII (SEGMENT 45).

Parlons de vous!

VI. Moi, je... Use the cues and **depuis** to talk about yourself and your family. Depending on who the members of your family are, choose the appropriate person for each item.

> **MODÈLE:** ma famille / habiter (nom de la ville)
> *Ma famille habite à Amherst depuis dix ans.*

1. Ma famille / habiter (nom de l'état)

   _____

2. mon père (ma mère, mon mari, ma femme) / travailler chez (nom de l'employeur)

   _____

3. mon père (ma mère) / être (nom de la profession ou du métier)

   _____

4. je / faire mes études à (nom de votre université)

   _____

5. je / étudier le français

   _____

6. je / avoir (voiture, ordinateur ou autre possession)

   _____

7. je / faire cet exercice

   _____

Now choose five things that you, a friend, and/or a family member have *not* done for a while and explain how long it has been.

> **MODÈLE:** *Mon frère n'a pas travaillé depuis six mois.*

8. _____
9. _____
10. _____
11. _____
12. _____

ÉCRIVEZ! 📼 Segment 45

VII. Portrait de Lon Sar: chauffeur de taxi. Now listen to the monologue about the Cambodian taxi driver, Lon Sar. Then write a portrait of the person on a separate sheet of paper. Divide your composition into four parts, with each part containing the following information: (1) **métier, âge, famille;** (2) **enfance** *(childhood)* **et jeunesse** *(adolescence)* **au Cambodge;** (3) **travail en France;** (4) **conditions de travail d'un chauffeur de taxi.**

À faire! (7-3)

Manuel de classe, pages 307–313

As a *follow-up* to the presentation on universities, read pages 307–310 in the **Manuel de classe** and do Exercises VIII and IX.

As *preparation* for work in class, do the following:
- read the explanation about the position of adjectives;
- 📼 listen to SEGMENT 46 of your *Student Tape;*
- write Exercises X and XI;
- take Test 24.

CONTEXTE: DELPHINE CHARTIER, PROFESSEUR D'ANGLAIS

VIII. Le plan de mon campus. You've been asked to serve as a resource person for a French visitor to your campus. In order to help the person get around, you need to provide a map. You can either draw a map of the campus with places labeled in French or take an existing campus map and label the main places in French. Use the map of the University of Toulouse II campus on page 309 in the **Manuel de classe** as a model. If you create your own map, use a separate sheet of paper.

IX. Mon université. To help the French visitor even more, create a quick reference guide in French for your university. Use a brochure from your university to help you get accurate information. Write a descriptive paragraph and include such things as location, size, whether it is private or public, the number of students, the number of schools or colleges (with names), a school calendar, a list of resources (library, bookstore, student center [centre des étudiants], restaurants, etc.) Use a separate sheet of paper.

STRUCTURE: POSITION OF ADJECTIVES
Un restaurant tunisien 🔊 SEGMENT 46

ROBERT: C'est quoi, ce **petit** bâtiment là-bas?

MICHEL: C'est un **nouveau** restaurant **tunisien**.

ROBERT: Tu y as déjà mangé?

MICHEL: Oui, la semaine **dernière**. Ils offrent des très **bons** plats à des prix **raisonnables**.

ROBERT: Ah bon, dans ce cas-là, je vais y amener ma femme. Elle aime beaucoup la cuisine **exotique**.

Explication grammaticale 🔊 SEGMENT 46

Mon ami Pierre **est** très **intelligent**.
Ma voiture **est** toute **neuve**.

Until now, the many adjectives you've learned have been used with the verb **être**. Now you're going to learn about the placement of adjectives when they're used with nouns. Study the three sets of examples of adjective placement. Remember that adjectives have to agree in gender and number with the nouns they modify.

J'ai acheté un vélomoteur **neuf**.
C'est une famille **japonaise**.
J'ai trouvé les livres **intéressants** à la bibliothèque.

❝❝ Did you notice the word **toute** in the second example? That's a very handy word and can be used to replace the word **très** when used with an adjective. When used in this way, **tout** means *very* (**Il est tout jeune.** *He's very young.*). Also be aware that **tout** has to agree in gender and number with the adjective (**La maison est toute neuve.**). ❞❞

In French, unlike in English, an adjective is usually placed *after* the noun it modifies. However, the following adjectives are exceptions because they are normally placed *before* the noun they modify: **grand** *(big, tall)*, **petit** *(small, short)*, **vieux** *(old)*, **jeune** *(young)*, **bon** *(good)*, **mauvais** *(bad)*, **nouveau** *(new)*, **long**, **beau** *(beautiful)*, **joli** *(pretty)*, **autre** *(another)*:

> Elle habite dans un **petit** appartement.
> Nous avons eu une **mauvaise** journée.
> J'ai rencontré deux **jeunes** Marocaines.

When two adjectives modify the *same* noun, each adjective occupies its normal position, either before or after the noun.

> J'ai acheté une **jolie petite** maison.
> Nous avons visité une **belle** cathédrale **gothique**.
> C'est une voiture **beige** et **marron**.

The adjectives **beau, nouveau,** and **vieux** have some special forms that you need to remember. When they're used before a masculine singular noun beginning with a vowel sound, each has a form that allows liaison with the noun.

> un **bel** hôtel   un **nouvel** ami   un **vieil** appartement

These three adjectives are also irregular in the feminine form: **belle, nouvelle, vieille.**

SUMMARY OF ADJECTIVE FORMS: *BEAU, NOUVEAU, VIEUX*

MASCULINE SINGULAR	beau	nouveau	vieux
MASCULINE SINGULAR BEFORE A VOWEL SOUND	bel	nouvel	vieil
MASCULINE PLURAL	beaux	nouveaux	vieux
FEMININE SINGULAR	belle	nouvelle	vieille
FEMININE PLURAL	belles	nouvelles	vieilles

Application

*X. C'est comment? Add the adjectives in parentheses to the sentences. First make each adjective agree in gender and number with the noun. Then place it correctly in the sentence (before or after the noun).

> **MODÈLE:**   J'ai une calculatrice. (noir / petit)
> *J'ai une petite calculatrice noire.*

1. Nous avons acheté une vidéo. (nouveau / fantastique)

   _____

2. J'ai un vélo. (nouveau / japonais)

   _____

3. Nous avons mangé dans un restaurant. (japonais / formidable)

   _____

4. J'ai trouvé un portefeuille. (brun / petit)

_____

5. Elle a regardé la vidéo. (nouveau / allemand)

_____

6. C'est un roman. (russe / long)

_____

7. C'est une maison. (vieux / petit)

_____

8. J'ai eu une note à l'examen. (mauvais)

_____

*XI. Nous ne sommes jamais d'accord. No matter what you and your friends talk about, you never seem to agree. Contradict each statement by using an adjective with the opposite meaning.

> **MODÈLE:** C'est un petit appartement.
> *Au contraire! C'est un grand appartement.*

1. C'est une voiture neuve.

_____

2. C'est un grand musée.

_____

3. C'est un exercice difficile. (opposite = **facile**)

_____

4. C'est une belle maison. (opposite = **laid**)

_____

5. Ce sont des livres intéressants. (opposite = **ennuyeux**)

_____

6. Ce sont des vieilles cassettes.

_____

7. Ce sont des mauvaises idées.

_____

8. C'est un voyage ennuyeux.

_____

9. C'est un bon restaurant.

_____

10. Ce sont des bons ordinateurs.

_____

TEST 24: POSITION OF ADJECTIVES

Answer the questions about Jacques Chartier using the adjectives in parentheses. Pay attention to agreement and to placement.

MODÈLE: Quelle sorte d'appartement est-ce qu'il a? *(What kind of apartment does he have?)*
(spacieux / beau)
Il a un bel appartement spacieux.

1. Quelle sorte de voiture est-ce qu'il a? (petit / pratique)

   _____

2. Quelles sortes de restaurants est-ce qu'il préfère? (chinois / traditionnel)

   _____

3. Quelles sortes d'amis est-ce qu'il a? (vieux / intéressants)

   _____

4. Quelle sorte de voyage est-ce qu'il a fait l'année dernière? (ennuyeux / long)

   _____

5. Quelles sortes de films est-ce qu'il aime? (américain / vieux)

   _____

6. Quelle sorte de maison de campagne est-ce qu'il a? (vieux / charmant)

   _____

7. Quelle sorte d'emploi est-ce qu'il a? (nouveau / fascinant)

   _____

8. Quelles sortes de romans est-ce qu'il lit? (historique / long)

   _____

9. Quelles sortes de pâtisseries *(f.)* est-ce qu'il aime? (bon / français)

   _____

> You'll find the correct answers on page 414. Give yourself two (2) points for each correct adjective (one point for agreement of each adjective and one point for placement of each adjective). A perfect score is 36 points. If your score is below 29, you should review pages 317–319 before going to class.

À faire! (7-4)

As a *follow-up* to adjective placement and the presentation on courses, read pages 316 and 317 in the **Manuel de classe** and do Exercises XII, XIII, and XIV.

As *preparation* for work in class, do the following:
- read the explanation about the object pronouns **me**, **te**, **nous**, and **vous**;
- 📼 listen to SEGMENT 47 of your *Student Tape*;
- write Exercises XV, XVI, XVII, and XVIII;
- take Test 25.

Parlons de vous!

XII. J'aimerais bien... Choose two adjectives to describe the kind of each item you prefer. Pay attention to placement and agreement of adjectives.

> **MODÈLE:** appartement (avoir)
> *J'aimerais bien avoir un petit appartement moderne.*

1. maison (avoir)

   _____

2. voiture (avoir)

   _____

3. restaurant (manger dans)

   _____

4. musée (visiter)

   _____

5. ville (visiter)

   _____

6. film (voir)

   _____

7. job (avoir)

   _____

8. vélo (acheter)

   _____

CONTEXTE: DAPHNÉ CHARTIER, ÉTUDIANTE EN SCIENCES SOCIALES

XIII. Mon emploi du temps. Complete the form by writing your schedule for this term. Write in French.

Nom _____

Semestre (Trimestre) _____

Spécialisation _____

	L	M	M	J	V
h					
h					
h					
h					
h					
h					
h					
h					

XIV. Deux étudiants. Choose two friends whose majors are in very different fields and describe their programs and schedules. Use a separate sheet of paper.

MODÈLE: *Paul est étudiant en sciences humaines. Il n'a pas un emploi du temps très chargé. Il prend trois cours—un cours de sociologie et deux cours de sciences économiques— mais il a aussi cinq heures de travaux pratiques où il travaille à l'ordinateur. Nicole est étudiante en... etc.*

STRUCTURE: THE OBJECT PRONOUNS *ME, TE, NOUS,* AND *VOUS*

On est en retard SEGMENT 47

DIDIER:	Allez, dépêchez-vous! Il est déjà deux heures moins le quart!
THOMAS:	Un instant. On arrive.
MARTINE:	Qu'est-ce qu'il dit?
THOMAS:	Il veut qu'on se dépêche.
MARTINE:	Oh, là, là! Il **me** rend folle, celui-là. Dis-lui d'attendre.
DIDIER:	Écoutez, vous deux. Je **vous** ai déjà dit qu'on **nous** attend pour deux heures.

Explication grammaticale SEGMENT 47

Me, te, nous, and **vous** are the first- and second-person object pronouns. They replace *both* direct- and indirect-object nouns *(me, to me; you, to you; us, to us)*. All the rules for object pronouns that you've already learned apply to **me, te, nous,** and **vous.** Remember that, in the present tense, object pronouns come *before* the verb.

Tu **me** comprends?	Do you understand *me?*
Non, je ne **te** comprends pas.	No, I don't understand *you.*

When used with the **passé composé,** object pronouns go *before* the helping verb. Also remember that, if the pronoun replaces a direct object, the past participle of the verb must agree in gender and number with the pronoun (note the **s** on the past participle **accompagnés** in the following example).

Ils **vous** ont accompagné**s**?	Did they go with *you?*
Non, ils ne **nous** ont pas accompagnés.	No, they didn't go with *us.*

When **me, te, nous,** and **vous** are used with the immediate future or a conjugated verb with an infinitive, they are placed before the main verb.

Tu vas **me** téléphoner?	Are you going to call *me?*
Oui, je vais **te** téléphoner. OU	Yes, I'm going to call *you.* OR
Non, je ne vais pas **te** téléphoner.	No, I'm not going to call *you.*

When **me, te, nous,** and **vous** are used in commands, they are placed *after* the verb in the affirmative (connected with a hyphen) and *before* the verb in the negative. Note that in an affirmative command **me** becomes **moi.**

Donne-**moi** ton adresse!	Give *me* your address!
Ne **nous** parlez pas!	Don't talk *to us!*

❝ I've got an easy way for you to use the right pronouns more quickly in a question/answer situation (where they tend to occur most frequently): Since some patterns occur regularly, all you have to do is remember the patterns in the following chart and your answers will be more natural and automatic when someone addresses you directly. ❞

QUESTION	ANSWER
◆ **vous / me (m')**	**je / vous**
Vous me cherchez?	Oui, **je vous** cherche.
◆ **tu / me (m')**	**je / te (t')**
Tu m'invites?	Oui, **je t'**invite.

Application

❋**XV. Entre amis.** Use the elements in parentheses to answer your friends' questions. First, it's your friend Marcel who asks you the questions.

MODÈLE: Tu me téléphones? (oui / dans une heure)
Oui, je te téléphone dans une heure.

1. Tu me cherches depuis longtemps? (oui / une demi-heure)

   _____

2. Tu m'aimes bien? (oui)

   _____

3. Tu m'écoutes? (oui / toujours)

   _____

4. Tu me comprends? (non)

   _____

5. Tu m'invites? (oui / pour demain soir)

   _____

6. Tu m'accompagnes? (non)

   _____

Now your friends Claire and Henri ask you the questions.

MODÈLE: Tu nous cherches depuis longtemps? (oui / des heures)
Oui, je vous cherche depuis des heures.

7. Tu nous invites? (oui / pour samedi soir)

_____

8. Tu nous comprends? (non)

_____

9. Tu nous téléphones? (oui / demain)

_____

10. Tu nous accompagnes? (oui / jusqu'à la boulangerie)

_____

11. Tu nous aimes bien? (oui)

_____

12. Tu nous écoutes? (non)

_____

*XVI. En famille. Family members frequently ask one another questions. Use the cues in parentheses to answer the following questions. Pay attention to who is speaking to whom.

Les parents parlent à leurs enfants.

1. Alors, les enfants, vous allez nous téléphoner? (oui)

_____

2. Vous voulez nous demander quelque chose? (oui)

_____

3. Nous allons vous voir pour le dîner? (non)

_____

L'enfant parle à sa mère.

4. Maman, je peux te parler un moment? (oui)

_____

5. Tu peux me donner 200 francs? (non)

_____

6. Papa et toi, vous allez m'acheter un vélo, n'est-ce pas? (oui)

_____

Le père parle à son enfant.

7. Tu vas me donner ton adresse? (oui)

_____

8. Tu vas nous écrire toutes les semaines? (oui)

_____

9. Je peux te téléphoner de temps en temps? (oui)

_____

*XVII. Encore des questions! Your friends continue to ask you questions. Use the cues in parentheses, appropriate object pronouns, and the **passé composé** to answer them.

> **MODÈLE:** Tu m'as vu(e)? (oui / au centre commercial)
> *Oui, je t'ai vu(e) au centre commercial.*

1. Tu m'as cherché(e)? (non)

   _____

2. Tu m'as téléphoné? (non)

   _____

3. Tu m'as donné la clé? (oui / hier)

   _____

4. Tu m'as préparé un bon dîner? (oui)

   _____

5. Tu m'as acheté quelque chose? (oui / une belle chemise)

   _____

6. Tu m'as compris(e)? (oui)

   _____

7. Tu m'as vu(e)? (oui / à la station de métro)

   _____

> **MODÈLE:** Tu nous as cherchés? (oui / pendant une demi-heure)
> *Oui, je vous ai cherchés pendant une demi-heure.*

8. Tu nous as acheté quelque chose? (oui / un livre sur la Tunisie)

   _____

9. Tu nous as vus? (oui / devant la bibliothèque)

   _____

10. Tu nous as compris? (non)

    _____

11. Tu nous as laissé les valises? (oui / dans la chambre)

    _____

12. Tu nous as fait un sandwich? (oui / un sandwich au fromage)

    _____

13. Tu nous as apporté du pain? (oui / un pain de campagne)

    _____

14. Tu nous as parlé de ça? (non)

    _____

*XVIII. On change d'avis (We change our minds). Your friends tell you that they're going to do something for you. First, you accept their offer, then you change your mind.

> **MODÈLE:** Je vais te téléphoner.
> *Oui, téléphone-moi! Non, ne me téléphone pas!*

1. Je vais t'acheter un cadeau.

   _____

2. Je vais t'aider.

   _____

3. Je vais t'accompagner à la gare.

   _____

4. Je vais te prêter *(to lend)* la voiture.

   _____

5. Je vais te faire un gâteau d'anniversaire.

   _____

> **MODÈLE:** Je vais vous acheter un pull-over.
> *Oui, achète-nous un pull-over! Non, ne nous achète pas de pull-over!*

6. Je vais vous apporter du chocolat.

   _____

7. Je vais vous téléphoner.

   _____

8. Je vais vous aider.

   _____

9. Je vais vous donner les clés.

   _____

10. Je vais vous accompagner.

   _____

TEST 25: THE OBJECT PRONOUNS *ME, TE, NOUS,* AND *VOUS*

PART A
Ask each person the question indicated.

Demandez à une femme que vous voyez chez des amis...

> **MODÈLE:** si vous la connaissez.
> *Est-ce que je vous connais?*

1. si vous l'avez rencontrée chez les Dupont.

    _____

2. si elle vous reconnaît *(recognizes)*.

    _____

3. si elle vous a parlé de sa famille.

    _____

4. si elle vous a laissé un message téléphonique l'autre jour.

    _____

5. si vous allez la revoir.

    _____

Demandez à un ami...

> **MODÈLE:** s'il vous cherchait.
> *Tu me cherchais?*

6. s'il vous a téléphoné.

    _____

7. s'il va vous accompagner au cinéma.

    _____

8. si vous lui avez montré votre nouvelle vidéo.

    _____

9. s'il va vous montrer son nouvel ordinateur.

    _____

PART B
Tell your friend to do the following activities.

> **MODÈLE:** me / donner / cahiers
> *Donne-moi les cahiers!*

1. me / téléphoner à 6h

_____

2. me / prêter / ton pull

_____

3. nous / acheter / une cassette

_____

4. ne... pas / me / parler

_____

5. ne... pas / nous / embêter *(to bother)*

_____

> You'll find the correct answers on page 415. In Part A, give yourself one (1) point
> for each correct pronoun (form and placement) and one (1) point for each correct
> verb conjugation. A perfect score for Part A is 18 points. In Part B, give yourself
> one (1) point for each correct pronoun (form and placement) for a total of five (5)
> points. A perfect score for Parts A and B is 23 points. If your score is below 18
> points, you should review pages 323–327 before going to class.

À faire! (7-5)

Manuel de classe, pages 322–324

As a *follow-up* to work done in class, do the following:
- write the prereading Exercise XIX;
- read the text from the magazine *Phosphore* and do Exercises XX and XXI;
- write Exercise XXII.

LISEZ!

XIX. Prélecture. In preparation for your reading of the *Phosphore* article, answer the following questions.

1. What is the best way to make contact with your professors so that they get to know you?

_____

_____

2. How can a new student at your university get to meet people and make friends?

_____

_____

3. Is it common to have study groups at your university? Do you participate in such groups? Why or why not? In your opinion, what are the advantages and disadvantages of study groups?

_____

_____

_____

_____

_____

_____

_____

_____

_____

_____

LECTURE: «ÉTONNEZ VOS PROFS» / «TRAVAILLEZ À PLUSIEURS»

ÉTONNEZ VOS PROFS

Par rapport au lycée, raconte Nathalie, en deuxième année d'Administration économique et sociale (AES), _on a le sentiment de ne pas avoir beaucoup de contraintes : moins d'heures de cours, moins de devoirs, moins de contrôles. On se laisse aller, on sèche un peu les cours ennuyeux. De toute façon, les profs ne disent jamais rien. Arrivent les premiers partiels, et là, on plonge. »_ Résister à la tentation permanente de la paresse n'est pas facile.

A l'université, il faut apprendre à vivre seul _« Personne n'est derrière vous à vous pousser »,_ poursuit Nathalie. _« A la limite, il faut pousser les profs. Si vous ne travaillez pas, ils se disent que vous allez décrocher et que leur TD sera un peu moins bondé. »_

Presque tous les étudiants de première année jugent les professeurs compétents mais trop distants. _« C'est le règne de l'anonymat. Les profs ne cherchent même pas à retenir nos noms. On est des numéros. Qu'on progresse ou qu'on décroche, ils s'en foutent. Ils ne s'intéressent pas à nos études »,_ critique sévèrement Joël, étudiant en première année à Poitiers.

A l'inverse, lorsque le contact s'établit, de nombreuses difficultés s'aplanissent : _« Lors des inscriptions en fac, on a tous eu droit à un entretien individuel avec un prof. J'hésitais entre droit et AES. On a discuté un bon moment et la prof m'a donné des informations utiles. Finalement, j'ai pris le droit qui ouvre davantage de débouchés. Je suis contente de mon choix et je passe en deuxième année »,_ témoigne Françoise. Dans de nombreux départements, des permanences sont assurées par les enseignants le mois de la rentrée. Profitez-en pour y puiser toutes les informations nécessaires.

Pendant les heures de TD (travaux dirigés) aussi, toutes les occasions sont bonnes pour établir le contact avec l'enseignant.

TRAVAILLEZ A PLUSIEURS

*J*e ne savais pas comment utiliser la bibliographie, explique Philippe, étudiant en histoire. *Fallait-il juste lire les trois bouquins importants qu'il signalait en particulier ? Fallait-il avaler les quinze titres ? On a donc posé la question à plusieurs. Il nous a expliqué où trouver les livres, quelles étaient les librairies accordant des réductions aux étudiants et à quelles bibliothèques on avait accès. »* Ne perdez pas de vue que les enseignants, même s'ils sont submergés par le nombre des étudiants, sont là pour vous aider.

En ce qui concerne les cours en amphi, les nouveaux arrivés à la fac se demandent souvent s'ils doivent vraiment y assister. Pourtant, la présence en cours apporte plus que la simple lecture du polycopié. Parfois, les profs y donnent des informations sur le déroulement de l'année, le contrôle continu ou la méthodologie. En s'organisant très vite en début d'année pour travailler à plusieurs, on peut s'arranger pour rattraper ce qu'on a manqué si l'on n'a pas assisté au cours. Mais attention, en première année, il est hasardeux de sécher les cours et de se fier aux notes prises par un camarade : c'est la source d'innombrables malentendus. Cela

dit, le travail à plusieurs est bénéfique à plus d'un titre. Tout d'abord, il aide à lutter contre le sentiment de solitude qui est ressenti si durement par les étudiants de première année. *« Il m'a fallu toute l'année pour connaître des gens »,* regrette Jean-Manuel, qui termine sa première année de biologie. *« On n'a pas les mêmes horaires de cours ou de TD; à la cafétéria, personne ne se parle. »* Et puis, s'arranger pour aller ensemble à la bibliothèque ou pour réviser un partiel est bien plus stimulant que d'affronter le travail seul. En plus, un petit café en commun n'a jamais fait de mal au moral...

● ●

VOCABULAIRE:
les premiers partiels: the first midterm exams
on plonge: one falls down
la paresse: laziness
vivre seul: to live alone
décrocher: to fail
TD (Travaux dirigés): individual work with the professor or small-group work
bondé: full
ils s'en foutent: they don't give a damn *(vulgar)*
s'aplanissent: get smoothed out

un entretien: *here,* an appointment
débouchés: job openings, prospects
permanences: office hours
enseignant: teacher
bouquins: books *(slang)*
avaler: to swallow *(here:* to read)
le contrôle continu: tests and homework
se fier aux: to trust
d'affronter: to confront

XX. Des mots utiles. Now that you've read the article, find the words that are particularly useful in talking about one's academic experience. Give at least ten words.

_____

_____

_____

_____

XXI. Compréhension du texte. To isolate the main ideas of the reading, answer the following questions.

1. What are some of the basic differences between college and secondary school?

_____

_____

_____

2. What are the main criticisms of university professors?

_____

_____

_____

_____

3. How does the author advise making contact with professors?

_____

_____

_____

_____

4. According to the author, why is it helpful to study in groups? Give several reasons.

_____

_____

_____

_____

ÉCRIVEZ!

XXII. Une publicité. You've been invited to write a promotional piece about your university for a brochure that will be sent to prospective students from French-speaking countries. Comment on location (and attractions of your part of the country), size and type of university, programs, living accommodations, student life, etc. Use a separate sheet of paper.

PHRASES: Describing objects; Writing a news item; Persuading; Inviting

VOCABULARY: University; Studies, courses; Bedroom; Leisure

GRAMMAR: Adjective agreement; Adjective position

À faire! (7-6)   *Manuel de classe, pages 325–327*

As a *general review* of the chapter, do the following:
- listen to SEGMENT 48 of your *Student Tape* and write Exercise XXIII;
- listen to SEGMENT 49 of your *Student Tape* and do Exercise XXIV.

INTÉGRATION SEGMENT 48

XXIII. Une interview. You're studying in France and are preparing a report on student opinions of the French educational system. To gather information, you plan to interview a number of French students. Before you write your questions, you listen to a few samples of students' comments in order to get a better sense of what you might ask.

A. Modèle. Listen to the five monologues on SEGMENT 48 of your *Student Tape* and write down two things you found out about each person.

_____

_____

_____

_____

B. Mes questions. Now prepare your questions based on the cues below. Use a separate sheet of paper.

You want to find out...

1. if the person is willing to talk to you.
2. if the person can tell you how many students study at the university.
3. for how long the person has been at the university.
4. what the person's major field of study is.
5. if the person generally chooses easy or difficult courses.
6. what courses the person is taking this year.
7. how long the person has been taking certain courses.
8. if the person generally passes exams.
9. if the person has to do a lot of lab work.
10. how often the person talks to professors.
11. if the person participates in study groups.
12. if the person is very nervous when taking exams.
13. if the person wants to tell you what his/her career plans are.
14. if the person wants you to tell him/her something about your university.

PRONONCEZ BIEN! 🔊 SEGMENT 49
The consonants c, g, s, *and the combination* ch

◆ **c** Depending on the sound that follows it, the French consonant **c** may represent the hard sound [k], as in the English word *car*, or the soft sound [s], as in the English word *nice*. The hard sound [k] occurs before another consonant and before the vowels **a, o,** and **u.**

   classe   car   corps   curieux

   The soft sound [s] occurs before the vowels **e, i,** and **y**. C is also soft when it has a cedilla (**ç**).

   face   facile   Cyril   français

◆ **g** The consonant **g** may represent either the hard sound [g], as in the English word *great*, or the soft sound [ʒ] as in *sabotage*. The hard sound [g] occurs before another consonant and before the vowels **a, o,** and **u.**

   grand   gare   gorille   guide

   The soft sound [ʒ] occurs before the vowels **e, i,** and **y.**

   âge   rigide   gymnase

◆ **s** Depending on the sounds that surround it, the letter **s** may represent the sound [s], as in the English word *rinse*, or the sound [z], as in the English word *rise*. The consonant **s** represents the sound [s] when it is the first letter in a word and when it is followed by a second **s** or by another consonant.

sœur   **dessert**   **disque**

The consonant **s** represents the sound [z] when it occurs between two pronounced vowels or when it is followed by a mute **e**.

visage   **désert**   **rose**

◆ **ch** In English, the combination **ch** is usually pronounced with the hard sounds [tch] or [k]: *chicken, reach* or *character, architect*. In French, the combination **ch** usually has a softer sound, much like the *sh* in the English word *sheep*. Notice the difference in the following pairs.

ENGLISH	FRENCH
*ch*ief	*ch*ef
tou*ch*	tou*ch*e
ar*ch*itect	ar*ch*itecte

XXIV. 🔲 SEGMENT 49 **Les consonnes c, g, s, et la combinaison ch.** Do the pronunciation exercises. Repeat each word or sentence, making an effort to pronounce the sounds correctly.

A. First, pronounce the consonant **c**, being careful to give it the appropriate hard or soft sound.

café / citron / croissant / ça / cahier / pièces / combien / Françoise / calculatrice / cassette / policier / classique / copain / fréquence / comédie musicale / bracelet / collier / flacon / motocyclette / sac de couchage / en face de / confortable / décédé / intellectuel / mince / secret / balcon / commerçant / fonctionnaire / mécanicien / musicienne / pharmacien / marocain / scolaire / cinéma / mercredi / octobre / cathédrale / lycée / épicerie / charcuterie

B. Now pronounce the consonant **g**, being careful to give it the appropriate hard or soft sound.

Orangina / goûts / rouge / fromage / portugais / belge / langue / Roger / égyptienne / boulangerie / baguette / synagogue / église / gare / garage / orage / verglas / neige / wagon-lit / autoroute à péage / goûter / gigot / spaghettis / vinaigrette / gruyère / manger / nous mangeons / gorge / vertige / migraine / grippe / régime / grandir / nager / magazine / visage / genou / gourmand / dommage / exagérer / grand / généreux / gris / orange / gomme

C. Now pronounce the consonant **s**, being careful to give it the appropriate hard or soft sound.

dessert / désert / poisson / poison / coussin / cousin / russe / ruse / désirez / souvent / croissant / Mademoiselle / brésilien / suisse / musique classique / église / maison / professeur / musée / passer / ensuite / salut / cassette / espionnage / raser / dessiner / désigner / Gaston / présenter / semaine / assez / sympathique / intéressant / pâtisserie / ciseaux / classeur / lasagne / raisin / express / téléviseur / caisse / chemisier / rose

D. Now pronounce the combination **ch**.

chante / chose / Chantal / chinois / chien / chambre / machine / chat / chaîne / chercher / chef / chic / blanche / psychologue / acheter / machin / cher / quiche / chemise / chemisier / achat / sac de couchage / rez-de-chaussée / cheveux / chauve / psychiatre / architecte / chouette / charcuterie / supermarché / chœur / couchette / chocolat / pêche / tranche / planche à roulettes / bouche

E. Now repeat the following sentences, taking care to pronounce the sounds correctly.

1. Je pense qu'Élise ne se sent pas bien. Elle tousse.

2. Le chauffeur est venu nous chercher devant la gare.

3. Nous avons consulté un architecte pour la construction de notre maison neuve.

4. Il est chauve, il a des moustaches et une barbe; il ne se rase jamais.

5. Il y a une grande différence entre le poisson et le poison, entre le désert et le dessert.

6. Il y a trop de choses dans notre garage: une motocyclette ancienne, un réfrigérateur et toutes sortes d'autres choses.

F. Repeat the following proverbs from various countries. Either an English equivalent or a literal translation is provided for each proverb.

1. Les absents sont assassinés à coups de langue. (français)
   (Those who are absent are done in by gossip.)

2. On ne vit qu'en laissant vivre. (allemand)
   (Live and let live.)

3. Pierre qui roule n'amasse pas mousse. (français)
   (A rolling stone gathers no moss.)

4. Toute chose est comme on l'estime. (italien)
   (Things are what one thinks they are.)

5. On se lasse de tout, sauf de l'argent. (grec)
   (One gets tired of everything, except money.)

6. L'association est une chaîne qui a la force de son plus faible chaînon. (indien)
   (A relationship is a chain that is only as strong as its weakest link.)

7. Un étranger qui parle ma langue m'est plus cher qu'un compatriote qui l'ignore. (kurde)
   (A stranger who speaks my language is more dear to me than a compatriot who does not know it [my language].)

8. Cœurs voisins, c'est mieux que cases voisines. (anonyme)
   (Hearts that are close are better than neighboring houses.)

À faire! (7-7)

Manuel de classe, page 328

As a general review of grammatical structures studied in the chapter, do Exercises XXV, XXVI, XXVII, and XXVIII .

MISE AU POINT

Les expressions *depuis quand, depuis combien de temps et depuis* (pages 311–312)

*XXV. Précisons! For each statement made, use the elements in parentheses to ask a follow-up question with **depuis quand** and one with **depuis combien de temps.** Provide the answer for each question.

> **MODÈLE:** Ma sœur fait de la danse classique. (5 ans / 1989)
> *Depuis combien de temps est-ce qu'elle fait de la danse classique?*
> *Depuis cinq ans.*
> ET
> *Depuis quand est-ce qu'elle fait de la danse classique?*
> *Depuis 1989.*

1. Moi, j'ai un ordinateur. (un mois / le mois de juillet)

   _____

   _____

   _____

2. Mes parents habitent en Californie. (15 ans / 1979)

   _____

   _____

   _____

3. Mon frère fait de l'aérobic. (15 jours / le mois dernier)

   _____

   _____

   _____

4. Mon père a la grippe. (4 jours / lundi)

   _____

   _____

   _____

5. Mon cousin joue du piano. (3 ans / l'âge de huit ans)

   _____

   _____

   _____

6. Ma mère est de retour *(back home)*. (huit jours / la semaine dernière)

_____

_____

_____

_____

La place des adjectifs *(pages 317–318)*

*XXVI. Faisons des descriptions! Give a short description of each object, choosing two adjectives from the list. Be careful with adjective agreement and placement.

    MODÈLE: ta maison (grand / petit / vert / blanc / neuf / moderne / vieux)
                      C'est une petite maison blanche.

1. ta maison (ton appartement / ta chambre) (ensoleillé / grand / moderne / petit / vieux / joli / blanc [vert, etc.])

   _____

2. ta voiture (ta bicyclette / ta moto) (neuf / vieux / bleu [rouge, etc.] / japonais [américain, etc.] / beau)

   _____

3. tes livres (beau / intéressant / vieux / ennuyeux / contemporain)

   _____

4. tes vêtements (chic / joli / beau / vieux / cher *(expensive)* / bon marché *[inexpensive]*)

   _____

5. tes manuels *(textbooks*, m.) de français (fascinant / intéressant / beau / gros / ennuyeux / joli / exceptionnel)

   _____

6. le parc de ta ville (grand / petit / intéressant / joli / beau / dangereux / sombre / ensoleillé)

   _____

7. ta ville (grand / petit / intéressant / moderne / vieux / joli / beau / pollué / propre)

   _____

8. ton université (utilisez des adjectifs de votre choix)

   _____

XXVII. Comment est... ? Give a brief description (including physical characteristics and personality traits) of each of the following people. Replace any family member you don't have by another family member or someone you know such as a friend, a roommate (**un[e] camarade de chambre**), a professor, a teaching assistant (**un[e] assistant[e]**), or an advisor (**un[e] conseiller[ère]**). You should write *at least* four sentences. Use a separate sheet of paper.

> MODÈLE: tante
> *Ma tante Karen a les yeux verts et les cheveux roux. Elle a un petit nez, le visage rond et une petite bouche. Elle n'est pas très grande et elle est mince. C'est une femme énergique et sportive. Elle est très gentille aussi. Elle est très intellectuelle et j'apprends toujours beaucoup de choses quand je suis avec elle.*

1. père (oncle, mari, fils)
2. mère (tante, femme, fille)
3. grand-père (grand-mère)
4. cousin (cousine, neveu, nièce)

Les pronoms objets *me, te, nous* et *vous* (pages 323–324)

*XXVIII. Questionnaire. You've been asked to interview one of your classmates to find out the following information. To make sure that you're asking the questions correctly, you decide to write them out ahead of time. Use the pronouns **me, te, nous,** and **vous** whenever appropriate. Ask...

> MODÈLE: if he/she can call you this evening.
> *Est-ce que tu peux me téléphoner ce soir?*

1. if you may call him/her this evening.

   _____

2. if he/she can help you with the French homework.

   _____

3. if he/she can lend you a CD (choose which CD you want to borrow).

   _____

4. if you can see him/her and his/her friends tomorrow.

   _____

5. if they can go out to dinner with you and your friends.

   _____

6. if he/she can meet you and your friends at the pool this Saturday.

   _____

7. if he/she called you last night.

   _____

CHAPITRE 7
Une famille toulousaine

M E N U

LECTURE: «DE L'ENSEIGNEMENT À LA PROFESSION»

The following reading, taken from *Rendez-vous en France* (Éditions Hachette, 1990), provides information about the kinds of education one needs in France if one wants to pursue certain careers. Read through the text once to get the main ideas. Don't worry if you don't understand every word; the important thing is to get the gist of what kind of education is required for each job or profession.

DE L'ENSEIGNEMENT À LA PROFESSION

Roland Juhel est un ingénieur français dans une usine de produits chimiques de la région marseillaise. Sur son curriculum vitae, vous pourrez lire les indications suivantes:

Études et diplômes

Bac C, 1975.

ENS de chimie de Paris, 1977–1980 (diplôme d'ingénieur).

École sup. de commerce, Rouen, 1980–1982 (diplôme d'ingénieur commercial).

Roland Juhel, après des études secondaires (qui lui ont permis d'obtenir un baccalauréat scientifique) a fait deux années de classes préparatoires (1975–1977) pour entrer dans une grande école scientifique. Puis il a suivi une voie complémentaire : le commerce, et a étudié dans une seconde grande école.

En France, si l'on choisit...

● **Les métiers de l'enseignement** (instituteur, professeur), il faut faire des études à l'université (facultés des lettres, des sciences), éventuellement dans une École (École normale, École normale supérieure) réussir à un concours (CAPES, agrégation) ou obtenir un diplôme (licence, maîtrise).

● **Les professions de la santé** (médecins, pharmaciens, dentistes, etc.), il faut aussi faire des études à l'université (facultés de médecine, de pharmacie, etc.).

● **La profession d'ingénieur,** les formations sont variées: on peut soit entrer dans une université et essayer d'obtenir un titre d'ingénieur-docteur (peu fréquent), soit entrer dans un institut universitaire de technologie et obtenir en deux ans un diplôme universitaire de technologie (DUT), ou encore entrer, après concours, dans l'une des très nombreuses écoles d'ingénieurs (voie la plus fréquentée), les très grandes (Polytechnique, Centrale, Mines) ou les moins grandes (Chimie, Travaux Publics, Aéronautique, etc.).

De plus en plus les professions commerciales, à un haut niveau (directeur commercial), nécessitent une formation d'ingénieur commercial, celle que donnent quelques grandes écoles (Hautes Études commerciales, Écoles supérieures de commerce...).

● **Les professions de l'administration:** diplomates, hauts fonctionnaires... La voie la plus normale est de commencer à l'université (faculté de droit, instituts d'études politiques). Les meilleurs essaieront d'entrer à l'École nationale d'administration mais auront, au concours d'entrée, la concurrence d'élèves d'autres écoles (Polytechnique, École normale supérieure, etc.).

● **Les professions de la justice:** juges, avocats, notaires. Il faut d'abord étudier à la faculté de droit, puis choisir: École de la magistrature, du notariat, etc.

● **Les professions artistiques:** il vaut mieux entrer par concours dans une grande école spécialisée, comme les Conservatoires nationaux de musique ou d'art dramatique, les Écoles normales supérieures des beaux arts ou des arts décoratifs, la FEMIS (Fondation européenne des métiers de l'image et du son). On peut aussi choisir une formation moins scolaire... mais ce n'est pas sans risque.

● **Les carrières militaires:** là encore il faut entrer, par concours, dans une grande école : Saint-Cyr, École de l'air, École navale. On peut aussi s'engager comme simple soldat.

● **Les professions agricoles:** on essaie, à un certain niveau, une grande école (l'Institut national agronomique, l'École nationale du génie rural). À un moindre niveau, il existe un baccalauréat agricole.

Quand on ne choisit pas son métier

Tout le monde ne peut pas être docteur, ingénieur ou premier prix de Conservatoire de musique. Il y a beaucoup d'autres métiers moins prestigieux mais fort utiles: secrétaire, employé de cantine, plombier, ouvrier, boulanger, agent de police...

Pour exercer ces métiers il faut aujourd'hui obtenir un brevet d'études professionnelles (BEP ou CAP): diplômes que l'on obtient dans les lycées d'enseignement professionnel.

Exercice de compréhension. Name the kinds of schools students should attend if they want to enter the following careers.

1. military careers

   _____

   _____

2. teaching

   _____

   _____

3. art

   _____

   _____

4. public administration

   _____

   _____

5. health professions

   _____

   _____

6. engineering

   _____

   _____

7. administration of justice

   _____

   _____

8. agriculture

   _____

   _____

What kind of education is recommended if you want to be a secretary, a plumber, a baker, a police officer, etc.?

_____

EXERCICE D'ÉCOUTE: La FORMATION SUPÉRIEURE

🔊 Segment 50

Listen to the statements of four young people (Segment 50 of your *Student Tape*) who have just completed their secondary education and are explaining their career goals. Match each commentary to the appropriate school ad.

ENREGISTREMENT: Mes études et mes projets d'avenir

Record a monologue in which you tell your instructor about your studies (*i.e.*, the courses you're taking), your interests, your work experience (if applicable), and what you're going to do after you finish your studies. Explain what profession, career, or job you would like to have after college and why.

LECTURE: «Programmes à l'étranger»

Prélecture. In preparation for the reading, answer the questions to determine what type of education abroad program would most interest you.

1. If you couldn't go to Paris, which part of France would you like to visit?

   _____

2. What kinds of courses would you like to take?

   _____

   _____

   _____

3. Would you prefer to live in a dorm or with a family? Give the reasons for your choice.

   _____

   _____

   _____

4. Besides taking courses, what else would you like to do during your stay in France?

   _____

   _____

   _____

5. Have you thought seriously about participating in an education abroad program? If yes, why? If no, why not? In which country would you prefer to study?

   _____

   _____

   _____

   _____

Skim the five ads quickly and identify two or three programs that best match your answers to the **Prélecture** exercise. Based on general information, such as location and your basic needs, briefly explain why you would look more closely at each program. You may write in English. Use a separate sheet of paper.

Now narrow your choice down to *one* program and explain in detail why you would like to participate in it. Depending on what information the ad provides, talk about location, available courses, extracurricular activities, lodging, length of stay, etc. Continue on the separate sheet of paper, but now *write in French*.

ACTIVITÉ ÉCRITE: QUAND J'ÉTAIS AU LYCÉE...

Your instructor would like to know a little more about your background, in particular about your high school experiences—school(s) you attended, courses you took, activities in which you participated, etc. Write a short composition about your high school years. SUGGESTION: Use the imperfect tense for habitual actions; use the **passé composé** for those actions that happened only once or that occurred during a limited time (in this case, make this time period clear). Use a separate sheet of paper.

PHRASES: Sequencing events; Linking ideas; Expressing an opinion

VOCABULARY: Studies, courses; Leisure; Sports

GRAMMAR: Past imperfect; Compound past tense

LECTURE: «QUI ES-TU?» (FRANCIS BEBEY)

Francis Bebey is a Cameroonian writer born in 1929 in the city of Douala. After elementary school, he received a scholarship to continue his secondary school studies in France at La Rochelle. When he received his **baccalauréat**, he decided to move to Paris and study English at the Sorbonne, where he received a **licence**. Francis Bebey is a very prolific author who writes poetry, novels, essays, and short stories. In the poem you're about to read, he celebrates Africa and its rich and varied traditions.

Qui es-tu?

Qui es-tu?
Je suis Mamadi, fils de Dioubaté.
D'où viens-tu?
Je viens de mon village.
Où vas-tu?
À l'autre village.
Quel autre village?
Quelle importance?
Je vais partout,[1] là où il y a des hommes.
C'est ainsi ma vie.

Que fais-tu dans la vie?
Je suis griot,[2] m'entends-tu?[3]
Je suis griot, comme l'était mon père.
Comme l'était le père de mon père.
Comme le seront[4] mes enfants
Et les enfants de mes enfants. ...
Je suis griot, m'entends-tu?

Je suis griot comme du temps où nos pères
Ouvraient le cœur à la naissance[5] du jour
Et l'hospitalité au voyageur inconnu[6]
Attardé[7] sur la route de la nuit. ...
Je suis enfant de Guinée,
Je suis fils du Mali,
Je sors du Tchad ou du fond[8] du Bénin,
Je suis enfant d'Afrique. ...

Mamadi, fils de Dioubaté,
Gardien des traditions de tout un monde,
Troubadour de l'Afrique de toujours,
Conteur, danseur, chanteur
Tout au long de la vie.
Viens me sortir de mon savoir[9] venu d'un autre monde,
Parle-moi de l'Afrique de nos ancêtres,
Enseigne-moi l'Afrique d'autrefois
Et sa sagesse[10] proverbiale,
Chante, danse, chante, danse, ...

Francis Bebey, *Lumière noire*

VOCABULAIRE: *1. everywhere   2. poet, musician, and historian of an African people   3. do you understand me?
4. will be   5. birth   6. unknown   7. Delayed   8. the depths   9. knowledge   10. wisdom*

Appréciation du poème. Answer the questions according to your reading of the poem.

1. This poem is like an interview. Who are the two people who are speaking?

   _____

2. What do we know about the **griot**? Give some details about his life.

   _____

   _____

   _____

3. Why do you think that the **griot** is important in African culture? What role does he play?

   _____

   _____

4. Do we know which country the **griot** comes from? Explain.

   _____

   _____

5. What does the interviewer ask the **griot**?

   _____

   _____

   _____

6. In your opinion, what is the message of the poem?

   _____

   _____

   _____

7. Do you like this poem? Why or why not?

   _____

   _____

   _____

   _____

Extra Credit. If you like writing poetry, redo this poem by substituting information about your own life. Write in French and answer the questions asked in the poem. Use a separate sheet of paper.

JEU: MOTS EN ÉQUERRE (Words at right angles)

In this activity, the words that form the first set of right angles are all related to **études**. The second set of words have to do with **travail**. Fill in the words (horizontal and vertical) beginning with the letters in the corners of the right angles. The cues for each puzzle will help you guess the words.

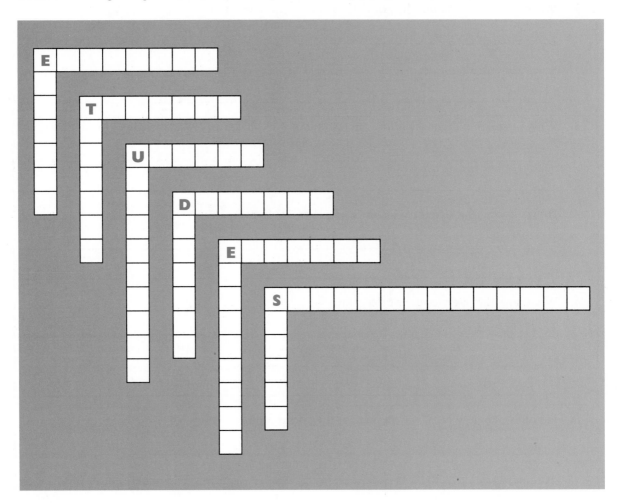

Horizontalement:

Une personne qui fait des études

Une leçon particulière avec un professeur

Dans les universités françaises, les cours sont définis par des _____ de valeur.

Ce qu'on a quand on finit ses études

Le contraire de réussir

La matière dans laquelle on fait ses études

Verticalement:

En général, les étudiants ne les aiment pas.

Au laboratoire, on fait des _____ pratiques.

Après l'école secondaire, on peut continuer ses études à l'_____.

Ce que les étudiants font à la maison ou à la bibliothèque *(noun)*

Ce que font les professeurs *(verb)*

Être absent d'un cours

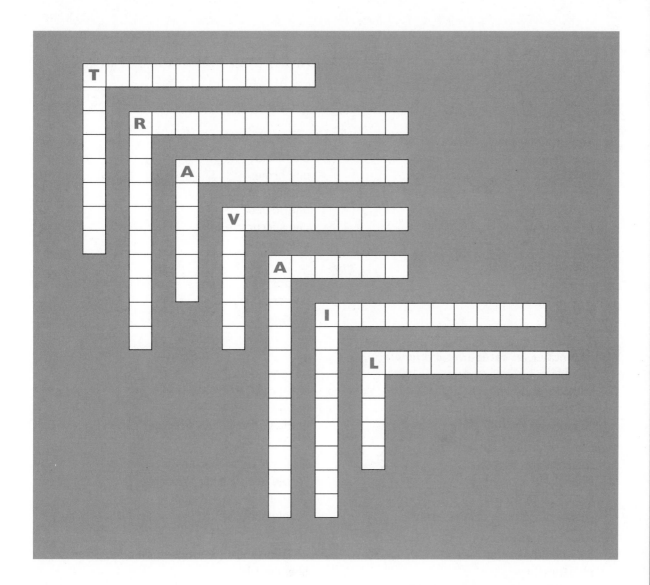

Horizontalement:

Synonyme de «bosser»

Il voyage beaucoup pour vendre les produits de sa société.

On le consulte quand on veut construire un bâtiment.

Elle travaille dans un magasin.

Il présente ses arguments devant un juge.

Elle s'occupe des malades.

Magasin où on vend des livres

Verticalement:

Ce qu'une femme porter pour aller à une interview

Où on déjeune quand on est au travail

Un lieu de travail

Ce que fait le représentant de commerce

Il cultive la terre *(earth)*

On a besoin de lui quand on veut construire un pont.

Lieu de travail du professeur d'école secondaire

LEXIQUE

Pour se débrouiller

Pour identifier les lieux de travail

une agence
une boîte
un bureau
un commerce
une compagnie
une entreprise

une filiale
une firme
un siège social
une société
une succursale
une usine

Pour parler du travail

un boulot
un emploi
un job
un métier

un poste
une profession
un travail

Pour identifier les catégories d'emplois

un cadre
un cadre supérieur
un(e) employé(e)
un employeur

un fonctionnaire
un(e) ouvrier(ère)
un(e) patron(ne)
un PDG (Président-directeur général)

Pour identifier les facultés

la faculté des lettres
la faculté des sciences
la faculté de droit
l'école des études commerciales

la faculté de médecine
l'école des sciences agricoles
la faculté de pharmacie
l'école d'ingénieurs

Pour parler d'une université

un amphithéâtre/un amphi
un bâtiment
une bibliothèque (universitaire)
un bureau
un espace vert

un laboratoire (de langues, de biologie, etc.)
une librairie
une résidence universitaire
une salle de classe

Pour parler des études

assister à (un cours)
une conférence
un diplôme
un doctorat
un emploi du temps
enseigner
faire de la recherche
une filière
les frais d'inscription (m. pl.)
une licence

une maîtrise
une option
un programme d'études
la rentrée
sécher (un cours)
une spécialisation/une mention
un système d'enseignement
les travaux pratiques
une unité de valeur (UV)

Pour identifier les disciplines et les matières

Les sciences humaines (f. pl)
l'anthropologie (f.)
la géographie
l'histoire (f.)
la philosophie

la psychologie
les sciences économiques (f. pl.)
les sciences politiques (f. pl.)
la sociologie

Les sciences naturelles *(f. pl.)*
    la biologie   la géologie
    la botanique
Les sciences exactes *(f. pl.)*
    l'astronomie *(f.)*   les mathématiques (les maths) *(f. pl.)*
    la chimie   la physique
    l'informatique *(f.)*
Les études professionnelles *(f. pl.)*
    le commerce   le journalisme
    la comptabilité   le marketing
    le droit   la médecine
    la gestion
Les beaux-arts *(m. pl.)*
    l'art dramatique *(m.)*   la peinture
    le cinéma   la photo
    le dessin   la sculpture
    la musique
Les lettres *(f. pl.)*
    les langues vivantes *(f. pl.)*   la linguistique
    les langues mortes (le grec, le latin)   la littérature

Pour parler des programmes
    choisir une spécialisation en / se spécialiser en (dans)
    être étudiant(e) en
    faire des études de
    préparer un diplôme

Pour parler des examens
    échouer à un examen   rater un examen
    passer un examen   une note
    réussir à un examen

Vocabulaire général

Noms

un agent de police	un écrivain (une femme écrivain)
un agent immobilier	un(e) gérant(e)
un(e) assistant(e)	l'heure de la fermeture *(f.)*
la banlieue	un(e) infirmier (infirmière)
un(e) banquier (banquière)	un manuel
un(e) caissier (caissière)	un militaire
le campus	un pied-à-terre
un chef de cuisine	un pompier (une femme pompier)
un(e) conseiller (conseillère)	la population active
un(e) concessionnaire	le semestre
un cours	le suivi
un cours magistral	le système d'enseignement
le début	le trajet
un(e) délégué(e)	le trimestre
un éboueur	le tutorat

Adjectifs

autre

centré(e) sur

cher

convivial(e)

difficile

émouvant(e)

facile

fleuri(e)

long (longue)

mauvais(e)

neuf (neuve)

triste

Verbes

enseigner

investir

prêter

reconnaître

Autres expressions

actuellement

avant-hier

chacun

comme

depuis

depuis combien de temps

depuis quand

également

en dehors de

en tant que

la plupart des

plusieurs

Quelle sorte de... ?

quelques-un(e)s

selon

Le langage familier

le boulot	*work*
bosser	*to work*
bouffer	*to eat*
le bouquin	*book*
bouquiner	*to read, study*
se lancer	*to get into*
C'est pour le fun.	*It's for fun.*
C'est la cata.	*It's catastrophic.*
C'est la barbe.	*It's a drag.*
C'est à mourir.	*It's do die for.*
C'est super chouette!	*It's great!*
Il/Elle nous casse les pieds!	*He/She is bugging us!*
Je m'en fiche!	*I don't care!*
Je suis nul(le) en...	*I'm no good at...*
Pensez-vous!	*No way!*
le restau (resto)	*university restaurant*
vachement dur	*very difficult*

CHAPITRE 8

Les jeunes mariés

À faire! (8-1)

Manuel de classe, pages 344–352

As an *introduction* to *Chapter Eight*, read pages 344–345 in the **Manuel de classe.**

As a *follow-up* to the presentation of job ads, do Exercises I and II.

As *preparation* for work in class, do the following:
- read the explanation about the object pronouns **lui** and **leur**;
- 📼 listen to SEGMENT 51 of your *Student Tape*;
- write Exercises III, IV, and V;
- take Test 26.

Yvan et Daphné vont voir un appartement.

Yvan cherche un job.

CONTEXTE: YVAN ROUARD À LA RECHERCHE D'UN POSTE

*I. Le curriculum vitae d'Yvan Rouard. Read Yvan's résumé and answer the questions.

CURRICULUM VITAE

Nom:	ROUARD
Prénom:	Yvan
Date et lieu de naissance:	le 8 février 1972 à Mulhouse
Domicile:	160, av. de Fronton, 31000 Toulouse
Téléphone:	61.30.39.24
Expérience:	Programmateur (stage) chez Borello Acoustique (Toulouse) mai 1992
	Dessinateur industriel chez ETDE (Toulouse) juillet–août 1991
	Archiviste chez GDF (Toulouse) juillet 1990
Diplômes:	BAC «C» (Mathématiques et Sciences physiques) 1990
	DUT «Génie civil» option équipement technique du bâtiment
	MST «Physique appliquée à l'habitat et au milieu de vie» (en cours)
Langues:	Anglais: bon niveau écrit et oral, courant et technique
	Bases en allemand et russe
Divers:	Musicien amateur (expérience cumulée de la scène et des enregistrements en studio)
	Cinéma «Art et essai»

REMEMBER! An asterisk (✱) preceding an exercise number indicates that the exercise is self-correcting. You will find the answers to *Chapitre 8* at the back of this **Manuel de préparation,** beginning on page 416.

Additional information: Yvan a passé deux ans dans un IUT (Institut Universitaire de Technologie) de génie civil (bâtiments, travaux publics) et il est maintenant inscrit pour passer une MST (Maîtrise de Sciences et Techniques). Il se spécialise dans le domaine de l'acoustique en vue de faire la sonorisation de salles de spectacle. C'est un travail qui s'effectue *(is done)* en général dans le cadre d'un cabinet *(office)* qui répond à des appels d'offre. Il se peut *(It's possible)* qu'Yvan soit obligé de commencer sa carrière dans le domaine de la vente avant d'être promu *(promoted)* au niveau de la gestion.

1. In what fields of study did Yvan specialize?

_____

_____

_____

2. What degrees does he have (or will he have) to prepare him for his career in acoustical engineering?

_____

_____

3. What kind of job might he have to take in preparation for what he really would like to do?

_____

4. What is his ultimate career goal?

_____

5. Why do you think his knowledge of foreign languages might be useful in his career?

_____

_____

6. What are his hobbies?

_____

7. In what way do his hobbies reinforce his training?

_____

_____

II. Votre curriculum vitae. You're applying for jobs in a French-speaking country. On a separate sheet of paper, follow the format of Ivan's CV to create your own résumé in French. If you are at the beginning of your studies, invent details based on your educational and career plans.

STRUCTURE: THE OBJECT PRONOUNS *LUI* AND *LEUR*

On lui propose une interview   🔲 SEGMENT 51

*Quand sa femme rentre du travail, François **lui** annonce qu'il vient de recevoir un coup de téléphone de chez Kodak.*

DELPHINE: Raconte. Qu'est-ce qu'ils veulent?

FRANÇOIS: C'était la directrice du personnel. Je **lui** ai parlé pendant une demi-heure. Elle veut que je rencontre ses collègues.

DELPHINE: C'est formidable! Quand est-ce que tu vas les voir?

FRANÇOIS: Vendredi après-midi à 14 heures.

Explication grammaticale   🔲 SEGMENT 51

Lui and **leur** are third-person, indirect-object pronouns that replace nouns used as indirect objects. In French, a noun used as an indirect object is introduced by the preposition **à** (or **pour** in the case of **acheter**). The indirect-object pronoun therefore replaces **à** + person.

Lui *(to him/to her)* replaces **à** + a feminine or masculine singular noun. Only the context makes it clear whether **lui** refers to a feminine or masculine noun.

Leur *(to them)* replaces **à** + a feminine or masculine plural noun. Again, only the context tells whether **leur** represents women or men (it may also represent a group of both men and women).

NOTE: **Lui** and **leur** are used only with people, not with things.

These pronouns take the following positions in sentences:

◆ Simple tenses (**lui** or **leur** + conjugated verb)

    Elle ne **lui** parle pas.
    Il **leur** racontera une histoire.
    Je **lui** téléphonais tous les jours.

◆ Imperative (affirmative command form + **lui** or **leur** OR **ne** + **lui** or **leur** + command form + **pas**)

    Donnez-**lui** cette cassette!
    Ne **leur** montre pas ces photos!

◆ Passé composé (**lui** or **leur** + helping verb)

>Je **lui** ai acheté une cravate.
>Nous ne **leur** avons pas prêté la vidéo.

◆ Conjugated verb + infinitive (conjugated verb + **lui** or **leur** + infinitive)

>On va **lui** apporter des fleurs.
>Ils n'aiment pas **leur** prêter de l'argent.

The following verbs take an indirect object (noun or pronoun):

acheter (pour, à)	**donner (à)** *(to give)*	**permettre (à)** *(to allow)*
apporter (à)	**expliquer (à)** *(to explain)*	**prêter (à)** *(to lend)*
apprendre (à)	**montrer (à)**	**proposer (à)** *(to suggest)*
demander (à) *(to ask)*	**obéir (à)**	**raconter (à)**
dire (à) *(to say)*	**parler (à)** *(to speak)*	**téléphoner (à)** *(to call)*

Application

*III. *Lui ou leur?* Replace each noun in italics with the indirect-object pronoun **lui** or **leur**.

>**MODÈLES:**   J'apprends le français *à ma petite sœur.*
>*Je lui apprends le français.*
>
>Montrez vos photos *aux étudiants.*
>*Montrez-leur vos photos.*

1. Dites *aux enfants* de faire attention aux voitures.

   _____

2. Qu'est-ce que tu as acheté *pour Micheline?*

   _____

3. Est-ce qu'elle donnera quelque chose *au prof de français?*

   _____

4. Explique ton problème *à ta mère.*

   _____

5. Tu vas téléphoner *à tes grands-parents?*

   _____

6. Nous avons raconté des histoires *aux enfants.*

   _____

7. Quelquefois je prête mes livres *à mon frère.*

   _____

8. Ils obéissaient toujours *à leurs parents.*

   _____

9. Je ne parle pas souvent *à mes voisins.*

   _____

10. Je vais apprendre *à Suzanne* à jouer aux échecs *(to play chess).*

    _____

*IV. Qu'est-ce que tu leur as acheté? Tell what you bought family members and friends on various occasions. Use **lui** or **leur** as appropriate.

>   **MODÈLE:**   sœur / anniversaire / des cassettes
>   *Pour son anniversaire, je lui ai acheté des cassettes.*

1.   mère (belle-mère, femme) / anniversaire / un bracelet

   _____

2.   père (beau-père, mari) / anniversaire / un livre sur la Révolution française

   _____

3.   sœur (frère) / Noël (Hanouka) / un sac à dos

   _____

4.   grands-parents / Noël (Hanouka) / des livres

   _____

5.   parents / Noël (Hanouka) / un caméscope

   _____

6.   mon meilleur ami / anniversaire / un portefeuille

   _____

7.   ma meilleure amie / anniversaire / un sac

   _____

8.   mes cousins / Noël (Hanouka) des compact discs

   _____

*V. Histoire d'un cambriolage. A man and a woman have just robbed (**cambrioler**) your store. Since you're the only witness to the incident, you talk to the police afterward. Use the pronouns **lui** or **leur** in each answer.

>   **MODÈLE:**   Est-ce que vous avez parlé aux cambrioleurs *(thieves)?* (oui)
>   *Oui, je leur ai parlé.*

1.   Qu'est-ce que vous avez demandé de faire aux cambrioleurs? (de sortir)

   _____

2.   Qu'est-ce que vous avez dit aux cambrioleurs? (que nous n'avions pas beaucoup d'argent dans la caisse)

   _____

3.   Qu'est-ce que vous avez donné au jeune homme? (tout notre argent)

   _____

4.   Qu'est-ce que vous avez montré à la jeune femme? (les bijoux)

   _____

5.   Est-ce que vous avez obéi aux cambrioleurs? (oui, bien sûr)

   _____

6.   Quand est-ce que vous avez téléphoné aux agents de police? (tout de suite après le «hold-up»)

   _____

7.   Qu'est-ce que vous avez raconté à l'agent de police? (toute l'histoire)

   _____

TEST 26: THE OBJECT PRONOUNS *LUI* AND *LEUR*

Use the elements in parentheses to answer the questions. Use **lui** or **leur** in each answer.

    MODÈLE: Qu'est-ce que tu as montré à tes parents? (ma note de français)
                             Je leur ai montré ma note de français.

1.   Qu'est-ce que tu as proposé à ton ami? (de sortir ce soir)

    _____

2.   Qu'est-ce que tu vas acheter pour ton grand-père? (une calculatrice)

    _____

3.   Qu'est-ce que tu apporteras à tes parents? (des souvenirs)

    _____

4.   Combien de fois est-ce que tu téléphonais à ton frère? (deux fois par semaine)

    _____

5.   Qu'est-ce que tu vas dire à tes profs? (que j'étais malade)

    _____

6.   Qu'est-ce que tu as permis aux enfants de faire? (de regarder la télé)

    _____

7.   Qu'est-ce que tu as demandé à ton prof de français? (de répéter l'explication)

    _____

8.   Qu'est-ce que tu montreras à ta camarade de classe? (des cartes postales de Paris)

    _____

> You'll find the correct answers to this test on page 416. Give yourself three (3) points for each answer: one (1) point for the correct conjugation of the verb, one (1) point for the correct choice of **lui** or **leur,** and one (1) point for the correct placement of **lui** or **leur.** A perfect score is 24. If your score is below 19 and most of your errors have to do with **lui** and **leur,** you should review pages 356–358 before going to class. If most of your errors are with verbs, go back and review the conjugations of the **passé composé** and the future tense.

À faire! (8-2)

Manuel de classe, pages 352-357

As a *follow-up* to work done with application letters, do Exercise VI below.

CONTEXTE: YVAN POSE SA CANDIDATURE

ÉCRIVEZ!

VI. Une lettre de candidature. Using Yvan's letter (page 354 of the **Manuel de classe**) and the sample, write your own application letter. Use one of the job ads from the **Manuel de classe** or make up a job you wish to apply for. Be sure to address the educational background and other qualifications that would be required for the job. Use a separate sheet of paper.

MODÈLE:

Jeanne Lasalle
19, avenue Fontenac
43000 Rennes

Rennes, le 14 juin 19___

Monsieur le Directeur
Service de Recrutement
Éditions Araignée
6, rue Pascal
54087 Limoges

Monsieur le Directeur,

Suite à votre annonce parue dans LE FIGARO du 13 juin, je me permets de poser ma candidature pour le poste de représentante de la région nord-ouest.

Comme vous le montrera mon curriculum vitae ci-joint, je viens de terminer mes études à l'université de Rennes où j'ai obtenu une maîtrise en langues étrangères avec spécialisation en anglais. J'ai de plus fait un stage chez le libraire Laffont à Rennes et j'ai passé trois mois en Allemagne pour perfectionner mon allemand.

Votre offre d'emploi m'intéresse beaucoup et j'ose espérer que vous prendrez ma demande en considération.

Dans l'attente d'une réponse favorable de votre part, je vous prie d'agréer, Monsieur le Directeur, l'expression de mes salutations les plus distinguées.

Jeanne Lasalle

p.j. : 1

As *preparation* for work in class, do the following:
- ▢ listen to SEGMENT 52 of your *Student Tape* and do Exercises VII, VIII, and IX;
- read the explanation of negative expressions;
- ▢ listen to SEGMENT 53 of your *Student Tape*;
- write Exercises X, XI, and XII;
- take Test 27.

PRONONCEZ BIEN! ▢ SEGMENT 52
Intonation (L'intonation)

Intonation refers to pitch—the rising and falling of the voice. French intonation patterns are determined both by word groups and by the type of utterance. In some cases, intonation is the key to meaning (it may indicate a question, for example). The basic intonation patterns are:

◆ Yes/no questions—rising intonation

  Tu comprends?   Est-ce qu'elle va sortir?

◆ Information questions—falling intonation

  Quelle heure est-il?   Où est-ce que tu habites?

◆ Commands—falling intonation

  Tournez à gauche!   Lève-toi!

◆ Short declarative phrases and sentences—falling intonation

  Merci beaucoup.   Bonjour, Madame.   Je ne sais pas.

◆ Longer declarative sentences—a combination of rising and falling intonation (Rising intonation at the end of a word group indicates that the sentence will continue; falling intonation marks the end of the sentence.)

  Je me lève, je m'habille et je prends mon petit déjeuner.

HELPFUL HINT: When reading French aloud, remember that a comma usually marks rising intonation and that a period marks falling intonation.

VII. ▢ SEGMENT 52 **L'intonation.** Repeat each of the following sentences, being careful to imitate the correct intonation patterns.

1. Qu'est-ce qui ne va pas?
2. Est-il toujours malade?
3. Quand je suis enrhumé, je rentre chez moi, je bois du thé et je me couche.
4. Tiens, voilà le médecin!
5. Ne mangez pas trop!
6. Où est la pharmacie? Je ne sais pas.
7. Est-ce que tu préfères le thé ou les jus de fruits?
8. Moi, j'aime bien le thé, mais j'aime mieux les jus de fruits.
9. Prenez des aspirines et restez au lit.
10. En hiver, j'ai souvent mal à la gorge et je tousse beaucoup.

PRONONCEZ BIEN! (suite)
Word groups (Le groupement des mots)

Segment 52

In English, there tends to be a slight pause between words. As a result, native English speakers can readily distinguish, for example, between *ice cream* and *I scream.* The French, however, do not often pause between words. Consequently, the word **élégant** and the phrase **et les gants** sound exactly the same. The absence of clear-cut breaks between words means that the basic element of spoken French is the *phrase,* or group of related words.

You've probably already noticed the numerous phrases and clauses you've been asked to learn: for example, **au revoir, n'est-ce pas, un sandwich au fromage, quelle heure est-il, quel temps fait-il,** etc. Usually the word groups are logically organized according to the grammatical structure. Here are some frequent word groupings:

◆ Subject and verb:

> je parle
> nous sommes
> elles ont
> Janine ira
> elles ont fait

◆ Subject, verb, and modifiers or pronouns:

> je ne travaille pas
> ils se couchent
> je les connais
> tu leur téléphones

◆ Article, noun, and adjective (or article, adjective, and noun):

> un restaurant français
> des livres intéressants
> un grand homme
> une petite ville

◆ A preposition and its complement:

> au cinéma
> dans la chambre
> avec mes amis
> près de l'église

REMEMBER: It's important, both when listening and when speaking, to focus on word groups rather than on individual words.

VIII. Le groupement des mots. Read the following phrases aloud, being careful to avoid pauses between words.

je ne vais pas / nous avons fait / ils n'ont pas peur / un grand repas / un match fantastique / ne vous disputez pas / au café / en face de la gare / c'est dommage / pas du tout / j'ai mal au cœur / ma petite amie / je le sais / vous et moi / près du cinéma / elle les veut / je lui ai parlé / nous les avons vus / avez-vous vu? / comment ça va? / quelle heure est-il? / quel temps fait-il? / quelle est la date? / quel jour sommes-nous? / où vas-tu?

IX. Poème. Listen to a poem by Jacques Prévert. (A **contrôleur** is a train conductor.) Pay close attention to intonation and to the grouping of words. Repeat in the pauses provided the second time you hear the poem.

LE CONTRÔLEUR

Allons allons
Pressons
Allons allons
Voyons pressons
Il y a trop de voyageurs
Trop de voyageurs
Pressons pressons
Il y en a qui font la queue
Il y en a partout
Beaucoup
Le long du débarcadère
Ou bien dans les couloirs du ventre de leur mère
Allons allons pressons
Pressons sur la gâchette
Il faut bien que tout le monde vive
Alors tuez-vous un peu
Allons allons
Voyons
Soyons sérieux
Laissez la place
Vous savez bien que vous ne pouvez pas rester
    là trop longtemps
Il faut qu'il y en ait pour tout le monde
Un petit tour on vous l'a dit
Un petit tour du monde
Un petit tour dans le monde
Un petit tour et on s'en va
Allons allons
Pressons pressons
Soyez poli
Ne poussez pas.

Jacques Prévert, *Paroles*
(© Éditions Gallimard, 1949)

THE CONDUCTOR

Let's go let's go
Step on it
Let's go let's go
Come on get going
There's too many passengers
Too many passengers
Hurry hurry
Some are in line
Some everywhere
Lots
Along the landing
Or in the halls of the womb of their mother
Let's go let's go step on it
Press the trigger
Everybody's gotta live
So kill some
Let's go let's go
Come on
Be serious
Move along
You know you can't stay here
Too long
There's got to be room for everyone
A little trip they told you
A little trip around the world
A little trip in the world
A little trip and you're off
Let's go let's go
Hurry hurry
Be polite
Don't push.

Selections from *Paroles*, © Paris 1947, Les Éditions du Point du Jour,

Translation by Lawrence Ferlinghetti, 1964

STRUCTURE: NEGATIVE EXPRESSIONS

Un employé malheureux SEGMENT 53

FRANÇOIS: Il faut absolument que je trouve un autre travail. Je **ne** peux **plus** supporter le stress.
DELPHINE: Tu as parlé de ça à quelqu'un?
FRANÇOIS: Non, je **n'**en ai parlé à **personne.**
DELPHINE: Qu'est-ce que je peux dire pour te faire changer d'avis?
FRANÇOIS: Tu **ne** peux **rien** dire.
DELPHINE: **Rien?** Tu as déjà démissionné *(resigned)?*
FRANÇOIS: **Pas encore.** Mais je vais le faire demain.

Explication grammaticale SEGMENT 53

You've already learned to use the negative expressions **ne... pas** and **ne... jamais** *(never)*. In general, all other negative expressions in French follow the same pattern.

◆ **Ne... rien** *(nothing)* and **ne... personne** *(nobody, no one)*

There are a few special rules to remember about **ne... rien** and **ne... personne.**

- In the **passé composé, ne... rien** surrounds the helping verb.

  Je n'ai **rien** trouvé.   I *didn't* find *anything.*

  However, **personne** follows the past participle.

  Je n'ai vu **personne.**   I *didn't* see *anyone.* (I saw *nobody.*)

- Regardless of the tense, if the verb is followed by a preposition, **rien** and **personne** come after this preposition.

  Je n'ai besoin **de rien.**   I *don't* need *anything.*
  Nous n'avons parlé **à personne.**   We *didn't* talk *to anyone.*

- **Ne... personne** and **ne... rien** may also be used as the subject of a sentence. In this case, the word order is reversed and both parts of the negative come *before* the verb.

  Rien ne m'intéresse.   *Nothing* interests me.
  Personne n'a téléphoné.   *No one* called.

- **Rien** and **personne** may be used without a verb as answers to questions. In such cases, **ne** is dropped.

  —Qui est là?   —Qu'est-ce que tu fais?
  —Personne.   —Rien.

◆ **Ne... plus** *(no longer)*, **ne... pas encore** *(not yet)*, **ne... jamais** *(never)*

All of these expressions are used in the same way as **ne... pas** in that **ne** is placed before the conjugated verb and the rest of the expression is placed after the conjugated verb.

  Elle **n'**est **plus** ici.   She's *not* here *anymore*. (She's *no longer* here.)
  Nous **n'**avons **pas encore** fini nos devoirs.   We haven*'t* finished our homework *yet*.
  Tu **ne** vas **jamais** comprendre cette situation!   You're *never* going to understand this situation!

The expressions **pas encore** and **jamais** may also be used alone as answers to questions.

  —Ils sont partis?   —Vous buvez du Coca?
  —*Pas encore*.   —*Jamais*.

> Before you begin the exercises, **un petit tuyau** *(trick)* to help you work with negative expressions. If you associate each expression with it's opposite, it's sometimes easier to remember. So... here goes. What's the opposite of **quelque chose**? **Ne... rien**, of course. What about the opposite of **quelqu'un**? You guessed it. **Ne... personne**. The opposite of **encore** *(still)* is **ne... plus** and the opposite of **déjà** *(already)* is **ne... pas encore**. By the way, you'll probably notice that the word **toujours** can also mean *still* and the context or tone of voice will tell you whether it means *still* or *always*. Oh, and finally, **toujours** and **souvent** are two of the opposites for **ne... jamais**. Now that you know all this, the exercises should be a little bit easier.

Application

*X. Des contraires. Answer each question using a negative expression that is the opposite of the term in italics.

  MODÈLE: Est-ce qu'il va *souvent* à la bibliothèque?
                 Non, il ne va jamais à la bibliothèque.

1. Est-ce que tu as vu *quelqu'un* dans le jardin?

   _____

2. Est-ce que *quelqu'un* vous a appelé?

   _____

3. Est-ce qu'ils ont fait *quelque chose* ce week-end?

   _____

4. Est-ce que *quelque chose* d'intéressant est arrivé?

   _____

5. Est-ce qu'il a parlé à *quelqu'un* ce matin?

_____

6. Est-ce qu'il est *encore* à l'hôpital?

_____

7. Est-ce que tu as *déjà* fait tes devoirs?

_____

8. Quand il est en France, est-ce qu'il mange *toujours* des escargots?

_____

9. Est-ce qu'elles ont *déjà* trouvé un job?

_____

10. Est-ce que vous avez *encore* faim?

_____

***XI. Esprit de contradiction.** You're not in a very good mood today. Each time someone says something, you say the opposite. Use negative expressions to contradict the statements.

    MODÈLE: Je suis toujours à l'heure.
                           Ce n'est pas vrai. Tu n'es jamais à l'heure.

1. Nous allons souvent au restaurant.

_____

2. Elle est encore en France.

_____

3. Il comprend tout *(everything)*.

_____

4. Quelqu'un t'attend *(is waiting for you)*.

_____

5. Ses parents ont déjà fait de l'alpinisme.

_____

6. J'ai besoin de beaucoup de choses.

_____

7. J'ai rencontré beaucoup de gens en ville hier.

_____

8. Elle pense à tout.

_____

9. J'ai tout fait.

_____

10. Ils sont encore au centre commercial.

_____

*XII. Chez les Français. You're spending a week with a French family. As the family members ask you questions, answer using appropriate negative expressions.

> **MODÈLE:** Vous avez mangé quelque chose avant de vous coucher?
> *Non, je n'ai rien mangé (avant de me coucher).*

1. Vous êtes encore fatigué(e)?

   _____

2. Vous avez déjà mangé ce matin?

   _____

3. Vous avez entendu *(Did you hear)* quelqu'un ce matin?

   _____

4. Vous avez besoin de quelque chose pour votre chambre?

   _____

5. Vous vous couchez toujours avant 10h?

   _____

6. Vous avez laissé quelque chose dans la voiture?

   _____

7. Vous voulez téléphoner à quelqu'un aujourd'hui?

   _____

Daphné et Yvan lisent les petites annonces.

TEST 27: NEGATIVE EXPRESSIONS

The scene is a post office. The characters are the postal employee and an elderly, well-dressed lady. The situation is that the lady has been sitting on a bench inside the post office for the last three hours. The postal employee is beginning to get suspicious and asks the lady some questions. Write down her answers using negative expressions.

MODÈLE: Pardon, Madame. Vous désirez quelque chose?
Non, Monsieur. Je ne désire rien.

1. Vous attendez quelqu'un?

   _____

2. Vous avez besoin de quelque chose?

   _____

3. Vous voulez acheter quelque chose?

   _____

4. Vous avez déjà acheté des timbres *(stamps)?*

   _____

5. Vous voulez téléphoner à quelqu'un?

   _____

6. Quelqu'un va vous téléphoner?

   _____

7. Vous avez quelque chose à envoyer *(to send)?*

   _____

8. On vous a envoyé quelque chose?

   _____

9. Vous passez souvent l'après-midi dans les bureaux de poste?

   _____

> You'll find the correct answers on page 417. Give yourself two (2) points for each
> correct answer: one (1) point for the correct negative expression and one (1) point
> for the correct placement. A perfect score is 18 points. If your score is below 14,
> you should review pages 364–367 before going to class.

As a *follow-up* to work done in class, do Exercise XIII.

As *preparation* for work in class, do the following:
- read the explanation about the conditional tense;
- 🎧 listen to SEGMENT 54 of your *Student Tape;*
- write Exercises XIV, XV, and XVI;
- take Test 28.

CONTEXTE: RÊVES ET ASPIRATIONS

XIII. Une vie de rêve. Imagine the life you'd like to have one day and write down your ideas by completing each of the following sentences. Think about your family, where you might want to live, what kind of home you'll have, what kind of work you'd like to do, how you'd like to spend your free time and vacations, etc. Note that all the sentences begin with either an expression of what you would like to do or an expression of what you would *not* like to do.

1. J'espère _____

_____

2. Je m'imagine _____

_____

3. J'ai décidé de ne pas _____

_____

4. Je n'ai pas l'intention de _____

_____

5. Je rêve de _____

_____

6. J'ai envie de _____

_____

7. Je tiens à _____

_____

8. Je ne pense pas _____

_____

9. Je ne veux pas _____

_____

10. Je me vois _____

_____

STRUCTURE: THE CONDITIONAL TENSE
Un dîner pour le patron SEGMENT 54

> **JULIEN:** Je **voudrais** inviter mon patron à dîner. Toi, tu **pourrais** faire la connaissance de sa femme et moi, j'**aurais** l'occasion de lui parler de ma promotion.
>
> **ISABELLE:** Ça **serait** bien. Nous **pourrions** leur préparer un repas chinois.
>
> **JULIEN:** Oui. Et si on **voulait** vraiment les impressionner, on leur **servirait** un bon vin blanc du Val de Loire.

Explication grammaticale ▭ SEGMENT 54

The conditional tense in French is the equivalent of the English structure *would* + verb. You've already learned to use the conditional in many polite expressions: **je voudrais, tu pourrais, j'aimerais.** To form the conditional tense, simply add the *imperfect endings* (-ais, -ais, -ait, -ions, -iez, -aient) to the infinitive of the verb. Notice that the final -e of a verb ending in -re is dropped before the conditional-tense ending is added:

LE CONDITIONNEL		
arriver	**partir**	**prendre**
arriver-	**partir-**	**prendr-**
j'arriver**ais**	je partir**ais**	je prendr**ais**
tu arriver**ais**	tu partir**ais**	tu prendr**ais**
il / elle / on arriver**ait**	il / elle / on partir**ait**	il / elle / on prendr**ait**
nous arriver**ions**	nous partir**ions**	nous prendr**ions**
vous arriver**iez**	vous partir**iez**	vous prendr**iez**
ils / elles arriver**aient**	ils / elles partir**aient**	ils / elles prendr**aient**

A few verbs have irregular stems. You learned these stems when studying the future tense.

aller	**ir-**	j'**irais**
avoir	**aur-**	tu **aurais**
être	**ser-**	elle **serait**
faire	**fer-**	nous **ferions**
falloir	**faudr-**	il **faudrait**
pouvoir	**pourr-**	vous **pourriez**
savoir	**saur-**	ils **sauraient**
venir	**viendr-**	je **viendrais**
voir	**verr-**	tu **verrais**
vouloir	**voudr-**	nous **voudrions**

In addition to expressing politeness, the conditional tense is used in two other ways.

◆ To give advice:

À ta place, **je trouverais** le temps d'y aller.
À mon avis, **tu ferais** mieux de rester au lit.

◆ To indicate that a certain event may not occur: (Note that the verb used in the **si** clause of the sentence has to be in the imperfect tense, while the verb in the resulting clause is in the conditional)

Si **j'avais** le temps, **j'en parlerais** à mon patron.	If *I had* the time, *I would talk* to my boss about it (but I don't have the time).
Nous ferions un voyage, si **nous avions** l'argent.	*We would take* a trip, if *we had* the money (but we don't have the money).

Application

*XIV. Au restaurant. You're at a restaurant with friends. Use the conditional of the verb **vouloir** to complete each sentence.

1. Henri _____ le menu à 60F.

2. Janine et Annette _____ un steak frites et une salade.

3. Je _____ du saumon fumé.

4. Noëlle, est-ce que tu _____ une salade?

5. Qu'est-ce que vous _____ , Marc et Suzanne?

6. Et nous, _____ deux bouteilles d'eau minérale.

*XV. Quelle trouvaille (*What a find*)! You just read an article about someone who found a suitcase full of money. Imagine what you and your friends would do if you had that money. Use the conditional of the verb provided, along with the other elements to form your sentences.

Si nous avions cet argent...

1. je / acheter des cadeaux pour tous mes amis

   _____

2. Paul / mettre de l'argent à la banque

   _____

3. mes parents / ne plus travailler

   _____

4. vous / inviter tous vos amis au restaurant

   _____

5. tu / voyager partout en Europe

   _____

6. Philippe / aller au Mexique

   _____

7. nous / faire le tour du monde

   _____

8. mes amis / s'amuser

   _____

*XVI. Quels conseils donneriez-vous? Your friends talk to you about problems. Use the elements in parentheses to indicate what you would do if you were in their place.

MODÈLES: Je suis toujours très fatigué. (se coucher plus tôt)
À ta place, je me coucherais plus tôt.

Mon frère s'ennuie à son travail. (chercher un autre poste)
À sa place, je chercherais un autre poste.

1. Depuis quelques mois je grossis énormément. (ne plus manger de choses sucrées)

   _____

2. Mes parents n'aiment pas l'appartement où nous habitons. (acheter une maison)

   _____

3. Je n'ai jamais assez d'argent. (ne plus aller au centre commercial)

   _____

4. La femme d'Hervé ne sait pas parler français. (prendre des leçons de français)

   _____

5. J'ai la grippe depuis cinq jours. (consulter le médecin)

   _____

6. Nous n'avons pas envie de faire la cuisine ce soir. (dîner au restaurant)

_____

7. Mon frère a des difficultés en chimie. (aller voir le prof)

_____

8. J'ai mal à la tête. (prendre des cachets d'aspirine)

_____

9. Nous ne savons pas qui inviter. (inviter mes meilleurs amis)

_____

10. Ma sœur a encore besoin d'argent. (ne plus lui donner d'argent)

_____

TEST 28: THE CONDITIONAL TENSE

PART A

Put each of the sentences into more polite form by using the conditional.

    MODÈLE: Je veux vous parler.
                      Je voudrais vous parler.

1. Nous voulons parler à M. Imbert.

_____

2. Pouvez-vous m'indiquer son adresse?

_____

3. Savez-vous où il est allé?

_____

4. Elles peuvent nous aider?

_____

5. Est-ce que vous avez le temps de me parler?

_____

6. Je suis content(e) de lui téléphoner.

_____

7. Est-ce que tu peux dîner avec nous ce soir?

_____

8. Vous faites ça pour moi?

_____

9. Il va à la boulangerie pour nous?

_____

10. Tu es gentil de m'aider.

_____

PART B

Change the following statements from the more certain to the more hypothetical. Each statement is written in the present and the future tenses. To form hypotheses, change them to the imperfect and the conditional. Remember that the imperfect is in the clause that contains **si.**

MODÈLE: Si j'ai de l'argent, j'irai en Espagne cette année.
Si j'avais de l'argent, j'irais en Espagne cette année.

1. Si nous avons assez de temps, nous nous arrêterons à New York.

    _____

2. Si tu prends ce cours, je peux te prêter mes notes.

    _____

3. Est-ce que tu viendras si on t'invite?

    _____

4. Qu'est-ce que vous ferez si elle refuse?

    _____

5. Si elles finissent les devoirs, elles pourront sortir.

    _____

6. Je serai content(e) si je réussis à cet examen.

    _____

> You'll find the correct answers on page 417. Give yourself one (1) point for each correct verb in Part A, for a total of 10 points. Give yourself two (2) points for each sentence (1 point for the correct imperfect, 1 point for the correct conditional) in Part B, for a total of 12 points. A perfect score on both parts is 22 points. If your score is below 18, you should review pages 370–373 before going to class.

À *faire!* (8-5)   *Manuel de classe, pages 365–370*

As a *follow-up* to work done in class, do the following:
*   write Exercise XVII;
*   do Exercise XVIII, read the poem, and do Exercise XIX.

ÉCRIVEZ!

XVII. La vie idéale. Imagine the ideal life that you would like to have someday. Use the conditional tense and some of the following topics to write your composition on a separate sheet of paper: **état civil (célibataire ou marié[e]) / logement / enfants (oui ou non) / temps libre / voyages / travail / lieu du domicile / biens matériels.** Don't forget to make use of the vocabulary you learned about dreams and aspirations.

PHRASES: Weighing alternatives; Comparing and contrasting; Expressing an opinion

VOCABULARY: Family members; House; Professions; Leisure

GRAMMAR: Conditional

LISEZ!

Poetry is, first and foremost, word play. Poets create their poems out of words, paying attention not only to litteral meaning but to sounds, rhythms, connotations, and associations. Consequently, when you read a poem, you need to pay close attention to the words themselves. You're going to read a short poem by Max Jacob (1876-1944), a poet who was "serious" about the idea of "playing" with words.

XVIII. Prélecture. The poem is about a woman acrobat who is taking a train trip. Answer the following questions to indicate what ideas you bring to the reading of this poem.

1. What things or ideas do you associate with an acrobat? What kind of life do you imagine she leads?

   _____

   _____

   _____

   _____

2. What do people do while traveling by train (or plane)?

   _____

   _____

   _____

   _____

3. Locate on the map of France on page xiii the following cities: **Paris, Nantes, Saumur.**

LECTURE: «La Saltimbanque[1] en wagon 3e classe»

La Saltimbanque en wagon 3e classe

La saltimbanque! la saltimbanque!
a pris l'express à neuf heures trente,
a pris l'express de Paris–Nantes.
Prends garde,[2] ô saltimbanque,
que le train partant ne te manque.[3]
Et voici son cœur qui chante:
oh! sentir dans la nuit clémente
qu'on suit[4] la direction d'un grand fleuve
dans la nuit de l'ouest, dans la nuit veuve![5]
Mais on ne me laissera donc pas seule[6]
sous mon rêve avec mon saule.[7]
Gens de Saumur! gens de Saumur!
Oh! laissez-moi dans ma saumure.[8]
Abstenez-vous, gens de Saumur,
de monter dans cette voiture.
Elle rêve à son maillot jaune[9]
qui doit si bien aller à sa chevelure[10]
quand elle la rejette loin de sa figure.[11]
Elle rêve à son mari qui est jeune,
plus jeune qu'elle, et à son enfant
qui est visiblement un génie.
La saltimbanque est tcherkesse;[12]
elle sait jouer de la grosse caisse.[13]
Elle est belle et ne fait pas d'épates;[14]
elle a des lèvres[15] comme la tomate.

Max Jacob, Les pénitents en maillots roses, *1925*

VOCABULAIRE: 1. *acrobat* 2. *Take care* 3. *misses you* 4. *is following* 5. *widowed* 6. *alone* 7. *willow* 8. *pickling juice* 9. *leotard (also* **maillot jaune***: leader's shirt in* **Tour de France** *bicycle race)* 10. *hair* 11. *face* 12. *Circassian (inhabitant of Circassia, southern part of former Soviet Union)* 13. *bass drum* 14. *doesn't show off* 15. *lips*

XIX. Analyse. Answer the following questions about the poem.

1. Summarize briefly the basic situation: Where is the acrobat? Where is she going? Is this a long trip? Why might she be going there? Why might she be riding in third class?

_____

_____

_____

_____

2. Most of the poem is presented in the words of the poet-narrator; however, one section presents the words the acrobat says to herself. Identify this section. What is she saying to herself? Why?

_____

_____

_____

3. What does the acrobat dream about during the trip? What do her dreams reveal about her?

_____

_____

_____

4. Find instances where the poet plays with the sounds of words (for example, **trente/Nantes**).

_____

_____

_____

5. Find instances where the word play is on the shape (letters) of the word rather than on the sound.

_____

_____

_____

6. What is strange and humorous about the end of the poem? Does this ending affect the way you feel about the poem as a whole?

_____

_____

_____

À faire! (8-6)

Manuel de classe, pages 370–371

As a _general review_ of the chapter, write Exercise XX.

INTÉGRATION

XX. Mes idées. Complete each of the following sentences using the elements provided. You can then provide an additional sentence for each item to explain your response.

> **MODÈLE:** Si j'avais beaucoup d'argent... (ne... plus)
> _Si j'avais beaucoup d'argent je ne prendrais plus le bus pour aller à l'université._
> _J'achèterais une voiture._

1. Si j'avais beaucoup d'argent...
   a. ne... plus

   _____

   _____

   b. ne... jamais

   _____

   _____

2. Si j'habitais dans une grande maison...
   a. être

   _____

   _____

   b. avoir

   _____

   _____

3. Quand je suis malade...
   a. ne... pas

   _____

   _____

   b. ne... jamais

   _____

   _____

   c. ne... personne

   _____

   _____

4. Pendant les vacances...
   a. aller

   _____

   _____

   b. lire

   _____

   _____

5. Quand je suis avec mes parents (mes enfants)...
   a. ne... jamais

   _____

   _____

   b. aimer

   _____

   _____

6. Quand je parle à mon (ma) conseiller (conseillère)...
   a. discuter de

   _____

   _____

   b. dire

   _____

   _____

À faire! (8-7)

Manuel de classe, pages 371–372

As a *general review* of the grammatical structures studied in this chapter, do Exercises XXI, XXII, and XXIII.

MISE AU POINT

Les pronoms *lui* et *leur* (pages 356–357)

*XXI. Un interrogatoire. One of your friends was sick yesterday and couldn't make it to French class. When you call her, she asks you a lot of questions about what happened. Answer her questions using the pronouns **lui** and **leur** and the elements provided.

> **MODÈLE:** Qu'est-ce que tu as dit au prof? (que tu étais malade)
> *Je lui ai dit que tu étais malade.*

1. Qu'est-ce que tu as dit au prof au sujet de ma maladie? (que tu avais la grippe)

   _____

2. Qu'est-ce que tu as donné au prof? (tes devoirs)

   _____

3. Qu'est-ce que le prof a fait passer aux étudiants? (un examen)

   _____

4. Qu'est-ce que le prof a expliqué aux étudiants? (les expressions négatives)

   _____

5. Qu'est-ce que les étudiants ont demandé au prof? (des explications supplémentaires)

   _____

6. Qu'est-ce que le prof a permis aux étudiants de faire? (de travailler en petits groupes)

   _____

7. Qu'est-ce que les étudiants ont proposé au prof? (de faire le cours dehors)

   _____

8. Qu'est-ce que Susan a prêté à John? (des cartes postales de Toulouse)

   _____

9. Est-ce que les étudiants ont obéi au professeur? (oui)

   _____

Les expressions négatives (page 364–365)

*XXII. Autrefois et aujourd'hui. Use negative expressions to say that the past and the present are different for you and your family members.

> **MODÈLE:** Autrefois, nous habitions encore dans un petit appartement.
> *Aujourd'hui, nous n'habitons plus dans un petit appartement.*

1. Autrefois, mon frère regardait souvent la télévision.

   _____

2. Autrefois, on avait encore un chien.

   _____

3. Autrefois, nous habitions encore en ville.

   _____

4. Autrefois, ma mère invitait quelqu'un à manger le week-end.

   _____

5. Autrefois, quelqu'un venait chez nous pour faire le ménage.

   _____

6. Autrefois, nous allions souvent au cinéma.

   _____

7. Autrefois, nous faisions toujours quelque chose pendant les vacances.

   _____

8. Autrefois, j'avais déjà choisi une profession.

   _____

9. Autrefois, tout m'intéressait.

   _____

10. Autrefois, on faisait des promenades ensemble.

   _____

Le conditionnel (pages 370–371)

*XXIII. Une conversation. Fill in the blanks using the conditional tense of the verbs in parentheses.

RENÉ: Je _____ (vouloir) inviter les Bistodeaux à dîner.

ANNE: Oui, j'_____ (aimer) bien leur raconter notre voyage en France.

RENÉ: Nous _____ (pouvoir) leur préparer un bon dîner à la française. Moi, je leur

_____ (faire) ces escalopes à la crème que nous avons mangées à Paris.

ANNE: Ça _____ (être) bien. Moi, je _____ (préparer) du riz créole et des

haricots verts.

RENÉ: Si tu voulais vraiment leur faire plaisir, tu _____ (faire) un soufflé à l'orange comme

dessert.

ANNE: Et toi, tu _____ (acheter) des crevettes pour le hors-d'œuvre. Et avec le dessert nous

_____ (pouvoir) servir du champagne.

RENÉ: D'accord. Si tu préparais le dîner je t'_____ (aider), bien sûr. Et nous

_____ (aller) faire les courses ensemble.

ANNE: Tu penses que les Bistodeaux _____ (aimer) du vin blanc avec le repas? Ils préfèrent

peut-être du rouge.

RENÉ: Mais non! Avec les escalopes il _____ (falloir) servir du blanc.

ANNE: Je sais. Mais tu sais que Jean a des goûts très particuliers.

CHAPITRE 8
Les jeunes mariés

EXPANSION

EXERCICE D'ÉCOUTE: VOUS POURRIEZ PRENDRE UN MESSAGE?

SEGMENT 55

While staying with a French family in Bordeaux, you find yourself at home alone. When the phone rings, you answer and jot down (in French or in English) the messages (SEGMENT 55 of your *Student Tape*) for **M. Chaumeau,** his wife (**Denise**), and their son (**Jean-Philippe**).

✍ **en votre absence**

Date _____ Heure _____
À l'attention de M. _____
M. _____
Société _____
Téléphone _____

A TÉLÉPHONÉ	☐	MERCI D'APPELER	☐
EST PASSÉ VOUS VOIR	☐	VOUS RAPPELLERA	☐
DEMANDE UN ENTRETIEN	☐	**URGENT**	☐

Message: _____
_____
_____
_____
_____
_____
_____
_____
_____

✍ **en votre absence**

Date _____ Heure _____
À l'attention de M. _____
M. _____
Société _____
Téléphone _____

A TÉLÉPHONÉ	☐	MERCI D'APPELER	☐
EST PASSÉ VOUS VOIR	☐	VOUS RAPPELLERA	☐
DEMANDE UN ENTRETIEN	☐	**URGENT**	☐

Message: _____
_____
_____
_____
_____
_____

✍ **en votre absence**

Date _____ Heure _____
À l'attention de M. _____
M. _____
Société _____
Téléphone _____

A TÉLÉPHONÉ	☐	MERCI D'APPELER	☐
EST PASSÉ VOUS VOIR	☐	VOUS RAPPELLERA	☐
DEMANDE UN ENTRETIEN	☐	**URGENT**	☐

Message: _____
_____
_____
_____
_____
_____
_____

EXERCICE D'ÉCOUTE: ENTRETIENS

 SEGMENT 56

Listen to the four job interviews (SEGMENT 56 of your *Student Tape)*, then answer the questions.

Numéro 1

1. What job is the person being interviewed for? _____

2. Where did the person do her studies? _____

3. Has she held a teaching job before? _____

Numéro 2

4. In what region of France would the person be working? _____

5. How many years of experience does the person have? _____

6. What job experience does the person have? _____

7. Is the person interested in traveling? _____

Numéro 3

8. What qualifies the person for the job? _____

9. What does the person eventually want to do as a career? _____

Numéro 4

10. What is one of the most important requirements for the job? _____

11. What other qualifications does the person have? _____

ACTIVITÉ ÉCRITE: MES QUALIFICATIONS

You've been asked to write a biographical passage for a job-placement agency. Describe your family background, personal qualities, education, work experience, hobbies, and the type of work you're interested in. Include any other information that you think will help the agency to match you with appropriate job openings. Use a separate sheet of paper.

 PHRASES: Describing people; Persuading

VOCABULARY: Personality; Trades, occupation; Studies, courses; Leisure

GRAMMAR: Compound past tense; Past imperfect; Conditional

ACTIVITÉ ÉCRITE: UNE LETTRE DE CANDIDATURE

Write a job application letter for a position you selected from one of the ads in the **Manuel de classe**. (Use the letter on page 354 of the **Manuel de classe** as a model). When you return to class, show your letter to a classmate. The classmate will then interview you and decide if you will be hired.

LECTURE: «PARIS: CAPITALE ÉCONOMIQUE EUROPÉENNE?»

P · A · R · I · S
CAPITALE ÉCONOMIQUE EUROPÉENNE?

Alors qu'avec l'horizon 1993 la course au titre de numéro 1 de capitale économique européenne est engagée entre les grandes villes d'Europe, Paris doit cesser d'être perçue uniquement à travers son image culturelle, pour s'imposer économiquement.

L'évolution de cette image passe aussi par une architecture qui se prête au monde des affaires et des grandes sociétés. Ainsi, tout un quartier périphérique proche de la capitale, celui dit de La Défense au nord-ouest de Paris, a été transformé. Dans ce quartier vieillot, rien ne s'opposait à l'érection d'un quartier d'affaires adapté aux nécessités modernes. La Défense est devenue aujourd'hui un centre international des affaires digne du 21e siècle. L'Arche, qui achève la perspective menant en ligne droite jusqu'au palais du Louvre, couronne le tout.

Mais tout ceci n'est qu'un début : pour devenir «capitale économique européenne», Paris a décidé de mettre le paquet, et le gouvernement vient de lancer un programme important destiné à doubler la superficie de la Défense. Ce sera la plus vaste opération d'aménagement urbain de la fin du 20e siècle. Dix milliards de francs ($ 1,7 milliards) sur 10 ans. Il s'agit de prolonger de 3 kilomètres vers le Nord «l'axe historique» (Louvre-Arche de la Défense). La superficie passera de 80 hectares à 160, et englobera la commune de Nanterre — et sa célèbre université — reliée à l'Arche par une vaste agora de 120 mètres de large sur 3 km de long.

Sur cet emplacement exceptionnel, 600.000 m² de bureaux seront édifiés. Mais pour ne pas en faire une ville «qui ferme à 17 heures», les logements seront encore plus importants : 1,2 millions de m², dont 60 % de logements à vocation sociale.

Mais la Défense n'est pas tout. Si, comme le dit Jacques Chirac, le maire de Paris : «Paris a par destination, vocation à être la capitale économique de l'Europe : la géographie l'implique et l'histoire le confirme», il faut cependant voir encore plus grand. Aussi, d'autres pôles d'extension sont prévus à l'Ouest, au Sud, à Montparnasse par exemple, avec l'opération qui accompagnera la nouvelle gare TGV (Trains à grande vitesse), et surtout l'Est de Paris qui sera le principal lieu d'accueil de nouvelles opérations, avec essentiellement les projets Tolbiac-Masséna (vieux quartiers abandonnés, entrepôts délaissés appartenant à la mairie), où sur 50 hectares seront construits plus d'un million de m² destinés aux activités tertiaires.

Le maire a bien précisé : «Il ne s'agit pas d'organiser des zones mortes parce que trop spécialisées, mais un véritable quartier, avec ses logements et ses équipements, qui devra être exemplaire du Paris de demain. S'il faut être ambitieux, il faut savoir aussi préserver les grands équilibres qui font de Paris une ville vivante et animée.»

Tous ces programmes sont des atouts importants en faveur du rôle économique de Paris dans l'Europe à venir, et ils le sont d'autant plus que s'y ajoute le développement fulgurant des liaisons TGV avec le reste de l'Europe dont l'interconnexion se fera précisément à proximité immédiate du quartier d'affaires de La Défense.

Pour l'instant cependant, la concurrence est rude entre les capitales européennes.

Reprinted from *Journal français d'Amérique.*

Exercice de compréhension. The recent economic unification of Europe has caused each major European city to make its bid to become the economic center of the union. According to the article, the French government has engaged in a series of initiatives to change the image of Paris from a primarily cultural center to a center of business and industry. Read the article and summarize, in English, what is being done in Paris to accomplish this. What programs have been put into action? In your opinion, how will these programs transform the city and what are some of the positive and negative effects of such a transformation? Use a separate sheet of paper.

ENREGISTREMENT: ENTRETIEN: UN STAGE DANS UNE SOCIÉTÉ INTERNATIONALE

Simulate a job interview with one of your classmates and record it to be turned in to your instructor. One of you will play the interviewer, the other one the interviewee. The interviewer should prepare questions ahead of time, regarding the interviewee's skills, education, and experience. The interviewee should not know the questions that will be asked so that the interview will be more spontaneous.

JEU: CHAÎNES DE MOTS

Each of the following series of words are logically connected (for example, they may be a chronological sequence of events, synonyms, antonyms, or have a cause and effect relationship). Find the words that fit between the first and last words. The first letter of each word is provided and cues are given in parentheses.

1. petites annonces
   l _ _ _ _ _ _   (on pose sa candidature)
   e _ _ _ _ _ _ _ _ _   (on se présente)
   o _ _ _ _ _   (la bonne nouvelle)
   premier jour de travail

2. achats
   v _ _ _ _ _ _   (le contraire)
   c _ _ _ _ _ _ _ _ _   (représentant de _____)
   c _ _ _ _ _ _ _   (personnes qui achètent)
   commerce

3. compagnie
   e _ _ _ _ _ _ _ _ _ _   (synonyme)
   s _ _ _ _ _ _ _   (synonyme)
   s _ _ _ _ _ _ _ _ _ _ _ _   (d'autres lieux de la même compagnie)
   industrie

4. travail
   c _ _ _ _ _   s _ _ _ _ _ _ _ _ _ _ (personne qui a des employés)
   p _ _ _ _ _   (synonyme)
   p _ _ _ _ _ _ _ _ _   (synonyme d'avancement)
   sécurité de l'emploi

LEXIQUE

Pour se débrouiller

Pour parler des conditions de travail

les indemnités *(f. pl.)*	les congés payés *(m. pl.)*	le salaire (bas, haut, élevé)
l'ambiance *(f.)*	les frais *(m. pl.)*	la sécurité de l'emploi
l'avancement *(m.)*	l'horaire *(m.)*	le travail à mi-temps
les conditions *(f. pl.)* de travail (avantageuses, désavantageuses)	les primes *(f. pl.)*	le travail à temps partiel
	la promotion	
un congé	une retraite	

Verbes utiles

aimer bien	engager	licencier
avoir envie de	être mécontent(e) de	payer
demander	être satisfait(e) de	poser sa candidature
démissionner	s'intéresser à	

Pour exprimer la négation

ne... pas	ne... personne (personne... ne)	ne... pas encore
ne... rien (rien... ne)	ne... plus	ne... jamais

Pour dire ce qu'on veut faire

Je voudrais (+ infinitif)...	J'ai l'intention de (+ infinitif)...	Je tiens à (+ infinitif)...
J'aimerais (bien) (+ infinitif)...	Je pense (+ infinitif)...	Je compte (+ infinitif)...
J'espère (+ infinitif)...	Je rêve à (+ nom)...	J'ai envie de (+ infinitif)...
Je m'imagine (avec, dans, chez, etc.)...	Je rêve de (+ infinitif)...	

Vocabulaire général

Noms

les affaires (*f. pl.*)	les connaissances (*f. pl.*)	une piqûre
un cabinet	un curriculum vitae	une salle de spectacles
un cadeau	un(e) grossiste	un sans-abri
un cambrioleur	les œuvres charitables (*f. pl.*)	le sommeil
un commercial (un représentant de commerce)	un(e) patron(ne)	un timbre

Adjectifs

célèbre	surgelé(e)

Verbes

attendre	entendre	rédiger
avoir le cafard	envisager	rêver
brûler	envoyer	s'imaginer
cambrioler	essayer	se sauver
démissionner	gagner sa vie	se voir
s'ennuyer	raccrocher	vivre

Autres expressions

C'est de la part de qui?	jamais	Pas tellement.
décidément	Ne quittez pas.	quelque chose
déjà	n'importe où	quelque part
encore	Pas si vite!	quelqu'un
Il s'agit de...		

Le langage familier

un(e) gosse	*kid*
Ça alors!	*What do you know!*
un petit tuyau	*a little trick*
Tu veux rire!	*You're not serious!*

ANSWER KEY

Chapitre préliminaire

I. Une enquête

1. a survey
2. the columns, the percent signs
3. types of instruments
4. Answers will vary.
5. another string instrument
6. Answers will vary.
7. what they own / 15 to 19 years / 20 to 24 years / 25 to 29 years / total population

II. Les Français et les instruments de musique

1. faux	3. vrai	5. faux
2. vrai	4. vrai	6. vrai

III. Les vedettes

1. Cécile, Mélody, Gérard, Thérèse, Béart, Noé, André, Hélène, René, Léopold
2. Mylène, Thérèse, Hélène
3. Chatôt, Forêts
4. François, Françoise
5. Roüan, Küntzel

IV. Les chiffres

47 : quatre et sept	18 : un et huit
29 : deux et neuf	35 : trois et cinq
60 : six et zéro	51 : cinq et un

9 + 6 = quinze	4 + 7 = onze
10 + 10 = vingt	13 + 6 = dix-neuf
5 + 8 = treize	12 + 2 = quatorze
7 + 10 = dix-sept	8 + 4 = douze
8 + 8 = seize	11 + 7 = dix-huit

V. Un magazine: sa couverture

a, c, d, e, f, h

VI. Les magazines

1. general interest magazine: politics ("Sarajevo," "Mitterrand") / travel ("itinéraires," the picture)
2. news magazine: "Algérie," "économie," no picture
3. teen/movie magazine: the pictures and the name of famous people (Johnny Depp, Julia Roberts)

VII. Qu'est-ce que c'est?

1. C'est un compact disc (un disque laser, un CD).
2. C'est une calculatrice.
3. Ce sont des livres.
4. C'est un appareil-photo.
5. C'est un jeu vidéo.
6. C'est un baladeur (un walkman).
7. C'est une cassette vidéo.
8. Ce sont des magazines.

TEST I

trois	des
huit; dix	un
cinq	une
quatorze; seize	des
	une; un

UNITÉ 1ère: Chapitre 1er

I. Les 4 Temps

un magasin de vêtements	un magasin de matériel hi-fi
un fast-food	une bijouterie
un magasin de sports	une papeterie
une parfumerie	un magasin de musique

II. Ils aiment.../ ils n'aiment pas...

1. le
2. le
3. la
4. les
5. les
6. l'
7. les
8. le
9. la
10. les

TEST 2

les; la
la; le; l'
les
la
la

III. Qui?

1. vous; Je
2. tu; je
3. ils
4. vous; Nous; on
5. elles; nous
6. ils

IV. Où va tout le monde?

1. vais
2. va
3. allez
4. vont
5. vas
6. vont

V. Cet après-midi

Au magasin de musique!	À la parfumerie!	Au cinéma!
Aux Halles!	À l'université!	À la bijouterie!

VI. Tu vas à la papeterie?

1. — Tu vas à la bijouterie?
   — Non, je vais au magasin de musique.
2. — Elle va au cinéma?
   — Non, elle va à la Fnac.
3. — Ils vont au parking?
   — Non, ils vont à la banque.
4. — Vous allez à la pâtisserie?
   — Non, nous allons au (bureau de) tabac.

TEST 3

1. vont
   Au / Ils vont au
2. vas
   À la / Je vais à la
3. allez
   vais
4. va
   allons
5. va; aux
   à l'

VIII. C'est combien?

1. 64F
2. 35F
3. 45F
4. 25F
5. 69F
6. 38F
7. 52F
8. 46F

IX. Quel genre de films aiment-ils?

1. En France, les jeunes comme les adultes aiment les films comiques, les films d'aventure, les films policiers et d'espionnage, les westerns, les histoires d'amour.
2. Mais en France, les jeunes aiment surtout les films comiques, les films d'aventure, les films de science-fiction, les films fantastiques, les films qui font peur, les films d'horreur, les films de karaté.
3. Et les adultes aiment surtout les films comiques, les histoires d'amour, les films d'histoire.

X. C'est quoi, ça?

1. une règle
2. des élastiques
3. des trombones
4. un carnet
5. des ciseaux
6. un stylo
7. des enveloppes
8. une gomme
9. un agenda
10. un bloc-notes

XI. Les verbes en -er

1. parle
2. parlent
3. parlons
4. parle
5. parlez
6. parles

7. habite
8. habite
9. habitent
10. habitez
11. mange
12. manges

13. mangent
14. mangeons
15. aimes; préfère
16. aimez; préférons
17. aime; préfère
18. aiment; préfèrent

XII. Jacqueline et ses amis

1. — Est-ce que tu manges beaucoup?
   — Non, je ne mange pas beaucoup.
2. — Est-ce que Paul habite à Paris?
   — Non, il habite à Meudon.
3. — Est-ce que Françoise travaille au magasin de musique?
   — Non, elle travaille à la papeterie.
4. — Est-ce que tu fumes?
   — Non, je ne fume pas.
5. — Toi et Paul, est-ce que vous aimez les films d'horreur?
   — Non, nous préférons les films d'aventure.
6. — Est-ce qu'Yvonne et Claire étudient l'espagnol?
   — Non, elles n'étudient pas l'espagnol.
7. — Est-ce que tu aimes aller au cinéma?
   — Oui, je vais au cinéma trois ou quatre fois par mois.
8. — Est-ce que Claire aime travailler?
   — Non, elle préfère aller au centre commercial avec ses amis.

XIII. Toi et tes amis

(sample answers)

1. J'habite à Boston (dans le Massachusetts).
2. Oui, j'étudie beaucoup. / Non, je n'étudie pas beaucoup.
3. Oui, je travaille. Je travaille dans un restaurant. / Non, je ne travaille pas.
4. Oui, j'aime (beaucoup) voyager. / Non, je n'aime pas voyager.
   Oui, je voyage beaucoup. / Non, je ne voyage pas beaucoup.
5. Oui, je fume (un peu, beaucoup). / Non, je ne fume pas.
6. Oui, mes amis (ils) étudient le français. / Non, mes amis (ils) n'étudient pas le français.
7. Oui, ils aiment (bien, beaucoup) les films d'horreur. / Non, ils n'aiment pas (du tout) les films d'horreur.
8. Oui, nous mangeons beaucoup. / Non, nous ne mangeons pas beaucoup.
9. Oui, nous allons souvent au centre commercial. / Nous allons au centre commercial une fois par semaine. / Non, nous n'allons pas souvent au centre commercial.
10. Oui, je parle espagnol. / Non, je ne parle pas (du tout) espagnol.

TEST 4

1. parle
   étudions
2. n'aimes pas
   préfère
3. travaillent
   ne travaille pas

4. aimez
   voyageons
5. habites
   j'habite

XV. Quelque chose à boire et à manger

1. un sandwich au fromage; un sandwich au pâté; un sandwich au jambon
2. une omelette aux fines herbes; une omelette au fromage; une omelette au jambon
3. une salade niçoise; un steak frites; un poulet rôti
4. un café; un thé au lait; un thé nature; un café crème; un chocolat; un thé citron
5. un Orangina; un citron pressé; un Vittel; une menthe à l'eau; un Perrier; un Coca; un diabolo citron
6. un verre de vin rouge; une bière allemande; un kir; un demi; un verre de vin blanc

XVI. Qu'est-ce que tu vas prendre, toi?

(sample answers)

1. un citron pressé (un Coca). / Je n'aime pas les boissons froides.
2. un sandwich au pâté (au fromage / au jambon). / Je n'aime pas les sandwiches.
3. un kir (un verre de vin blanc). / Je n'aime pas les boissons alcoolisées.
4. une omelette aux fines herbes (au jambon). / Je n'aime pas l'omelette (les omelettes).
5. un thé au lait (un café crème). / Je n'aime pas les boissons chaudes.
6. une salade niçoise (un steak frites). / Je n'aime pas les plats préparés.
7. un hamburger avec des frites, un Big Bacon. / Je n'aime pas les hamburgers.
8. un croissant au jambon (un croissant aux amandes). / Je n'aime pas les croissants.

XVII. Les étiquettes

1. 2, 4, 7, 9, 10
2. 4; 10
3. 3, 6; 1, 8
   no; #4 is 75cl, #7 is 750 ml, #9 is 73 cl
4. 5, 6
   #5 is pure juice; #6 uses extracts
5. 3, 8, 11; 3# is not carbonated
6. beer

XVIII. Je le connais... / Je ne le connais pas

1. Oui, je la connais.
2. Non, je ne le connais pas.
3. Non, je ne la connais pas.
4. Oui, je les connais.
5. Oui, je le connais.
6. Non, je ne les connais pas.

XXI. Les préférences

1. Henri aime bien le café.
2. Josette préfère le vin blanc.
3. Éric aime beaucoup les frites.
4.–5. Chantal n'aime pas (du tout) la bière. Chantal préfère (aime bien / aime beaucoup) l'eau minérale.
6. Gérard n'aime pas du tout les omelettes.

XXII. Aux 4 Temps

1. Henri va à la bijouterie. Il y va pour acheter un bracelet. (Henri va à la bijouterie pour acheter un bracelet.)
2. Jacqueline et moi, nous allons au magasin de musique. Nous y allons pour acheter une cassette de Roch Voisine. (Jacqueline et moi, nous allons au magasin de musique pour acheter une cassette de Roch Voisine.)
3. Pierrette et Isabelle vont au Quick. Elles y vont pour manger un Big Bacon et des frites. (Pierrette et Isabelle vont au Quick pour manger un Big Bacon et des frites.)
4. Éric et Patrice, vous allez à la papeterie. Vous y allez pour acheter des enveloppes et des cartes postales. (Éric et Patrice, vous allez à la papeterie pour acheter des enveloppes et des cartes postales.)
5. Nicole, tu vas au magasin de sports. Tu y vas pour acheter des balles de tennis. (Nicole, tu vas au magasin de sports pour acheter des balles de tennis.)
6. Moi, je vais à la parfumerie. J'y vais pour acheter un flacon de parfum. (Moi, je vais à la parfumerie pour acheter un flacon de parfum.)

XXIII. Catherine et Daniel

1. — Vous habitez à Paris? (Est-ce que vous habitez à Paris?)
   — Oui, nous habitons à Paris.
2. — Vous parlez français? (Est-ce que vous parlez français?)
   — Oui, nous parlons français.
3. — Vous travaillez? (Est-ce que vous travaillez?)
   — Oui, nous travaillons.
4. — Tu vas souvent au cinéma? (Est-ce que tu vas souvent au cinéma?)
   — Oui, je vais souvent au cinéma. (Oui, j'y vais souvent.)
5. — Tu manges beaucoup? (Est-ce que tu manges beaucoup?)
   — Oui, je mange beaucoup.
6. — Tu parles espagnol? (Est-ce que tu parles espagnol?)
   — Oui, je parle espagnol.
7. — Tu aimes les frites? (Est-ce que tu aimes les frites?)
   — Oui, j'aime les frites. (Oui, j'aime beaucoup les frites.)
8. — Tu préfères les films d'aventure ou les histoires d'amour?
   (Est-ce que tu préfères les films d'aventure ou les histoires d'amour?)
   — Je préfère les films d'aventure.
9. — Tu fumes? (Est-ce que tu fumes?)
   — Non, je ne fume pas.

UNITÉ 1ère: Chapitre 2

I. Qu'est-ce qu'ils vont acheter?

1. un ordinateur
2. une chaîne hi-fi (une chaîne stéréo)
3. un téléviseur
4. un magnétoscope
5. un caméscope
6. un jeu vidéo

II. Qu'est-ce qu'ils portent?
1. une chemise, un pantalon et un pull
2. un sweat et un short
3. un blouson en jean, un tee-shirt et un jean

III. Les chiffres
1. 74	6. 96
2. 92	7. 3 487
3. 80	8. 70 298
4. 78	9. 590 771
5. 113	10. 3 179 684

IV. Quand nous allons au café...
1. prenons	3. prend	5. prenez
2. prends	4. prennent	6. prends

V. Comment est-ce qu'on y va?
1. Il prend le métro.
2. Ils prennent le train.
3. Nous prenons la voiture.
4. Elle prend l'avion.
5. Je prends le métro (l'autobus, la voiture, mon vélo). / J'y vais à pied.

TEST 5
1. prend	5. prends
2. prenons	6. prenez
3. prends	7. prend
4. prennent	8. prennent

VI. Prenez le métro!
1. Porte de Clignancourt; Châtelet-Les Halles; Pont de Neuilly; Charles de Gaulle-Étoile
2. Jorge,
   On va aller à la Comédie-Française. Pour prendre le métro, tu vas à la station Pasteur et tu prends la direction Porte de la Chapelle. Tu changes à Concorde, direction Château de Vincennes. Tu descends à la station Palais Royal. Rendez-vous à 8 heures à la sortie dans la rue de Rivoli.
3. Anwar et Farah,
   On va aller visiter le Sacré-Cœur. Pour prendre le métro, vous allez à la station Place d'Italie et vous prenez la direction Bobigny-Pablo Picasso. Vous changez à Gare de l'Est, direction Porte de Clignancourt. Vous descendez à la station Barbès-Rochechouart. Rendez-vous à 10 heures à la sortie dans le boulevard Rochechouart.

VII. Notre matériel
1. a	4. ont
2. avons	5. ai
3. as	6. a

VIII. Non, mais il a...
1. Nathalie n'a pas de voiture, mais elle a une moto.
2. Tu n'as pas de stylo, mais tu as un crayon.
3. Monique et Didier n'ont pas de chaîne stéréo, mais ils ont un baladeur.
4. Vous n'avez pas de disques laser, mais vous avez des cassettes.
5. Nous n'avons pas de magnétoscope, mais nous avons un téléviseur couleur.
6. Je n'ai pas d'élastiques, mais j'ai des trombones.

IX. Qu'est-ce qu'il y a?
1. J'ai besoin d'une raquette.
2. Nous avons besoin d'un magnétoscope.
3. J'ai besoin d'une chemise.
4. Nous avons besoin d'une calculatrice.
5. J'ai soif. Je voudrais aller au Café de France boire un café ou un thé.
6. Nous avons (très) faim. Nous voudrions aller à La Pizza manger une pizza ou des spaghettis.
7. J'ai faim. Je voudrais aller à La Croissanterie manger un pain aux raisins ou un croissant au jambon.
8. Nous avons (très) soif. Nous voudrions aller au Pub Love boire une bière ou un verre de vin (de la bière ou du vin).

TEST 6
1. as; ai	4. a
2. avez; n'avons pas de	5. n'ai pas faim; ai soif
3. ont; a	6. a besoin d'

Answer Key

X. Mes achats

1. Ensuite, je suis allé(e) à Madison où j'ai acheté une cassette vidéo vierge. J'ai payé 39F.
2. Ensuite, je suis allé(e) à Go Sport où j'ai acheté un sac de couchage. J'ai payé 249F.
3. Ensuite, je suis allé(e) au Plaisir du temps où j'ai acheté des cartes postales et un livre. J'ai payé 68F.
4. Ensuite, je suis allé(e) à Pop bijoux où j'ai acheté un collier. J'ai payé 169F.
5. Ensuite, je suis allé(e) à La Redoute où j'ai acheté un short. J'ai payé 139F.
6. Ensuite, je suis allé(e) chez Darty où j'ai acheté un jeu vidéo. J'ai payé 270F.

XI. Des questions

1. Où est-ce que tu vas aller samedi?
2. Où se trouvent les 4 Temps?
3. Qu'est-ce que tu vas prendre pour aller à La Défense?
4. Qu'est-ce que tu vas acheter?
5. Pourquoi est-ce que tu vas acheter des compact discs?
6. Combien coûte un compact disc?
7. Combien de compact discs est-ce que tu vas acheter?
8. Qui va aller aux 4 Temps avec toi?

XII. Pour faire continuer la conversation

1. Où est-ce que tu habites?
2. Pourquoi est-ce que Jacqueline (est-ce qu'elle) n'aime pas les chiens?
3. Comment est-ce que vous allez en ville?
4. Qu'est-ce que tu cherches?
5. Qui n'aime pas le rock?
6. Où se trouve Quimper?
7. Qu'est-ce que tu vas boire?
8. Combien coûte un walkman?
9. Combien de téléviseurs est-ce que vous avez?

TEST 7

1. Où est-ce que tu habites?
2. Où se trouve Aix-en-Provence? (Où est Aix-en-Provence?)
3. Pourquoi est-ce que vous y habitez? (Pourquoi est-ce que vous habitez à Aix-en-Provence?)
4. Qu'est-ce qu'il y a (d'intéressant) à Aix?
5. Combien de musées est-ce qu'il y a à Aix?
6. Combien coûte un vélo?
7. Qui? (Qui va payer un vélo 5 000F?)

XIII. Des cartes postales

Chère Marielle,
Me voici enfin à New York! Tout va très bien. J'aime beaucoup la ville. Il y a un **métro** comme à Paris, mais moi, je **prends** l'autobus. C'est moins dangereux. Je fais beaucoup de shopping. Hier, je suis **allée** à Macy's, un très grand magasin. J'y ai **acheté** des tee-shirts et un **baladeur** (**jeu vidéo, jean**). J'ai **payé** $65. C'est un assez bon prix, non? Bises. Anne

(sample answers)
Cher André,
Me voici enfin à San Francisco! C'est fantastique! **Je prends** le tramway; c'est très facile. **Je fais** beaucoup de shopping. Hier, **je suis allé** à Nordstrom's, un grand magasin. Là, j'ai acheté **une calculatrice** et **des cassettes**. J'ai payé $53 (307F). C'est **un bon prix**, non?
Amitiés. Jean-Claude

XVII. Des légendes

1. Henri a soif. (Henri a besoin de boire quelque chose.)
2. M. Mazure prend le métro.
3. Elles ont un chien et deux chats.
4. Nous prenons le bus pour aller à l'université.
5. Vous avez faim?
6. Philippe et Denise prennent l'avion pour aller à Barcelone.
7. Je prends le train pour aller à Rome.
8. Christiane a besoin d'une raquette de tennis.
9. Tu prends ta voiture pour aller chez Darty?
10. Nous avons besoin d'un magnétoscope.

XVIII. Faisons connaissance!

(sample answers)
1. (Belmont) / Toi, où est-ce que tu habites?
2. (Belmont) se trouve (à l'ouest de Boston). / Où se trouve... ?
3. (Tower Records) / Toi, où est-ce que tu vas aller (pour faire du shopping)?
4. (le bus / le métro / la voiture) / Toi, comment est-ce que tu vas y aller?
5. (un compact disc) et (des cassettes vierges) / Toi, qu'est-ce que tu vas acheter?
6. (Les cassettes) coûtent ($1) à (Tower Records). / Combien est-ce qu'elles coûtent à... ?
7-8. (cassettes vidéo) / (je n'ai pas de magnétoscope)
    Toi, est-ce que tu vas acheter (des cassettes vidéo)?
    Toi, est-ce que tu as (un magnétoscope)?

UNITÉ 2: Chapitre 3

I. Le plan de la maison

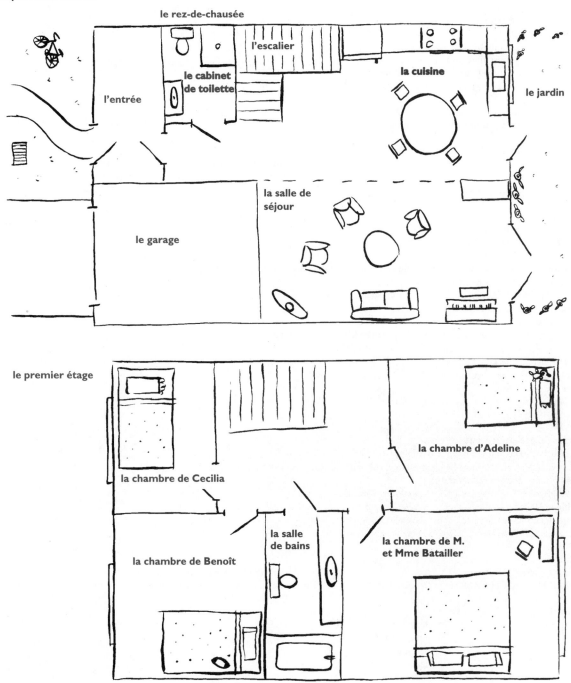

II. Où est la cuisine?

(sample answers)

1. Elle est au rez-de-chaussée. Elle est à côté de la cuisine.
2. Elle est au premier étage. Elle est à côté de la chambre de Benoît (à côté de l'escalier).
3. Elle est au premier étage. Elle est à côté de la salle de bains (à côté de la chambre d'Adeline).
4. Elle est au premier étage. Elle est entre la chambre de Benoît et la chambre de M. et Mme Batailler.
5. Il est au rez-de-chaussée. Il est a côté de la cuisine (à côté de l'entrée) (entre l'entrée et la cuisine).
6. Il est devant la maison.

III. Comment est la maison d'Édouard?

1. Il est petit.
2. Elle est propre.
3. Il est confortable.
4. Il est laid.
5. Elle est ensoleillée.
6. Ils sont modernes.
7. Elles sont petites.
8. Ils sont sales.
9. Elle est bien équipée.
10. Elle est sombre.

IV. De quelle couleur est (sont)...

Answers will vary.

1.–4. Be sure you use the feminine form of the adjectives.
5.–8. Be sure you use the masculine form of the adjectives.
9. Be sure you use the feminine plural form of the adjective.
10. Be sure you use the masculine plural form of the adjective.

TEST 8

grande; petite; blanche; (verte); traditionnelle; traditionnels; équipée; ensoleillé; jolies; (jaune); (bleue); (blanche); noir

V. Le Parc des Renardières

1. 30 minutes; Gare des Clairières de Verneuil
2. west; Poissy / Villennes
3. three bedrooms and a living room
4. a kitchen, a master bath, a bathroom, a toilet, an entryway
5. pretty site, tranquil, parking, park, balcony, sports

VII. La famille Batailler

1. Adeline est la sœur de Benoît.
2. Benoît est le fils d'André et d'Hélène Batailler.
3. Jean Chapuis est le père d'Hélène.
4. Nathalie Batailler est la grand-mère de Jacqueline, de Pierre, de Benoît et d'Adeline.
5. Élise Batailler est la tante de Benoît et d'Adeline.
6. Jacqueline et Pierre sont les cousins de Benoît et d'Adeline.
7. Viviane est la femme de Jean Chapuis.
8. Thierry est l'oncle de Jacqueline, de Pierre, de Benoît et d'Adeline.
9. Benoît est le petit-fils de Georges et de Nathalie Batailler (de Jean et de Viviane Chapuis).
10. Jacqueline est la petite-fille de Georges et de Nathalie Batailler.
11. Hélène est la mère de Benoît et d'Adeline.
12. André est le frère de Thierry et de Gérard.
13. Gérard est le mari d'Élise.
14. Jean Chapuis est le grand-père de Benoît et d'Adeline .
15. Hélène est la fille de Jean et de Viviane Chapuis.

VIII. Les cartes de débarquement

ABRUZZI; Marcello; Italie; italien; homme d'affaires; via Garibaldi, Turin, Italie
DELTEIL; Jean-Claude; Canada; canadien; comptable; rue Sainte Catherine, Montréal, Canada
Annie Fodeba does not need to fill out the card
FRYE; Alan; Angleterre; anglais; fermier; Dickens Mew, Bristol, Angleterre
KRAMER; Hilda; Allemagne; allemande; secrétaire; Leopold Strasse, Munich, Allemagne
OH; Mata; Japon; japonaise; dentiste; Hamamatsucho, Sapporo, Japon
SORMANI; Helen; Suisse; suisse; professeur; Dietzinger Strasse, Zurich, Suisse

IX. L'inventaire

VOUS: mon; ma; mes; ta; tes; ton;
VOTRE CAMARADE DE CHAMBRE: notre; nos; notre

VOTRE PROPRIETAIRE: vos; votre; mes
PÈRE: son; sa; ses; son; sa; son; ses; son; leur; leurs; leur; mon (leur)

X. À qui est-ce?

1. mes; ton
2. ta; sa; ton
3. vos; nos
4. son; mon
5. leur; leur
6. notre; votre
7. tes; ma
8. leurs; ses

TEST 9

1. tes
   mes; mon; ma; leur
2. ta
   ses; son
3. vos
   nos; notre
4. ton
5. votre
   sa; leurs (ses)

XI. Comment sont-ils?
(sample answers)
1. Il est (assez) jeune. Il est petit et (assez) gros. Il a les cheveux courts, blonds et les yeux marron. Il est (très) gentil et généreux.
2. Elle est jeune. Elle est (assez) petite et mince. Elle a les cheveux longs, noirs et les yeux noirs. Elle est (assez) intellectuelle et très sérieuse.
3. Elle est (assez) jeune. Elle est grande et costaud. Elle a les cheveux courts, bruns et les yeux verts. Elle est très active.
4. Il n'est pas très jeune. Il est grand et (assez) gros. Il est chauve et il a les yeux bleus. Il est paresseux et égoïste.
5. Elle est (assez) âgée. Elle est petite et (très) maigre. Elle a les cheveux gris et les yeux gris. Elle est gentille, optimiste et toujours de bonne humeur.

XII. Que font-ils?
1. est
2. sont
3. suis
4. êtes
5. sommes
6. es

XIII. Comparaisons
1. Ma maison est ancienne aussi.
2. Mon vélo est nouveau aussi.
3. Ma chaîne hi-fi est chère aussi.
4. Ma chemise est nouvelle aussi.
5. Nos omelettes sont très bonnes aussi.
6. Nos croissants sont délicieux aussi.
7. Nathalie est cruelle aussi.
8. Ses frères sont très beaux aussi.
9. Sa sœur est très active aussi.
10. Brigitte est souvent indiscrète aussi.
11. Marie-Louise est très belle aussi.
12. Mes parents sont assez vieux aussi.

XIV. Des contraires
(sample answers)
1. Les films de Woody Allen sont récents; les pièces de Shakespeare sont très anciennes.
2. Blanche-Neige est (très) gentille; sa marraine est (très) cruelle.
3. Les hommes sont (assez) discrets / indiscrets; les femmes sont (très) indiscrètes / discrètes.
4. Moi, je suis paresseux /paresseuse; mon amie est (très) active.
5. Meryl Streep est (assez) belle; le Capitaine Hook est (très) laid.
6. Les grands-mère sont (assez) vieilles; les petites filles sont jeunes.
7. Les films de Sylvester Stallone sont très bons / mauvais; les pièces de Neil Simon sont (très) bonnes / mauvaises.
8. Les maisons à San Francisco sont (très) chères. Le prix d'une maison à Minneapolis est (assez) raisonnable.

TEST 10
1. sont; beaux
2. est; sportive
3. est; vieille
4. sont; curieuses
5. sont; bons
6. sont; intellectuelles
7. sont; nouveaux
8. est; belle
9. êtes; discrètes (discrets if "toi" is a male)
10. est; chère
11. est; nouvelle
12. sommes; vieux
13. es; gentille

XV. En général
1. the changing idea of family
2. lower birth rate, lower marriage rate, more living together

XVI. En détail
Paragraph 1
Main idea: the "family" has changed recently

Paragraph 2
spaces are used instead of commas in large numbers; commas are used instead of decimal points
fécondité: fertility
nuptialité: nuptials (marriages)
fécondité applies particularly
spectaculaire, enregistrait, insuffisant, assurer, générations
fall
births
birth rate; children per couple
assist doesn't fit with *fall*
nouvelle; renewal of generations
insufficient

Paragraph 3
a diminué = *diminished;* **s'accroissait** = *were growing;* antonyms

Paragraph 4
births out of wedlock

Paragraph 5
familiale; famille is a noun; **familial(e)** is an adjective

XIX. La journée de M. et Mme Batailler
1. M. Batailler (il) se lève à 6h30 (6 heures et demie).
2. Ensuite, il fait sa toilette.
3. Elle se lève après son mari.
4. Ils quittent la maison à 8h15 pour aller au travail.
5. Ils rentrent à la maison à 6 heures (du soir).
6. Ils dînent avec leurs enfants et Cecilia.
7. Ils regardent la télévision.
8. Ils se couchent vers 11h15 (11 heures et quart).

XX. Quelle heure est-il?
1. 6:15 a.m.
2. 1:30 p.m.
3. 8:45 p.m.
4. 12:05 a.m.
5. 4:35 a.m.
6. 11:50 a.m.
7. sept heures
8. deux heures neuf
9. neuf heures moins sept
10. midi moins le quart / minuit moins le quart
11. quatre heures et quart
12. six heures et demie

XXI. Chez nous, on se couche à...
1. se couche
2. se couchent
3. nous couchons
4. me couche
5. vous couchez
6. te couches

XXII. Le matin, chez les Cousineau...
1. Je ne me lève pas avant 8 heures.
2. Mon père et ma mère ne se parlent pas le matin.
3. Mon frère et moi, nous ne nous parlons pas le matin non plus.
4. Toi et ta famille, vous vous amusez le matin?

XXIII. Le dimanche
1. D'habitude, je m'amuse bien le dimanche.
2. Je prends un café et des croissants.
3. Je téléphone à mon amie Patricia.
4. Nous nous parlons au téléphone pendant une heure ou deux.
5. Je m'habille.
6. Je déjeune avec ma famille.
7. Quelquefois, Patricia et moi, nous nous retrouvons en ville pour aller voir un film.
8. Quelquefois, nous nous promenons au jardin public.
9. Je rentre à la maison entre 6h et 7h.
10. Le soir, je me prépare pour la semaine.
11. Je me couche vers 10h30 ou 11h.
12. Le dimanche, c'est le moment de la semaine où je me repose.

TEST 11
mange; nous levons; nous couchons; m'amuse
t'amuses; vous téléphonez; ne me lève pas; prends; se préparent; nous parlons; me promène; rentrons; se couche

XXIV. L'écriture

Les lettres
1. mademoiselle
2. français
3. généralement
4. préparer
5. téléviseur
6. nature
7. déjeuner
8. avez-vous

Les chiffres
1. 36
2. 27
3. 49
4. 18
5. 50
6. 11
7. 47
8. 62

XXVII. Comparez-les!
(sample answers)
1. Sa voiture est grande. Elle est vieille. Elle est bleue.
   Ma voiture (Leur voiture) est petite mais elle est vieille aussi et elle est verte.
2. Son appartement est petit . Il est très moderne. Il est assez confortable.
   Leur appartement est assez grand. Il est bien équipé et il est très confortable.
3. Sa maison est petite. Elle est traditionnelle. Elle est blanche.
   Leur maison est très grande. Elle est assez moderne et elle est bleue et blanche.
4. Ses grands-parents sont très gentils. Ils sont patients. Ils sont assez bavards.
   Mes (nos) grands-parents sont très gentils aussi. Ils sont toujours de bonne humeur et ils sont généreux.
5. Ses amies sont assez jeunes. Elles sont intellectuelles. Elles sont idéalistes.
   Mes amies sont jeunes aussi. Mais elles sont actives et elles sont très sportives.

XXVIII. Le matin, chez moi

(sample answer)

D'habitude, je me lève vers 7h30 (je ne me lève pas avant 7 heures). Mes parents se lèvent à 7 heures. Mon père prépare le petit déjeuner. Je m'habille avant le déjeuner. Nous prenons le petit déjeuner ensemble et nous nous parlons beaucoup. Après le petit déjeuner, je me dépêche pour prendre le bus.

XXIX. Aujourd'hui

(sample answer)

Ce matin, ma cousine et moi, nous allons nous téléphoner. Nous allons nous retrouver vers 10 heures et nous allons nous promener en ville. Ma sœur ne va pas venir. Elle va se préparer pour son match de tennis demain. Ensuite, elle va se reposer. Elle va se coucher de bonne heure. Moi, je vais rentrer vers 17 heures et je vais aller me promener à vélo avec mes parents, avant le dîner. Je vais me coucher vers 22 heures. Je vais m'amuser, aujourd'hui.

UNITÉ 2: Chapitre 4

I. Chez les Malavoy

fait les courses; fait la cuisine; fait la vaisselle
faire le ménage; nettoie la salle de bains; passe l'aspirateur; fait la lessive; range sa chambre
amène Annick à l'école; va chercher Annick l'après-midi
faire des réparations

II. L'emploi du temps de Mireille Malavoy

1. le lundi, le mardi, le jeudi et le samedi
2. le lundi, le jeudi, le vendredi et le samedi
3. le lundi et le jeudi
4. le samedi
5. le mercredi (et le dimanche)

III. Vendredi 16 septembre 1994

1. samedi 4 mars 1995
2. mardi 20 juin 1995
3. jeudi 15 décembre 1994
4. mardi 1er novembre 1995
5. vendredi 10 février 1995
6. samedi 28 janvier 1995
7. lundi 17 octobre 1994
8. lundi 11 avril 1995

IV. Les activités de la famille Malavoy

1. fais
2. fais
3. faire
4. font
5. faites
6. faisons
7. fait

V. Le passé composé

1. avez téléphoné
2. ai téléphoné
3. avons téléphoné
4. a téléphoné
5. ont téléphoné
6. as téléphoné
7. est allée
8.–9. êtes allés; sommes allés
10. sont allés
11.–12. es allée; suis allée
13. sont allées
14. s'est couchée
15. se sont couchés
16. me suis couchée
17. me suis couché
18. nous sommes couchés
19. s'est [pas] couché
20. t'es couché(e)

VI. Samedi dernier

1. Je me suis levée la première.
2. Je me suis habillée toute seule.
3. Je suis descendue dans la salle de séjour.
4. J'ai regardé des dessins animés à la télé.
5. Mon frère Julien (Il) est resté au lit jusqu'à 8h30.
6. Il s'est habillé.
7. Il est allé à la boulangerie.
8. Il a acheté deux baguettes et aussi des croissants.
9. Mes parents (Ils) se sont levés à 9h.
10. Ils ne se sont pas habillés.
11. Ils sont descendus déjeuner avec nous dans la cuisine.
12. Ils ont fait des projets pour la journée.

13. Ma sœur Mireille (Elle) s'est levée la dernière.
14. Elle a pris une douche.
15. Elle a fait sa toilette.
16. Elle n'a pas déjeuné avec la famille.
17. Mireille et moi, nous sommes allées en ville pour faire des courses.
18. Nous avons pris l'autobus.
19. Nous sommes rentrées vers 1h.
20. Nous nous sommes bien amusées ensemble.

VII. Une quinzaine très chargée

1. se sont levés de bonne heure
   (et ils sont allés à Paris avec M. Malavoy)
2. a téléphoné à ses parents
3. ont dîné en ville
4. ont mangé une pizza à la maison
5. est restée à la maison
6. ont nettoyé la maison
7. ont fait des réparations
8. a joué avec ses copains
9. est allé au cinéma avec ses copains
10. ont regardé un film à la télé
11. ont fait un voyage en Allemagne et en Suisse
12. a pris l'avion pour aller à Berlin
13. est allée à Genève par le train
14. se sont retrouvés à Zurich
15. sont rentrés en France
16. a passé la journée chez sa grand-mère
17. ont acheté une nouvelle voiture

TEST 12

me suis levée; (J') ai pris; me suis habillée; est resté; a écouté; s'est levé; n'avons pas mangé; sommes allés; nous sommes retrouvés; avons travaillé; suis rentrée; (j') ai préparé; a fait; (j') ai passé; ont téléphoné; a décidé; s'est couché; (j') ai regardé

VIII. Le calendrier scolaire en France et aux États-Unis

1. le 7 septembre
2. les vacances d'été, (les vacances) de la Toussaint et (les vacances) de Noël
3. les vacances d'hiver et les vacances de printemps
4. 12 (douze) jours
5. le 19 février; le 19 février aussi; le 12 février
6. le 2 mai
7. le 5 juillet
8. plus longue
9. oui; les vacances de Toussaint / oui; Thanksgiving (aussi Columbus Day, Martin Luther King Day, Memorial Day)
10. Je préfère le calendrier français (américain) parce que... *(answers will vary)*.

XI. Qu'est-ce que vous avez fait?

1. l'université
2. le musée St-Rémi
3. la cathédrale
4. l'hôtel de ville
5. l'église St-Jacques
6. au lycée Jeanne d'Arc
7. à la poste
8. à la gare
9. à la banque
10. au commissariat de police
11. une librairie
12. une boulangerie
13. un bureau de tabac
14. une pharmacie
15. une charcuterie
16. au parc
17. au stade
18. à la bibliothèque
19. au théâtre
20. à la piscine

XII. Les noms, les adresses et les numéros de téléphone

1. de l'
2. de la
3. de la
4. du; de la
5. du; de la
6. de la; de l'
7. du
8. des
9. de la; du
10. des

XIII. La ville de Troyes

1. Le musée des Beaux-Arts est près de la cathédrale.
2. Le cinéma Zola est en face de l'hôtel de la Poste.
3. La gare est au bout de la rue du Général de Gaulle.
4. La piscine est à côté du stade.
5. Le Palais de Justice est au coin de la rue Charbonnel et de la rue du Palais de Justice.
6. Il y a un théâtre dans le parc, entre le boulevard Gambetta et la rue du Général de Gaulle.
7. Il y a un parking dans le boulevard Victor Hugo, près du (en face du) bureau de poste.
8. Il y a une épicerie dans le boulevard du 14 juillet, à côté du commissariat de police.
9. Il y a un stade au bout de l'avenue Pasteur.
10. Il y a une boulangerie au coin du boulevard du 14 Juillet et de la rue Raymond Poincaré, près de la place du Vouldy.

XIV. Les amis

as vu
vois; avons vu
avez vu
voyons; vois
voit; voient

XV. Un couple mal assorti

1. Oui, je le prends très souvent. Non, elle ne le prend jamais.
2. Oui, je les prépare toujours. Non, il ne les prépare jamais.
3. Oui, je la fais de temps en temps. Oui, elle la fait assez souvent.
4. Oui, j'y vais assez souvent. Non, elle n'y va jamais.
5. Oui, j'y vais de temps en temps. Oui, il y va deux ou trois fois par semaine.

XVI. Dites la vérité

(sample answers)

1. Oui, je la fais de temps en temps (tous les jours). (Non, je ne la fais jamais.)
2. Oui, j'y vais (assez, très) souvent. (Non, je n'y vais pas souvent.)
3. Oui, je les vois souvent (tous les week-ends). (Non, je ne les vois pas souvent.)
4. Oui, je les fais toujours. (Non, je ne les fais pas toujours.)
5. Oui, je l'ai pris. (Non, je ne l'ai pas pris.)
6. Oui, je l'ai vu. (Non, je ne l'ai pas vu.)
7. Oui, j'y suis allé(e) récemment (la semaine dernière). (Non, je n'y suis pas allé(e) récemment.)
8. Oui, je vais la nettoyer. (Non, je ne vais pas la nettoyer ce week-end.)
9. Oui, je voudrais y aller un jour (l'année prochaine). (Non, je ne voudrais pas y aller.)
10. Oui, je vais les faire. (Non, je ne vais pas les faire.)

TEST 13

1. Oui, elle le prend tous les jours.
2. Non, je ne le vois pas.
3. Non, elle n'y est pas.
4. Oui, nous la faisons une ou deux fois par semaine. (Oui, je la fais une ou deux fois par semaine.)
5. Les voilà, près de l'entrée.
6. Oui, elles y sont allées l'année dernière.
7. Oui, nous les avons trouvées dans le tiroir. (Oui, je les ai trouvées dans le tiroir.)
8. Papa va le préparer.
9. Oui, je voudrais bien y aller.

XVII. Un message incomplet

prenez; allez; tournez; traversez; continuez
la; jusqu'à; la; dans; À la; à gauche; à droite; à gauche; le

XVIII. La ville de Bamako

(sample answers)

1. Pour aller à l'hôpital vous sortez de l'ambassade et vous prenez à droite dans l'avenue Modibo Keita jusqu'à l'avenue de la Liberté, où vous tournez à droite. L'hôpital est (se trouve) dans l'avenue de la Liberté, en face de la librairie.
2. Non, le musée de l'Artisanat n'est pas très loin d'ici. Pour y aller, vous sortez de l'ambassade et vous prenez l'avenue Modibo Keita à gauche. Puis vous tournez à gauche dans la rue Karamoko Diaby jusqu'à l'entrée du musée.
3. Oui, bien sûr. Le cinéma Soudak se trouve dans l'avenue de la Liberté. Pour y aller, tu sors de l'ambassade et tu prends l'avenue Modibo Keita à gauche, jusqu'à l'avenue de la République, où tu tournes à droite. Ensuite, tu prends la première rue à gauche. C'est l'avenue de la Liberté. Le cinéma se trouve un peu plus loin sur ta droite.
4. Oui, il y a une boulangerie assez près d'ici. Pour y aller, tu sors de l'ambassade et tu prends l'avenue Modibo Keita à gauche. Tu tournes à gauche dans l'avenue de la République. La boulangerie est avenue de la République presque au coin de l'avenue de la Marne.

XIX. Dimanche après-midi

1. voulez
2. veut
3. voulons
4. veux
5. veulent
6. veux

XX. Des conseils

1. Il faut faire attention en classe. (Il est nécessaire de faire attention en classe.) (Il vaut mieux faire attention en classe.)
2. Il faut se reposer suffisamment. (Il est nécessaire de se reposer suffisamment.) (Il vaut mieux se reposer suffisamment.)
3. Il faut aller à tous les cours. (Il est nécessaire d'aller à tous les cours.) (Il vaut mieux aller à tous les cours.)
4. Il faut prendre des notes. (Il est nécessaire de prendre des notes.) (Il vaut mieux prendre des notes.)
5. Il faut écouter le professeur. (Il est nécessaire d'écouter le professeur.) (Il vaut mieux écouter le professeur.)
6. Il faut que tu fasses attention en classe. (Il vaut mieux que tu fasses attention en classe.) (Il est nécessaire que tu fasses attention en classe.)
7. Il faut que vous vous reposiez suffisamment. (Il vaut mieux que vous vous reposiez suffisamment.) (Il est nécessaire que vous vous reposiez suffisamment.)

Answer Key

8. Il faut que Michel aille à tous les cours. (Il vaut mieux que Michel aille à tous les cours.) (Il est nécessaire que Michel aille à tous les cours.)

9. Il faut que tu prennes des notes. (Il vaut mieux que tu prennes des notes.) (Il est nécessaire que tu prennes des notes.)

10. Il faut que Chantal et Georgette écoutent le professeur. (Il vaut mieux que Chantal et Georgette écoutent le professeur.) (Il est nécessaire que Chantal et Georgette écoutent le professeur.)

XXI. Je voudrais...

1. voir
2. voyiez
3. fasse

4. faire
5. te couches
6. me coucher

7. allions
8. aller
9. rester

10. restions

TEST 14

1. apprendre
2. (j') aille
3. preniez

4. parlions
5. acheter
6. mange

7. fasse
8. alliez
9. prennes

10. voir
11. regardent
12. faire

XXII. Un itinéraire

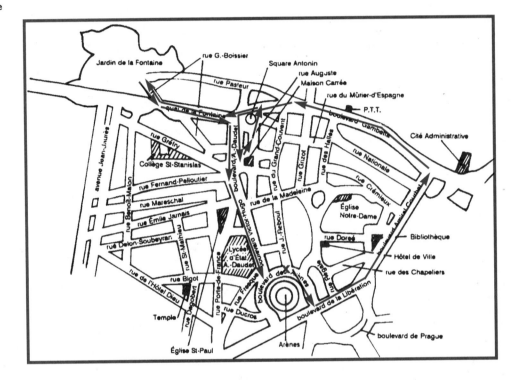

XXIII. À Troyes

(sample answers)

1. vous la prenez à gauche jusqu'à la rue Champeaux, où vous tournez à droite. Puis vous prenez la première rue à droite. C'est la rue Zola. Le cinéma se trouve en face de l'Hôtel de la Poste. (vous la prenez à droite jusqu'au quai Dampierre, où vous tournez à gauche. Puis vous tournez dans la première rue à gauche. C'est la rue Zola. Le cinéma se trouve en face de l'Hôtel de la Poste.)

2. Il faut que vous y soyez avant 7h30. Pour y aller, vous allez au bout de la rue Saussier et vous tournez à droite dans la rue de la Trinité, puis vous prenez à gauche dans le boulevard Salengro. Vous continuez jusqu'au boulevard Victor Hugo où vous tournez à droite. Vous continuez jusqu'au boulevard Gambetta. Là, vous prenez à gauche dans l'avenue Pasteur. Le stade se trouve un peu plus loin à droite, à côté de la piscine. Est-ce que vous voulez que j'achète les billets?

3. Il y a un très beau spectacle de danses africaines ce soir au théâtre. Est-ce que tu veux qu'on y aille? Il faut que tu achètes les billets cet après-midi. Le théâtre est dans le parc, entre la rue du Général de Gaulle et le boulevard Gambetta. Pour y aller, il faut que tu prennes le bus. Est-ce que tu veux que je te fasses un plan? À tout à l'heure.

XXIV. Vous pourriez prendre un message?

(sample answers)

À l'attention de Jean-Philippe
Laurent
a téléphoné; merci d'appeler
Message: changement de projets; appelle-le chez Alain; tél: 22.34.66.27

À l'attention de Denise
Madame Durand
a téléphoné; merci d'appeler
Message: participer à un programme d'activités ce week-end pour les gens du troisième âge;
rappeler entre 3h et 4h vendredi

XXV. On ne peut pas sortir

1. peux
2. peux
3. pouvons
4. pouvez
5. peut
6. peuvent
7. peut
8. (n') a (pas) pu

XXVI. D'où venez-vous?

1. Oui, ils viennent de Trois-Rivières.
2. Oui, nous venons de Zurich.
3. Oui, elle vient de Bruxelles.
4. Oui, tu viens de Manchester.
5. Oui, nous venons de Barcelone.
6. Oui, nous venons (je viens) de (Detroit).
   (Non, nous venons [je viens] de [Rome].)

XXVII. Une émission télévisée

1. Un des hommes vient de demander tout l'argent.
2. Ils viennent de prendre deux personnes en otages.
3. Ils viennent de quitter la banque.
4. L'employé de la banque vient de téléphoner à la police.
5. Les agents de police viennent d'arriver.
6. Un client vient de faire une description des voleurs.
7. On vient d'annoncer que cette histoire va continuer la semaine prochaine.

TEST 15

1.-2. vient de; peuvent
3.-6. venez; pouvons; viens d'; peut
7.–8. peux; viens de
9.–10. ne venons pas peuvent

XXVIII. Pré-lecture

1. list, page numbers, titles
2. Find what interests you. Turn to the appropriate pages.

XXIX. *Flash: L'Hebdo Loisirs*

A. 1. page one
   2. (Answers will vary.)
   3. a. pages 21-29
      b. pages 30-44
      c. pages 46-47
      d. page 52
      e. pages 8-20
      f. pages 54-63
      g. pages 19-20
      h. pages 30-35
B. 1. four; she should call the galleries
   2. at the Blue's Note (also at the Mandala); you can hear ragtime, brasilian music, blues, flamenco, classical
   3. yes; at the église Saint-Exupère; a vocal group

XXXI. Le journal de Cécile

Vendredi: Je me suis levée à 7 heures. J'ai pris une douche, je me suis habillée, puis j'ai réveillé les enfants. J'ai préparé leur petit déjeuner. Ensuite, j'ai pris l'autobus pour aller en ville. J'ai pris des renseignements à l'université. J'ai déjeuné dans un fast-food, puis je suis rentrée à la maison. J'ai rangé ma chambre, et je suis allée chercher les enfants à 5 heures. J'ai préparé le goûter. Ensuite, j'ai aidé Mme Batailler à préparer le dîner. J'ai regardé la télé, et je me suis couchée à 11 heures.
Samedi: J'ai fait la grasse matinée. Je me suis levée à 10 heures, et j'ai téléphoné à mon amie Katrina. Nous nous sommes donné rendez-vous pour aller au cinéma. J'ai déjeuné avec la famille, puis j'ai amené les enfants au cirque. À 8h15, j'ai retrouvé Katrina devant le cinéma. Nous avons vu un film de Diane Kurys. Ensuite, nous sommes allées dans un café, puis j'ai raccompagné Katrina chez elle. Je suis rentrée à minuit.

XXXIV. Un samedi à la campagne

(sample answers)

1. Samedi matin, je me suis levée à 9 heures. Je me suis habillée et j'ai déjeuné avec mes parents. Ensuite, j'ai aidé ma mère à nettoyer la salle de séjour. Didier a fait la grasse matinée. Il a mangé deux croissants à toute vitesse et il a joué au golf avec Papa.
2. Samedi après-midi, je suis allée en ville avec Maman. Nous avons fait les courses. Nous avons acheté du poulet, des fruits et de la salade. Nous sommes rentrées vers 4 heures, et nous nous sommes reposées. Didier et Papa sont rentrés après le golf. Ils ont pris une douche, puis ils ont regardé un match de football à la télé.
3. Samedi soir, Maman et moi, nous avons préparé le dîner. Après le dîner, Didier et Papa ont débarrassé la table et ils ont fait la vaisselle. Ensuite, Papa et Maman ont fait une promenade, puis ils se sont couchés. Didier et moi, nous avons retrouvé des amis et nous sommes allés à la discothèque. Nous avons beaucoup dansé. À la discothèque, nous avons vu notre professeur de français. Nous nous sommes couchés très tard.

XXXV. Vous et votre famille

(sample answers)

1. Je la fais. (C'est moi qui la fais.) (Maman la fait.) (C'est Maman qui la fait.)
2. Ma mère et ma sœur. (Ma mère et ma sœur les font.) (C'est ma mère et ma sœur qui les font.) (Mon père les fait.) (C'est mon père qui les fait.)
3. Oui, on y va deux fois par semaine. (Non, on n'y va pas souvent.)
4. Oui, je le fais de temps en temps. (Non, je ne le fais jamais.) (Non, c'est ma mère qui le fait.)
5. On le passe dans la cuisine, dans la salle de séjour, dans la salle à manger, dans les chambres, dans la salle de bains et dans les toilettes. (On le passe dans tout l'appartement.)
6. Mon père. (Mon père les prépare.) (C'est mon père qui les prépare.)
7. Oui, ils y vont une ou deux fois par semaine. (Non, ils n'y vont pas souvent.)
8. Oui, ils aiment bien les films étrangers (ça).

XXXVI. Le week-end

(sample answers)

1. Moi, j'aimerais bien aller à la bibliothèque, mais ma mère veut que je l'aide à ranger la maison.
2. Moi, je voudrais bien faire la grasse matinée, mais il faut que j'aille à la bibliothèque.
3. Ma mère veut que je fasse la vaisselle, mais je préfère étudier.
4. Moi, je veux sortir avec mes amis, mais mon père exige que j'aille avec lui faire les courses.
5. Moi, j'aime me reposer le week-end, mais il est souvent nécessaire que j'aide mes parents à nettoyer la maison.

XXXVII. Préparatifs de voyage

1. Oui, nous venons de les faire.
2. Oui, je viens de les fermer.
3. Oui, ils viennent de la ranger.
4. Oui, elle vient d'y aller.
5. Oui, je viens de le trouver.
6. Oui, il vient de les réserver.

UNITÉ 3 : Chapitre 5

I. C'est à quel étage?

1. C'est au deuxième étage.
2. C'est au cinquième étage.
3. C'est au premier étage.
4. C'est au rez-de-chaussée.
5. C'est au troisième étage.
6. C'est au quatrième étage.
7. C'est au rez-de-chaussée.
8. C'est au sixième étage.

II. Qu'est-ce qu'on trouve dans un hôtel?

1. une douche
2. un ascenseur
3. la réception
4. un grand lit
5. une baignoire
6. un téléphone
7. une clé
8. une télévision / un téléviseur

III. Le futur

1. écouterons
2. descendra
3. parleront
4. prendras
5. jouerez
6. travailleront
7. réservera
8. descendrez
9. aimera
10. prendrai

IV. Projets de vacances

1. Janine aura 18 ans. Elle ira au Canada avec ses parents. Ils feront du camping.
2. Nous serons à la plage. Nous pourrons nager. Nous voudrons probablement faire de la planche à voile.
3. Georges et son cousin prendront le train pour aller à Marseille. Ils descendront chez leurs grands-parents. Ils mangeront beaucoup de bonnes choses.
4. J'irai en Angleterre. Je ferai du tourisme. Je verrai le palais de Buckingham.
5. Tu seras chez toi. Il faudra que tu t'occupes de ton petit frère. Tu pourras téléphoner à tes amis.
6. Pascale viendra chez nous. Elle pourra avoir ma chambre. Elle s'amusera ici.

V. En l'an 2025

1. Nous habiterons d'autres planètes.
2. Les hommes et les femmes seront égaux.
3. On pourra acheter le bifteck sous forme de pilule.
4. Il n'y aura pas de guerres.
5. Nous ferons des voyages interplanétaires.
6. Nous rencontrerons des habitants d'autres planètes.
7. On pourra passer ses vacances sur la lune.
8. Il n'y aura pas de pollution.
9. Les enfants étudieront un minimum de quatre langues à l'école.
10. Nous irons au travail deux jours par semaine.

VI. Mes rêves

1. Bruce a l'intention de faire du ski.
2. Monique espère prendre des leçons de piano.
3. Nous comptons voir nos grands-parents.
4. Elles espèrent aller en Floride.
5. Vous voulez visiter les musées de Paris?
6. Est-ce que tu penses descendre en Espagne pendant les vacances?
7. Je vais étudier le russe.

TEST 16

Part A

(sample answers)

1. J'espère trouver un travail (faire le tour du monde).
2. Je compte aller au cinéma (sortir avec des copains).
3. J'ai l'intention de travailler pour une compagnie internationale (pour une organisation humanitaire).
4. Je pense voyager en Europe (travailler pour gagner un peu d'argent).
5. Je veux visiter la Grèce, la Chine et le Japon.
6. Je vais sortir avec une amie (rester chez moi pour me reposer).

Part B

7. Oui, je prendrai le bus.
8. Oui, je me présenterai à Mlle Chartrand.
9. Oui, il (Michel) sera tranquille en classe.
10. Oui, nous prendrons du lait au déjeuner.
11. Oui, ils (mes frères) feront attention en classe.
12. Oui, nous apporterons un stylo et un cahier.
13. Oui, elle (Janine) aura beaucoup de patience.
14. Oui, je jouerai gentiment avec mes amis.
15. Oui, elles (mes sœurs) iront au cours d'anglais.

X. Prenons le TGV!

1. You need a ticket and a reservation (Résa TGV).
2. **Résa TGV 1:** for trains with seats available in 1st and 2nd class; price of 1st and 2nd class reservation is the same; the cheapest
   Résa TGV 2: for trains with few seats available in 1st class; price of 1st class reservation is higher than for 2nd class
   Résa TGV 3: for trains with few seats available in 2nd class; price of 2nd class reservation is higher than for 1st class
   Résa TGV 4: for trains with few seats available in 1st and 2nd class; additional charge to price of 1st and 2nd class reservation; the most expensive
3. You need to make a reservation in 1st class.
4. a) 429F   437F   469F   477F
   b) 192F   208F   232F   240F
   c) 227F   243F   267F   275F
   d) 384F   392F   408F   416F
   e) 448F   456F   472F   480F
   f) 303F   319F   343F   351F
5. You will have to pay a 90F fine.
6. There are times when you can get a price reduction. To find out when, you should get a **calendrier voyageur** *(traveler's calendar)*, which can be found at any station or travel agency.

XI. Des horaires de trains

1. a) # 53; 3 stops; 6 minutes; no
   b) # 203/2
   c) # 57; 11:43 A.M.;# 203/2 leaves Metz at 13:55 P.M.
2. a) # 1621, which gets there at 8:45 a.m.; 1 stop
   b) # 1627, which gets to Reims at 5:53 P.M.
   c) # 1623
3. a) about 40 minutes
   b) # 1921; 10:00 A.M.; # 1625 from Nyon to Lausanne
   c) # 31, which gets there at 11:08 A.M.
4. a) # 1889
   b) # 729
   c) about an hour and ten minutes
   d) # 1893
   e) 23 minutes
   f) # 1893
   g) about an hour and a half

XII. Qu'est-ce que vous allez faire?

DIALOGUE 1: sors; sors; sortez; sortons; sors
DIALOGUE 2: allez partir; vais partir; allez partir; partirons (allons partir); partiront (vont partir); partira; partira
DIALOGUE 3: es parti; sommes partis; êtes partis
DIALOGUE 4: êtes sortis; est sortie; suis sorti; sommes sortis
DIALOGUE 5: partions; partiez; parte; partes

XIII. *Sortir, partir ou quitter?*

1. (j') ai quitté
2. sortons
3. partiras (vas partir / pars)
4. sortent; quittent; partent
5. vais partir (pars / partirai)
6. est sortie
7. as quitté
8. est partie (est sortie)

XIV. À quelle heure?

(sample answers)

1. À quelle heure est ce que tu quittes la maison le matin?
   Je quitte la maison à 8 heures et demie (vers 9 heures moins le quart).
2. À quelle heure est-ce qu'elles sont sorties hier soir?
   Elles sont sorties vers 9 heures moins le quart (à midi).
3. À quelle heure est-ce que vous partirez (partez / êtes partis) pour Miami?
   Nous partirons (partons / sommes partis) pour Miami à 14 heures.
4. À quelle heure est-ce que tes parents sortent le samedi soir?
   Ils sortent vers neuf heures (à 20h30) le samedi soir.
5. À quelle heure est-ce que tu as quitté le restaurant hier?
   J'ai quitté le restaurant à 1 heure et demie (à 10 heures du soir).
6. À quelle heure est-ce qu'ils vont partir (partent / partiront) de New York demain?
   Ils vont partir (partent / partiront) de New York à 7 heures du matin (à 13 heures).
7. À quelle heure est-ce qu'elle sort (va sortir / est sortie) de sa classe?
   Elle sort (va sortir / est sortie) de sa classe à 3 heures (à 11 heures et demie).
8. À quelle heure est-ce que vous quittez (quitterez / avez quitté) la bibliothèque?
   Nous quittons (quitterons / avons quitté) la bibliothèque vers 18 heures.

TEST 17

1. es sortie
2. partent (vont partir / partiront)
3. a quitté
4. sors
5. partez (allez partir / partirez / êtes partis)
6. quitte
7. sortons
8. ont quitté
9. sont sortis
10. a quitté
11. partirons
12. partiras

XV. La signalisation routière

1. no left turn
2. children
3. curves in 1000 meters
4. phone for assistance in 1000 meters
5. entering the town of Creil
6. leaving the town of Creil
7. bicycles are not allowed
8. bus lane

XVI. Quel temps fait-il en France?

1. Brest
2. Brest, Bordeaux, Perpignan, Nice
3. Il fait (un temps) chaud, orageux.
4. Il fait froid et l'hiver est long à Grenoble, avec 80 jours de gelées.
5. Perpignan et Nice
6. Perpignan et Nice

XVII. Qu'est-ce qu'on parle... ?

1. On parle français en France, en Tunisie, au Canada, au Maroc et en Suisse.
2. On parle anglais en Angleterre, en Australie et aux États-Unis.
3. On parle chinois en Chine.
4. On parle espagnol en Espagne, au Pérou, en Argentine et au Mexique.
5. On parle japonais au Japon.
6. On parle suédois en Suède.
7. On parle portugais au Portugal et au Brésil.
8. On parle russe en Russie.

XVIII. Où se trouve... ?

1. Madrid se trouve en Espagne.
2. Montréal se trouve au Canada.
3. Rome se trouve en Italie.
4. Berlin se trouve en Allemagne.
5. Tokyo se trouve au Japon.
6. Londres se trouve en Angleterre.
7. Baton Rouge se trouve aux États-Unis.
8. Moscou se trouve en Russie.
9. Lisbonne se trouve au Portugal.
10. Bruxelles se trouve en Belgique.
11. Mexico se trouve au Mexique.
12. Jérusalem se trouve en Israël.
13. Beijing se trouve en Chine.
14. Dakar se trouve au Sénégal.
15. Copenhague se trouve au Danemark.
16. Buenos Aires se trouve en Argentine.
17. Manille se trouve aux Philippines.
18. Calcutta se trouve en Inde.
19. Genève se trouve en Suisse.
20. Le Caire se trouve en Égypte.

XIX. Un congrès mondial

1. Il y a trois délégués d'Algérie.
2. Il y a dix délégués d'Allemagne.
3. Il y a cinq délégués de Belgique.
4. Il y a dix délégués du Canada.
5. Il y a deux délégués du Cameroun.
6. Il y a six délégués de Côte-d'Ivoire.
7. Il y a trois délégués du Danemark.
8. Il y a huit délégués des États-Unis.
9. Il y a quatre délégués d'Iran.
10. Il y a sept délégués d'Israël.
11. Il y a six délégués d'Italie.
12. Il y a cinq délégués du Mexique.
13. Il y a sept délégués de Suisse.
14. Il y a un délégué des Philippines.
15. Il y a dix délégués de Russie.

XX. Ils y vont?

1. Oui, il y va.
2. Non, nous n'y allons pas.
3. Oui, il y est allé.
4. Non, elles n'y sont pas allées.
5. Oui, elle va y aller.
6. Non, je ne veux pas y aller.
7. Oui, elle va y faire des études.
8. Non, ils n'y sont pas allés.

TEST 18
Part A
1. en
2. au
3. en
4. aux
5. au
6. en
7. à
8. au
9. en
10. à
11. des
12. de
13. du
14. de
15. des
16. de
17. de
18. d'
19. du
20. de

Part B
21. Je ne pense pas y aller.
22. Nous y sommes allés.
23. Elle n'y va pas.
24. Est-ce que tu y es allé?
25. Avec qui est-ce que vous y allez?
26. J'aimerais y aller.
27. Ma tante y est allée.
28. Quand est-ce que tu vas y aller?

XXII. Quel temps fait-il?
1. variable skies, cool temperatures, light winds from the southwest
2. variable skies, cool temperatures, moderate winds from the southwest
3. partly cloudy to completely overcast, cold temperatures, light winds from the southwest
4. variable skies, cool to mild temperatures, light winds from the south, local fogs
5. variable, cool to mild temperatures, light winds from the north and west

XXIII. La météo
1. It will be cooler.
2. It will be cloudy to overcast, cool temperatures, rainy, light winds from the southwest.
3. The warmest spots in France yesterday were along the southwest and southern coasts; the coldest spots were in eastern France.
4. The weather in Corsica at this time of the year is cool to warm, with clear to partly cloudy skies.

XXVII. Ne t'inquiète pas!
1. Ne t'inquiète pas! Tu le retrouveras.
2. Ne t'inquiète pas! On verra le film demain soir.
3. Ne t'inquiète pas! Ils seront de retour la semaine prochaine.
4. Ne t'inquiète pas! Tu prendras le bus.
5. Ne t'inquiète pas! Elle ira mieux dans quelques jours.
6. Ne t'inquiète pas! Il aura plus de temps la semaine prochaine.
7. Ne t'inquiète pas! Nous pourrons lui acheter un cadeau pour le Nouvel An.
8. Ne t'inquiète pas! Tu pourras les acheter demain.

XXVIII. Je quitte la maison à...
(sample answers)
1. Quand je sors le samedi soir, je quitte (je pars de) la maison à 20h30.
2. Le matin, je quitte (je pars de) la maison à 8 heures moins le quart pour aller en classe.
3. Mes ami(e)s et moi, nous sortons le samedi soir.
4. Je quitte (je pars de) la maison à 14h30 pour aller voir un match de basketball.
5. Le matin, mon père (ma mère) quitte (part de) la maison à 7 heures et quart pour aller au travail.
6. Mes ami(e)s et moi, nous sortons le mardi soir et le vendredi soir.
7. Mes ami(e)s et moi, nous sortons du cours de français à 10 heures.

XXIX. Leurs expériences internationales
1. Michèle Bosquet vient de Belgique. Elle est allée à New York. New York se trouve aux États-Unis.
2. Najip Bouhassoun vient du Maroc. Il va à Londres. Londres se trouve en Angleterre.
3. Louise Hébert vient du Canada. Elle ira à Madrid. Madrid se trouve en Espagne.
4. Keke Fleurissant vient de Haïti. Elle est allée à Lisbonne. Lisbonne se trouve au Portugal.
5. Monique Dupuy vient de Suisse. Elle va au Caire. Le Caire se trouve en Égypte.
6. Giulio Massano vient d'Italie. Il ira à Dijon. Dijon se trouve en France.
7. Angèle Kingué vient du Cameroun. Elle est allée à Tokyo. Tokyo se trouve au Japon.
8. Epoka Mwantuali vient du Zaïre. Elle va à Manille. Manille se trouve aux Philippines.

XXX. Mes voyages
(sample answers)
1. Oui, j'ai l'intention d'y aller un jour. Non, je n'ai pas l'intention d'y aller.
2. Oui, j'y suis déjà allé(e). Non, je n'y suis pas encore allé(e).
3. Oui, je voudrais y aller. Non, je ne voudrais pas y aller.
4. Oui, je compte y faire des études. Non, je ne compte pas y faire des études (d'études).
5. Oui, j'y suis déjà allé(e). Non, je n'y suis pas encore allé(e).
6. Oui, j'y suis déjà allé(e). Non, je n'y suis pas encore allé(e).
7. Oui, je voudrais y passer des vacances. Non, je ne voudrais pas y passer des vacances (de vacances).
8. Oui, j'y ferai un voyage. Non, je n'y ferai pas (un) de voyage.

Answer Key

I. C'est quoi, ça?
1. C'est de l'eau.
2. C'est du pâté.
3. C'est de la bière.
4. Ce sont des framboises.
5. C'est du vin blanc.
6. C'est du raisin.
7. C'est du jambon.
8. C'est de la salade de tomates.
9. C'est du saumon fumé.
10. Ce sont des crevettes.
11. C'est de la dinde.
12. Ce sont des brocolis.
13. Ce sont des oignons.
14. Ce sont des (pommes) frites.
15. C'est de la vinaigrette.
16. C'est du camembert.
17. C'est du gâteau au chocolat.
18. Ce sont des spaghettis.
19. C'est de la glace.
20. C'est du Coca.

II. Qu'est-ce que je te sers?
1. du
2. des
3. d'; des
4. des; de la
5. de; des
6. du; de la
7. du; des; de
8. de la; du; des; de la
9. du; du; du; de
10. des; du

III. Mes préférences
(sample answers)
1. J'aime les framboises et les fraises (les pêches, les poires, les pommes, le raisin).
2. J'aime les carottes et les pommes de terre (les petits pois, les haricots verts, les brocolis).
3. Je n'aime pas les poires (le raisin).
4. Je déteste les oignons (les brocolis).
5. Je mange quelquefois une truite (un filet de sole, de la truite, de la sole).
6. Je mange souvent un steak (une côtelette de porc) ou du poulet (de la dinde, du gigot d'agneau).
7. Je déteste les côtelettes de porc (le gigot d'agneau).
8. Je mange souvent de la glace (une pâtisserie, une tarte aux pommes, des petits gâteaux).
9. Je consomme (Je bois) souvent du thé (du café, du lait, du Coca, de l'eau minérale).

IV. Questions d'argent
1. Oui, mais il a très peu d'argent.
2. Elle a beaucoup d'argent.
3. Elle n'a pas beaucoup d'argent. (Elle a un peu d'argent.)
4. Il a très peu d'argent. (Il n'a pas beaucoup d'argent.)
5. Sylvie n'a pas assez d'argent pour acheter un ordinateur.
6. Monique a assez d'argent pour acheter un ticket de métro.
7. Edgar a (juste) assez d'argent pour acheter un petit pain.
8. Sylvie a assez d'argent pour acheter un vélo.
9. Jean-Paul n'a pas assez d'argent pour acheter un walkman.
10. Jean-Paul n'a pas assez d'argent pour acheter un disque laser.
11. Edgar n'a pas assez d'argent pour acheter un Coca.
12. Monique a assez d'argent pour acheter une tarte aux pommes.

V. Qu'est-ce que vous avez acheté?
1. Mon père a acheté deux kilos de pommes.
2. J'ai acheté un litre de Coca.
3. Mlle Lecuyer a acheté quatre tranches de jambon.
4. Nous avons acheté une douzaine de croissants.
5. M. Robichou a acheté 250 grammes de pâté.
6. Elles ont acheté un bout de gruyère.
7. J'ai acheté 250 grammes de brie.
8. Mme Batailler a acheté un morceau de fromage.
9. Jacques a acheté 500 grammes de raisin.
10. Yves a acheté une livre d'abricots.

VI. Comparaisons
1. Élodie a moins de CD que Pierre. Pierre a plus de CD qu'Élodie.
2. Nicolas a plus de jeux vidéo que Laura. Laura a moins de jeux vidéo que Nicolas.
3. Antoine a autant de dictionnaires qu'Aurélie.
4. Thérèse a plus de bouquins qu'Antoine. Antoine a moins de bouquins que Thérèse.
5. Lydie a autant de magazines de sports qu'Alexandre.
6. Solange a moins de cahiers que Thomas. Thomas a plus de cahiers que Solange.
7. Nicole a autant de bracelets que Michèle.

VII. Pour faire du poulet suisse et des roulés au jambon

1. Non, il n'en faut pas.
2. Oui, il en faut deux tasses.
3. Il en faut une tasse et demie.
4. Oui, on en met un quart de tasse.
5. Il faut en acheter six.
6. Oui, on en met un.
7. On en met un quart de tasse sur chaque tranche de jambon.
8. Il en faut pour fixer les roulés au jambon.

VIII. En écoutant...

1. Non, je n'en veux pas.
   Non, j'en mange très peu.
2. Non, je n'en veux pas.
   Non, je n'en mange jamais.
3. Oui, j'en veux bien.
   Oui, j'en mange à tous les repas.
4. Oui, j'aime beaucoup ça.
   Je vais en acheter six.
5. Oui, j'en ai acheté trois bouteilles.
   Non, je vais en servir avec le dîner.
6. Non, je déteste ça.
   Non merci, je ne veux pas en acheter.
7. Oui, j'en ai vu un au premier étage.
   Non, ils n'en ont pas.
8. Oui, je le vois.
   Oui, je l'aime bien.
9. Non, je ne vais pas l'acheter.
   Non, je n'en ai pas assez.
10. Oui, on en mange au Macdo.
    Oui, j'en veux un.

TEST 19

Part A

— Par où est-ce qu'on commence?
— Moi, il faut que j'aille à la papeterie pour acheter **des** cartes postales et **des** stylos. Je n'ai pas **de** stylo.
— Ce n'est pas très intéressant. Moi, je préfère aller à la bijouterie. Ils ont **des** bracelets et **des** boucles d'oreilles.
— Bon, on y va. Mais moi, je veux aussi aller au magasin de sports. Mon frère adore **le** football et c'est bientôt son anniversaire.
— Mon frère préfère **la** musique. Je vais donc lui acheter **des** compact discs.
— Écoute, j'ai aussi promis à ma mère d'aller au supermarché pour acheter **du** café, **de la** confiture et **de l'**eau minérale. Et nous n'avons pas **de** glace.
— Alors moi, je vais peut-être faire mes courses aussi. Il me faut **du** pain, **des** oignons, **des** brocolis, **des** œufs et **du** lait. Je vais aussi acheter **des** fruits. Ma famille adore **les** bananes et **les** oranges d'Espagne.
— Bon. On a beaucoup à faire aujourd'hui. Commençons par la papeterie.

Part B

1. Un litre de vin rouge et huit tranches de gruyère, s'il vous plaît.
   Le gruyère, vous en voulez huit tranches?
2. Une bouteille de Perrier et deux kilos de pommes.
   Les pommes, vous en voulez deux kilos?
3. Deux cents grammes de pâté et un petit morceau de brie, s'il vous plaît.
   Le brie, vous en voulez un petit morceau?
4. Une douzaine d'œufs et une livre de salade de concombres.
   La salade de concombres, vous en voulez une livre?
5. Un bout de gruyère et une livre de jambon.
   Le jambon, vous en voulez une livre?

Part C

1. Hugues a moins de cassettes que Monique.
2. Francine achète plus de magazines que Noëlle.
3. Zoé a autant de compact discs que Vincent.
4. Patrick achète moins de livres que Renée.
5. Gabrielle a moins de boucles d'oreilles que sa mère.
6. Xavier a autant de cravates que Bernard.
7. Solange achète plus de fruits que Richard.
8. Perrine mange plus de légumes que son frère.

IX. Questions personnelles

(sample answers)

1. Il y en a cinq.
2. Oui, j'en ai un. (Non, je n'en ai pas.)
3. Oui, j'en ai deux. (Non, je n'en ai pas.)
4. Oui, j'en ai (qui habitent la ville où j'habite). (Non, je n'en ai pas (qui habitent la ville où j'habite).)
5. J'en ai vu trois. (Je n'en ai pas vu.)
6. J'en ai vu deux. (Je n'en ai pas vu.)
7. J'en regarde huit ou neuf. (Je n'en regarde pas.)
8. Oui, j'en mange beaucoup. (Non, je n'en mange pas beaucoup.)
9. Oui, j'en mange (beaucoup). J'en mange quatre fois par semaine (tous les jours). (Non, je n'en mange pas (beaucoup).)
10. Oui, j'en mange assez. (Non, je n'en mange pas assez.)
11. Oui, j'en bois beaucoup. (Non, je n'en bois pas (beaucoup).)
12. Oui, j'en bois. Je n'en bois pas beaucoup. (J'en bois trop.) (Non, je n'en bois pas.)

X. Ils lisent beaucoup

1. lit
2. a lu
3. lises
4. lisons
5. lisez
6. lisiez
7. lirai
8. liront
9. lisent
10. as lu

XI. Un week-end au bord de la mer

(sample answers)

1. Marie-Laure s'est levée à 8 heures. D'abord, elle est allée à la plage où elle a nagé. Ensuite, elle est rentrée à la maison où elle a pris son petit déjeuner avec ses parents, puis elle est allée faire de la planche à voile.
2. Marie Laure et sa mère sont allées faire des courses au supermarché, puis elles ont déjeuné (pris le thé).
3. Didier et Marie-Laure ont dîné avec leurs parents. Après le dîner, ils sont allés se promener ensemble. Marie-Laure s'est couchée à 10h30. Didier est allé à la discothèque où il a retrouvé des copains. Ils ont dansé. Il s'est couché à deux heures du matin.
4. Didier s'est levé à 7h, puis il a pris son petit déjeuner. Ensuite, il est allé à la pêche avec son père. Marie-Laure s'est levée à 10h, puis elle a joué au tennis avec sa mère. Ensuite, toute la famille est allée en ville pour déjeuner.
5. Didier a regardé le match de foot à la télévision, puis il est allé se coucher à 11h. Marie-Laure a lu. Ensuite, elle a fait de la couture.

XIII. Les soirs d'été

1. passions
2. avaient
3. aimais
4. faisions
5. s'installaient
6. était; voulait
7. habitais
8. jouiez; étiez

XIV. Pendant que nos parents étaient en Italie...

1. Tous les matins, nous nous réveillions de bonne heure.
2. Quelquefois, elle restait au lit pendant une heure ou deux.
3. D'habitude, je me levais tout de suite.
4. Je prenais toujours une douche.
5. Le matin, je rangeais la maison.
6. Ma sœur faisait les courses.
7. Nous déjeunions ensemble fréquemment. (Nous déjeunions fréquemment ensemble.)
8. L'après-midi, nous nous séparions.
9. Elle retrouvait ses amies au stade.
10. J'allais en ville.
11. Le vendredi soir, ma sœur et ses amies dînaient en ville.
12. Le samedi soir, je sortais avec mes copains.

XV. La soirée de Claire

1. Sacha écoutait de la musique.
2. Michèle parlait avec Yvette.
3. Georges et Véronique dansaient.
4. Claire cherchait des boissons.
5. Jacques et Henri mangeaient.
6. Jérôme regardait la télé.
7. M. Matignon prenait des photos.
8. Tout le monde s'amusait bien.

XVI. Le bon vieux temps

1. Mes amis et moi, nous allions souvent au café.
2. J'écoutais la radio tous les jours.
3. Ma mère et mon père travaillaient aussi.
4. Je faisais des promenades.
5. Je me levais à sept heures le week-end.
6. Mes amis et moi, nous avions des vélos.
7. La famille mangeait toujours ensemble.
8. Je voulais rester à la maison jusqu'à l'âge de 22 ans.
9. Mes parents et moi, nous voyagions beaucoup aussi.
10. Je préférais les pâtisseries.

XVII. Le début d'une histoire

C'était une nuit de décembre. Il faisait froid. Il neigeait. Nous étions deux dans la voiture, ma sœur Lucienne et moi. Mais la voiture ne marchait pas. Nous n'avions plus d'essence. Au bord de la route il y avait une vieille femme. Elle avait les cheveux blancs et son cou était très long. Elle promenait un chien et elle chantait très fort. Ma sœur et moi la trouvions un peu bizarre et je n'étais pas content de la rencontrer.

TEST 20

Part A

1. Moi, je travaillais. Je parlais avec des collègues.
2. Moi, j'étais dans la cuisine. Je préparais le déjeuner.
3. Nous, nous faisions de la voile près de Biarritz.
4. Lui, il était au musée. Il regardait les tableaux de Monet.
5. Elle, elle passait un examen. Elle avait beaucoup de difficultés.

6. Elle, elle jouait avec ses copains.
7. Lui, il voyageait en Inde.
8. Elle, elle écoutait la radio.

Part B

1. Tous les jours, je prenais l'autobus pour aller à l'école.
2. En hiver, Georges était souvent malade.
3. À cette époque, nous habitions très loin du lycée.
4. J'allais souvent chez Martin pour déjeuner.
5. Nos parents étaient très jeunes.
6. Ma mère avait vingt-huit ans.
7. Le matin, mes sœurs quittaient la maison après moi.
8. Mon petit frère ne se levait pas avant 9 heures.
9. Nos parents avaient beaucoup de patience avec nous.
10. Mon père partait souvent en voyage.
11. Ma mère travaillait aussi.
12. Et vous, qu'est-ce que vous faisiez?
13. Toi, tu sortais souvent avec tes parents?

XIX. Des recherches
1. a. 7,656,000
   b. 2,768,000
   c. 8,462,000
   d. 334,000
   e. Great Britain
2. a. in their second homes
   b. 1 star
   c. no, 2 stars
   d. 18,452
3. No. People in the provinces use their car more than Parisians. Parisians use the train and plane more than people in the provinces.
4. a vacation at the seashore; a tour

XXIII. Le verbe *mettre*
1. mets
2. mettiez
3. mettais
4. mets
5. mettent
6. a mis
7. met
8. mettras
9. mettrai
10. mettez
11. ont mis
12. mettiez

XXIV. Comparaisons
1. Suzanne est moins intelligente que Janine.
2. Monique est aussi généreuse qu'Hervé.
3. Les parents de Jacques sont moins traditionalistes que mes parents.
4. Le cours de chinois est plus difficile que le cours de français.
5. Les amis de mes parents sont moins amusants que mes amis.
6. Le prof de chinois est aussi patient que le prof de français.
7. Isabelle est plus sympathique que Simone.
8. Félix est moins sportif que Paul.

XXV. Meilleur et mieux
1. Véronique chante mieux que Jean.
2. Alexandre travaille aussi bien que François.
3. Annie mange moins bien que Marcel.
4. Les légumes sont meilleurs que le poulet.
5. Les notes de Paul sont moins bonnes que les notes de Marie.
6. L'autre restaurant japonais est aussi bon que ce restaurant japonais.
7. Je danse mieux que mes amis.
8. Le Vittel est meilleur que le Perrier.

XXVI. Les ouvriers de l'atelier Michelin
1. Jacqueline est l'ouvrière la moins âgée.
2. Le travail de Jean-Loup est le meilleur.
3. Jacqueline gagne le moins d'argent.
4. Jacqueline est l'ouvrière la plus jeune.
5. Albert gagne le plus d'argent.
6. Le travail de Mireille est le moins bon.

XXVII. Que pensent les étudiants de leurs cours?

1. Le cours le plus facile est le cours de biologie.
2. Le cours où il y a le plus d'examens est le cours de français.
3. Le cours où on donne le plus de bonnes notes est le cours de musique. (Le cours où on donne les meilleures notes est le cours de musique.)
4. Le cours où il y a le moins d'examens est le cours de gymnastique.
5. Le cours où on donne le moins de bonnes notes (les moins bonnes notes) est le cours d'astronomie.
6. Le cours le moins difficile est le cours de statistiques.
7. Le cours où il y a le plus de devoirs est le cours d'allemand.
8. Le cours où on donne le plus de bonnes notes est le cours de volleyball. (Le cours où on donne les meilleures notes est le cours de volleyball.)

TEST 21

Part A

1. Elle a mis 2 000F à la banque.
2. Elles mettront 1 500F à la banque.
3. Il faut que je mette 350F à la banque.
4. Il met 1 600F à la banque.
5. Ils mettaient 75F à la banque.
6. Elle mettra 10 000F à la banque.
7. Ils ont mis 540F à la banque.
8. Il faut qu'elles mettent 600F à la banque.

Part B

1. Le cours de géologie est aussi difficile que le cours de biologie.
2. Le cours de chimie est plus difficile que le cours d'astronomie. (Le cours d'astronomie est plus facile que le cours de chimie.)
3. Le cours de chimie est moins difficile que le cours de physique. (Le cours de physique est plus difficile que le cours de chimie.)
4. Il y a plus d'examens en géologie qu'en biologie. (Il y a moins d'examens en biologie qu'en géologie.)
5. Il y a autant d'examens en chimie qu'en physique.
6. Il y a moins d'examens en astronomie qu'en chimie. (Il y a plus d'examens en chimie qu'en astronomie.)
7. On donne des meilleures notes en astronomie qu'en chimie. On donne plus de bonnes notes en astronomie qu'en chimie (On donne des moins bonnes notes en chimie qu'en astronomie. On donne moins de bonnes notes en chimie qu'en astronomie.)
8. On donne des moins bonnes notes en physique qu'en biologie. On donne moins de bonnes notes en physique qu'en biologie. (On donne des meilleures notes en biologie qu'en physique. On donne plus de bonnes notes en biologie qu'en physique.)
9. En général, on se débrouille mieux en astronomie qu'en chimie. (En général, on se débrouille moins bien en chimie qu'en astronomie.)
10. En général, on se débrouille moins bien en physique qu'en biologie. (En général, on se débrouille mieux en biologie qu'en physique.)

Part C

1. Le cours de physique est le cours le plus difficile.
2. Le cours d'astronomie est le cours où on donne le moins d'examens.
3. Le cours de géologie est le cours où on donne le plus d'examens.
4. Le cours d'astronomie est le cours où on donne le plus de bonnes notes. (Le cours d'astronomie est le cours où on donne les meilleures notes.)
5. Le cours de physique est le cours où on donne le moins de bonnes notes. (Le cours de physique est le cours où on donne les moins bonnes notes.)

XXXI. Qu'est-ce qu'ils ont?

1. Judith a mal aux dents.
2. Philippe a mal au dos.
3. Marie a mal à l'estomac (au ventre).
4. Yves a mal à la tête.
5. Hélène s'est coupé le doigt.
6. Marc s'est cassé la jambe.
7. Yoko s'est fait mal à la main.
8. Thierry s'est foulé le poignet.
9. Lucie s'est fait mal au dos.
10. Andrée s'est cassé le bras.
11. Il a le nez qui coule. Il a un rhume.
12. Il tousse.
13. Elle a mal partout.
14. Il éternue. Il a un rhume.
15. Elle a de la fièvre.
16. Elle a mal à la gorge.

XXXII. Les verbes en -ir

1. finisse
2. as fini
3. finissons
4. réussirez
5. maigrissent
6. grandit
7. ont choisi
8. grossissiez
9. réussissait
10. finiront

XXXIII. Le corps humain

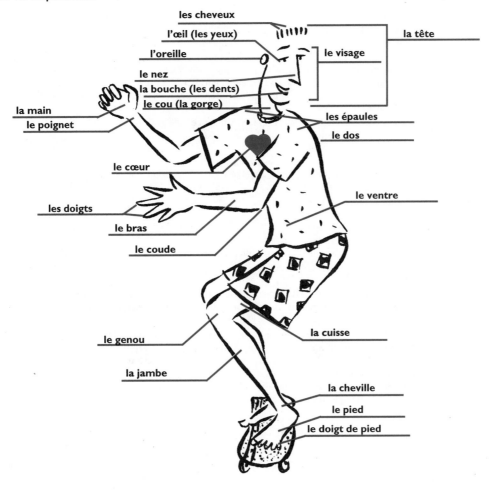

les cheveux
l'œil (les yeux)
la tête
le visage
l'oreille
le nez
la bouche (les dents)
le cou (la gorge)
la main
le poignet
les épaules
le dos
le cœur
le ventre
les doigts
le bras
le coude
le genou
la cuisse
la jambe
la cheville
le pied
le doigt de pied

XXXIV. Qu'est-ce qu'ils ont fait hier?
1. Nous sommes resté(e)s à la maison. Il pleuvait.
2. Micheline a fait des courses. Il y avait beaucoup de circulation.
3. Jean et Pierre sont allés à Versailles. Ils avaient envie de sortir.
4. Je voulais rendre visite à mon oncle. J'ai pris le train.
5. Nous avons pris le métro. Nous étions pressés.

XXXV. Qu'est-ce qu'ils faisaient quand... ?
1. Quand Jean a téléphoné, je prenais le petit déjeuner.
2. Quand elle est descendue, nous faisions la lessive.
3. Quand je suis sorti(e), il travaillait au jardin.
4. Quand il est rentré, elles étudiaient.
5. Quand je me suis couché(e), tu regardais la télé.
6. Quand nous sommes allé(e)s au café, vous faisiez les courses.
7. Quand elle a quitté la maison, il s'occupait des enfants.
8. Quand Marc est tombé, je mettais la table.

XXXVI. La Révolution de 1789
1. La Révolution a commencé au mois de mai 1789.
2. Le roi ne voulait pas écouter les membres de la bourgeoisie.
3. La bourgeoisie n'était pas contente parce qu'elle payait trop d'impôts.
4. Le 14 juillet 1789, les Parisiens ont pris la Bastille.
5. En 1792, les révolutionnaires ont proclamé la république.
6. Le roi Louis XVI n'avait plus d'autorité.
7. Le gouvernement révolutionnaire a guillotiné le roi et sa femme, Marie-Antoinette, en 1793.
8. Napoléon Bonaparte était général dans l'armée française quand la Révolution a commencé.
9. Il faisait la guerre en Égypte quand il a appris la nouvelle que le gouvernement français avait besoin d'un «leader».
10. En 1799, il est rentré en France, il a pris le pouvoir et enfin, en 1804, il s'est déclaré empereur.
11. Malheureusement, Napoléon n'a pas donné aux Français la paix qu'ils cherchaient.

TEST 22

Part A
1. finissez; finis
2. ont réussi; a réussi
3. choisissiez; choisisse
4. grossira; grossirai
5. grandissent
6. finissions

Part B

Vers 14 heurses, deux hommes et une femme **sont entrés** dans la banque. Moi, j'**étais** au guichet. Un des hommes **était** très grand; il **avait** les cheveux noirs; il **avait** une barbe; il **était** très mince. Il **parlait** très fort et il **avait** l'air impatient. Il **avait** un pistolet.

L'autre homme n'**était** pas grand. Il **était** gros et il **avait** une moustache. Il **portait** un tee-shirt avec "Malibu" inscrit sur le dos. Il **a demandé** aux clients de lui donner leurs portefeuilles. Il **a pris** aussi nos montres.

La femme **était** grande. Elle **avait** les cheveux blonds. Elle **portait** un jean et un tee-shirt rouge. Elle **avait** un sac à dos. Elle **a pris** nos affaires. Ensuite, elle **est sortie** de la banque. Elle **était** le chauffeur de la voiture.

La voiture **était** une Citroën. Elle **était** grise et elle **était** assez neuve.

Il y **avait** beaucoup de clients dans la banque. Nous **étions** très nerveux. Nous **avions** peur.

Les employés de la banque **ont été** très courageux. Ils **sont restés** calmes. Une employée **a sonné** l'alarme et les hommes **ont quitté** la banque très vite.

Heureusement, la police **est arrivée** quelques minutes plus tard. Mais les voleurs n'**étaient** plus là.

XXXVII. Une lettre de remerciements

Chère Annie, chers tous,

Je **suis rentrée** chez moi il y a huit **jours** et je vous écris tout de suite pour vous donner de mes nouvelles. Mais tout d'abord, je vous **remercie** mille fois du séjour formidable que j'**ai passé** chez vous. Après toutes ces **années**, c'**est** avec une grande joie que j'**ai** refait la connaissance de tout le monde.

Comment ça va chez vous? Est-ce que tout le monde est en bonne **santé**? Est-ce que vous préparez votre voyage **en** Suisse? Combien de temps est-ce que vous y resterez? Marcel, tu continues à travailler dans ton **jardin**? Et Annie, tes **photos** sont bien réussies? J'aimerais bien en avoir pour les **mettre** dans mon album.

Depuis mon retour, il fait très **chaud** et très humide ici. Je passe mon temps à **lire** les livres que j'ai ramenés de France, je vais nager à la **piscine** de l'université de temps en temps et je m'**occupe** de la maison et de mes chats. Dans quinze jours je vais aller **en** Californie pour rendre visite à mes frères. Je passerai huit jours à Los Angeles et trois jours à San Francisco. Je serai contente de **retrouver** mes frères, mes nièces et mes neveux. Après ça, il faudra que je **rentre** pour préparer mes cours.

Enfin, c'est à peu près tout. J'espère que tout **va** bien chez vous. Écrivez-moi quand vous **aurez** le temps.

Je vous embrasse tous bien fort.

Jeannette

XXXXII. Combien?
1. Quatre poulets.
2. Huit kilos de pommes de terre.
3. 750 (Sept cent cinquante) grammes de brie.
4. Dix bouteilles de Perrier.
5. Deux livres de fraises.
6. Trois kilos de haricots verts.
7. Vingt tranches de jambon.
8. Un gros bout de gruyère.
9. Une douzaine d'œufs.
10. Dix pâtisseries.

XXXXIII. Ce que j'ai acheté
1. J'en ai acheté quatre.
2. Oui, j'en ai acheté huit kilos.
3. Non, je n'en ai pas acheté, j'ai acheté du brie.
4. Non, je n'en ai pas acheté, j'ai acheté du Perrier.
5. Oui, j'en ai acheté deux livres.
6. Non, je n'en ai pas acheté, j'ai acheté des haricots verts.
7. J'en ai acheté vingt tranches.
8. J'en ai acheté un gros bout.
9. Oui, j'en ai acheté assez. (Non, je n'en ai pas acheté assez.)
10. Oui, j'en ai acheté dix.

XXXXIV. Des traits caractéristiques
1. Fernand est moins intelligent que Janine.
2. La tante Nicole est aussi ambitieuse que l'oncle Bernard.
3. Les frères sont plus bavards que les sœurs.
4. Chantal parle mieux l'anglais que Philippe.
5. Les garçons travaillent moins bien à l'école que les filles.
6. Mme Jacquette est aussi généreuse que M. Jacquette.
7. Mme Jacquette est meilleure cuisinière que M. Jacquette.
8. Hervé est plus énergique que Jacqueline.
9. Adeline est moins nerveuse que Marie.
10. Les grands-parents sont moins sévères que les parents.

XXXXV. Une excursion à Versailles

La première fois que je **suis allée** en France, j'**ai passé** un mois chez mon oncle Christian et ma tante Josette. Mes parents **voulaient** que j'apprenne le français. Christian et Josette m'**ont appris** beaucoup de choses. Nous **avons visité** des monuments, nous **avons fait** des excursions en voiture et j'**ai mangé** beaucoup de bonnes choses. Un jour, Christian **a décidé** que nous allions passer la journée à Versailles. Nous **avons fait** le voyage en train et nous **nous sommes bien amusés**.

Le château de Versailles **était** très impressionnant. Je **n'ai pas compris** l'histoire que **racontait** le guide, mais j'**ai compris** qu'il **était** surtout question du roi Louis XIV. On l'**appelait** aussi le Roi Soleil et son règne **a duré** 72 ans, de 1643 à 1715. À mon avis, ce roi **avait** des habitudes assez bizarres. Il **faisait** sa toilette devant tout le monde, et la personne qui **pouvait** l'habiller **était** très estimée des autres. Chaque jour, certains aristocrates **participaient** donc à la cérémonie du lever et du coucher du roi.

Maintenant que j'**ai terminé** mes études de français, je sais que mes idées sur Louis XIV **étaient** très simplistes. Les idées et les actions de Louis XIV **ont** beaucoup **influencé** le développement politique de la France.

UNITÉ 4: Chapitre 7

III. Une question de temps

1. Depuis quand est-ce que vous habitez en France?
   Nous habitons (J'habite) en France depuis 1975. (Nous y habitons (J'y habite) depuis 1975.)
2. Depuis combien de temps est-ce que tu fais des études à l'université?
   Je fais des études à l'université depuis deux ans. (J'y fais des études depuis deux ans.)
3. Depuis combien de temps est-ce qu'Anne a mal à la gorge?
   Elle a mal à la gorge depuis trois jours. (Depuis trois jours.)
4. Depuis quand est-ce que tu te sens mal?
   Je me sens mal depuis dimanche dernier. (Depuis dimanche dernier.)
5. Depuis quand est-ce qu'Anne-Marie étudie l'anglais?
   Elle étudie l'anglais depuis 1990. (Elle l'étudie depuis 1990.)
6. Depuis combien de temps est-ce que Marcel travaille dans le jardin?
   Il travaille dans le jardin depuis une heure. (Il y travaille depuis une heure.)

IV. Mme Beaune chez le médecin

1. Non, j'habite ici depuis douze ans. (Non, j'y habite depuis douze ans.)
2. Je travaille chez Peugeot depuis dix ans. (J'y travaille depuis dix ans.)
3. Je ne suis pas allée chez le médecin depuis deux ans. (Je n'y suis pas allée depuis deux ans.)
4. Je suis enrhumée depuis trois ou quatre jours.
5. J'ai de la fièvre depuis hier. (J'en ai depuis hier.)
6. Je prends des antihistaminiques depuis deux jours. (J'en prends depuis deux jours.)
7. J'ai du mal à m'endormir depuis deux jours.
8. Je n'ai pas mangé depuis avant-hier.

V. Traduisons!

1. Je suis malade depuis plusieurs semaines. J'ai de la fièvre depuis lundi dernier.
2. Mon amie habite ici depuis un mois. Elle est dans mon cours de français depuis dix jours. (Elle vient à mon cours de français depuis dix jours.)
3. Mes parents sont en France depuis le début du mois.
4. Depuis combien de temps est-ce que tu as (vous avez) des migraines?
5. Depuis quand est-ce que vous travaillez (tu travailles) comme pharmacien? (Depuis quand est-ce que vous êtes (tu es) pharmacien?)
6. Je n'ai pas vu mes grands-parents depuis plusieurs années.
7. Nous n'avons pas fait de voile depuis 1988.
8. Depuis combien de temps est-ce qu'ils habitent ici? Depuis quand?

TEST 23

1. Depuis quand est-ce que tu fais de l'aérobic?
   Je fais de l'aérobic depuis la semaine dernière.
2. Depuis quand est-ce que vous êtes médecin?
   Je suis médecin depuis 1978.
3. Depuis combien de temps est-ce qu'elles travaillent pour Kodak?
   Elles travaillent pour Kodak depuis cinq ans.
4. Depuis quand est-ce qu'il a une voiture?
   Il a une voiture depuis l'âge de 18 ans.
5. Depuis combien de temps est-ce que tu fais partie du club?
   Je fais partie du club depuis trois mois. (J'en fais partie depuis trois mois.)
6. Depuis quand (Depuis combien de temps) est-ce qu'elle habite à Calmoutier?
   Elle habite à Calmoutier depuis toujours. (Elle y habite depuis toujours.)
7. Depuis combien de temps est-ce que vous avez ce poste?
   J'ai ce poste depuis un an. (Je l'ai depuis un an.)
8. Depuis combien de temps est-ce qu'ils étudient le français?
   Ils étudient le français depuis un semestre. (Ils l'étudient depuis un semestre.)

X. C'est comment?

1. Nous avons acheté une nouvelle vidéo fantastique.
2. J'ai un nouveau vélo japonais.
3. Nous avons mangé dans un restaurant japonais formidable.
4. J'ai trouvé un petit portefeuille brun.
5. Elle a regardé la nouvelle vidéo allemande.
6. C'est un long roman russe.
7. C'est une vieille petite maison.
8. J'ai eu une mauvaise note à l'examen.

XI. Nous ne sommes jamais d'accord

1. Au contraire! C'est une vieille voiture.
2. Au contraire! C'est un petit musée.
3. Au contraire! C'est un exercice facile.
4. Au contraire! C'est une maison laide.
5. Au contraire! Ce sont des livres ennuyeux.
6. Au contraire! Ce sont des (de) nouvelles cassettes. (Ce sont des cassettes neuves.)
7. Au contraire! Ce sont de bonnes idées.
8. Au contraire! C'est un voyage intéressant.
9. Au contraire! C'est un mauvais restaurant.
10. Au contraire! Ce sont des (de) mauvais ordinateurs.

TEST 24

1. Il a une petite voiture pratique.
2. Il préfère les restaurants chinois traditionnels.
3. Il a des (de) vieux amis intéressants.
4. Il a fait un long voyage ennuyeux.
5. Il aime les vieux films américains.
6. Il a une vieille maison de campagne charmante.
7. Il a un nouvel emploi fascinant.
8. Il lit des (de) longs romans historiques.
9. Il aime les bonnes pâtisseries françaises.

XV. Entre amis

1. Oui, je te cherche depuis une demi-heure.
2. Oui, je t'aime bien.
3. Oui, je t'écoute toujours.
4. Non, je ne te comprends pas.
5. Oui, je t'invite pour demain soir.
6. Non, je ne t'accompagne pas.
7. Oui, je vous invite pour samedi soir.
8. Non, je ne vous comprends pas.
9. Oui, je vous téléphone demain.
10. Oui, je vous accompagne jusqu'à la boulangerie.
11. Oui, je vous aime bien.
12. Non, je ne vous écoute pas.

XVI. En famille

1. Oui, nous allons vous téléphoner.
2. Oui, nous voulons vous demander quelque chose.
3. Non, vous n'allez pas nous voir pour le dîner.
4. Oui, tu peux me parler un moment.
5. Non, je ne peux pas te donner 200 francs.
6. Oui, nous allons t'acheter un vélo. (Oui, nous allons t'en acheter un.)
7. Oui, je vais te donner mon adresse. (Oui, je vais te la donner.)
8. Oui, je vais vous écrire toutes les semaines.
9. Oui, tu peux me téléphoner de temps en temps.

XVII. Encore des questions!

1. Non, je ne t'ai pas cherché(e).
2. Non, je ne t'ai pas téléphoné.
3. Oui, je t'ai donné la clé hier. (Oui, je te l'ai donnée hier.)
4. Oui, je t'ai préparé un bon dîner.
5. Oui, je t'ai acheté une belle chemise.
6. Oui, je t'ai compris(e).
7. Oui, je t'ai vu(e) à la station de métro.
8. Oui, je vous ai acheté un livre sur la Tunisie.
9. Oui, je vous ai vus devant la bibliothèque.
10. Non, je ne vous ai pas compris.
11. Oui, je vous ai laissé les valises dans la chambre. (Oui, je vous les ai laissées dans la chambre.)
12. Oui, je vous ai fait un sandwich au fromage.
13. Oui, je vous ai apporté un pain de campagne.
14. Non, je ne vous ai pas parlé de ça. (Non, je ne vous en ai pas parlé.)

XVIII. On change d'avis

1. Oui, achète-moi un cadeau! Non, ne m'achète pas de cadeau! (Non, ne m'en achète pas [un]!)
2. Oui, aide-moi! Non, ne m'aide pas!
3. Oui, accompagne-moi à la gare! Non, ne m'accompagne pas à la gare! (Non, ne m'y accompagne pas!)
4. Oui, prête-moi la voiture! Non, ne me prête pas la voiture! (Non, ne me la prête pas!)
5. Oui, fais-moi un gâteau d'anniversaire! Non, ne me fais pas de gâteau d'anniversaire! (Non, ne m'en fais pas [un]!)
6. Oui, apporte-nous du chocolat. Non, ne nous apporte pas de chocolat! (Non, ne nous en apporte pas!)
7. Oui, téléphone-nous! Non, ne nous téléphone pas!
8. Oui, aide-nous! Non, ne nous aide pas!
9. Oui, donne-nous les clés! Non, ne nous donne pas les clés! (Non, ne nous les donne pas!)
10. Oui, accompagne-nous! Non, ne nous accompagne pas!

TEST 25

Part A

1. Est-ce que je vous ai rencontrée chez les Dupont?
2. Est-ce que vous me reconnaissez?
3. Est-ce que vous m'avez parlé de votre famille?
4. Est-ce que vous m'avez laissé un message téléphonique l'autre jour?
5. Est-ce que je vais vous revoir?
6. Tu m'as téléphoné?
7. Tu vas m'accompagner au cinéma?
8. Je t'ai montré ma nouvelle vidéo?
9. Tu vas me montrer ton nouvel ordinateur?

Part B

1. Téléphone-moi à 6 heures!
2. Prête-moi ton pull!
3. Achète-nous une cassette!
4. Ne me parle pas!
5. Ne nous embête pas!

XXV. Précisons!

1. Depuis combien de temps est-ce que tu as un ordinateur?
   Depuis un mois.
   Depuis quand est-ce que tu as un ordinateur?
   Depuis le mois de juillet.
2. Depuis combien de temps est-ce que tes parents habitent en Californie?
   Depuis quinze ans.
   Depuis quand est-ce que tes parents habitent en Californie?
   Depuis 1979.
3. Depuis combien de temps est-ce que ton frère fait de l'aérobic?
   Depuis quinze jours.
   Depuis quand est-ce que ton frère fait de l'aérobic?
   Depuis le mois dernier.
4. Depuis combien de temps est-ce que ton père a la grippe?
   Depuis quatre jours.
   Depuis quand est-ce que ton père a la grippe?
   Depuis lundi.
5. Depuis combien de temps est-ce que ton cousin joue du piano?
   Depuis trois ans.
   Depuis quand est-ce que ton cousin joue du piano?
   Depuis l'âge de huit ans.
6. Depuis combien de temps est-ce que ta mère est de retour?
   Depuis huit jours.
   Depuis quand est-ce que ta mère est de retour?
   Depuis la semaine dernière.

XXVI. Faisons des descriptions!

(sample answers)

1. C'est une grande maison moderne. (C'est un grand appartement ensoleillé.)
2. C'est une belle voiture américaine. (C'est une vieille bicyclette bleue. C'est une moto japonaise neuve.)
3. Ce sont des beaux livres contemporains.
4. Ce sont des vieux vêtements bon marché. (Ce sont des beaux vêtements chers.)
5. Ce sont des beaux manuels intéressants. (Ce sont des gros manuels ennuyeux.)
6. C'est un grand parc dangereux. (C'est un joli petit parc.)
7. C'est une belle ville propre. (C'est une ville moderne polluée.)
8. C'est une grande université moderne. (C'est une petite université formidable.)

XXVIII. Une interview

1. Est-ce que je peux te téléphoner ce soir?
2. Est-ce que tu peux m'aider à faire mes devoirs de français?
3. Est-ce que tu peux me prêter un CD de Tom Waits?
4. Est-ce que je peux (pourrai) te voir avec tes ami(e)s demain? (Est-ce que je (peux) pourrai vous voir, toi et tes ami(e)s, demain?)
5. Est-ce que vous pouvez (pourrez) aller dîner avec mes ami(e)s et moi (avec nous)?
6. Est-ce que tu peux nous retrouver à la piscine samedi?
7. Est-ce que tu m'as téléphoné hier?

UNITÉ 4: Chapitre 8

I. Le curriculum vitae d'Yvan Rouard
1. math, physics, engineering
2. Diplôme Universitaire de Technologie, Maîtrise de Sciences et Techniques
3. sales
4. He wants to create sound systems for concert halls, theaters, etc.
5. He would be able to work internationally.
6. music, film
7. His hobbies are in the same general field and will prepare him for working with sound systems in concert halls, theaters, etc.

III. *Lui ou leur?*
1. Dites-**leur** de faire attention aux voitures.
2. Qu'est-ce que tu **lui** as acheté?
3. Est-ce qu'elle **lui** donnera quelque chose?
4. Explique-**lui** ton problème.
5. Tu vas **leur** téléphoner?
6. Nous **leur** avons raconté des histoires.
7. Quelquefois je **lui** prête mes livres.
8. Ils **leur** obéissaient toujours.
9. Je ne **leur** parle pas souvent.
10. Je vais **lui** apprendre à jouer aux échecs.

IV. Qu'est-ce que tu leur as acheté?
1. Pour son anniversaire, je lui ai acheté un bracelet.
2. Pour son anniversaire, je lui ai acheté un livre sur la Révolution française.
3. Pour Noël (Hanouka), je lui ai acheté un sac à dos.
4. Pour Noël (Hanouka), je leur ai acheté des livres.
5. Pour Noël (Hanouka), je leur ai acheté un caméscope.
6. Pour son anniversaire, je lui ai acheté un portefeuille.
7. Pour son anniversaire, je lui ai acheté un sac.
8. Pour Noël (Hanouka), je leur ai acheté des compact discs.

V. Histoire d'un cambriolage
1. Je leur ai demandé de sortir.
2. Je leur ai dit que nous n'avions pas beaucoup d'argent dans la caisse.
3. Je lui ai donné tout notre argent.
4. Je lui ai montré les bijoux.
5. Oui, bien sûr, je leur ai obéi.
6. Je leur ai téléphoné tout de suite après le «hold-up».
7. Je lui ai raconté toute l'histoire.

TEST 26
1. Je lui ai proposé de sortir ce soir.
2. Je vais lui acheter une calculatrice.
3. Je leur apporterai des souvenirs.
4. Je lui téléphonais deux fois par semaine.
5. Je vais leur dire que j'étais malade.
6. Je leur ai permis de regarder la télé.
7. Je lui ai demandé de répéter l'explication.
8. Je lui montrerai des cartes postales de Paris.

X. Des contraires
1. Non, je n'ai vu personne dans le jardin.
2. Non, personne ne m'a appelé.
3. Non, ils n'ont rien fait ce week-end.
4. Non, rien d'intéressant n'est arrivé.
5. Non, il n'a parlé à personne ce matin.
6. Non, il n'est plus à l'hôpital.
7. Non, je n'ai pas encore fait mes devoirs.
8. Non, il ne mange jamais d'escargots quand il est en France. (Non, il ne mange pas toujours des escargots.)
9. Non, elles n'ont pas encore trouvé de job.
10. Non, nous n'avons plus faim. (Non, je n'ai plus faim.)

XI. Esprit de contradiction
1. Ce n'est pas vrai. Vous n'allez jamais au restaurant. (Nous n'allons jamais au restaurant.)
2. Ce n'est pas vrai. Elle n'est plus en France.
3. Ce n'est pas vrai. Il ne comprend rien.
4. Ce n'est pas vrai. Personne ne m'attend.
5. Ce n'est pas vrai. Ses parents (Ils) n'ont jamais fait d'alpinisme.
6. Ce n'est pas vrai. Tu n'as besoin de rien.
7. Ce n'est pas vrai. Tu n'as rencontré personne en ville hier.
8. Ce n'est pas vrai. Elle ne pense à rien.
9. Ce n'est pas vrai. Tu n'as rien fait.
10. Ce n'est pas vrai. Ils ne sont plus au centre commercial.

XII. Chez les Français

1. Non, je ne suis plus fatigué(e).
2. Non, je n'ai pas encore mangé ce matin.
3. Non, je n'ai entendu personne ce matin.
4. Non, je n'ai besoin de rien pour ma chambre.
5. Non, je ne me couche jamais avant 10h.
6. Non, je n'ai rien laissé dans la voiture.
7. Non, je ne veux téléphoner à personne aujourd'hui.

TEST 27

1. Non, je n'attends personne.
2. Non, je n'ai besoin de rien.
3. Non, je ne veux rien acheter.
4. Non, je n'ai pas encore acheté de timbres.
5. Non, je ne veux téléphoner à personne.

6. Non, personne ne va me téléphoner.
7. Non, je n'ai rien à envoyer.
8. Non, on ne m'a rien envoyé.
9. Non, je ne passe jamais l'après-midi dans les bureaux de poste.

XIV. Au restaurant

1. voudrait
2. voudraient
3. voudrais

4. voudrais
5. voudriez
6. voudrions

XV. Quelle trouvaille!

1. J'achèterais des cadeaux pour tous mes amis.
2. Paul mettrait de l'argent à la banque.
3. Mes parents ne travailleraient plus.
4. Vous inviteriez tous vos amis au restaurant.

5. Tu voyagerais partout en Europe.
6. Philippe irait au Mexique.
7. Nous ferions le tour du monde.
8. Mes amis s'amuseraient.

XVI. Quels conseils donneriez-vous?

1. À ta place, je ne mangerais plus de choses sucrées.
2. À leur place, j'achèterais une maison.
3. À ta place, je n'irais plus au centre commercial.
4. À sa place, je prendrais des leçons de français.
5. À ta place, je consulterais le médecin.
6. À votre place, je dînerais au restaurant.
7. À sa place, j'irais voir le prof.
8. À ta place, je prendrais des cachets d'aspirine.
9. À votre place, j'inviterais mes meilleurs amis.
10. À ta place, je ne lui donnerais plus d'argent.

TEST 28

Part A

1. Nous voudrions parler à M. Imbert.
2. Pourriez-vous m'indiquer son adresse?
3. Sauriez-vous où il est allé?
4. Elles pourraient nous aider?
5. Est-ce que vous auriez le temps de me parler?
6. Je serais content(e) de lui téléphoner.
7. Est-ce que tu pourrais dîner avec nous ce soir?
8. Vous feriez ça pour moi?
9. Il irait à la boulangerie avec nous?
10. Tu serais gentil de m'aider.

Part B

1. Si nous avions assez de temps, nous nous arrêterions à New York.
2. Si tu prenais ce cours, je pourrais te prêter mes notes.
3. Est-ce que tu viendrais si on t'invitait?
4. Qu'est-ce que vous feriez si elle refusait?
5. Si elles finissaient leurs devoirs, elles pourraient sortir.
6. Je serais content(e) si je réussissais à cet examen.

XXI. Un interrogatoire

1. Je lui ai dit que tu avais la grippe.
2. Je lui ai donné tes devoirs.
3. Il leur a fait passer un examen.
4. Il leur a expliqué les expressions négatives.
5. Ils lui ont demandé des explications supplémentaires.

6. Il leur a permis de travailler en petits groupes.
7. Ils lui ont proposé de faire le cours dehors.
8. Elle lui a prêté des cartes postales de Toulouse.
9. Oui, ils lui ont obéi.

XXII. Autrefois et aujourd'hui

1. Aujourd'hui, il ne regarde jamais la télévision. (Aujourd'hui il ne la regarde jamais.)
2. Aujourd'hui, on n'a plus de chien.
3. Aujourd'hui, nous n'habitons plus en ville.
4. Aujourd'hui, elle n'invite personne à manger le week-end.
5. Aujourd'hui, personne ne vient chez nous pour faire le ménage.
6. Aujourd'hui, nous n'allons jamais au cinéma. (Aujourd'hui, nous n'allons pas souvent au cinéma.)
7. Aujourd'hui, nous ne faisons rien pendant les vacances.
8. Aujourd'hui, je n'ai pas encore choisi de profession.
9. Aujourd'hui, rien ne m'intéresse.
10. Aujourd'hui, on ne fait plus de promenades ensemble. (Aujourd'hui, on ne fait pas de promenades ensemble.)

XXIII. Une conversation

voudrais
aimerais
pourrions; ferais
serait; préparerais
ferais
achèterais; pourrions
aiderais; irions
aimeraient
faudrait

TAPESCRIPT

Chapitre préliminaire

Je vais m'acheter un compact disc

SEGMENT 1

Prononcez bien!
Sounds and letters in French
pages 6–7

SEGMENT 2

In the **Manuel de préparation** you learned the indefinite articles **un, une,** and **des.** In order to learn and practice the pronunciation of these articles, first listen to the dialogue.

Au magasin de musique
BÉNÉDICTE: Regardez! Voici des cassettes et aussi des compact discs.
FRANÇOIS: Moi, je cherche une cassette de Julien Clerc.
ANNICK: Et moi, je vais acheter un compact disc de Téléphone.

Now repeat the indefinite articles: **un, une, des.**

Notice that the **n** of **un** and the **s** of **des** are *not* pronounced unless they immediately precede a noun that begins with a vowel or a vowel sound. Thus, you say: **un livre, un disque laser,** but **un͜album; des livres, des disques laser,** but **des͜albums.**

Repeat the following words, paying attention to the pronunciation of the articles:
   un livre, un disque laser, un magasin, un album, un hôtel;
   une cassette, une orange, une calculatrice, une vidéo;
   des livres, des disques laser, des albums, des cassettes,
      des oranges, des calculatrices.

Now repeat the following sentences:
   C'est un compact disc.
   C'est une cassette de Michael Jackson.
   C'est une calculatrice.
   Ce sont des jeux vidéos.
   Ce sont des livres.
   Je vais acheter un walkman.
   Je vais acheter un disque laser.
   Je cherche une cassette de Jean-Jacques Goldman.
   Je cherche des compact discs.

Finally, repeat the model dialogue, paying special attention to the indefinite articles.

Au magasin de musique
BÉNÉDICTE: Regardez! Voici des cassettes et aussi des compact discs.
FRANÇOIS: Moi, je cherche une cassette de Julien Clerc.
ANNICK: Et moi, je vais acheter un compact disc de Téléphone.

Chapitre 1er

C'est combien?

SEGMENT 3

In the **Manuel de préparation** you learned the definite articles **le, la,** and **les.** In order to learn and practice the pronunciation of these articles, first listen to the dialogue.

Au magasin de musique
ANNIE: Où sont les cassettes?
GEORGES: Là-bas... avec les CD...
ANNIE: Je vais acheter une cassette de Johnny Cash. J'aime bien le folk.
GEORGES: Moi, je préfère la musique classique. Je vais m'acheter les Symphonies 2 et 4 de Beethoven.

Now repeat the definite articles: **le, la, les.**

Notice that the **s** of **les** is *not* pronounced unless it immediately precedes a noun beginning with a vowel or a vowel sound. Thus, you say: **les livres, les disques laser,** but **les͜albums.** In addition, notice that **le** and **la** become **l'** before a vowel or a vowel sound. Thus, you say: **le livre,** but **l'album; la cassette,** but **l'orange.**
Repeat the following words, paying attention to the pronunciation of the articles:
   le livre, le disque laser, le magasin;
   la cassette, la bijouterie, la parfumerie;
   l'album, l'orange, l'ordinateur, l'amie;
   les livres, les disques laser, les magasins, les cassettes,
      les bijouteries;
   les albums, les oranges, les ordinateurs, les amis.

Now repeat the following sentences:
   J'aime beaucoup le rock.
   Je n'aime pas le folk.
   Je préfère la musique classique.
   Je préfère les cassettes.
   Marie-Louise préfère les compact discs.
   Voilà la bijouterie.
   Voilà les amis de François.
   Je travaille à l'ordinateur.

Finally, repeat the model dialogue, paying special attention to the definite articles.

Au magasin de musique

ANNIE: Où sont les cassettes?

GEORGES: Là-bas... avec les CD...

ANNIE: Je vais acheter une cassette de Johnny Cash. J'aime bien le folk.

GEORGES: Moi, je préfère la musique classique. Je vais m'acheter les Symphonies 2 et 4 de Beethoven.

SEGMENT 4

In the **Manuel de préparation** you've read about French subject pronouns and also the verb **aller**. In order to learn and practice the pronunciation of these forms, first listen to the dialogue.

Au centre commercial

GEORGES: Où est-ce que vous allez?

LAURE: Nous allons à la papeterie. Et toi, Georges, tu vas où?

GEORGES: Moi, je vais à l'université.

NATHALIE: C'est pas vrai! Il va à la Fnac acheter des compact discs.

Now repeat the subject pronouns in French: **je, tu, il, elle, on, nous, vous, ils, elles.**

Notice that normally the **s** of **nous, vous, ils,** and **elles** is *not* pronounced.

Now repeat the forms of the verb **aller: je vais, tu vas, il va, elle va, on va, nous allons, vous allez, ils vont, elles vont.**

Did you notice anything about the **nous** and **vous** forms? That's right. The **s** was pronounced because **allez** and **allons** begin with a vowel.

You also read in the **Manuel de préparation** that the preposition **à** contracts with the forms **le** and **les**. Repeat the new forms: **au, aux.** Normally, the **x** of **aux** is *not* pronounced unless it directly precedes a vowel or a vowel sound. Thus, you say: **au cinéma, au restaurant, aux Jeux olympiques** *(plural)*, but **aux_États-Unis.**

Repeat the following phrases: **à la bijouterie, à la papeterie, à l'hôtel, à l'aéroport, au cinéma, au restaurant, aux États-Unis.**

Now repeat the following sentences:

> **Je vais au cinéma.**
> **Elle va à la papeterie.**
> **Nous allons au centre commercial.**
> **Où est-ce que vous allez?**
> **Ils vont à l'aéroport.**
> **Tu vas au magasin de musique?**
> **Elles vont au magasin de matériel hi-fi.**
> **On va aux États-Unis?**

Finally, repeat the model dialogue.

Au centre commercial

GEORGES: Où est-ce que vous allez?

LAURE: Nous allons à la papeterie. Et toi, Georges, tu vas où?

GEORGES: Moi, je vais à l'université.

NATHALIE: C'est pas vrai! Il va à la Fnac acheter des compact discs.

SEGMENT 5

VIII. C'est combien? The prices of certain items have been left out of an ad for electronic and photo equipment. Listen to the company's recorded phone message and fill in the missing prices.

> **MODÈLE:** **You hear:** Intersound K7: cassette de nettoyage avec liquide de nettoyage... vingt-neuf francs
>
> **You write in the circle: 29F**

Bon. Commencez! ...

1. SKC K7 Vidéo 8MM: MP3/P5-60... soixante-quatre francs
2. Clip copy holder... trente-cinq francs
3. Magic Playball: raquettes revêtues de velcro pour saisir la balle au vol... quarante-cinq francs
4. Piratron Sport Timer: Chrono-Affichage constant de la montre Chronomètre jusqu'à 1/100e—Livré avec corde et pince...vingt-cinq francs
5. Kodak: Tri-pack 135/24—100 ISO... soixante-neuf francs
6. Pilbox Varta: Une petite boîte à piles qui se fixe à la ceinture. Le plein d'énergie pour une autonomie extra longue durée—Livré avec piles Varta alcaline LR6... trente-huit francs
7. Kodak Fun: Appareil jetable—400 ISO—24 vues... cinquante-deux francs
8. Films Intercolor 135/36: 200 ISO lot de 3... quarante-six francs

SEGMENT 6

In the **Manuel de préparation** you've read about how to conjugate verbs whose infinitive ends in the letters **-er**. In order to learn and practice the pronunciation of these verb forms, first listen to the dialogue.

À la papeterie et à la bijouterie

MARTINE: Qu'est-ce que vous faites là?

GÉRARD: Nous cherchons des bloc-notes et des stylos. Et toi?

MARTINE: Je vais à la bijouterie. Je cherche un bracelet pour Chantal.

GÉRARD: C'est bien. Elle adore les bracelets.

Now repeat the forms of the verb **regarder: je regarde, tu regardes, il regarde, elle regarde, on regarde, nous regardons, vous regardez, ils regardent, elles regardent.**

Now repeat the forms of a verb beginning with a vowel sound, the verb **habiter: j'habite, tu habites, il habite, elle habite, nous habitons, vous habitez, ils habitent, elles habitent.**

Did you notice that, because of the vowel sound at the beginning of the verb, **je** slides together with the verb form (**j'habite**) and the **s** of **nous, vous, ils,** and **elles** is pronounced (**nous_habitons, vous_habitez, ils_habitent, elles_habitent**)?

You also read about the negative expression **ne... pas** that goes around the verb form. Like the subject pronoun **je,** the first part of the negative, **ne,** slides together with a vowel or vowel sound. Thus, you say: **je ne regarde pas, il ne cherche pas, nous ne parlons pas,** but **je n'aime pas, elle n'habite pas.**

Repeat the following negative verb forms: **je ne parle pas, elle ne travaille pas, vous ne mangez pas, elles ne fument pas; il n'aime pas, elle n'étudie pas, ils n'écoutent pas.**

Now repeat the following sentences:

Je cherche une parfumerie.
Tu fumes?
Où est-ce que vous habitez?
Elle ne parle pas français.
Nous préférons la musique classique.
Vous étudiez le français?
Je ne travaille pas.
Ils aiment voyager.
J'adore le jazz.
Ils n'habitent pas à Paris.
Vous voyagez?
Où est-ce qu'on mange?

Finally, repeat the model dialogue, paying special attention to the verb forms.

À la papeterie et à la bijouterie
MARTINE: Qu'est-ce que vous faites là?
GÉRARD: Nous cherchons des bloc-notes et des stylos. Et toi?
MARTINE: Je vais à la bijouterie. Je cherche un bracelet pour Chantal.
GÉRARD: C'est bien. Elle adore les bracelets.

SEGMENT 7

Prononcez bien!
Les consonnes finales
pages 42–43

SEGMENT 8

Exercice d'écoute: Rencontres
You will hear a set of eight short conversations. For each conversation, indicate (a) the basic activity going on *(greeting, introducing, saying good-bye, ordering, buying)*; (b) whether the people involved are *friends, acquaintances, strangers,* or a *combination,* and (c) where the conversation is taking place, when possible.

Conversation numéro 1
— Ah, salut, Laurent!
— Ah, Albertine. Salut. Ça va?
— Oui, ça va. Et toi?
— Ça va bien.

Conversation numéro 2
— Bon, qu'est-ce qu'on prend?
— Moi, j'ai envie d'un sandwich au pâté de campagne, aujourd'hui.
— Oui, moi, je crois que je vais prendre un petit croque-monsieur et puis un Coca.
— Et toi?
— Oh, très léger, une salade niçoise et une Badoit.
— Bon. Garçon, s'il vous plaît?

Conversation numéro 3
— Je dois vous quitter maintenant; cette visite au musée était très sympathique.
— Bon, eh bien, on se revoit la semaine prochaine.
— D'accord. Téléphonez-moi. Au revoir.
— Au revoir.
— À bientôt.

Conversation numéro 4
— Et pour ces messieurs?
— Moi, je vais prendre un hamburger sans ketchup, des frites et un Coca.
— Puis moi, je vais prendre un... un Big-Mac et puis un jus d'orange, alors.

Conversation numéro 5
— Eh, regarde Stéphane, qui est là...
— Salut Albertine.
— Bonjour Annie..
— Stéphane, je te présente Albertine. C'est mon amie.
— Bonjour, euh... Albertine?
— Bonjour, Stéphane.
— Qu'est-ce que tu fais là?
— Oh, je vais au magasin de vidéo.
— Ah? Nous, on va à la bijouterie.

Conversation numéro 6
— Monsieur Duval. Quelle surprise!
— Monsieur Joseph. Comment allez-vous?
— Très bien. Et vous-même?
— Très bien, merci.
— Vous prenez quelque chose?
— Euh, oui, je prendrais bien un café.
— Euh, garçon, un café s'il vous plaît.

Conversation numéro 7
— Bonjour, Madame. Vous désirez?
— Euh... Oui. Où se trouvent les agendas?
— Oui, c'est sur l'étagère de gauche, à côté des stylos.
— Merci. Et les classeurs?
— Les classeurs, c'est au fond, à côté des cahiers.

Conversation numéro 8
— Excusez-moi, Madame, je cherche le magasin de musique. Où est-ce qu'il se trouve?
— Oui, le magasin de musique, il est au fond de l'allée, à droite, juste en face de la bijouterie.
— En face de la bijouterie...
— Vous pouvez pas le louper.
— Bon, merci.
— De rien.

CHAPITRE 2

Vous le prenez?

SEGMENT 9

In the **Manuel de préparation** you learned the forms of the verb **prendre**. In order to learn and practice the pronunciation of these verb forms, first listen to the dialogue.

Qui va prendre la voiture?
MÈRE: Vous allez à l'université aujourd'hui? Vous prenez la voiture?
FILS: Non, nous prenons le métro.
MÈRE: Bon. Alors, moi, je prends la voiture. Je dois aller au supermarché.

Now repeat the forms of the present tense of **prendre: je prends, tu prends, elle prend, nous prenons, vous prenez, ils prennent.**

Notice the difference in pronunciation between the **nous** and **vous** forms (**nous prenons, vous prenez**) and the **ils** and **elles** plural forms (**ils prennent, elles prennent**).

Now repeat the following sentences:

> Nous prenons un verre de vin au dîner.
> Ils vont prendre des billets pour le concert.
> Moi, je ne prends jamais le métro.
> Robert prend toujours l'autobus.
> Et vous, qu'est-ce que vous prenez comme boisson?
> Comment! Tu ne prends pas de boisson!
> Qu'est-ce qu'on prend pour aller à la tour Eiffel,
>   le métro ou l'autobus?

Finally, repeat the model dialogue, paying special attention to the forms of **prendre.**

Qui va prendre la voiture?
MÈRE: Vous allez à l'université aujourd'hui? Vous prenez la voiture?
FILS: Non, nous prenons le métro.
MÈRE: Bon. Alors, moi, je prends la voiture. Je dois aller au supermarché.

SEGMENT 10

In the **Manuel de préparation** you studied the forms of the verb **avoir.** In order to learn and practice the pronunciation of these verb forms, first listen to the dialogue.

Comment y aller?
JEANNE: Michel a une Clio. Et toi, tu as une voiture?
ALAIN: Non, je n'ai pas de voiture.
JEANNE: Ça ne fait rien. Daniel et Brigitte ont des motos.

Now repeat the forms of the present tense of **avoir: j'ai, tu as, elle a, nous avons, vous avez, ils ont.**

Notice that, since the forms of **avoir** begin with a vowel, there is either elision (**j'ai**) or liaison (**nous_avons, vous_avez, elles_ont**).

Now repeat the following sentences:

> J'ai une moto.
> Je n'ai pas de moto.
> Bruno a un ordinateur.
> Bruno n'a pas d'ordinateur.
> Nous avons des cassettes.
> Nous n'avons pas de cassettes.
> J'ai besoin d'un stylo.
> Elle a faim, mais elle n'a pas soif.
> Et toi, est-ce que tu as faim?
> Et vous, est-ce que vous avez soif?
> Comment! Ils ont besoin d'une voiture?
> Comment! Ils n'ont pas de téléviseur?

Finally, repeat the model dialogue, paying special attention to the forms of **avoir.**

Comment y aller?
JEANNE: Michel a une Clio. Et toi, tu as une voiture?
ALAIN: Non, je n'ai pas de voiture.
JEANNE: Ça ne fait rien. Daniel et Brigitte ont des motos.

SEGMENT 11

In the **Manuel de préparation** you studied some basic information question words. In order to learn and practice the pronunciation of these question words, first listen to the dialogue.

À Go Sport
MARTINE: Pourquoi est-ce que tu veux aller à Go Sport?
NATHALIE: Parce qu'il y a des soldes.
MARTINE: Ah, oui? Et qu'est-ce que tu vas acheter?
NATHALIE: Une raquette de tennis.
MARTINE: Qui va avec toi?
NATHALIE: Janine et Paul.

Now repeat the question words: **qui?, où?, qu'est-ce que?, combien?, pourquoi?**

Now repeat the following sentences:

> Qui regarde la télé?
> Qu'est-ce qu'elle cherche?
> Où est-ce que Claudine habite?
> Où est Bordeaux?
> Où se trouve la ville de Bordeaux?
> Combien d'argent est-ce que tu as?
> Combien de cassettes est-ce que tu as achetées?
> Combien coûte un caméscope?
> Combien coûtent des balles de tennis?
> Pourquoi est-ce qu'il ne regarde pas le match de football?
> Parce qu'il n'aime pas le football.
> Pourquoi est-ce que tu vas aux 4 Temps?
> Parce que j'ai besoin d'un pull.

Finally, repeat the model dialogue, paying special attention to the question words.

À Go Sport
MARTINE: Pourquoi est-ce que tu veux aller à Go Sport?
NATHALIE: Parce qu'il y a des soldes.
MARTINE: Ah, oui? Et qu'est-ce que tu vas acheter?
NATHALIE: Une raquette de tennis.
MARTINE: Qui va avec toi?
NATHALIE: Janine et Paul.

SEGMENT 12

Prononcez bien!
La liaison
pages 76–77

SEGMENT 13

Exercice d'écoute: Le métro de Paris
Part of using the Paris **métro** system involves recognizing the station names. To familiarize yourself with some of these proper names, listen to the following short conversations between people talking about using the **métro.** In each conversation, two stations will be mentioned by name; find each station in the list and put the number of the conversation next to it.

Conversation numéro 1
— Pardon, Monsieur, savez-vous aller à la Gare du Nord?
— Oui, c'est très simple. Vous prenez la direction Porte de Clignancourt et vous changez à Châtelet.

— Je prends la direction Porte de Clignancourt et je change à Châtelet?
— C'est ça, exactement!
— Merci beaucoup, Monsieur.
— De rien.

Conversation numéro 2
— Suzanne, je dois aller à la rue de Varenne. Quelle est la direction en métro?
— C'est la direction Saint Denis–Basilique.
— Oui.
— Et il faut changer à Montparnasse–Bienvenüe.
— Saint Denis–Basilique et je dois changer à Montparnasse–Bienvenüe?
— C'est ça.
— Très bien, merci!
— De rien!

Conversation numéro 3
— Bon, les enfants, on va au Petit Palais. Alors, nous allons prendre la direction Pont de Neuilly et nous changeons à Nation. Vous avez bien compris? Direction Pont de Neuilly et on change à Nation.

Conversation numéro 4
— Excusez-moi, Madame, ah, je voudrais aller à l'Opera.
— Eh bien, vous devez prendre la direction Porte de la Chapelle et vous changez à Concorde.
— Alors, direction Porte de la Chapelle et je change à Concorde?
— C'est ça.
— D'accord, merci!
— De rien!

Conversation numéro 5
— Mesdames et Messieurs, nous allons nous retrouver à la Gare de l'Est. Alors prenez la direction Église de Pantin et changez à République.
— Qu'est-ce qu'elle a dit?
— Elle a dit direction Église de Pantin et changez à République.
— Ah! D'accord.

SEGMENT 14

Exercice d'écoute/Enregistrement: Des messages
Listen to the message that your Swiss friend Michèle Requet leaves on your answering machine.

Salut! Comment ça va? Oui, c'est bien Michèle. Alors on déjeune dimanche à la Brasserie Scossa, c'est ça? Bon. Où se trouve le restaurant? Quelle est l'adresse? On prend le métro pour y aller? Où est-ce qu'on descend? Rendez-vous à la station de métro ou au restaurant? Téléphone-moi. À tout à l'heure!

SEGMENT 15

Exercice d'écoute/Activité écrite: Deux messages
While home alone in the apartment of some French friends, you answer two phone calls and take down messages for the absent family members. The first call is for your French "brother" Christian. The second call is for the mother of the family.

Premier appel téléphonique
— Allô, Christian? Ah, non! C'est... c'est Philippe, à l'appareil. Est-ce que Christian est là, s'il te plaît? Il n'est pas là, bon. Euh... Je peux lui laisser un message? D'accord. Euh, écoute, est-ce que tu

pourrais lui dire que nous avons une petite fête ce soir et que ça va être chez Stéphanie. Oui, Stéphanie, c'est ça. À 20 heures. Alors... Et s'il peut prendre le métro, d'accord, tu lui dis de descendre à Concorde et de prendre la rue Royale. C'est au numéro 20. D'accord? Merci.

Deuxième appel téléphonique
— Allô, Maman? Ah, non... Ah, c'est le correspondant. Bonjour. C'est Valérie à l'appareil. Est-ce que je peux parler à ma mère? Ah, elle est pas là. Est-ce que tu peux lui laisser un message? Voilà, je suis au... à la colonie de vacances et j'ai besoin de vêtements. J'ai besoin de mon jean bleu, de mon sweat rouge et mes deux shorts. Est-ce que tu peux lui demander de me les envoyer? Mon adresse, c'est Camp Bonnes Nouvelles, rue Laugier, à St-Aubin, 42010. Camp Bonnes Nouvelles, rue Laugier, à St-Aubin. St-Aubin—S-T-A-U-B-I-N. D'accord, Merci. Au revoir.

Chapitre 3

En famille

SEGMENT 16

In the **Manuel de préparation** you studied the agreement of adjectives in French. In order to learn and practice the pronunciation of these adjective forms, first listen to the dialogue.

L'appartement d'Élodie
MARTINE: J'ai vu l'appartement d'Élodie. Il est très joli.
JEANNE: Oui... mais les chambres sont assez petites, non?
MARTINE: D'accord... mais la salle de séjour est grande et ensoleillée.
JEANNE: C'est vrai. Et la cuisine est très bien équipée.

Now repeat the masculine and feminine forms of the following descriptive adjectives: **moderne, moderne; traditionnel, traditionnelle; grand, grande; petit, petite; joli, jolie; laid, laide; sombre, sombre; ensoleillé, ensoleillée; sale, sale; propre, propre; confortable, confortable; bien aménagé, bien aménagée; bien équipé, bien équipée.**

Now repeat the masculine and feminine forms of the color adjectives you learned in *Chapter Two*: **blanc, blanche; noir, noire; gris, grise; brun, brune; marron, marron; bleu, bleue; vert, verte; jaune, jaune; orange, orange; rouge, rouge; rose, rose; violet, violette.**

Now repeat the following sentences:
Le bâtiment où Charles habite est très moderne, mais il n'est pas très joli.
La maison de Bernadette n'est pas grande, mais elle est très jolie.
La cuisine est bien équipée, mais la salle de séjour est laide. La chambre est très propre, mais elle est assez petite.
Mon jean est noir.
Ma chemise est blanche.
Mes tee-shirts sont verts et blancs.
Ma voiture est rouge et grise.

Finally, repeat the model dialogue, paying special attention to the adjectives.

L'appartement d'Élodie

MARTINE: J'ai vu l'appartement d'Élodie. Il est très joli.
JEANNE: Oui... mais les chambres sont assez petites, non?
MARTINE: D'accord... mais la salle de séjour est grande et ensoleillée.
JEANNE: C'est vrai. Et la cuisine est très bien équipée.

SEGMENT 17

In the **Manuel de préparation** you studied the possessive adjectives. In order to learn and practice the pronunciation of these forms, first listen to the dialogue.

Un album de photos

ANNICK: Et cette photo? C'est ton frère?
MURIEL: Oui, c'est mon frère aîné avec sa femme et leurs enfants.
ANNICK: Et c'est qui, ça?
MURIEL: Ce sont nos amis, les Fontenaille. Ma sœur et moi nous sommes allées à Londres avec eux.

Now repeat the forms of the possessive adjectives:

mon vélo, ma chambre, mes amis
ton vélo, ta chambre, tes amis
son vélo, sa chambre, ses amis
notre vélo, notre chambre, nos amis
votre vélo, votre chambre, vos amis
leur vélo, leur chambre, leurs amis.

Now repeat the following sentences:

C'est ma voiture.
Où sont tes cassettes?
Voilà notre appartement.
Ce n'est pas ton cahier?
Est-ce que tu as mon ordinateur?
Voici leurs livres.
Qui a mes clés?
C'est son cahier?
Votre maison est très jolie.
Quelle est son adresse?
Quel est ton numéro de téléphone?
Où sont nos compact discs?
Il cherche sa chemise.
Où sont vos tee-shirts?
Est-ce que tu as ses stylos?

Finally, repeat the model dialogue, paying special attention to the definite articles:

Un album de photos

ANNICK: Et cette photo? C'est ton frère?
MURIEL: Oui, c'est mon frère aîné avec sa femme et leurs enfants.
ANNICK: Et c'est qui, ça?
MURIEL: Ce sont nos amis, les Fontenaille. Ma sœur et moi, nous sommes allées à Londres avec eux.

SEGMENT 18

In the **Manuel de préparation** you studied the verb **être** as well as some additional descriptive adjectives. In order to learn and practice the pronunciation of the forms of this verb and of these adjectives, first listen to the dialogue.

Deux sœurs

JACQUES: Alors, toi, tu es comme ta sœur?
PASCALE: Oh, non. Elle est très sportive et moi, je suis plutôt intellectuelle.
JACQUES: Mais vous êtes toutes les deux assez sérieuses, n'est-ce pas?
PASCALE: Oui, en effet, et nous sommes très ambitieuses, ma sœur et moi.

Now repeat the forms of the verb **être: je suis, tu es, elle est, nous sommes, vous êtes, ils sont.**

And now repeat the masculine and feminine forms of the following adjectives: **sportif, sportive; sérieux, sérieuse; bon, bonne; intellectuel, intellectuelle; gentil, gentille; discret, discrète; cher, chère; beau, belle, beaux, belles; nouveau, nouvelle, nouveaux, nouvelles; vieux, vieille, vieux, vieilles.**

Now repeat the following sentences:

Je suis architecte.
Ils sont professeurs.
Elle est journaliste.
Nous sommes étudiantes.
Tu es sportive, toi?
Vous êtes intellectuels, vous?
Mon appartement est vieux.
C'est ma nouvelle voiture.
Les croissants sont très bons.
La quiche est délicieuse.
Mathieu est très beau.
Martine est très belle.
Mme Ledoux est vieille.

Finally, repeat the model dialogue, paying special attention to the verb **être** and to the descriptive adjectives.

Deux sœurs

JACQUES: Alors, toi, tu es comme ta sœur?
PASCALE: Oh, non. Elle est très sportive et moi, je suis plutôt intellectuelle.
JACQUES: Mais vous êtes toutes les deux assez sérieuses, n'est-ce pas?
PASCALE: Oui, en effet, et nous sommes très ambitieuses, ma sœur et moi.

SEGMENT 19

Prononcez bien!
Les voyelles *a, i, o, u*
pages 117–118

SEGMENT 20

In the **Manuel de classe** you studied the conjugation of pronominal verbs. In order to learn and practice the pronunciation of the forms of these verbs, first listen to the dialogue.

Deux étudiants

HENRI: Comment! Chantal ne fait pas ses études ici à Bordeaux?
PAUL: Mais non, elle est à l'université de Grenoble.
HENRI: Alors, quand est-ce que vous vous parlez?
PAUL: C'est facile. Je me lève de bonne heure. Elle se lève de bonne heure aussi. Nous nous téléphonons trois ou quatre fois par semaine, le matin.

Now repeat the forms of the verb **se lever: je me lève, tu te lèves, elle se lève, nous nous levons, vous vous levez, ils se lèvent.**

Notice that the vowel sound (the **e** without a written accent) in the **nous** and **vous** forms, as well as in the infinitive, is different than the sound of the **e** when it has a written accent—**nous nous levons, vous vous levez, se lever;** BUT: **je me lève, tu te lèves, il se lève, elles se lèvent.**

Now repeat the infinitives of the other pronominal verbs presented in this chapter: **s'amuser, se coucher, s'habiller, se préparer, se promener, se reposer, se parler, se retrouver, se téléphoner.**

Now repeat the following sentences:
> **Je me promène en voiture.**
> **Elle s'habille.**
> **Nous nous téléphonons.**
> **Ils se retrouvent au café.**
> **Vous vous amusez?**
> **À quelle heure est-ce qu'il se couche?**
> **Nous ne nous parlons pas très souvent.**
> **Je ne me lève jamais avant 9 heures.**
> **Je vais me coucher à 10 heures ce soir.**
> **Où est-ce qu'ils vont se retrouver?**

Finally, repeat the model dialogue, paying special attention to the pronominal verbs.

Deux étudiants

HENRI: Comment! Chantal ne fait pas ses études ici à Bordeaux?
PAUL: Mais non, elle est à l'université de Grenoble.
HENRI: Alors, quand est-ce que vous vous parlez?
PAUL: C'est facile. Je me lève de bonne heure. Elle se lève de bonne heure aussi. Nous nous téléphonons trois ou quatre fois par semaine, le matin.

SEGMENT 21

Exercice d'écoute: Qui est le coupable?

You're at the airport, listening to your Walkman while waiting for a plane. You hear a report about a crime that has just been committed. A witness describes the criminal, and then the police indicate that he is believed to be heading for the airport. Suddenly, you notice a person who seems to fit the description. Put a check next to the drawing of the person who looks like the criminal, then write your own description of this person. Use a separate sheet of paper.

INSPECTEUR: Alors, Madame, vous me dites que vous avez vu le malfaiteur?
MME JOUBERT: Mais oui. Je l'ai vu et j'ai bien noté son signalement.
INSPECTEUR: Pouvez-vous nous donner une description?
MME JOUBERT: Je vais essayer. C'est un homme avec les cheveux noirs, je pense.
INSPECTEUR: Vous n'êtes pas sûre?
MME JOUBERT: Si, si. Il a les cheveux noirs. Et ils sont courts et frisés.
INSPECTEUR: Est-ce qu'il est grand ou petit?
MME JOUBERT: Attendez. Il est... voyons... grand. Et il doit aimer le soleil.
INSPECTEUR: Pourquoi vous dites ça?
MME JOUBERT: Parce qu'il est très bronzé. Moi aussi, j'aime le soleil. C'est pour ça que j'ai remarqué...
INSPECTEUR: Madame... je vous en prie... continuez votre description.

MME JOUBERT: Oui. Bon... où est-ce que j'en étais? Voilà... il a le visage très rond, comme un ballon, un peu bizarre... et un grand nez. Il n'est pas beau du tout. Et il a une moustache. Moi, je n'aime pas les moustaches.
INSPECTEUR: C'est tout?
MME JOUBERT: Euh... voyons... Il est grand, je vous ai dit ça? Et il est très mince. Comme une asperge!

SEGMENT 22

Exercice d'écoute: Trois appartements

Listen to the radio announcements describing three different apartments for rent. Then write the number of the apartment that best fits each of the following sets of requirements.

Appartement numéro un

Notre premier appartement a d'énormes avantages. Il est dans un immeuble moderne mais très calme et se trouve dans la banlieue de Drancy, tout près d'un arrêt d'autobus. Cet appartement est très spacieux avec deux chambres à coucher et une salle de séjour avec balcon. La cuisine est bien équipée et il y a une grande salle de bains avec douche. Cet appartement est à louer à 5 450 francs par mois. C'est une occasion à ne pas manquer!

Appartement numéro deux

Vous cherchez un appartement spacieux avec tout ce dont vous avez besoin? Eh bien... notre deuxième appartement a deux chambres à coucher, une salle de séjour et une salle à manger. Toutes les pièces sont meublées. La cuisine est tout équipée et bien installée. Situé près de l'université, cet appartement se loue au prix avantageux de 5 000 francs par mois, charges comprises. Appelez-nous pour avoir plus de renseignements sur cette occasion unique!

Appartement numéro trois

Et enfin, notre troisième appartement est idéal pour un couple qui aime avoir des invités. C'est un appartement spacieux dans un quartier chic à côté de Neuilly. Il y a trois chambres à coucher, une salle de bains énorme, une grande salle de séjour et une cuisine bien équipée. Tout cela pour le prix incroyable de 7 500 francs par mois. Pour une famille avec des enfants, l'école primaire et le lycée se trouvent tout près de l'immeuble. Téléphonez-nous au 46.54.33.78 et prenez rendez-vous pour visiter cet appartement.

Chapitre 4

Une jeune fille au pair à Reims

SEGMENT 23

In the **Manuel de préparation** you studied the formation of the **passé composé.** In order to learn and practice the pronunciation of this tense, first listen to the dialogue.

Rendez-vous à l'aéroport

JEANNE: Comment! Vous n'êtes pas allés ensemble à l'aéroport? Et pourquoi donc?
MICHEL: Eh, bien. Moi, j'ai amené Alain chez son copain. Ma femme a laissé la petite chez sa grand-mère. Ensuite elle est allée à la banque. Et puis nous nous sommes retrouvés à l'aéroport juste à temps pour prendre l'avion.

Now repeat the forms of the verb **acheter** in the **passé composé**. The verb **acheter** is conjugated with **avoir**: **j'ai acheté, tu as acheté, elle a acheté, nous avons acheté, vous avez acheté, ils ont acheté.**

Now repeat the forms of the verb **aller** in the **passé composé**. The verb **aller** is conjugated with **être**: **je suis allé, tu es allé, elle est allée, nous sommes allés, vous êtes allé(s), ils sont allés.**

Now repeat the forms of the verb **se lever** in the **passé composé**. Pronominal verbs like **se lever** are also conjugated with **être**: **je me suis levé, tu t'es levé, il s'est levé, nous nous sommes levés, vous vous êtes levé, elles se sont levées.**

A few of the verbs that you've learned have irregular past participles. Repeat the following: **faire, j'ai fait; prendre, j'ai pris; descendre, je suis descendu.**

Now repeat the following adverbs that can be used to denote past time: **hier, hier matin, hier après-midi, hier soir, la semaine dernière, lundi dernier, il y a huit jours, il y a quinze jours.**

Now repeat the following sentences:
  Hier soir j'ai regardé la télé.
  La semaine dernière nous sommes allés à Versailles.
  Lundi dernier elle s'est couchée à minuit.
  Est-ce que vous avez fait la lessive?
  Qui a préparé le dîner?
  Pourquoi est-ce qu'ils sont restés à la maison?

Now repeat the following sentences in the negative:
  Ils n'ont pas mangé leur dîner.
  Nous ne sommes pas arrivés à l'heure.
  Je ne me suis pas amusée.
  Elle n'a pas pris le train.
  Vous n'avez pas fait vos devoirs.
  Tu n'es pas descendu à la bonne station.

Finally, repeat the model dialogue, paying special attention to the verb forms.

Rendez-vous à l'aéroport
JEANNE: Comment! Vous n'êtes pas allés ensemble à l'aéroport? Et pourquoi donc?
MICHEL: Eh, bien. Moi, j'ai amené Alain chez son copain. Ma femme a laissé la petite chez sa grand-mère. Ensuite elle est allée à la banque. Et puis nous nous sommes retrouvés à l'aéroport juste à temps pour prendre l'avion.

SEGMENT 24

In the **Manuel de préparation** you studied the use of the object pronouns **le, la, l', les,** and **y.** In order to learn and practice the pronunciation of sentences using these pronouns, first listen to the dialogue.

Où elle est, la voiture?
SYLVIE: On va en ville aujourd'hui?
ÉLAINE: Oui, j'veux bien. On y va à pied?
SYLVIE: Non, c'est trop loin. On peut prendre la voiture de mon frère.
(Plus tard; dans la rue.)
ÉLAINE: Où elle est, la voiture de ton frère? Je ne la vois pas.
SYLVIE: La voilà, devant le bureau de tabac.
ÉLAINE: Ah, oui. Allons-y!

Now repeat the object pronouns. In the present tense, they always *precede* the verb: **le, la, les, y.**

Repeat the following affirmative sentences:
  Je le veux.
  Je la connais.
  Je l'aime beaucoup.
  Je les vois.
  J'y vais.

Now repeat the following negative sentences:
  Je ne le veux pas.
  Je ne la connais pas.
  Je ne l'aime pas beaucoup.
  Je ne les vois pas.
  Je n'y vais pas.

In the **passé composé**, the object pronouns precede the *auxiliary* verb. Repeat the following affirmative sentences:
  Je l'ai vu.
  Je l'ai trouvée.
  Je les ai achetés.
  Nous y sommes allés.

Now repeat the following negative sentences:
  Je ne l'ai pas vu.
  Je ne l'ai pas trouvée.
  Je ne les ai pas achetés.
  Nous n'y sommes pas allés.

When used with a conjugated verb followed by an infinitive, the object pronouns precede the *infinitive*. Repeat the following affirmative sentences:
  Nous allons l'acheter.
  Je voudrais les voir.
  Elle veut y aller.

Now repeat the following negative sentences:
  Nous n'allons pas l'acheter.
  Je ne voudrais pas les voir.
  Elle ne veut pas y aller.

Now repeat the following frequently heard expressions:
  La voilà!   Vas-y!
  Les voici!   Allez-y!
  Allons-y!   On y va?

Finally, repeat the model dialogue, paying special attention to the object pronouns.

Où elle est, la voiture?
SYLVIE: On va en ville aujourd'hui?
ÉLAINE: Oui, j'veux bien. On y va à pied?
SYLVIE: Non, c'est trop loin. On peut prendre la voiture de mon frère.
(Plus tard; dans la rue.)
ÉLAINE: Où elle est, la voiture de ton frère? Je ne la vois pas.
SYLVIE: La voilà, devant le bureau de tabac.
ÉLAINE: Ah, oui. Allons-y!

SEGMENT 25

In the **Manuel de préparation** you studied the uses of the infinitive and the subjunctive with the verb **vouloir** and the expression **il faut.** In order to learn and practice the pronunciation of this structure, first listen to the dialogue.

Les championnats de tennis

BERNARD: Je voudrais bien aller à Roland Garros vendredi pour voir les demi-finales. Tu veux que je t'achète un billet? Dis-le-moi tout de suite parce qu'il faut acheter les billets à l'avance.

VINCENT: Oh, j'aimerais bien. J'adore le tennis. Mais c'est pas possible. Il faut que j'aille chez le dentiste.

Now repeat the forms of the verb **vouloir**: je veux, tu veux, elle veut, nous voulons, vous voulez, ils veulent, j'ai voulu.

Now repeat the present subjunctive forms of the verb **parler**: que je parle, que tu parles, qu'elle parle, que nous parlions, que vous parliez, qu'ils parlent.

Now repeat the conjugations of three verbs with irregular present subjunctive forms:

aller: que j'aille, que tu ailles, qu'elle aille, qu'ils aillent, BUT: que nous allions, que vous alliez

prendre: que je prenne, que tu prennes, qu'elle prenne, qu'ils prennent, BUT: que nous prenions, que vous preniez

voir: que je voie, que tu voies, qu'elle voie, qu'ils voient, BUT: que nous voyions, que vous voyiez

Now repeat these sentences which use the subjunctive because each verb in the sentence has a different subject:

Il faut que nous trouvions un téléphone.
Il est nécessaire que vous achetiez les billets.
Il vaut mieux que nous prenions un taxi.
Mon père veut que j'aille à l'université.
Ta mère préfère que tu ne regardes pas la télé.
Le professeur exige que nous étudiions.

Now repeat these sentences which use an infinitive because each verb in the sentence has the same subject or because the subject of the second verb is not expressed:

Il faut trouver un téléphone.
Il est nécessaire d'acheter les billets à l'avance.
Il vaut mieux prendre le métro.
Je ne veux pas aller à l'université.
Est-ce que tu préfères écouter des disques laser?

Finally, repeat the model dialogue, paying special attention to the use of the infinitive and the subjunctive.

Les championnats de tennis

BERNARD: Je voudrais bien aller à Roland Garros vendredi pour voir les demi-finales. Tu veux que je t'achète un billet? Dis-le-moi tout de suite parce qu'il faut acheter les billets à l'avance.

VINCENT: Oh, j'aimerais bien. J'adore le tennis. Mais c'est pas possible. Il faut que j'aille chez le dentiste.

SEGMENT 26

XXIV. Vous pourriez prendre un message? While home alone trying to do some work, Serge Chaumeau is interrupted by phone calls with invitations for his wife (Denise) and then his son (Jean-Philippe). Since neither one is home, Serge takes the messages for them. Listen to the recordings of the two conversations, and then reproduce the messages that Serge might jot down.

Premier appel téléphonique

— Allô, oui, bonjour, Monsieur. Pourrais-je parler à Madame Denise Chaumeau, s'il vous plaît? Ah, elle est absente. Euh, c'est Madame Durand à l'appareil. Euh, je voulais savoir si Madame Chaumeau pouvait participer à notre programme d'activités ce week-end. Écoutez, est-ce que vous pourriez lui laisser ce message et lui demander de me rappeler? Mais, euh, entre trois heures et quatre heures vendredi. Oui, c'est un programme pour les gens du troisième âge, hein. N'oubliez pas de mentionner ça. Oui, merci beaucoup. Je vous remercie. Au revoir, Monsieur.

Deuxième appel téléphonique

— Allô. Euh, c'est Laurent à l'appareil. Est-ce que Jean-Philippe est là, s'il vous plaît? Ah, il n'est pas là. Hum, est-ce que je pourrais lui laisser un message? Bien. Écoutez, pouvez-vous lui dire qu'il y a un changement de projets? Et aussi pouvez-vous lui demander de m'appeler, euh, chez Alain? Le numéro d'Alain, c'est le 22.34.66.27. Merci bien. Au revoir.

SEGMENT 27

In the **Manuel de préparation** you studied the verbs **pouvoir** and **venir** as well as the expression **venir de**. In order to learn and practice the pronunciation of these verb forms, first listen to the dialogue.

Une invitation

JEAN-PIERRE: Tu viens chez moi ce week-end?

ANDRÉ: Non, je ne peux pas. Je vais rester à la maison avec la famille. Mes parents viennent de rentrer d'Europe.

JEAN-PIERRE: Ah, oui? Ma femme et moi, nous voulons aller en Europe l'année prochaine.

ANDRÉ: Alors, dans ce cas-là, venez chez nous parler avec mes parents de leur voyage.

Now repeat the forms of the verbs **pouvoir** and **venir**:

pouvoir: je peux, tu peux, elle peut, nous pouvons, vous pouvez, ils peuvent, j'ai pu

venir: je viens, tu viens, elle vient, nous venons, vous venez, ils viennent, je suis venu.

Now repeat the following sentences:

Est-ce que tu peux sortir ce soir?
Non, je ne peux pas.
Marie ne peut pas y aller.
J'ai téléphoné trois fois, mais je n'ai pas pu parler à Jean.
Tu viens ce soir?
Annick ne vient pas non plus.
Nous venons du Canada.
Pourquoi est-ce qu'elles ne viennent pas avec nous?

Now repeat the following sentences using the expression **venir de** to indicate that something *has just happened*:

Elle vient de sortir.
Nous venons d'arriver.
Est-ce que tu viens de te réveiller?
Je viens de me lever.
Ils viennent de les voir.
On vient de manger.

Finally, repeat the model dialogue, paying special attention to the verbs **pouvoir** and **venir**.

Une invitation

JEAN-PIERRE: Tu viens chez moi ce week-end?

ANDRÉ: Non, je ne peux pas. Je vais rester à la maison avec la famille. Mes parents viennent de rentrer d'Europe.

JEAN-PIERRE: Ah, oui? Ma femme et moi, nous voulons aller en Europe l'année prochaine.

ANDRÉ: Alors, dans ce cas-là, venez chez nous parler avec mes parents de leur voyage.

SEGMENT 28

Prononcez bien!

The letter e

pages 180–181

SEGMENT 29

Exercice d'écoute: Des messages

You find yourself alone in the apartment of the French family with which you are staying. The parents (**M. et Mme Loridon**) and your French "brother" (**Mathieu**) are all out, so you have to answer the phone. Listen to each conversation, filling in the time, place, and any other relevant information on the message pad by the phone.

Premier appel téléphonique

Allô. C'est pour Monsieur Serge Loridon. Il n'est pas là? Ah, bon. C'est de la part d'un collègue, Gérard Dupont. Oui, Dupont—D-U-P-O-N-T. C'est au sujet de la réunion de ce soir. Oui, elle a été annulée. Pas de réunion ce soir. Vous pouvez lui transmettre le message? Bien. Donc, la réunion de ce soir est annulée. Je retéléphonerai ce week-end. Merci beaucoup. Au revoir.

Deuxième appel téléphonique

Allô. Euh... Mathieu, c'est toi? Ah, c'est pas Mathieu. Est-ce qu'il est là, Mathieu? Non? Écoute... tu pourrais lui donner un message? Ah, merci. C'est de la part de son copain François. Oui, dis-lui qu'on organise une surprise-partie pour fêter l'anniversaire de Caroline. Oui, on va fêter ses dix-huit ans. C'est pour samedi, 20h30, chez Jacqueline. Jacqueline habite près de la place Victor Hugo. Attends... je vais chercher son adresse... voyons... oui, la voilà... Jacqueline habite 75, rue de Bonne... oui, Bonne—B-O-N-N-E. Voilà. Écoute... dis à Mathieu qu'il faut qu'il apporte quelque chose à boire... une boisson non-alcoolisée... du Coca, de l'Orangina, de l'eau minérale, comme il veut... Oh, et aussi, dis-lui qu'il est important de ne pas en parler à Caroline... ce doit être une surprise... Il ne faut rien dire à Caroline... D'accord? Alors, merci bien. Au revoir.

Troisième appel téléphonique

Allô, allô. Est-ce que je pourrais parler à Mme Loridon, s'il vous plaît. Ah, elle n'est pas là. Euh, c'est Sophie Ventoux à l'appareil. Oui, Ventoux—V-E-N-T-O-U-X. Je suis l'employée de maison des Loridon. En principe, je viens le jeudi pour faire le ménage. Mais ma fille est malade. Elle ne peut pas aller à l'école et je suis obligée de rester à la maison avec elle. Alors, je ne viens pas jeudi. Mais est-ce que vous pourriez dire à Madame que je vais essayer de venir samedi, si ça ne la dérange pas. Oui, samedi matin. Si c'est un problème, elle peut me téléphoner. Mon numéro, c'est le 92.21.07.45. Autrement, je serai là samedi matin vers 9h. Merci beaucoup. Au revoir.

Chapitre 5

En route!

SEGMENT 30

In the **Manuel de préparation**, you learned to use the future tense. To reinforce this grammatical structure, let's make sure that you know how to pronounce the forms correctly. First, listen to the dialogue.

Un voyage à Genève

ALBERTINE: François et moi, nous serons à Genève au mois d'avril.

MIREILLE: C'est chouette, ça! Vous irez en avion?

ALBERTINE: Moi, je prendrai l'avion. François fera le voyage en voiture.

MIREILLE: Quand tu arriveras, tu pourras téléphoner à mes cousins. Ils viendront te chercher à l'aéroport.

Listen to the infinitive, then repeat the forms for the verbs **arriver** and **descendre**:

arriver: j'arriverai, tu arriveras, il arrivera, elle arrivera, on arrivera, nous arriverons, vous arriverez, ils arriveront, elles arriveront

descendre: je descendrai, tu descendras, il descendra, elle descendra, on descendra, nous descendrons, vous descendrez, ils descendront, elles descendront

Some verbs have an irregular stem in the future. Repeat the infinitive and then the forms as you hear them:

aller	j'irai
avoir	tu auras
être	elle sera
faire	on fera
falloir	il faudra
pouvoir	nous pourrons
venir	vous viendrez
voir	ils verront
vouloir	elles voudront

Now let's go back to the dialogue again. This time repeat each sentence or clause as you hear it.

Un voyage à Genève

ALBERTINE: François et moi, nous serons à Genève au mois d'avril.

MIREILLE: C'est chouette, ça! Vous irez en avion?

ALBERTINE: Moi, je prendrai l'avion. François fera le voyage en voiture.

MIREILLE: Quand tu arriveras, tu pourras téléphoner à mes cousins. Ils viendront te chercher à l'aéroport.

In the **Manuel de préparation**, you also learned how to express the immediate future using the present tense of a variety of verbs. Repeat the following sentences using these verbs.

- The verb **aller** used with the infinitive:
  Je vais aller aux États-Unis.
  Nous allons voir les monuments à Washington.
  Et toi, est-ce que tu vas venir en France?

- The expression **avoir l'intention de** used with an infinitive:
  J'ai l'intention de visiter New York.
  Mon amie a l'intention d'aller à Chicago.
  Nous avons l'intention de nous retrouver en Californie.

- The verb **penser** used with an infinitive:
  Je pense visiter Boston.
  Nous pensons voir la Floride.
  Il pense aller à Dallas.

- The verb **compter** used with an infinitive:
  Nous comptons voir la Maison Blanche.
  Je compte acheter des souvenirs.
  Mon ami compte aller à Hollywood.

- The verb **espérer** used with an infinitive:
  J'espère voir le président des États-Unis.
  Nous espérons faire des promenades.
  Elles espèrent manger dans un restaurant mexicain.

- The verb **vouloir** used with an infinitive:
  Moi, je veux voir le Grand Canyon.
  Et toi, qu'est-ce que tu veux faire?
  Nous voulons rencontrer beaucoup d'Américains.

SEGMENT 31

In the **Manuel de préparation**, you learned to use the verbs **sortir**, **partir**, and **quitter**, all of which mean *to leave*. To reinforce these verbs, let's make sure that you know how to pronounce the forms correctly. First, listen to the dialogue that contains the verbs **sortir** and **partir**.

Elle part pour les États-Unis
SOPHIE: Quoi? Tu pars déjà?
EMMA: Oui, je vais chez Véronique.
SOPHIE: Ah! Vous sortez ce soir, vous deux?
EMMA: Non, non, non, non. Je dois l'amener à l'aéroport. Elle part pour les États-Unis. Son fiancé y est déjà; il est parti la semaine dernière.

Listen to the infinitive, then repeat the present-tense forms of **sortir**, **partir**, and **quitter**:

sortir: je sors, tu sors, il sort, elle sort, on sort,
  nous sortons, vous sortez, ils sortent, elles sortent
partir: je pars, tu pars, il part, elle part, on part,
  nous partons, vous partez, ils partent, elles partent
quitter: je quitte, tu quittes, il quitte, elle quitte, on quitte,
  nous quittons, vous quittez, ils quittent, elles quittent

To practice the forms and meaning of the verbs in various tenses, repeat the following sentences.

- **Sortir**, **partir**, and **quitter** used in the present tense:
  Elle quitte l'hôtel à midi.
  Nous quittons nos amis à dix heures.
  Je sors ce soir.
  Il sort de la maison.
  Tu pars ce soir?
  Elles partent pour Calmoutier?
  Vous partez de Paris?

- **Sortir**, **partir**, and **quitter** used in the **passé composé**:
  Elle a quitté l'hôtel à midi.
  Nous avons quitté nos amis à dix heures.
  Je suis sorti hier soir.
  Il est sorti de la maison.
  Tu es parti hier?
  Elles sont parties pour Calmoutier?
  Vous êtes partis de Paris?

- **Sortir**, **partir**, and **quitter** used in the future tense:
  Elle quittera l'hôtel à midi.
  Nous quitterons nos amis à dix heures.
  Je sortirai demain soir.
  Il sortira de la maison.
  Tu partiras demain?
  Elles partiront pour Calmoutier?
  Vous partirez de Paris?

- **Sortir**, **partir**, and **quitter** used in the subjunctive mood:
  Il faut qu'elle quitte l'hôtel à midi.
  Il faut que nous quittions nos amis à dix heures.
  Il faut que je sorte demain soir.
  Il faut qu'il sorte de la maison.
  Il faut que tu partes demain?
  Il faut qu'elles partent pour Calmoutier?
  Il faut que vous partiez de Paris?

Finally, repeat the model dialogue.

Elle part pour les États-Unis
SOPHIE: Quoi? Tu pars déjà?
EMMA: Oui, je vais chez Véronique.
SOPHIE: Ah! Vous sortez ce soir, vous deux?
EMMA: Non, non, non, non. Je dois l'amener à l'aéroport. Elle part pour les États-Unis. Son fiancé y est déjà; il est parti la semaine dernière.

SEGMENT 32

In the **Manuel de préparation**, you learned geographical names, the prepositions to use with them, and the pronoun y to replace them. To reinforce the vocabulary and grammatical structures, do the following activities to verify correct pronunciation. First, listen to the dialogue that includes geographical names with prepositions.

Il fait beaucoup de voyages
STÉPHANE: Comment? Tu pars encore? Mais tu viens de rentrer du Canada, des États-Unis et d'Angleterre! Et le mois prochain tu dois aller au Portugal!
LAURENT: Oui, je sais. Et avant d'être à Lisbonne, il faut que j'aille à Nîmes.
STÉPHANE: Ah, tu vas dans le Midi? Moi, j'aimerais bien t'accompagner.
LAURENT: Ça serait chouette. Mais de Nîmes, je vais au Portugal avant de rentrer en France. Tu voudrais venir avec moi?
STÉPHANE: Non, de Nîmes je remonterai à Paris.

Now repeat each geographical name first with the appropriate definite article and then with the prepositions.

Feminine countries and masculine countries and continents beginning with a vowel take the prepositions **en** and **de** or **d'**.

l'Europe	en Europe	d'Europe
l'Allemagne	en Allemagne	d'Allemagne
l'Angleterre	en Angleterre	d'Angleterre
la Belgique	en Belgique	de Belgique
l'Espagne	en Espagne	d'Espagne
l'Estonie	en Estonie	d'Estonie
la France	en France	de France
la Grèce	en Grèce	de Grèce
l'Italie	en Italie	d'Italie
la Lettonie	en Lettonie	de Lettonie
la Lituanie	en Lituanie	de Lituanie
la Russie	en Russie	de Russie
la Suède	en Suède	de Suède
la Suisse	en Suisse	de Suisse
l'Asie	en Asie	d'Asie
la Chine	en Chine	de Chine
l'Inde	en Inde	d'Inde
l'Amérique du Nord	en Amérique du Nord	d'Amérique du Nord
l'Amérique du Sud	en Amérique du Sud	d'Amérique du Sud
l'Argentine	en Argentine	d'Argentine
la Colombie	en Colombie	de Colombie
l'Afrique	en Afrique	d'Afrique
l'Afrique du Sud	en Afrique du Sud	d'Afrique du Sud
l'Algérie	en Algérie	d'Algérie
la Côte-d'Ivoire	en Côte-d'Ivoire	de Côte-d'Ivoire
la Libye	en Libye	de Libye
la Tunisie	en Tunisie	de Tunisie
l'Océanie	en Océanie	d'Océanie
l'Australie	en Australie	d'Australie
la Nouvelle-Zélande	en Nouvelle-Zélande	de Nouvelle-Zélande
l'Égypte	en Égypte	d'Égypte
l'Irak	en Irak	d'Irak
l'Iran	en Iran	d'Iran
Israël	en Israël	d'Israël

Masculine countries take the prepositions **au** and **du**.

le Danemark	au Danemark	du Danemark
le Portugal	au Portugal	du Portugal
le Japon	au Japon	du Japon
le Viêt-nam	au Viêt-nam	du Viêt-nam
le Canada	au Canada	du Canada
le Mexique	au Mexique	du Mexique
le Brésil	au Brésil	du Brésil
le Pérou	au Pérou	du Pérou
le Vénézuéla	au Vénézuéla	du Vénézuéla
le Cameroun	au Cameroun	du Cameroun
le Maroc	au Maroc	du Maroc
le Sénégal	au Sénégal	du Sénégal
le Zaïre	au Zaïre	du Zaïre

Plural countries take the prepositions **aux** and **des**.

les États-Unis	aux États-Unis	des États-Unis
les Pays-Bas	aux Pays-Bas	des Pays-Bas
les Philippines	aux Philippines	des Philippines

Now, repeat the model dialogue.

Il fait beaucoup de voyages

STÉPHANE: Comment? Tu pars encore? Mais tu viens de rentrer du Canada, des États-Unis et d'Angleterre! Et le mois prochain tu dois aller au Portugal!

LAURENT: Oui, je sais. Et avant d'être à Lisbonne, il faut que j'aille à Nîmes.

STÉPHANE: Ah, tu vas dans le Midi? Moi, j'aimerais bien t'accompagner.

LAURENT: Ça serait chouette. Mais de Nîmes, je vais au Portugal avant de rentrer en France. Tu voudrais venir avec moi?

STÉPHANE: Non, de Nîmes je remonterai à Paris.

In the **Manuel de préparation**, you also learned to use the pronoun *y* to replace place names. Repeat the following sentences to practice the pronoun *y*:

— Tu vas à Paris?
— Oui, j'y vais demain.

— Vous avez fait des études aux États-Unis?
— Oui, nous y avons fait des études l'année dernière.

— Tu vas à l'université tous les jours?
— Oui, j'y vais tous les jours.

— Elle est allée à Calmoutier?
— Oui, elle y est allée.

— On peut visiter des musées à Paris?
— Oui, on peut y visiter des musées.

— Tu vas à la piscine avec nous?
— Non, je n'y vais pas.

— Elle est rentrée en France cette année?
— Non, elle n'y est pas rentrée.

SEGMENT 33

Prononcez bien!
The consonant *l* and the combinations *il*, *ll*, and *ill*
pages 226–228

SEGMENT 34

Exercice d'écoute: Messages au haut-parleur
Whenever you're in a train station or airport in France, American tourists who don't speak French ask you questions about the train or plane announcements they have heard over the loudspeaker. Listen to the announcements and then answer their questions.

Numéro 1
Attention! Attention! Train en provenance de Nantes, quai numéro 4, arrivée dans une minute. Arrêt prévu—trois minutes.

Numéro 2
Départ à destination de Strasbourg à 17 heures 12. Les voitures fumeurs sont en tête de train. Les voitures de première classe sont situées à côté du wagon-restaurant au milieu du train. Arrivée à destination à 22 heures 43.

Numéro 3
Le TGV à destination de Marseille, va partir à 14 heures 16 du quai numéro 7. Ce train dessert Lyon–Perrache et Avignon.

Numéro 4

Votre attention, s'il vous plaît. Le vol Air France numéro 432, en provenance de Pointe-à-Pitre, est attendu avec 70 minutes de retard, en raison des conditions atmosphériques.

Numéro 5

Votre attention, s'il vous plaît. Les passagers du vol Air Inter numéro 24, à destination de Paris–Orly, sont priés de se présenter à la porte numéro 1, pour embarquement immédiat.

SEGMENT 35

Exercice d'écoute: Au guichet de la gare

Two friends find themselves standing in the same line at a Paris train station. They talk and then each one takes care of his or her business. Listen to the conversation, then answer the questions in French.

VÉRONIQUE:	Ah tiens! Bonjour, Jean-Pierre. Quelle coïncidence de te voir ici.
JEAN-PIERRE:	Salut, Véronique. Ça fait longtemps qu'on ne s'est pas vu. Tu fais un voyage?
VÉRONIQUE:	Une petite excursion, c'est tout. Et toi?
JEAN-PIERRE:	Moi, je vais dans le Midi...

*****

(Véronique s'approche du guichet.)

VÉRONIQUE:	Bonjour, Madame.
EMPLOYÉE:	Mademoiselle. Vous désirez?
VÉRONIQUE:	Euh, je voudrais deux billets pour aller à Chartres ce week-end.
EMPLOYÉE:	Deux billets aller-retour?
VÉRONIQUE:	Oui, c'est ça, aller-retour.
EMPLOYÉE:	Et quand voudriez-vous partir?
VÉRONIQUE:	Euh, vendredi, disons en fin d'après-midi.
EMPLOYÉE:	D'accord. Alors, écoutez, il y a des, des trains toutes les heures.
VÉRONIQUE:	Bon, seize heures trente, ce serait un petit peu trop tôt. Dix-sept heures trente, par contre, ce serait parfait.
EMPLOYÉE:	D'accord. Alors, deux places pour le train de dix-sept heures trente, euh, première classe ou deuxième classe?
VÉRONIQUE:	Euh, deuxième classe.
EMPLOYÉE:	Deuxième classe. Et fumeur ou non-fumeur?
VÉRONIQUE:	Non-fumeur, s'il vous plaît.
EMPLOYÉE:	Bon. Et vous voulez rentrer quand, Mademoiselle?
VÉRONIQUE:	Le retour serait dimanche soir. Alors, est-ce que c'est la même chose? Est-ce que les trains... ?
EMPLOYÉE:	Non, alors, cette fois, euh, les trains, enfin, partent toujours, à toutes les heures, mais ce serait dix-sept heures dix, dix-huit heures dix, dix-neuf heures dix, etc. Alors, qu'est-ce que vous décidez?
VÉRONIQUE:	Dix-sept heures dix, non, parce que c'est un petit peu tôt. Dix-huit heures dix, ça serait bien.
EMPLOYÉE:	D'accord. Dix-huit heures dix. Donc, deux aller-retour: vendredi soir, euh, dix-sept heures trente...
VÉRONIQUE:	Oui.
EMPLOYÉE:	... retour dimanche soir dix-huit heures dix.
VÉRONIQUE:	Voilà, c'est ça.

EMPLOYÉE:	Euh, seconde classe, non-fumeur. Alors, Mademoiselle, ça fera deux cent vingt-trois francs.
VÉRONIQUE:	Deux cent vingt-trois francs.
EMPLOYÉE:	Vous payez en espèces ou par chèque... ?
VÉRONIQUE:	Euh, en espèces là, ça va. J'ai ce qu'il faut.
EMPLOYÉE:	D'accord.
VÉRONIQUE:	Je vais vous donner, voyons, deux cents, deux cent cinquante. Deux cent cinquante francs. Voilà.
EMPLOYÉE:	D'accord. Et voilà votre monnaie.
VÉRONIQUE:	Merci beaucoup.
EMPLOYÉE:	Merci, Mademoiselle. Au suivant.
VÉRONIQUE:	Au revoir, Madame.

(Jean-Pierre s'approche d'un autre guichet.)

EMPLOYÉ:	Bonjour, Monsieur. Qu'est-ce que je peux faire pour vous?
JEAN-PIERRE:	Oui, bonjour. Je voudrais, euh, cinq billets pour Nîmes, s'il vous plaît.
EMPLOYÉ:	Cinq billets pour Nîmes. C'est une famille?
JEAN-PIERRE:	C'est ça. Deux adultes et trois enfants.
EMPLOYÉ:	Bien. Vous avez une carte de réduction pour famille nombreuse?
JEAN-PIERRE:	Oui, bien sûr. La voici.
EMPLOYÉ:	Mm, bien, alors, vous voulez partir quand, Monsieur, s'il vous plaît?
JEAN-PIERRE:	Eh bien, on aimerait partir pour deux semaines, et on aimerait partir, donc, le trois juillet.
EMPLOYÉ:	C'est un vendredi.
JEAN-PIERRE:	C'est ça. C'est un vendredi.
EMPLOYÉ:	Bien. Vendredi trois juillet, nous avons des départs à huit heures trente, neuf heures trente et dix heures trente.
JEAN-PIERRE:	Huit heures trente, c'est bien. On aime se lever tôt.
EMPLOYÉ:	Huit heures trente, vendredi, trois juillet. Pour le retour?
JEAN-PIERRE:	Le, le dix-sept juillet. Encore un vendredi. Vendredi dix-sept juillet.
EMPLOYÉ:	Bien alors, le, vous voulez en début d'après-midi ou fin d'après-midi?
JEAN-PIERRE:	Fin d'après-midi. Le dix-neuf heures cinq, si possible.
EMPLOYÉ:	Bien. Dix-neuf heures cinq, voilà. Comment est-ce que vous voulez payer?
JEAN-PIERRE:	Euh, par chèque.
EMPLOYÉ:	Par chèque, bien. Alors, ça va vous faire mille deux cent soixante-dix-huit francs, Monsieur.
JEAN-PIERRE:	Voilà.
EMPLOYÉ:	Bien. Mille deux cent soixante-dix-huit francs. Je vous remercie. Voilà votre billet.
JEAN-PIERRE:	Merci bien.

*****

JEAN-PIERRE:	Alors, Véronique, tu vas à Chartres?
VÉRONIQUE:	Oui, on va visiter la cathédrale et la ville. Et on verra des amis. Et toi, tu pars en vacances?
JEAN-PIERRE:	Oui, ma femme en a marre du temps qu'il fait ici. On va descendre dans le Midi pendant quinze jours.
VÉRONIQUE:	Alors, amusez-vous bien.
JEAN-PIERRE:	D'accord. Au revoir, Véronique.
VÉRONIQUE:	Au revoir.

Chapitre 6

Un repas de fête

SEGMENT 36

In the **Manuel de préparation**, you learned to use expressions of quantity. To reinforce this grammatical structure, let's make sure that you know how to pronounce the expressions correctly. First, listen to the dialogue.

Conversation à la charcuterie
EMPLOYÉE: Bonjour, Madame. Vous désirez?
CLIENTE: Voyons. Donnez-moi 250 grammes de salade de tomates et quatre tranches de jambon.
EMPLOYÉE: Et avec ça? Un peu de pâté?
CLIENTE: Non, j'en ai encore. Mais donnez-moi une boîte de petits pois.

Now listen to the models, then repeat the expressions of quantity:

- General quantities

   MODÈLE: — Combien de compact discs est-ce que tu as?
   — J'ai beaucoup de compact discs, mais j'ai très peu de cassettes.

   Expressions:
beaucoup de	**un peu de**
ne... pas beaucoup de	**très peu de**

- Specific quantities

   MODÈLE: — Qu'est-ce que tu as acheté?
   — J'ai acheté un morceau de pâté et six tranches de jambon.

   Expressions:
un kilo de	**une douzaine de**
une livre de	**un morceau de**
50 grammes de	**un bout de**
un litre de	**une tranche de**
une bouteille de	**une boîte de**

- Expressions of sufficiency

   MODÈLE: — Combien d'argent est-ce que tu as?
   — Je n'ai pas assez d'argent pour acheter un vélo.

   Expressions:
   trop de
   assez de
   ne... pas assez de

- Comparison of nouns

   MODÈLE: — Combien d'argent est-ce que tu as?
   — J'ai plus d'argent que Paul. J'ai autant d'argent que Marie. J'ai moins d'argent que toi.

   Expressions:
   plus de
   autant de
   moins de

Now repeat the model dialogue.

Conversation à la charcuterie
EMPLOYÉE: Bonjour, Madame. Vous désirez?
CLIENTE: Voyons. Donnez-moi 250 grammes de salade de tomates et quatre tranches de jambon.
EMPLOYÉE: Et avec ça? Un peu de pâté?
CLIENTE: Non, j'en ai encore. Mais donnez-moi une boîte de petits pois.

In the **Manuel de préparation**, you also learned to use the pronoun **en**. Repeat the following sets of models using **en**.

The pronoun **en** is used to replace a noun preceded by a partitive:

—Qui veut de la glace?
—Moi, j'en veux.
—Moi, je n'en veux pas.

—Qui a pris du pain?
—Moi, j'en ai pris.
—Moi, je n'en ai pas pris.

—Qui va acheter de l'eau minérale?
—Moi, je vais en acheter.
—Moi, je ne vais pas en acheter.

The pronoun **en** is used to replace a noun used with an expression of quantity:

—Elle a beaucoup d'argent?
—Oui, elle en a beaucoup.
—Non, elle n'en a pas beaucoup.

—Elle a apporté beaucoup d'argent?
—Oui, elle en a apporté beaucoup.
—Non, elle n'en a pas apporté beaucoup.

—Elle va gagner beaucoup d'argent?
—Oui, elle va en gagner beaucoup.
—Non, elle ne va pas en gagner beaucoup.

The pronoun **en** is used to replace a noun preceded by a number:

—Tu as un dictionnaire?
—Oui, j'en ai un.
—Non, je n'en ai pas.

—Tu as acheté trois cassettes?
—Oui, j'en ai acheté trois.
—Non, je n'en ai pas acheté.

—Tu vas manger deux pâtisseries?
—Oui, je vais en manger deux.
—Non, je ne vais pas en manger.

SEGMENT 37

In the **Manuel de préparation**, you learned how to conjugate the verb **lire**. Repeat each present-tense form and the sentences using various tenses of the verb **lire** to make sure that you know how to pronounce the forms correctly.

- present tense
   je lis, tu lis, il lit, elle lit, on lit, nous lisons, vous lisez, ils lisent, elles lisent

- model sentences using various tenses of the verb **lire**
   Je lis beaucoup de romans.
   Est-ce que tu as lu l'article dans le journal?
   Dans ce cours, nous lirons beaucoup.
   Il faut que vous lisiez ce poème.

In the **Manuel de préparation**, you learned the imperfect tense. To reinforce this structure, let's make sure that you know how to pronounce the forms correctly. First, listen to the monologue.

Les vacances d'été

Quand j'étais petit, ma famille passait tous les étés au bord de la mer. Nous avions une maison près de Noirmoutier. D'habitude, nous y allions début juillet. Mes frères et moi, nous étions toujours très contents de retrouver le rythme des vacances. On se levait assez tard, on faisait des promenades, on se baignait, on retrouvait des amis et on oubliait le stress de la vie scolaire. Et toi, qu'est-ce que tu faisais pendant les vacances?

Listen to the infinitive, then repeat the imperfect tense forms of the verbs **parler**, **faire**, and **être**:

parler: je parlais, tu parlais, il parlait, elle parlait, on parlait, nous parlions, vous parliez, ils parlaient, elles parlaient

faire: je faisais, tu faisais, il faisait, elle faisait, on faisait, nous faisions, vous faisiez, ils faisaient, elles faisaient

être: j'étais, tu étais, il était, elle était, on était, nous étions, vous étiez, ils étaient, elles étaient

You also learned the various uses of the imperfect tense. To help you become accustomed to typical contexts in which the tense can occur, repeat the following models:

- habitual actions in the past
  Tous les étés nous allions au bord de la mer.
  Je restais quelquefois au lit jusqu'à midi, mais mon père se levait toujours avant 7 heures.

- indicating actions that were going on
  Pendant que nous parlions, elle regardait la télé.
  Qu'est-ce que tu faisais quand il a téléphoné?

- setting the background or context for a story told in the past
  Il était neuf heures. J'étais en visite à Berlin. C'était la fin de l'hiver et il faisait encore très froid. Nous étions trois dans un petit restaurant.

- describing physical attibutes, age, and states of health or mind
  Il avait les cheveux blonds.
  Elle avait cinquante ans.
  Je ne me sentais pas très bien.

Now repeat the model monologue.

Les vacances d'été

Quand j'étais petit, ma famille passait tous les étés au bord de la mer. Nous avions une maison près de Noirmoutier. D'habitude, nous y allions début juillet. Mes frères et moi, nous étions toujours très contents de retrouver le rythme des vacances. On se levait assez tard, on faisait des promenades, on se baignait, on retrouvait des amis et on oubliait le stress de la vie scolaire. Et toi, qu'est-ce que tu faisais // pendant les vacances?

SEGMENT 38

In the **Manuel de préparation**, you learned to conjugate the verb **mettre** which, in English, means *to put* or *to put on*. To reinforce the conjugation of this verb, let's make sure that you know how to pronounce the various forms correctly.

Repeat the forms of **mettre** in the present tense and then the sentences using a variety of tenses of **mettre**:

- present tense
  je mets, tu mets, il met, elle met, on met, nous mettons, vous mettez, ils mettent, elles mettent

- model sentences using various tenses of the verb **mettre**
  Pourquoi est-ce que tu mets un pull-over?
  Où est-ce qu'ils ont mis les clés?
  Je mettrai ces chaussures pour aller à la fête.
  Il faut que vous mettiez cet argent à la banque.

In the **Manuel de préparation** you also learned to make comparisons using the comparative with adjectives. To reinforce this structure, let's make sure that you know how to pronounce the comparative forms correctly. First, listen to the dialogue.

Les étudiants d'hier et d'aujourd'hui

MLLE LAMY: J'ai l'impression que les étudiants d'aujourd'hui sont moins sérieux que ceux d'autrefois.

M. DUVAL: Oui, c'est parce qu'ils ont plus de temps libre.

MLLE LAMY: Mais, aussi il faut dire que leur vie est bien plus compliquée que la vie d'autrefois.

M. DUVAL: C'est vrai. Et en plus, il y a toujours des exceptions. Par exemple, dans mon cours de littérature, j'ai les deux meilleurs étudiants de toute ma carrière.

MLLE LAMY: Tout ça pour dire qu'on ne peut pas généraliser!

Now repeat the model sentences using the comparative:
  Elle est plus grande que son frère.
  Il est aussi sérieux que sa sœur.
  Il est moins intelligent que son père.

- The comparative of the adjective **bon**
  Mes notes sont meilleures que les notes de Marie.
  Mes notes sont aussi bonnes que les notes de Paul.
  Mes notes sont moins bonnes que les notes de Jean.

- The comparative of the adverb **bien**
  Il parle mieux que moi.
  Il parle aussi bien que Monique.
  Il parle moins bien que Sylvie.

Another way to make comparisons is to use the superlative to compare one or more items to a larger group. Repeat the model sentences using the superlative:
  Thérèse est l'étudiante la plus avancée de la classe.
  Elle a les meilleures notes de tous les étudiants.
  Elle a le moins de temps libre de tous ses amis.
  C'est elle qui parle le mieux le français.

Now repeat the model.

Les étudiants d'hier et d'aujourd'hui

MLLE LAMY: J'ai l'impression que les étudiants d'aujourd'hui sont moins sérieux que ceux d'autrefois.

M. DUVAL: Oui, c'est parce qu'ils ont plus de temps libre.

MLLE LAMY: Mais, aussi il faut dire que leur vie est bien plus compliquée que la vie d'autrefois.

M. DUVAL: C'est vrai. Et en plus, il y a toujours des exception. Par exemple, dans mon cours de littérature, j'ai l deux meilleurs étudiants de toute ma carrière.

MLLE LAMY: Tout ça pour dire qu'on ne peut pas générali

SEGMENT 39

Prononcez bien!
Nasal vowels
pages 279–280

SEGMENT 40

In the **Manuel de préparation**, you learned how to conjugate verbs that end in -ir. To make sure that you know how to pronounce the forms correctly, first repeat the present-tense forms of the -ir verb **maigrir** which means *to lose weight*.

je maigris; tu maigris; il maigrit; elle maigrit; on maigrit;
nous maigrissons; vous maigrissez; ils maigrissent; elles maigrissent

Now repeat the following sentences that include various tenses of -ir verbs:

- present tense
  Nous finissons toujours nos devoirs.
  Mon fils grandit très vite.
  Ma grand-mère vieillit.
  Quel dessert est-ce que tu choisis?

- passé composé
  J'ai grossi de cinq kilos.
  Elle a réussi à l'examen de français.
  Ils ont fini leurs devoirs.
  Nous avons choisi des cours intéressants.

- future tense
  Avec ce régime, je maigrirai certainement.
  Nous finirons la vaisselle après le film.
  Il réussira dans la vie.
  Quelle robe est-ce que vous choisirez?

- subjunctive
  Il faut que tu maigrisses un peu.
  Il faut que vous réussissiez à l'examen.
  Je veux qu'elle finisse ce livre.
  Il veut que nous choisissions entre ce disque laser et cette cassette.

In the **Manuel de préparation**, you also learned the differences in usage between the imperfect tense and the **passé composé**. To reinforce these differences, do the following:

First, listen to the monologue that contains the imperfect and the passé composé:

Une rencontre en ville

Hier, j'ai fait un tour en ville. Pendant que je faisais du shopping, j'ai rencontré André et nous sommes allés au Café de la Gare. Nous ~~ons~~ bien contents d'être ensemble. Je portais une robe élégante et ~~...les~~ et André portait une très belle chemise. Nous étions ~~...très~~ chic. Nous avons passé trois heures ensemble à ~~...les~~ les gens.

~~...strating~~ the various uses of the

Use the imperfect to express habitual actions in the past:
Ils parlaient français tous les jours.
Nous étions en France tous les étés.
Elle allait au cinéma deux fois par semaine.

But the **passé composé** to express a single occurrence in the past:
Ce matin je me suis préparé un bon petit déjeuner.
Elle est allée en ville.
Nous avons fait la vaisselle.

Use the imperfect if the action occurs in an indefinite period of time:
Quand j'étais jeune, j'avais un chien.
Il faisait très beau.
Nous passions les vacances avec nos grands-parents.

But the **passé composé** if the action occurs in a definite or defined period of time:
En 1992, j'ai passé deux mois au Portugal.
Hier, il a fait très beau.
Le mois dernier, elles sont allées au cinéma assez souvent.

Use the imperfect for actions repeated an unspecified number of times:
Nous allions souvent au parc.
Ils faisaient quelquefois la vaisselle.
Je prenais le métro de temps en temps.

But the **passé composé** for actions repeated a specified number of times:
Nous sommes allés au parc trois fois le mois dernier.
J'ai vu Suzanne quatre fois.
Il a eu deux pannes de voiture.

Use a combination of the imperfect and the **passé composé** to describe what was going on when something else happened:
Il travaillait en France quand son fils est né.
Il était au bureau quand sa femme a téléphoné.
Il parlait avec ses collègues quand il a appris la nouvelle.

Now repeat the model monologue.

Une rencontre en ville

Hier, j'ai fait un tour en ville. Pendant que je faisais du shopping, j'ai rencontré André et nous sommes allés au Café de la Gare. Nous étions bien contents d'être ensemble. Je portais une robe élégante et des sandales et André portait une très belle chemise. Nous étions tous les deux très chic. Nous avons passé trois heures ensemble à parler et à regarder les gens.

SEGMENT 41

Lecture: «Une consultation gratuite» (extrait de Knock par Jules Romains)
Listen to the excerpt from the play Knock *by Jules Romains. Don't try to understand every word; work on capturing the general tone and movement of this scene from a famous French comedy of the early twentieth century.*

Le docteur Knock est nouvellement arrivé à la commune (le petit village) de Saint-Maurice. Son prédécesseur était vieux et n'avait pas beaucoup de patients. Le docteur Knock est beaucoup plus ambitieux. Il commence par annoncer des consultations gratuites.

KNOCK: C'est vous qui êtes la première, Madame? *(Il fait entrer la dame en noir et referme la porte.)* Vous êtes bien du canton?

LA DAME EN NOIR: Je suis de la commune.

...apescript

...uel de préparation

KNOCK:	De Saint-Maurice même?
LA DAME:	J'habite la grande ferme qui est sur la route de Luchère.
KNOCK:	Elle vous appartient?
LA DAME:	Oui, à mon mari et à moi.
KNOCK:	Si vous l'exploitez vous-même, vous devez avoir beaucoup de travail?
LA DAME:	Pensez, Monsieur! Dix-huit vaches, deux bœufs, deux taureaux, six chèvres, une bonne douzaine de cochons, sans compter la basse-cour.
KNOCK:	Je vous plains. Il ne doit guère vous rester de temps pour vous soigner.
LA DAME:	Oh! non.
KNOCK:	Et pourtant vous souffrez.
LA DAME:	Ce n'est pas le mot. J'ai plutôt de la fatigue.
KNOCK:	Oui, vous appelez ça de la fatigue. *(Il s'approche d'elle.)* Tirez la langue. Vous ne devez pas avoir beaucoup d'appétit.
LA DAME:	Non.
KNOCK:	Vous êtes constipée.
LA DAME:	Oui, assez.
KNOCK:	*(Il l'ausculte.)* Baissez la tête. Respirez. Toussez. Vous n'êtes jamais tombée d'une échelle, étant petite?
LA DAME:	Je ne me souviens pas.
KNOCK:	*(Il lui palpe le dos, lui presse brusquement les reins.)* Vous n'avez jamais mal ici le soir en vous couchant?
LA DAME:	Oui, des fois.
KNOCK:	Essayez de vous rappeler. Ça devait être une grande échelle.
LA DAME:	Ça se peut bien.
KNOCK:	C'était une échelle d'environ trois mètres cinquante, posée contre un mur. Vous êtes tombée à la renverse. C'est la fesse gauche, heureusement. Vous vous rendez compte de votre état?
LA DAME:	Non.
KNOCK:	Tant mieux. Vous avez envie de guérir, ou vous n'avez pas envie?
LA DAME:	J'ai envie.
KNOCK:	Ce sera long et très coûteux. On ne guérit pas en cinq minutes un mal qui traîne depuis quarante ans.
LA DAME:	Depuis quarante ans?
KNOCK:	Oui, depuis que vous êtes tombée de votre échelle.
LA DAME:	Et combien que ça me coûterait?
KNOCK:	Qu'est-ce que valent les veaux actuellement?
LA DAME:	Ça dépend... quatre ou cinq cents francs.
KNOCK:	Et les cochons gras?
LA DAME:	Plus de mille francs.
KNOCK:	Ça vous coûtera à peu près deux cochons et deux veaux... Mais ce que je puis vous proposer, c'est de vous mettre en observation. Ça ne vous coûtera presque rien. Au bout de quelques jours vous vous rendrez compte par vous-même de votre état, et vous vous déciderez... Bien. Vous allez rentrer chez vous. Vous êtes venue en voiture?
LA DAME:	Non, à pied.
KNOCK:	Il faut trouver une voiture. Vous vous coucherez en arrivant. Une chambre où vous serez seule, autant que possible. Faites fermer les volets et les rideaux. Aucune alimentation solide pendant une semaine. Un verre d'eau de Vichy toutes les deux heures et, à la rigueur, une moitié de biscuit. À la fin de la semaine, si vos forces et votre gaieté sont revenues, c'est que le mal est moins sérieux qu'on ne pouvait croire. Si, au contraire, vous éprouvez une faiblesse générale, nous commencerons le traitement. C'est convenu?
LA DAME:	*(soupirant)* Comme vous voudrez.

SEGMENT 42

Exercice d'écoute: Que dit le médecin?

You're traveling in France with your brother and sister when they become ill. Because they do not speak French, you have explained their symptoms to the doctor. As you listen to the doctor's advice and instructions, take notes *in English*. You will probably not understand every word; the important thing is to get the gist of the information.

About your sister

J'ai examiné votre sœur. Je peux vous rassurer. Ce n'est pas très grave, pas grave du tout. Elle a eu une crise de foie. Vous ne savez pas ce que c'est? Eh bien, ça veut dire qu'elle a eu un petit problème digestif. Elle n'a sans doute pas l'habitude de la cuisine française. Vous allez dire à votre sœur de boire de l'eau minérale et de ne pas manger de matières grasses—pas de saucisses et de saucisson, pas de jambon, pas de beurre, pas de fromage. Elle se sentira mieux dans deux ou trois jours.

About your brother

Ne vous inquiétez pas. Votre frère, il est enrhumé. Rien de grave. Je vais lui donner quelque chose pour la gorge—euh, des pastilles, peut-être. Je lui conseille de prendre de l'aspirine aussi. Non, non, il vaut mieux un antihistaminique. C'est ça. Je lui donne un antihistaminique. Il doit prendre un cachet le matin et un autre le soir.

SEGMENT 43

Exercice d'écoute: Projets de vacances

Listen while Luc and his family discuss plans for spring vacation. Then do the exercises.

PÈRE:	Les enfants, si on parlait des vacances... C'est bientôt.
LUC ET SOPHIE:	Ah, oui.
MÈRE:	C'est une idée ça, oui, oui.
SOPHIE:	Moi, j'ai des projets. J'ai été invitée chez Marie-Claire.
MÈRE:	Comment?
SOPHIE:	Ses parents ont une maison en Normandie et elle m'a dit qu'on pourrait faire de l'équitation et tout. C'est super.
LUC:	Ouais. Sophie veut aller chez sa copine. Moi aussi, moi je veux aller dans les Alpes, avec mes copains, Jean-Claude et Roger.
MÈRE:	Oh, écoutez, les enfants, vous savez très bien qu'à cette époque de l'année maman nous attend dans sa maison d'Aix.
LUC:	Ah, non! Quelle barbe!
SOPHIE:	C'est pas très rigolo. On y est déjà allé à Noël.
LUC:	On y va tout le temps; c'est tout le temps la même chose. On s'ennuie là-bas, on s'ennuie.
MÈRE:	Ça, je comprends bien. Mais soyez un peu patients avec votre grand-mère, quand même.
PÈRE:	Écoutez, votre grand-mère vous adore. Je ne vous permets pas de parler sur ce ton.
SOPHIE:	Qu'est-ce que t'en penses, papa? Tu as envie d'aller chez mémé?
PÈRE:	Oh, ça ne me dérangerait pas.
LUC:	Oh, non, non. Moi, j'veux pas. Vous pourriez pas trouver quelque chose de plus amusant, non?
MÈRE:	C'est vrai que ce n'est pas très passionnant. Qu'est-ce [que] tu en penses?
PÈRE:	Eh, bien. Voyons voir. J'aimerais qu'on puisse rest[er] ensemble.

MÈRE: Ah, oui, ça, je suis tout à fait d'accord.
LUC: Oui...
PÈRE: Écoutez, j'ai une petite surprise pour vous.
LUC ET SOPHIE: Ah?
PÈRE: J'ai déjà organisé un petit voyage.
LUC ET SOPHIE: Ah?
SOPHIE: Ben, pourquoi tu ne le disais pas? Où?
PÈRE: Ah, ah, à vous de deviner. C'est au sud. On va se diriger vers le sud.
LUC: En Provence.
PÈRE: À l'étranger.
LUC: En Italie!
PÈRE: Non.
SOPHIE: En Espagne.
PÈRE: Plus au sud.
MÈRE: Plus chaud, oui.
SOPHIE: Au bord de la mer?
PÈRE: Au bord de la mer. Au bord de l'océan.
LUC: Au Maroc!
PÈRE: Au Maroc! Très bien, Luc!
MÈRE: Voilà! T'as gagné!
PÈRE: J'ai réservé, et tenez-vous bien, un voyage pour nous quatre, au Club Med, à Agadir.
LUC: Agadir!
SOPHIE: Super! Alors, on pourra nager? La mer est assez chaude?
PÈRE: La mer sera très bonne à cette époque de l'année. On pourra nager, on pourra faire de la voile. Tu pourras faire de l'équitation.
LUC: Et moi? Je pourrai faire du ski?
PÈRE: Et Luc, tu pourras faire du ski nautique.
MÈRE: Du ski nautique, bien sûr. Et moi, mes enfants, je vais avoir des vacances pour une fois. Pas de vaisselle, pas de ménage, rien du tout. Je vais avoir du temps pour moi. Nous allons avoir notre temps pour nous, n'est-ce pas, chéri?
PÈRE: Absolument.
LUC: Allez! On y va!
SOPHIE: Super! Merci, papa. T'es super!
PÈRE: Bon, très bien, les enfants. Je vous adore.

Chapitre 7

Une famille toulousaine

SEGMENT 44

In the **Manuel de préparation**, you learned to use the expressions **depuis quand, depuis combien de temps,** and **depuis.** To reinforce this grammatical structure, let's make sure that you know how to [use th]ese expressions correctly. First, listen to the dialogue.

[Un nouvel e]mploi

[— Comm]ent va Michel Maillet? Je ne l'ai pas vu depuis [longtemps.]

[— Ah, tu ne savais] pas? Il travaille maintenant pour

[...]the expressions **depuis quand,**
[...] Remember that the present
[... expr]essions:

[Ma]nuel de préparation

— Depuis quand est-ce que tu fais du jogging?
— Je fais du jogging depuis l'âge de 25 ans.
— Et depuis combien de temps est-ce que tu fais du yoga?
— Depuis deux ans.

You use the **passé composé** only in the negative, when you want to explain that you have not done something since a specific point in time or for a certain amount of time. Repeat the following sentences:

Je n'ai pas parlé à Jacques depuis début mars.
Je n'ai pas fait de jogging depuis trois jours.
Elle n'a pas vu Janine depuis l'année dernière.
Il n'est pas allé en France depuis vingt ans.

Now repeat the model dialogue.

Un nouvel emploi
OLIVIER: Comment va Michel Maillet? Je ne l'ai pas vu depuis longtemps.
LISA: Ah, tu ne savais pas? Il travaille maintenant pour Kodak à Paris.
OLIVIER: Ah bon? Depuis quand?
LISA: Depuis le mois de janvier.

SEGMENT 45

VII. Portrait de Lon Sar: chauffeur de taxi. Now listen to the monologue about the Cambodian taxi driver, Lon Sar. Then write a portrait of the person on a separate sheet of paper. Divide your composition into four parts, with each part containing the following information: 1) **métier, âge, famille;** 2) **enfance et jeunesse au Cambodge;** 3) **travail en France;** 4) **conditions de travail d'un chauffeur de taxi.**

Je voudrais vous parler de mon ami Lon Sar. Il est cambodgien, et il est né au Cambodge, et il a quarante-deux ans. Il habite en France depuis onze ans et il est chauffeur de taxi à Paris. Il s'est marié en France avec une Cambodgienne, et... qu'il ne connaissait pas au Cambodge. Il l'a rencontrée ici, en France. Ensemble, ils ont eu deux enfants: une fille de onze ans qui est en cinquième et qui réussit très bien à l'école. Ils viennent d'ailleurs de lui acheter un ordinateur pour la récompenser. Elle fait des maths et Lon, euh, corrige ses devoirs le soir... il aide à faire ses devoirs. Il a aussi un fils de huit ans qui est un peu moins doué que sa sœur et il réussit moins bien à l'école. Il vient de redoubler.

*****

Lon, lui, a fait ses études au lycée au Cambodge, et il était fort en philosophie et en chimie, assez faible en langues malheureusement et c'est pour ça que, quand il parle français, il a un accent très, très fort. Le père de Lon était colonel dans l'armée et il a été tué par les Khmers rouges. Le jour où ça s'est passé, Lon était sorti pour voir, euh, ce qui se passait—il avait entendu du bruit—et son père a été assassiné. Il n'a pas eu le choix, il a dû accepter de travailler pour les Khmers rouges jusqu'au moment où il est parvenu à fuir le pays. Après cela, il n'a jamais eu de nouvelles des autres membres de la famille. Il ne sait pas s'ils sont vivants, mais il en doute.

*****

Quand il est arrivé en France, il a trouvé du travail dans une usine qui fabrique des produits chimiques. C'est un homme très travailleur. Au début, il a eu beaucoup de succès parce qu'il était très motivé et grâce aussi aux études qu'il avait faites au lycée. Il a été promu et il est passé au laboratoire. Malheureusement, il est tombé malade à cause des produits chimiques. Il est resté à l'hôpital pendant quatre mois. Quand il est retourné au travail, il s'est rendu compte qu'il ne pouvait pas supporter les produits chimiques, et ainsi, il a dû quitter le travail.

*****

Donc, il a dû trouver du travail comme chauffeur de taxi à Paris, et sa vie est très dure. Le prix des logements à Paris est très élevé, et il est obligé d'habiter à quatre-vingt kilomètres de la ville. Par conséquent, il doit faire plus d'une heure de route avant de commencer le travail. Il travaille environ dix, douze heures par jour, et puis encore après, il a une heure de route pour rentrer. Il travaille sept jour sur sept, quatre jours et demi pour payer le taxi et l'essence, et deux jours et demi pour payer le loyer et la nourriture.

*****

Sa femme et lui font de leur mieux pour survivre. Ils restent quand même optimistes, surtout à l'égard de l'avenir des enfants. Le plus dur, c'est de ne pas avoir leur famille. Sa femme, elle aussi, ignore ce que sont devenus ses parents, ses frères, ses sœurs. Ils regrettent beaucoup que les enfants n'aient pas de grands-parents. Ils n'ont pas de cousins non plus, ni de cousines.

SEGMENT 46

In the **Manuel de préparation**, you learned about the placement of adjectives. To reinforce this concept, let's make sure that you know where adjectives have to be placed in relation to nouns. First, listen to the dialogue that contains adjectives that go before and after the noun.

Un restaurant tunisien
ROBERT: C'est quoi, ce petit bâtiment là-bas?
MICHEL: C'est un nouveau restaurant tunisien.
ROBERT: Tu y as déjà mangé?
MICHEL: Oui, la semaine dernière. Ils offrent des très bons plats à des prix raisonnables.
ROBERT: Ah bon, dans ce cas-là, je vais y amener ma femme. Elle aime beaucoup la cuisine exotique.

Now repeat the model sentences that contain adjectives. Remember that adjectives agree in gender and number with the nouns they modify.

Most adjectives in French *follow* the nouns they modify:
   J'ai acheté un vélomoteur neuf.
   C'est une famille japonaise.
   J'ai trouvé des livres intéressants à la bibliothèque.
   Nous avons rencontré des étudiants américains.
   Elle a une voiture rouge.
   Ils ont une maison très moderne.
   Tu as fait des progrès extraordinaires.
   Nous avons des difficultés énormes.

However, the following adjectives are placed *before* the noun they modify: **grand, petit, vieux, jeune, bon, mauvais, nouveau, long, beau, joli**, and **autre**. It's a good idea for you to memorize this short list of adjectives. Repeat the model sentences:
   Elle habite dans un petit appartement.
   Nous avons eu une mauvaise journée.
   J'ai rencontré deux jeunes Marocaines.
   Il a lu un très long roman.
   C'est une autre histoire.
   C'est une belle ville.
   C'est une bonne soupe.
   C'est un joli jardin.
   C'est un jeune homme.
   Ils ont une grande maison.
   J'ai visité le vieux quartier.

When two adjectives modify the *same* noun, each adjective occupies its normal position, either before or after the noun. Repeat the model sentences:

   J'ai acheté une jolie petite maison.
   Nous avons visité une belle cathédrale gothique.
   C'est une voiture beige et marron.
   J'ai vu un film français extraordinaire.
   Calmoutier est un beau petit village.
   Vous avez appris un autre verbe régulier.
   C'est une jeune fille intelligente.

The adjectives **beau, nouveau,** and **vieux** have some special forms that you need to remember. When they're used before a masculine singular noun beginning with a vowel sound, each has a form that allows liaison with the noun. Although this form has the same pronunciation as the feminine, be sure to look at the spelling, which is different from the feminine form. Repeat the model sentences:

   un bel‿hôtel
   un bel‿appartement
   un bel‿homme
   un bel‿album

   un nouvel‿ami
   un nouvel‿ordinateur
   un nouvel‿hôtel
   un nouvel‿hôpital

   un vieil‿appartement
   un vieil‿album
   un vieil‿homme
   un vieil‿ami

Now repeat all of the forms for the adjectives **beau, nouveau,** and **vieux**:

MASCULINE SINGULAR: **beau / nouveau / vieux**
MASCULINE SINGULAR BEFORE A VOWEL SOUND: **bel / nouvel / vieil**
MASCULINE PLURAL: **beaux / nouveaux / vieux**
FEMININE SINGULAR: **belle / nouvelle / vieille**
FEMININE PLURAL: **belles / nouvelles / vieilles**

Now repeat the model dialogue.

Un restaurant tunisien
ROBERT: C'est quoi, ce petit bâtiment là-bas?
MICHEL: C'est un nouveau restaurant tunisien.
ROBERT: Tu y as déjà mangé?
MICHEL: Oui, la semaine dernière. Ils offrent des très bons plats à des prix raisonnables.
ROBERT: Ah bon, dans ce cas-là, je vais y amener ma femme. Elle aime beaucoup la cuisine exotique.

SEGMENT 47

In the **Manuel de préparation**, you learned to use the object pronouns me, te, nous, and vous. To reinforce this grammatical structure, let's make sure that you know how to use it correctly. First, listen to the dialogue.

On est en retard
DIDIER: Allez, dépêchez-vous! Il est déjà deux heures moins le quart.
THOMAS: Un instant. On arrive.
MARTINE: Qu'est-ce qu'il dit?
THOMAS: Il veut qu'on se dépêche.
MARTINE: Oh, là là! Il me rend folle, celui-là. Dis-lui d'attendre.
DIDIER: Écoutez, vous deux. Je vous ai déjà dit qu'on nous attend pour deux heures.

Now repeat the model sentences using the pronouns **me, te, nous,** and **vous:**

—Tu me comprends?
—Oui, je te comprends.
—Non, je ne te comprends pas.

—Ils vous ont accompagnés?
—Oui, ils nous ont accompagnés.
—Non, ils ne nous ont pas accompagnés.

—Tu vas me téléphoner?
—Oui, je vais te téléphoner.
—Non, je ne vais pas te téléphoner.

—Tu passes me voir?
—Oui, donne-moi ton adresse.
—Je te donne aussi le plan du quartier?
—Non, ne me donne pas le plan.

Now repeat the model dialogue.

On est en retard
DIDIER: Allez, dépêchez-vous! Il est déjà deux heures moins le quart.
THOMAS: Un instant. On arrive.
MARTINE: Qu'est-ce qu'il dit?
THOMAS: Il veut qu'on se dépêche.
MARTINE: Oh, là, là! Il me rend folle, celui-là. Dis-lui d'attendre.
DIDIER: Écoutez, vous deux. Je vous ai déjà dit qu'on nous attend pour deux heures.

SEGMENT 48

XXIII. Une interview. You're studying in France and are preparing a report on student opinions of the French educational system. To gather the information, you plan to interview a number of French students. Before you write your questions, you listen to a few samples of students' comments in order to get a better sense of what you might ask.

Premier étudiant
Je suis étudiante à l'université de Jussieu, à Paris. Je fais des études de sciences physiques. Alors, j'ai des cours d'optique, de thermodynamique, d'électricité. J'ai un joli petit studio à Montparnasse qui est très confortable. En ce qui concerne mon avenir professionnel, j'espère devenir professeur de physique dans une université prestigieuse.

Deuxième étudiant
Je suis étudiant en musique au Conservatoire de Paris. Évidemment, je prends des cours de piano avec un professeur célèbre. Je prends aussi des cours d'orchestration et des cours de solfège. Pour le moment, j'habite encore avec mes parents pour faire des économies. Dans l'avenir, j'aimerais faire des tournées avec le célèbre Orchestre National de Paris.

Troisième étudiant
Je suis étudiante à l'université de Nice, j'habite à la résidence universitaire et je fais des études en littérature française. Je travaille surtout sur Balzac. Je prépare un mémoire sur le thème de Paris dans les romans de Balzac. Plus tard, j'aimerais bien devenir prof de français, c'est-à-dire enseigner surtout la littérature au niveau lycée et travailler avec les adolescents. Pour le moment, j'aime beaucoup ce que je fais. Mes cours m'intéressent, les professeurs sont en général très intéressants et j'apprends beaucoup. Je suis très contente de ma vie.

Quatrième étudiant
Je suis étudiant à l'université de Lyon où je me spécialise en comptabilité. J'adore travailler avec les chiffres et je suis très fort en mathématiques. Pour entrer dans une carrière comme comptable, je suis obligé de prendre des cours dans tous les domaines qui touchent au commerce: marketing, gestion, relations internationales et, bien sûr, un grand nombre de cours en comptabilité. La plupart de mes cours sont assez intéressants mais quelquefois j'ai un prof qui est un peu ennuyeux. J'habite un appartement avec deux copains qui, eux aussi, font des études de commerce. Nous étudions beaucoup mais nous nous amusons aussi ensemble.

Cinquième étudiant
Je suis étudiante à l'université de Strasbourg. Je loue une chambre chez une famille et, pour gagner un peu d'argent, je m'occupe quelquefois des enfants. À l'université, je me spécialise en lettres. Mais en particulier, je suis des cours d'histoire et de dialectes, car l'alsacien est très important dans cette région. Ensuite, je compte poursuivre mes études en linguistique. J'ai l'intention d'étudier les dialectes des différentes régions de France. Je n'ai pas encore décidé dans quelle langue je vais me spécialiser; peut-être le breton ou le provençal. Mon but professionnel, c'est d'être prof de linguistique.

SEGMENT 49

Prononcez bien!
The consonants _c, g, s,_ and the combination _ch_
pages 333–335

SEGMENT 50

Exercice d'écoute: La formation supérieure
Listen to the statements of four young people who have just completed their secondary education and are explaining their career goals. Match each commentary to the appropriate school ad.

Numéro 1
Eh bien, moi, je ne sais pas très bien. Je m'intéresse au commerce, mais j'aime aussi beaucoup les langues. En fait, je ne veux pas choisir entre les deux et je préfère continuer mes études dans les deux domaines. En plus, j'ai un autre problème. Je suis vraiment obligée de gagner ma vie et je ne peux pas être étudiante à plein temps. J'ai un ami qui m'a parlé d'un établissement où je pourrais faire mes études à mon rythme. Ce serait idéal pour moi. À long terme, je voudrais être traductrice commerciale.

Numéro 2
Mes parents veulent absolument que je fasse des études de commerce. Mon père est gérant et il préfère que je continue ma formation en gestion. Mais moi, ce n'est pas du tout ce qui m'attire. D'abord, mon but est de faire des cours préparatoires en art pour être admis dans une école de beaux-arts. Je ne sais pas encore quel aspect de l'art m'intéresse le plus. Peut-être le dessin technique. Mes parents ne sont pas très contents de mon choix parce qu'ils pensent que l'art est frivole et ne m'assurera pas un avenir stable. Moi, je ne suis pas du tout d'accord. Je cherche donc un institut préparatoire et je vais poursuivre mon rêve.

Numéro 3
Moi, il me faut absolument une carrière où je puisse travailler avec les gens. Je n'ai pas l'intention d'être prisonnière dans un bureau où je ferai la même chose tous les jours. D'une part, il me faut le contact humain, d'autre part j'adore les voyages. J'ai déjà une assez bonne

connaissance de l'anglais et de l'espagnol et j'ai fait un stage de deux mois dans un centre audiovisuel. J'ai donc décidé de suivre une formation qui va me préparer à travailler pour une compagnie aérienne. Ça me donnera l'occasion de voyager et de rendre les voyages des autres plus agréables.

Numéro 4

J'habite à Nice et je veux continuer mes études supérieures dans le sud de la France. J'ai aussi décidé que je voulais une carrière dans le monde des affaires. Il y a quelques années je pensais devenir comptable, mais maintenant j'ai choisi une carrière en gestion. La gestion offre plus de débouchés, surtout que je n'ai pas tout à fait décidé quel secteur de l'industrie m'intéresse le plus. Je cherche donc une école qui me permettra de faire ce qui m'intéresse et qui me mettra en contact avec quelques grandes firmes multinationales.

Chapitre 8

Les jeunes mariés

SEGMENT 51

In the **Manuel de préparation,** you learned to use the pronouns **lui** and **leur.** To reinforce this grammatical structure, let's make sure that you know how to use these pronouns correctly. First, listen to the dialogue.

On lui propose une interview

Quand sa femme rentre du travail, François lui annonce qu'il vient de recevoir un coup de téléphone de chez Kodak.

DELPHINE: Raconte. Qu'est-ce qu'ils veulent?
FRANÇOIS: C'était la directrice du personnel. Je lui ai parlé pendant une demi-heure. Elle veut que je rencontre ses collègues.
DELPHINE: C'est formidable! Quand est-ce que tu vas les voir?
FRANÇOIS: Vendredi après-midi à 14 heures.

Now repeat the model sentences using the pronouns **lui** and **leur.** Pay particular attention to pronoun placement with different verb tenses:

- simple tenses
  Elle ne lui parle pas.
  Il leur racontera une histoire.
  Je lui téléphonais tous les jours.

- affirmative imperative
  Donnez-lui cette cassette!
  Donne-leur tes livres!

- negative imperative
  Ne lui donnez pas cette cassette!
  Ne leur donne pas tes livres!

- passé composé
  Je lui ai acheté une cravate.
  Nous ne leur avons pas prêté la vidéo.

- conjugated verb + infinitive
  On va lui apporter des fleurs.
  Ils n'aiment pas leur prêter de l'argent.

Now repeat the model dialogue.

On lui propose une interview

Quand sa femme rentre du travail, François lui annonce qu'il vient de recevoir un coup de téléphone de chez Kodak.

DELPHINE: Raconte. Qu'est-ce qu'ils veulent?
FRANÇOIS: C'était la directrice du personnel. Je lui ai parlé pendant une demi-heure. Elle veut que je rencontre ses collègues.
DELPHINE: C'est formidable! Quand est-ce que tu vas les voir?
FRANÇOIS: Vendredi après-midi à 14 heures.

SEGMENT 52

Prononcez bien!
L'intonation
pages 361–363

SEGMENT 53

In the **Manuel de préparation,** you learned to use a variety of negative expressions. To reinforce this grammatical structure, let's make sure that you know how to use it correctly. First, listen to the dialogue.

Un employé malheureux

FRANÇOIS: Il faut absolument que je trouve un autre travail. Je ne peux plus supporter le stress.
DELPHINE: Tu as parlé de ça à quelqu'un?
FRANÇOIS: Non, je n'en ai parlé à personne.
DELPHINE: Qu'est-ce que je peux dire pour te faire changer d'avis?
FRANÇOIS: Tu ne peux rien dire.
DELPHINE: Rien? Tu as déjà démissionné?
FRANÇOIS: Pas encore. Mais je vais le faire demain.

Now repeat the model sentences using each of the negative expressions:

- ne... rien
  Je n'ai rien trouvé.
  Il n'a rien vu.
  Elles ne font rien.
  Nous n'allons rien acheter.

- rien... ne
  Rien ne m'intéresse.
  Rien n'est arrivé.
  Rien ne va se passer.
  Rien n'était décidé.

- ne... rien with a preposition
  Je n'ai besoin de rien.
  Ils ne pensent à rien.

- ne... personne
  Je n'ai vu personne.
  Elle n'a trouvé personne.
  Nous ne cherchons personne.
  Ils ne connaissent personne ici.

- personne... ne
  Personne n'a téléphoné.
  Personne ne travaille bien.
  Personne n'étudie.
  Personne ne sera là.

- ne... personne with a preposition
  Nous n'avons parlé à personne.
  Je n'ai téléphoné à personne.
  Elle ne l'a acheté pour personne.
  Ils n'ont besoin de personne.

- ne... plus
  Elle n'est plus ici.
  Je ne parle plus espagnol.
  Ils ne sont plus en France.
  Vous n'êtes plus malade?

- ne... pas encore
  Je n'ai pas encore passé l'examen.
  Tu n'as pas encore fait les devoirs?
  Nous ne l'avons pas encore vu.
  Ils ne sont pas encore là.

- ne... jamais
  Je ne sors jamais pendant la semaine.
  Nous n'avons jamais visité la France.
  Elle ne fait jamais ses devoirs.
  Ils ne font jamais attention.

Now repeat the model dialogue.

Un employé malheureux
FRANÇOIS: Il faut absolument que je trouve un autre travail. Je ne peux plus supporter le stress.
DELPHINE: Tu as parlé de ça à quelqu'un?
FRANÇOIS: Non, je n'en ai parlé à personne.
DELPHINE: Qu'est-ce que je peux dire pour te faire changer d'avis?
FRANÇOIS: Tu ne peux rien dire.
DELPHINE: Rien? Tu as déjà démissionné?
FRANÇOIS: Pas encore. Mais je vais le faire demain.

A few verbs have irregular stems in the contitional tense. These are the same stems that are used for the future tense. Repeat each infinitive and then the conditional forms:

aller	j'irais
avoir	tu aurais
être	elle serait
faire	nous ferions
falloir	il faudrait
pouvoir	vous pourriez
savoir	ils sauraient
venir	je viendrais
voir	tu verrais
vouloir	nous voudrions

Now repeat the sentences using the conditional tense:
À ta place, je trouverais le temps d'y aller.
À mon avis, tu ferais mieux de rester au lit.
Si j'avais le temps, j'en parlerais à mon patron.
Nous ferions un voyage si nous avions l'argent.
Qu'est-ce que tu ferais à ma place?
Elle voudrait vous accompagner.
Est-ce que vous pourriez nous aider?

Now repeat the model dialogue.

Un dîner pour le patron
JULIEN: Je voudrais inviter mon patron à dîner. Toi, tu pourrais faire la connaissance de sa femme et moi, j'aurais l'occasion de lui parler de ma promotion.
ISABELLE: Ça serait bien. Nous pourrions leur préparer un repas chinois.
JULIEN: Oui. Et si on voulait vraiment les impressionner, on leur servirait un bon vin blanc du Val de Loire.

SEGMENT 54

In the **Manuel de préparation**, you learned the conditional tense. To reinforce this grammatical structure, let's make sure you know how to pronounce and use it correctly. First, listen to the dialogue.

Un dîner pour le patron
JULIEN: Je voudrais inviter mon patron à dîner. Toi, tu pourrais faire la connaissance de sa femme et moi, j'aurais l'occasion de lui parler de ma promotion.
ISABELLE: Ça serait bien. Nous pourrions leur préparer un repas chinois.
JULIEN: Oui. Et si on voulait vraiment les impressionner, on leur servirait un bon vin blanc du Val de Loire.

Listen to the infinitive, then repeat the conditional conjugations of the verb **arriver, partir**, and **prendre**:

arriver: j'arriverais, tu arriverais, il arriverait, elle arriverait, on arriverait, nous arriverions, vous arriveriez, ils arriveraient, elles arriveraient

partir: je partirais, tu partirais, il partirait, elle partirait, on partirait, nous partirions, vous partiriez, ils partiraient, elles partiraient

prendre: je prendrais, tu prendrais, il prendrait, elle prendrait, on prendrait, nous prendrions, vous prendriez, ils prendraient, elles prendraient

SEGMENT 55

Exercice d'écoute: Vous pourriez prendre un message?
While staying with a French family in Bordeaux, you find yourself at home alone. When the phone rings, you answer and jot down (in French or English) the messages for **M. Chaumeau**, his wife (**Denise**), and their son (**Jean-Philippe**).

Numéro 1
Allô? C'est pour Monsieur Serge Chaumeau. Il n'est pas là? Ah bon. Euh, c'est de la part de son collègue, Marcel Maurier. Oui, c'est au sujet de la réunion de demain. Elle a été reportée à mardi prochain. Vous pouvez lui transmettre le message? Bien. Donc, la réunion de demain a été reportée à mardi prochain à 2 heures. Je retéléphonerai dans la soirée ou ce week-end.

Numéro 2
Allô? Euh, c'est Laurent à l'appareil. Est-ce que Jean-Philippe est là, s'il vous plaît? Ah, il est pas là. Hum, est-ce que je pourrais lui laisser un message? Bien. Écoutez, pourriez-vous lui dire qu'il y a un changement dans nos projets? Et aussi pouvez-vous lui demander de m'appeler, euh, chez Alain? Bien, le numéro d'Alain, c'est le 22.34.66.27. Merci bien. Au revoir.

Numéro 3
Allô, oui, bonjour... Pourrais-je parler à Madame Chaumeau, s'il vous plaît? Ah, elle est absente. Euh, c'est Madame Durand à l'appareil. Euh, je voulais savoir si Madame Chaumeau pouvait

participer à notre programme d'activités ce week-end. Écoutez, est-ce que vous pourriez lui laisser ce message et lui demander de me rappeler? Mais, euh, entre trois heures et quatre heures vendredi. Oui, c'est un programme pour les personnes âgées. N'oubliez pas de mentionner cela. Oui, merci beaucoup. Je vous remercie. Au revoir et merci encore.

SEGMENT 56

Exercice d'écoute. Des interviews
Listen to the four job interviews, then answer the questions.

Numéro 1
— Bonjour, Mademoiselle.
— Bonjour, Madame.
— Donc vous vous intéressez au poste de professeur de français que nous offrons ici à Denver?
— Oui, Madame.
— Est-ce que vous avez déjà enseigné le français dans une école secondaire?
— Non, jamais Madame. Ça serait ma première fois.
— Aha... où avez-vous fait vos études?
— Oh, j'ai fait mes études aux États-Unis, et au Québec pendant l'été.
— Ah, d'accord. Vous avez une expérience de l'enseignement?
— Non, je viens de terminer mes études, Madame. C'est la première fois que je cherche un travail.
— Est-ce que vous avez déjà été en France?
— Non, je n'ai jamais visité la France parce que je n'ai jamais eu assez d'argent.
— Alors, quel diplôme avez-vous?
— J'ai la maîtrise, Madame.
— Très très bien, écoutez, je vous remercie. Pour parler franchement, je crois que nous cherchons quelqu'un avec de l'expérience. Mais nous resterons en contact avec vous si jamais nos besoins changeaient.
— Ah, je comprends. Merci, Madame.

Numéro 2
— Bonjour, Monsieur. Asseyez-vous, je vous prie.
— Merci, Madame.
— Bon, vous êtes ici pour le poste d'ingénieur chimiste. Vous êtes au courant de ce que nous recherchons?
— Oui, je pense. Il s'agit d'un ingénieur chimiste, spécialisé peut-être aussi dans le marketing.
— Dans le domaine de la vente, plus exactement.
— C'est ça, oui.
— Bon, alors, bien sûr je voudrais savoir quelles sont vos spécialisations, et puis surtout votre expérience. Dites-moi à peu près ce que vous avez fait dans le domaine de la chimie.
— Eh bien, j'ai un diplôme d'ingénieur chimiste. Il y a sept ans que j'ai obtenu mon diplôme, et puis j'ai travaillé dans une compagnie qui se spécialise dans les produits chimiques en France...
— Où ça, exactement?
— À Saint Gobain et à Pont-à-Mousson. Et j'ai également travaillé avec diverses personnes qui se spécialisent dans la vente.
— Ah, d'accord. Cette expérience est importante pour ce poste. Alors, je voulais vous dire aussi que nous cherchons quelqu'un qui n'hésite pas à voyager. Vous seriez obligé de faire un grand nombre de voyages dans le Nord-Ouest de la France.

— Ah, mais tout à fait. Pas de problème! Au contraire, ça m'intéresse beaucoup. Vous savez, je ne suis pas marié et je suis donc prêt à me déplacer. C'est exactement ce que je cherche.
— Parfait. Mais je ne peux pas vous donner une réponse immédiate. Je mettrai votre dossier de côté et, si tout va bien, on vous rappellera.
— Je vous remercie, Madame. Au revoir.
— Au revoir, Monsieur.

Numéro 3
— Bonjour, Madame. J'ai vu votre annonce dans le journal demandant un moniteur de colonie de vacances et ça m'intéresse beaucoup.
— Bonjour, Monsieur. Alors, est-ce que vous avez déjà été moniteur dans une colonie?
— Non, mais j'ai fait beaucoup de baby-sitting pour mon petit frère et ma petite sœur. Je m'en occupe tout le temps. J'aime beaucoup les enfants.
— Oui... c'est un petit peu différent tout de même. Il faut savoir organiser des activités pour des enfants.
— Oui, je comprends. Je vais très souvent à la Maison de la Culture avec les enfants. Il y a aussi les enfants du voisinage. C'est pas uniquement mon frère et ma sœur. Mais ils ont des amis aussi et je les emmène tous ensemble. On va à la piscine, on se promène, et j'organise un tas de sorties et beaucoup d'activités.
— Oui, oui, et dans vos études, vers quelle profession est-ce que vous vous dirigez?
— Je voudrais être professeur. C'est ce qui me passionne. Une fois de plus, j'adore les enfants, donc je voudrais vraiment devenir professeur dans une école primaire ou dans un collège.
— Oui, j'ai l'impression que vous avez la personnalité qu'il nous faut. Vous avez l'air tout à fait enthousiaste. J'aurais bien aimé que vous ayez un petit peu plus d'expérience, mais enfin j'ai bien envie de vous donner votre chance.
— Ah, c'est gentil, merci beaucoup, Madame.

Numéro 4
— Bonjour, Monsieur.
— Bonjour, Mademoiselle.
— Je viens à propos de l'annonce parue dans le journal *Hebdo* la semaine dernière et le poste de vendeuse m'intéresse.
— Ah, très bien. En effet, nous cherchons une vendeuse. Mais comme vous avez sûrement remarqué dans l'annonce, nous cherchons une vendeuse qui parle anglais. Est-ce que vous avez étudié l'anglais?
— Oui. Je l'ai étudié au lycée et j'ai aussi passé trois mois aux États-Unis.
— Ah, très bien. À quelle occasion avez-vous été aux États-Unis?
— C'était mon lycée qui avait organisé un échange scolaire. J'ai passé trois mois dans un lycée américain et j'ai habité dans une famille.
— Bon. Est-ce que vous avez déjà fait de la vente dans un magasin?
— Non, je n'ai pas d'expérience du tout dans la vente, je dois avouer.
— OK, bon. Ce n'est pas nécessaire. Est-ce que vous vous entendez généralement bien avec les gens?
— Oui, j'aime beaucoup les contacts et je ne suis pas du tout timide. J'aime aussi rendre service. C'est pour ça que j'aimerais travailler dans la vente.
— Bien, écoutez. Ah, vous avez l'air d'avoir une personnalité dynamique. Allez, je cours le risque: vous commencerez lundi!
— Merci bien. Vous ne serez pas déçu! Au revoir, Monsieur!
— Au revoir, Mademoiselle! À lundi

CONJUGAISON DES VERBES

INFINITIF	PRÉSENT	PASSÉ COMPOSÉ	IMPARFAIT
Verbs in -er, -ir, -re			
chercher	je cherche tu cherches il cherche nous cherchons vous cherchez ils cherchent	j'ai cherché tu as cherché il a cherché nous avons cherché vous avez cherché ils ont cherché	je cherchais tu cherchais il cherchait nous cherchions vous cherchiez ils cherchaient
finir	je finis tu finis il finit nous finissons vous finissez ils finissent	j'ai fini tu as fini il a fini nous avons fini vous avez fini ils ont fini	je finissais tu finissais il finissait nous finissions vous finissiez ils finissaient
attendre	j'attends tu attends il attend nous attendons vous attendez ils attendent	j'ai attendu tu as attendu il a attendu nous avons attendu vous avez attendu ils ont attendu	j'attendais tu attendais il attendait nous attendions vous attendiez ils attendaient
Reflexive verbs			
se coucher	je me couche tu te couches il se couche nous nous couchons vous vous couchez ils se couchent	je me suis couché(e) tu t'es couché(e) il s'est couché nous nous sommes couché(e)s vous vous êtes couché(e)(s) ils se sont couchés	je me couchais tu te couchais il se couchait nous nous couchions vous vous couchiez ils se couchaient
Verbs with spelling changes in the stem			
acheter (like **acheter**: se lever, se promener)	j'achète tu achètes il achète nous achetons vous achetez ils achètent	j'ai acheté	j'achetais
préférer (like **préférer**: espérer)	je préfère tu préfères il préfère nous préférons vous préférez ils préfèrent	j'ai préféré	je préférais
appeler	j'appelle tu appelles il appelle nous appelons vous appelez ils appellent	j'ai appelé	j'appelais

FUTUR	SUBJONCTIF	CONDITIONNEL	IMPÉRATIF
	que (qu')		
je chercherai	je cherche	je chercherais	cherche
tu chercheras	tu cherches	tu chercherais	cherchons
il cherchera	il cherche	il chercherait	cherchez
nous chercherons	nous cherchions	nous chercherions	
vous chercherez	vous cherchiez	vous chercheriez	
ils chercheront	ils cherchent	ils chercheraient	
je finirai	je finisse	je finirais	finis
tu finiras	tu finisses	tu finirais	finissons
il finira	il finisse	il finirait	finissez
nous finirons	nous finissions	nous finirions	
vous finirez	vous finissiez	vous finiriez	
ils finiront	ils finissent	ils finiraient	
j'attendrai	j'attende	j'attendrais	attends
tu attendras	tu attendes	tu attendrais	attendons
il attendra	il attende	il attendrait	attendez
nous attendrons	nous attendions	nous attendrions	
vous attendrez	vous attendiez	vous attendriez	
ils attendront	ils attendent	ils attendraient	
	que (qu')		
je me coucherai	je me couche	je me coucherais	couche-toi
tu te coucheras	tu te couches	tu te coucherais	couchons-nous
il se couchera	il se couche	il se coucherait	couchez-vous
nous nous coucherons	nous nous couchions	nous nous coucherions	
vous vous coucherez	vous vous couchiez	vous vous coucheriez	
ils se coucheront	ils se couchent	ils se coucheraient	
	que (qu')		
j'achèterai	j'achète	j'achèterais	achète
	tu achètes		achetons
	il achète		achetez
	nous achetions		
	vous achetiez		
	ils achètent		
je préférerai	je préfère	je préférerais	préfère
	tu préfères		préférons
	il préfère		préférez
	nous préférions		
	vous préfériez		
	ils préfèrent		
j'appellerai	j'appelle	j'appellerais	appelle
	tu appelles		appelons
	il appelle		appelez
	nous appelions		
	vous appeliez		
	ils appellent		

INFINITIF	PRÉSENT	PASSÉ COMPOSÉ	IMPARFAIT
payer (like **payer**: s'ennuyer, essayer)	je paie tu paies il paie nous payons vous payez ils paient	j'ai payé	je payais
commencer	je commence tu commences il commence nous commençons vous commencez ils commencent	j'ai commencé	je commençais
manger (like **manger**: exiger, voyager)	je mange tu manges il mange nous mangeons vous mangez ils mangent	j'ai mangé	je mangeais

Other verbs

aller	je vais tu vas il va nous allons vous allez ils vont	je suis allé(e)	j'allais
avoir	j'ai tu as il a nous avons vous avez ils ont	j'ai eu	j'allais
boire	je bois tu bois il boit nous buvons vous buvez ils boivent	j'ai bu	je buvais
connaître (like **connaître**: reconnaître)	je connais tu connais il connaît nous connaissons vous connaissez ils connaissent	j'ai connu	je connaissais
devoir	je dois tu dois il doit nous devons vous devez ils doivent	j'ai dû	je devais
dire	je dis tu dis il dit nous disons vous dites ils disent	j'ai dit	je disais

FUTUR	SUBJONCTIF	CONDITIONNEL	IMPÉRATIF
je paierai	je paie tu paies il paie nous payions vous payiez ils paient	je paierais	paie payons payez
je commencerai	je commence tu commences il commence nous commencions vous commenciez ils commencent	je commencerais	commence commençons commencez
je mangerai	je mange tu manges il mange nous mangions vous mangiez ils mangent	je mangerais	mange mangeons mangez

	que (qu')		
j'irai	j'aille tu ailles il aille nous allions vous alliez ils aillent	j'irais	va allons allez
j'aurai	j'aie tu aies il ait nous ayons vous ayez ils aient	j'aurais	aie ayons ayez
je boirai	je boive tu boives il boive nous buvions bous buviez ils boivent	je boirai	bois buvons buvez
je connaîtrai	je connaisse tu connaisses il connaisse nous connaissions vous connaissiez ils connaissent	je connaîtrais	connais connaissons connaissez
je devrai	je doive tu doives il doive nous devions vous deviez ils doivent	je devrais	dois devons devez
je dirai	je dise tu dises il dise nous disions vous disiez ils disent	je dirais	dis disons dites

INFINITIF	PRÉSENT	PASSÉ COMPOSÉ	IMPARFAIT
écrire (like écrire: décrire)	j'écris tu écris il écrit nous écrivons vous écrivez ils écrivent	j'ai écrit	j'écrivais
être	je suis tu es il est nous sommes vous êtes ils sont	j'ai été	j'étais
faire	je fais tu fais il fait nous faisons vous faites ils font	j'ai fait	je faisais
lire	je lis tu lis il lit nous lisons vous lisez ils lisent	j'ai lu	je lisais
mettre (like mettre: permettre, promettre)	je mets tu mets il met nous mettons vous mettez ils mettent	j'ai mis	je mettais
ouvrir (like ouvrir: offrir)	j'ouvre tu ouvres il ouvre nous ouvrons vous ouvrez ils ouvrent	j'ai ouvert	j'ouvrais
partir (like partir: dormir, sentir, servir, sortir)	je pars tu pars il part nous partons vous partez ils partent	je suis parti(e)	je partais
pouvoir	je peux tu peux il peut nous pouvons vous pouvez ils peuvent	j'ai pu	je pouvais
prendre (like prendre: apprendre, comprendre)	je prends tu prends il prend nous prenons vous prenez ils prennent	j'ai pris	je prenais

FUTUR	SUBJONCTIF	CONDITIONNEL	IMPÉRATIF
j'écrirai	j'écrive tu écrives il écrive nous écrivions vous écriviez ils écrivent	j'écrirais	écris écrivons écrivez
je serai	je sois tu sois il soit nous soyons vous soyez ils soient	je serais	sois soyons soyez
je ferai	je fasse tu fasses il fasse nous fassions vous fassiez ils fassent	je ferais	fais faisons faites
je lirai	je lise tu lises il lise nous lisions vous lisiez ils lisent	je lirais	lis lisons lisez
je mettrai	je mette tu mettes il mette nous mettions vous mettiez ils mettent	je mettrais	mets mettons mettez
j'ouvrirai	j'ouvre tu ouvres il ouvre nous ouvrions vous ouvriez ils ouvrent	j'ouvrirais	ouvre ouvrons ouvrez
je partirai	je parte tu partes il parte nous partions vous partiez ils partent	je partirais	pars partons partez
je pourrai	je puisse tu puisses il puisse nous puissions vous puissiez ils puissent	je pourrais	*(n'existe pas)*
je prendrai	je prenne tu prennes il prenne nous prenions vous preniez ils prennent	je prendrais	prends prenons prenez

INFINITIF	PRÉSENT	PASSÉ COMPOSÉ	IMPARFAIT
savoir	je sais tu sais il sait nous savons vous savez ils savent	j'ai su	je savais
suivre	je suis tu suis il suit nous suivons vous suivez ils suivent	j'ai suivi	je suivais
venir (like venir: devenir, revenir)	je viens tu viens il vient nous venons vous venez ils viennent	je suis venu(e)	je venais
voir (like voir: croire)	je vois tu vois il voit nous voyons vous voyez ils voient	j'ai vu	je voyais
vouloir	je veux tu veux il veut nous voulons vous voulez ils veulent	j'ai voulu	je voulais

FUTUR	SUBJONCTIF	CONDITIONNEL	IMPÉRATIF
je saurai	je sache tu saches il sache nous sachions vous sachiez ils sachent	je saurais	sache sachons sachez
je suivrai	je suive tu suives il suive nous suivions vous suiviez ils suivent	je suivrais	suis suivons suivez
je viendrai	je vienne tu viennes il vienne nous venions vous veniez ils viennent	je viendrais	viens venons venez
je verrai	je voie tu voies il voie nous voyions vous voyiez ils voient	je verrais	vois voyons voyez
je voudrai	je veuille tu veuilles il veuille nous voulions vous vouliez ils veuillent	je voudrais	

LEXIQUE: FRANÇAIS – ANGLAIS

A

à at, in, on, to; **— bientôt.** See you soon.; **— cause de** because of; **— la tienne/vôtre!** Your (good) health!; **— l'heure** on time; **— moins que** unless; **— part cela** besides that; **— qui** to whom; **— qui est-ce?** Whose is it?; **— tout à l'heure.** See you in a while.

abonné(e) subscribed

abonnement *m* subscription

abord: d'— first, at first

aborder to approach (a person)

aboutir *(pp* **abouti)** to reach; **— à** to come to, to result in

abri *m* shelter; **les sans—** the homeless

abricot *m* apricot

accepter to accept

accomplissement *m* accomplishment

accord *m* agreement; **d'—** okay; **être d'—** to agree

accueillir *(pp* **accueilli)** to welcome, to greet

achat *m* purchase, errand; **faire des —s** to go shopping

acheter to buy

achever to finish

acier *m* steel

acquérir *(pp* **acquis)** to acquire

acteur(-rice) actor

actif(-ive) active; working; **population — f** working population

actuellement currently, at present

addition *f* bill (restaurant)

adieux *m pl* farewell; **faire ses —** to say good-bye

adorer to love, to adore

adresser: s'— (à quelqu'un) to speak (to someone)

aéroport *m* airport

affaiblir *(pp* **affaibli)** to weaken

affaires *f pl* things, belongings; business; **homme/femme d'—** businessman(woman); **voyage d'— m** business trip

affiche *f* poster

affreux(-se) hideous, horrible; **Quel temps —!** What horrible weather!

afin: — de to, in order to; **— que** so that, in order that

Afrique *f* Africa; **— du Nord** North Africa; **— du Sud** South Africa

agacé(e) *fam* bored

âge *m* age; **Quel — as-tu?** How old are you?; **troisième —** senior citizen

agent *m*: **— immobilier** real estate agent; **— de police** policeman

aggraver: s'— to get worse

agir *(pp* **agi)** to act; **s'— de** to be about; to do with

agiter to shake; to excite

agneau *m* lamb

agriculteur(-rice) farmer

aider to help; **Je peux vous —?** Can I help you?

ail *m* garlic; **à l'—** with garlic

aile *f* wing

aimer to love, to like; **j'aime beaucoup/bien** I like very much

aîné(e) older

ainsi thus; well; **— que** as well as; as

air *m* atmosphere

ajouter to add

alcoolisé(e) alcoholic (beverages)

Algérie *f* Algeria

algérien(ne) Algerian

aliment *m* food

Allemagne *f* Germany

allemand(e) German

aller *m* : **— simple** one way; **—retour** round-trip (ticket)

aller to go; to get (somewhere); **— à pied** to go on foot; **On y va!** Let's get going!, Let's go!; **s'en —** to leave

allocation *f* allowance; **— familiale** family allowance

alors so, then; **—, tu y es?** *fam* Do you get it (understand)?; **Ça —!** *fam* What do you know!; **Et —?** *fam* So, What?

amande *f* almond

amateur(-trice) lover of, crazy (about)

ambiance *f* atmosphere; (work) environment

ambitieux(-euse) ambitious

aménagé(e) laid out, fixed up; **bien —** well laid out

aménager to plan

amener to take, to bring

américain(e) American

Amérique *f* America; **— du Nord** North America; **— du Sud** South America

ami(e) friend; **faux —s** *m pl* false cognates; **petit(e) —(e)** boy(girl)friend

amical(e) friendly

amitié *f* friendship; **—s** friendly greetings

amour *m* love

amoureux(-se) in love (with)

amphithéâtre *m* = **amphi** large lecture hall, amphitheater

amusant(e) funny, amusing

amuser: s'— to have a good time, to have fun; to play

an *m* year; **j'ai (15) —s** I'm (15 [years old]); **le Nouvel —** New Year's

ancêtres *m pl* ancestors

ancien(ne) old

anglais(e) English

Angleterre *f* England

année *f* year; **— scolaire** school year; **les —s (70)** the (70)s

anniversaire *m* birthday; **Bon/Joyeux —!** Happy birthday!

annonce *f* ad; **petites —s** classified ads

annoncer to announce; **Alors, ça s'— bien!** *fam* So, it looks promising!

annuler to cancel

anthropologie *f* anthropology

antihistaminique *m* antihistamine

août August

apercevoir *(pp* **aperçu)** to see, to notice; **s'—** to become aware of

apéritif *m* appetite; before dinner drink

appareil-photo *m* camera

appartenir *(pp* **appartenu)** **à** to belong to

appel *m* call; **— téléphonique** telephone call

appeler to call, **s'—: Je m'appelle...** My name is . . .

appétit *m*: **Bon —!** Enjoy your meal!

apporter to bring

apprendre *(pp* **appris)** to learn; **— (à)** to teach (to)

approfondi(e) in depth

appuyer to lean; **s'—** to lean on

après after, afterwards; **d'—** according to; **Et — (alors)?** *fam* So, what?

après-midi *m* afternoon; **de l'—** in the afternoon, P.M.; **l'—** afternoons

arbre *m* tree

arc *m* arche; **—boutant** flying buttress; **— brisé/en ogive** broken arch

architecte *m f* architect

architecture *f* architecture

argent *m* money

arme *f* weapon

armoire *f* dresser, closet

arrêt *m* stop; **— d'autobus** bus stop; **sans —** non stop

arrêter: s'— to stop

arrière behind; **à l'—** in back

arrivée *f* arrival

arriver to get (somewhere)

arrondissement *m* administrative division in Paris

art *m* art; **— dramatique** dramatic art, drama; **beaux——s** *m pl* fine arts

ascenseur *m* elevator

aspirateur *m* vacuum cleaner; **passer l'—** to vacuum

assez (de) enough; **pas — (de)** not enough

assis(e) seated

assistant(e) teaching assistant

assister: — (à un cours) to attend (a class)

astronomie *f* astronomy

atelier *m* studio, workshop

atteindre *(pp* **atteint)** to reach

atteint(e) affected

attendre *(pp* **attendu)** to expect; to wait (for); **Attendez!** *fam* Hold on! Wait a minute!

attente *f* expectation

attention: faire — à to pay attention to; to be careful

au (à + le) at, on, to; **— delà** beyond; **— fur et à mesure** as

aube *f* dawn

auberge *f* hostel, inn

aubergine *f* eggplant

aucun(e) not a one, no one

augmenter to increase

aujourd'hui today

au pair child care in exchange for a room and board

auparavant before
auprès (de) with; next to
auquel/à laquelle to which
auto *f* car
autonome autonomous
au revoir good-bye
aussi too; also; aussi... que as . . . as; (moi) — (me) too
autant de... que as much . . . as; pour — que in as much as
autobus *m* bus
automne *m* fall, autumn
autoportrait *m* self-portrait
autoroute *f* highway
autour (de) around
autre *m f* other, another; un(e) — another
autrefois in the past
avaler to swallow
avance: à l'— in advance; en — early
avancé(e) advanced
avancement *m* promotion
avant before; à l'— front; —hier *m* the day before yesterday
avantage *m* advantage
avantageux(-euse) profitable, worthwhile
avare *m f* miser
avec with
avenir *m* future; à l'— in the future
averse *f* shower (rain)
avion *m* airplane
avis *m* opinion; mind; à mon — in my opinion; changer d'— to change one's mind
avisé(e) informed
avocat(e) lawyer
avoir envie de to feel like
avoir (*pp* eu) to have; — besoin de to need; — bonne (mauvaise) mine to look good (bad); — du mal à to have trouble . . .; — envie de to feel like; — faim to be hungry; — l'air to look like it's; — le cafard to be depressed; — lieu to take place; — l'intention de to intend to; — soif to be thirsty; j'ai (x) ans I am (x) years old
avouer to confess
avril April

B

bac = baccalauréat *m*
baguette *f* long loaf of French bread
baigner: se to go swimming
baignoire *f* bathtub
baiser *m* kiss
baisser to lower
bal *m* dance
balader: se *fam* to take a stroll
baladeur *m* Walkman
balayeur *m* sweeper
ballon *m* ball; — de foot soccer ball
banane *f* banana
banc *m* bench
bande dessinée *f* comics
banlieue *f* suburbs
banquier(-ère) banker
barbe *f* beard; C'est la —! *fam* It's a drag!; Quelle —! *fam* What a drag!
barrage *m* dam
bas *m* bottom; en — downstairs

bas(se) low
basket(-ball) *m* basketball
bataille *f* battle
bateau *m* boat; — à voile sailboat
bâtiment *m* building
battre (*pp* battu) to hit; to beat; se — to fight with one another
bavard(e) talkative
beau/bel (belle) beautiful; handsome; —x-arts fine arts *m pl*; Il fait beau. It's beautiful weather.
beau-frère *m* brother-in-law
beau-père *m* stepfather; father-in-law
beaucoup (de) a lot (of), a great deal of, many, much; pas — not very much
beaux-arts *m pl* fine arts
belge Belgian
Belgique *f* Belgium
belle-mère *f* stepmother; mother-in-law
besoin *m* need; avoir — de to need
bêtise *f* foolishness, stupidity
béton *m* concrete, cement
beurre *m* butter
bibliothèque *f* library
bien well, good; assez — pretty good; — entendu of course; — sûr certainly; Ça a l'air —. That seems nice.; ce serait — it would be nice; très — very good; great; Je vais —. I'm fine.
bientôt soon; À —. See you soon.
bière *f* beer
bifteck *m* steak
bijou *m* jewel
bijouterie *f* jewelry
billet *m* bill (money); ticket
biologie *f* biology
biscuits *m pl* cookies
bise *f* kiss on the cheek
blanc/blanche white
blé *m* wheat
blessure *f* injury, wound
bleu(e) blue; — foncé dark blue
blond(e) blond; il a les cheveux —s he's blond
blouson *m* jacket
bœuf *m* beef
boire (*pp* bu) to drink
boisson *f* beverage, drink
boîte *f* box; can; *fam* office, shop; — à lettres mail box
bon *adv* OK; — marché inexpensive; Il fait —. The weather's nice.
bon(ne) good; assez — pretty good; c'est une —ne idée that's a good idea
bondé(e) crowded
bonheur *m* happiness
bonjour good morning, hi
bonnet *m* cap, hat
bord *m* edge; au — de la mer on the seashore
bosser *fam* travailler, to study hard
botanique *f* botany
bottes *f pl* boots
bouche *f* mouth; — de métro entrance to subway station
bouché(e) stuffed up; nez — plugged/stuffed up nose

boucherie *f* butcher's shop
boucle d'oreille *f* earring
boue *f* mud
bouffer *fam* manger
bouillir (*pp* bouilli) to boil
bouilloire *f* kettle
boulanger(-ère) baker
boulangerie *f* bakery
boulot *m fam* work, job
bouquin *m* book
bouquiner *fam* to read, to study
bourg *m* (small) village
bourgeois(e) middle-class person
bourse *f* scholarship; Stock Exchange
bout *m* end; piece; au — at the end
bouteille *f* bottle
boutique *f* store, shop
bouton *m* button; spot, pimple
brancher to plug into
bras *m* arm
bref(-ève) short, concise, brief
Brésil *m* Brazil
brésilien(ne) Brazilian
bricolage *m* do-it-yourself work; faire du — *fam* to putter
bricoler to do handywork
brocolis *m pl* broccoli
broderie *f* embroidery
bronzer: se faire — to get a suntan
brosse *f* brush; — à dents toothbrush; — à cheveux hairbrush
brouillard *m* fog; il fait/il y a du — it's foggy
bruit *m* noise
brûler to burn
brûlure *f* burn
brume *f* midst
brun(e) brown
buffet *m* kitchen dresser, cabinet
bulletin *m*: — d'inscription registration form
bureau *m* desk, office; — de poste post office; — de tabac *m* tobacco store
but *m* goal, aim

C

ça, cela that; — a l'air this/that looks; — ne fait rien that's all right/OK; — va that's fine; — va? How's it going?; — y est! *fam* That's it!
cabine *f* booth; — téléphonique phone booth
cabinet *m*: — de toilette half-bath; — d'avocat law office
cacher to hide; se — to keep out of sight
cachet *m* tablet; pill
cadeau *m* present, gift
cadre *m* executive; settings; — supérieur high-level executive
cafard *m*: avoir le — to be depressed
café *m* coffee; café; — crème coffee with cream; — au lait coffee with hot milk
cahier *m* notebook
caisse *f* cash register
caissier(-ère) cashier, teller
calculatrice *f* calculator
calendrier *m* calendar; — voyageur traveler's calendar
camarade *m f* friend; — de classe classmate; — de chambre roommate

Lexique: français – anglais **451**

Lexique: français – anglais

cambrioler to rob

cambrioleur *m* thief, robber

camembert *m* type of French cheese

caméscope *m* camcorder

camion *m* truck

campagne *f* countryside

campus *m* campus

canadien(ne) Canadian

canapé *m* couch

canard *m* duck

candidature *f*: poser sa — to apply for a job; lettre de — application letter

canot *m* boat, fishing boat

cantine *f* cafeteria, school meals

caoutchouc *m* rubber

capitale *f* capital

car because, for

carafe *f* pitcher

caravane *f* trailer

carnet *m* booklet; — (de dix) a book of 10 (metro) tickets

carotte *f* carrot

carré(e) square

carrefour *m* intersection crossroads

carte *f* card; menu; — de crédit credit card; — de débarquement landing card; — orange full-month commuter ticket; — postale postcard

cas *m* case; au — où... in case . . . ; dans ce — in this case; en tout — in any case

casque *m* helmet

casse-pieds *m fam* a pain in the neck!

casser to break; — les pieds *fam* to bug someone

cathédrale *f* cathedral

cause *f* reason; à — de because of

cave *f* cellar; à vin wine cellar

ce/cet/cette this, that

céder to give in

ceinture *f* belt; — de sécurité seat belt

cela that

célèbre famous

célibataire *m f* single, unmarried

cellule *f*: — familiale family unit

celui/celle the one, that/this one

cendres *f pl* ashes

cent hundred; deux cents two hundred

centaine *f* hundred

centrale *f* power plant

centre *m* center; — commercial shopping mall; —ville downtown

centré(e) centered

cependant therefore

céréales *f pl* cereal

cerise *f* cherry

certainement undoubtedly

cerveau *m* brain

ces/cettes these

cesser to stop

c'est it's, that's (with sing. nouns); ce sont it's, that's (with plur. nouns); —à-dire that is; — ça that's right; — ça? *fam* Is that right? That's it.; —combien? *fam* How much is it?; — la barbe *fam* it's a drag; — la cata *fam* it's catastrophic; — super chouette *fam* it's great; —pour le fun *fam* it's for fun

c'est-à-dire that is, this means

ceux/celles those

chacun(e) each one; everyone

chagrin *m* distress, sorrow

chaîne *f* chain; — stéréo stereo (system)

chaise *f* chair

chaleur *f* heat

chambre *f* room; — à coucher bedroom

champ *m* field

champagne *m* champagne

champignon *m* mushroom

chance *f* luck; avoir de la — to be lucky; bonne —! good luck!; tenter votre — to trust your luck

chandail *m* sweater

changement *m* change

changer to exchange; to change; bureau de change *m* foreign currency exchange

chanson *f* song

chanter to sing

chanteur(-euse) singer

chantiers *m pl* construction

chapeau *m* hat

chapitre *m* chapter

chaque each

charcuterie *f* delicatessen

chargé(e) busy; heavy; peu — fairly light (not heavy)

charges *f pl* utilities; — comprises utilities included

chariot *m* shopping cart

charitable: œuvres —s *f pl* charities

chat *m* cat

châtain chestnut, brown (hair)

château *m* castle

chaud(e) warm, hot; avoir — to be hot, warm; il fait — it's warm

chauffage *m* heating

chauffeur *m*: — de taxi taxi driver

chausser: je chausse (du 38) I take/have a size (38 [shoe])

chaussette *f* sock

chaussure *f* shoe

chauve bald

chef *m* leader, head; —lieu county town; — de cuisine chef

chef-d'œuvre *m* masterpiece

chemin *m* road, way

chemise *f* shirt

chemisier *m* blouse

cher expensive; c'est — it's expensive; trop — too expensive

cher(-ère) expensive; dear

chercher to look for; to search for; — à to try to

chercheur *m* researcher

cheval *m* horse; faire du — to go horseback riding

cheveux *m pl* hair

cheville *f* ankle

chez at, to; — toi at your house

chien *m* dog

chiffre *m* number, digit

chimie *f* chemistry

Chine *f* China

chinois(e) Chinese

choisir (*pp* choisi) to choose

choix *m* choice

chômage *m* unemployment

chose *f* thing; quelque — something

chou *m* cabbage

chouette *fam* pretty neat; cute, nice; C'est —! *fam* Neat! It's great!

choux-fleurs *m pl* cauliflower

chuchoter to whisper

ci-joint enclosed

Ciao! Bye!

ciel *m* sky

cinéaste *m* movie director; filmmaker

cinéma *m* cinema, movie theater

cinq five

cinquante fifty

cinquième fifth

circonstance *f* circumstance

circulation *f* traffic

ciseaux *m pl* scissors

citadin(e) city dweller

citron *m* lemon; — pressé lemonade; diabolo—— *m* lemonade mixed with lemon-flavored syrup

clavier *m* keyboard

clé *f* key; mot—— *m* key word

client(e) customer

climat *m* climate

climatisé(e) air-conditioned

clou *m* nail

Coca *m* Coca-Cola

cochon *m* pig

cœur *m* heart; avoir mal au — to feel nauseated

coiffeur *m* barber

coiffeuse *f* hairdresser; dressing table

coin *m* corner; au — de at the corner of

col *m* collar

colère *f* anger

collège *m* middle-school; junior high school

collectionner to collect

coller to stick

collier *m* necklace

colon *m* settler

combat *m* fight, battle

combien how much; C'est —? How much does it cost? — de... how many . . . ; — de temps how long; Le — nous sommes (aujourd'hui)? *fam* What's the date (today)?; pendant —de temps? for how long?

commander to order

comme as, like; as well as; — tout as anything

comédie *f* comedy

commencer to start; to begin

comment how; —? *fam* What do you say? — allez-vous? How are you?; — ça va? How're you doing?; — est-il? How is he like?

commerçant(e) shopkeeper

commerce *m* business; trade

commercial *m* sales representative

commettre (*pp* commis) to commit, to make

commissariat de police *m* police station

commode *f* dresser

commode convenient; C'est très —! *fam* That's neat!

complet *m* suit
complet(-ète) full
complètement completely, absolutely
comportement *m* behavior, conduct
composer to dial
composteur *m* machine for punching tickets
comprendre *(pp* compris) to include; to understand
comprimé *m* tablet
compris(e) included; understood
comptabilité *f* accounting
comptable *m f* accountant
compte *m* (bank) account
compter to count; to intend to
concentrer: se — sur to concentrate on
concessionnaire *m f* car dealer
concevoir *(pp* conçu) to conceive, to express
concombre *m* cucumber
concours *m* competitive exam
conduire *(pp* conduit) to drive; permis de — *m* driving license
conférence *f* lecture
confiance: faire — to trust
confiture *f* jam
confort *m* comfort
congé *m* time off, vacation; —s payés paid leave, paid vacation; prendre — to say good-bye
congélateur *m* freezer
congrès *m* meeting; — mondial international meeting
connaissance *f* acquaintance; knowledge
connaître *(pp* connu) to know (someone); se — to know each other
conseil *m* advice
conseiller(-ère) advisor
conséquent: par — consequently
conserves *f pl* canned food(s), preserves
consommation *f* consumption
consonne *f* consonant
constamment constantly
constater to notice
construire *(pp* construit) to build
conte *m* tale, story
contenir *(pp* contenu) to contain
content(e) happy; pleased
contenter to please; se — de to be satisfied with
continu(e) continuous; journée —e continuous workday
contraire *m* opposite
contre against
contrôleur *m* conductor
convenable appropriate
convivial(e) pleasant
copain (copine) pal, buddy
coq *m* rooster
corps *m* body
correspondance *f* changing point
costaud husky
costume *m* suit
côte *f* coast; rib
côté *m* side; à — next to, beside; next door; à — de next to; du — maternel/paternel on the mother's/father's side
Côte-d'Ivoire *f* Ivory Coast
côtelette *f*: — de porc pork chop

cou *m* neck
coucher *m*: — du soleil sunset
coucher to put to bed; se — to go to bed; to sleep
couchette *f* sleeping berth
coude *m* elbow
coudre *(pp* cousu) to sew
couffin *m* basket
couler to run; le nez qui coule a runny noise
couleur *f* color
couloir *m* passage, hallway
coup *m* hit; blow; — de fil a phone call; — de soleil sunburn; donner un — de main to give a hand, to help; tout d'un — all of the sudden
couper to cut; se — to cut oneself
cour *f* courtyard
courageux(-euse) courageous
couramment fluently
courant(e) common
courgette *f* squash, zucchini
courir *(pp* couru) to run
courrier *m* correspondance, mail
cours *m* course, class; — magistraux *m pl* lecture courses; au — de during; in the process of
course *f* race; shopping; faire les —s to do the shopping
court(e) short; le plus — the shortest
cousin(e) cousin
coussin *m* cushion
coût *m* price, cost
couteau *m* knife
coûter to cost; combien coûte(nt)... how much is/are . . .
coûteux(-euse) costly
coutume *f* habit
couture: faire de la — to sew; haute — high fashion
couvert(e) covered; le ciel est — it's cloudy
couverture *f* blanket; cover
craindre *(pp* craint) to fear
cravate *f* tie
crayon *m* pencil
crèche *f* child care center
crème *f* cream
crêpe *f* pancake
crevé: pneu — flat tire; —(e) *fam* dead, exhausted
crevette *f* shrimp
crier to shout
crise *f* crisis
croire *(pp* cru) to believe
croisé(e) crossed; mots —s crossword
croissance *f* growth
croissant *m* croissant
croque-monsieur *m* open-faced grilled ham and cheese
crudités *f pl* raw vegetables
cruel(le) cruel
crustacés *m pl* shellfish
cuillère *f* spoon
cuillerée *f* spoon (measure)
cuire *(pp* cuit) to cook
cuisine *f* kitchen; chef de — *f* chef
cuisinier *m* cook
cuisse *f* thigh

cuisson *f* cooking time
cure-dent *m* toothpick
curieux(-euse) curious; C'est —. *fam* That's odd.
curriculum vitae (cv) *m* résumé

D

d'abord first
d'accord okay; être — avec to agree with
dame *f* woman
dans in; from now
date *f* date; — de naissance date of birth
davantage more
de of, about, from; some; — temps en temps from time to time
débardeur *m* tank top
débarquement *m* landing; carte de — *f* landing card
débarrasser to clear (the table)
debout standing
débrouiller: se — to manage (to do something), to get along
début beginning; au — at the beginning; dès le — from the beginning
débutant(e) beginner
décédé(e) deceased, passed away
décembre December
décevant(e) disappointing
décidément clearly
décider: se — to make up one's mind
décision *f* decision; prendre une — to make a decision
décontracté(e) relaxed; de façon —e in a relaxed fashion
décor *m* setting
découper to cut
découvrir *(pp* découvert) to discover
décrire *(pp* décrit) to describe
décrocher to pick up (phone)
dedans inside
défaut *m* flaw, fault
défi *m* challenge
défilé *m* parade
déguster to taste; to sample, to savour
dehors outside; en — de beyond, outside of
déjà already
déjeuner *m* lunch; petit — breakfast
déjeuner to have lunch
délégué(e) representative
délimité(e): une région —e a defined area
demain tomorrow; après— the day after tomorrow
demander (à) to ask; — l'aide to ask for help
déménager to move
demeurer to remain; to stay
demi(e) half (a glass of) draft beer; —frère (sœur) stepbrother(sister); — tarif *m* half-price
démission *f* resignation
démissionner to resign
dent *f* tooth
dentifrice *m* toothpaste
dentiste *m f* dentist
dépannage *m*: service de — towing service
dépanneuse *f* tow truck
départ *m* departure
dépasser to pass, to go beyond

dépêcher: se — to hurry; **dépêchez-vous!** hurry up!

dépenser to spend (money)

déplier to unfold

déposer to drop off

déprimant(e) depressing

depuis since, for; **— des heures** for hours; **— combien de temps** for how long; **— (quand)** since (when)

déranger to bother; **Ça te dérange (pas)?** *fam* Does it bother you?

dernier(-ère) last; **au — moment** at the last moment; **la semaine —e** last week

dérober: se — to hide

dérouler to unfold; **se —** to take place

derrière behind; in back of

des some, any *(pl of un[e])*

dès from; **— que** as soon as

désaccord *m* disagreement

désavantageux(-euse) disadvantageous, unfavorable

descendre *(pp* **descendu)** to go down, to get off (bus); **— à un hôtel** to stay at a hôtel

désir *m* wish; desire

désirer to want

désolé(e) sorry; **Je suis —.** I am sorry.

désormais from then on

dessert *m* dessert

desservir *(pp* **desservi)** to serve (an area)

dessin *m* drawing; **— animé** cartoons

dessous: ci— below

dessus above, on top; **ci—** above

destin *m* fate

détendre: se to relax

détester to dislike

deux two; **les —** both

deuxième second

devant in front (of)

devenir *(pp* **devenu)** to become

deviner to guess

devoir *(pp* **dû)** to have to; to owe

devoir *m* duty; **faire les —s** to do the homework

dévoué(e) devoted

d'habitude usually

diable *m* devil

diamant *m* diamond

dictionnaire *m* dictionary

Dieu *m* God; **Mon Dieu!** *fam* Good grief!

différent(e) different; **—s** various

difficile difficult

digne: — de worthy of, deserving

dimanche *m* Sunday; **le —** Sundays

diminuer to decrease, to reduce, to diminish

dinde *f* turkey

dîner *m* dinner

dingue *fam* mad; **C'est —!** *fam* That's crazy!

diplôme *m* diploma, degree

dire *(pp* **dit)** (à) to say, to tell; **c'est-à-—...** that is . . . ; **Dis donc!** *fam* Oh, come on! **Mais, dis donc!** *fam* Say!; **Que dites-vous?** *fam* What do you say?

direct(e) direct; **ligne —e** direct line (telephone)

directement directly

directeur(-trice) director, principal (of a school)

direction *f* direction, management

diriger to oversee

discipline *f* field of study, matière

discret(-ète) discreet

discuter (de) to talk about; **— de politique** to discuss politics

disparu(e) lost, vanished

disponible available

disposer de to have at one's disposal

disputer: se — to have a fight (an argument)

disque laser *m* also compact disc

distinguer to distinguish

distributeur *m:* **— automatique de billets** automatic teller machine (ATM)

divan *m* sofa

divers miscellaneous, various

divorcer to (get a) divorce

dix ten

dix-huit eighteen

dix-neuf nineteen

dix-sept seventeen

doctorat *m* doctorate degree

doigt *m* finger; **— de pied** toe

domaine *m* field

domicile *m* residence

dommage it's a shame; **C'est —.** *fam* Too bad.; It's a pity.; **il est — que...** it's unfortunate that . . .

donc therefore, then; **Dis donc!** *fam* Oh, come on!

donner (à) to give; **— sur** to overlook

dont about, whom; of which; whose

dorer to brown

dormir *(pp* **dormi)** to sleep; **s'endormir** to go to sleep

dos *m* back; **avoir plein le —** *fam* to have it

douane *f* customs

doublé(e) lined

doucement slowly; **—!** *fam* Slowly! Take it easy!

douche *f* shower

doué(e) talented

doute *m* doubt; **sans —** probably

doux(-ce) soft; sweet; mild (climate)

douzaine *f* dozen

douze twelve

drap *m* sheet

droit *m* law; (the) right

droit: tout — straight ahead

droit(e) straight

droite *f* right; **à —** to the right

drôle funny; **— de** strange

du some

dû (due) à due to

duquel = de + lequel (de laquelle) who, whom, which

dur(e) hard, difficult; **vachement —** *fam* very difficult

durant during

durée *f* length

durer to last

dynamique dynamic

E

eau *f* water; **— minérale** mineral water

ébauche *f* first draft

éboueur *m* garbage collector

écart *m* distance, space, difference

échange *m* exchange

écharpe *f* scarf

échec *m* failure

échecs *m pl* chess; **jouer aux —** to play chess

échelle *f* ladder

échouer: — (à un examen) to fail (a test)

éclairé(e) lighted

éclater to burst apart; to explode

école *f* school; **— d'ingénieurs** school of engineering; **— maternelle** pre-school

écolier(-ère) student (elementary school)

économie *f* economy; **faire des —s** to save money

écoute *f* listening; **exercice d'—** listening exercise

écouter to listen

écran *m* screen

écraser to crush

écrevisse *f* crawfish

écrire *(pp* **écrit)** to write; **machine à — f** typewriter

écriture *f* writing

écrivain *m* writer

éducation *f* upbringing; éducation

effet *m* effect; **en —** in fact

effectué(e) completed, done

efficace efficient

efforcer: s'— to try hard

égal(e) equal

également also, **aussi**

église *f* church

égoïste selfish

égoutter to strain; **s'—** to drain, to drip

égyptien(ne) Egyptian

élargir *(pp* **élargi)** to widen; to enhance

élastique *m* elastic; rubber band

électrique electric(al)

électroménager *m* houshold appliances

élève *m f* elementary or high school student

élevé(e) high; **Il est bien (mal) élevé.** He's a good kid (a brat).

elle she, it; her; **elle-même** herself

elles them *(f pl)*

éloigner to move away

embarquement *m* embarkation

embêter *fam* to annoy, to bug, to bother; **Tu m'embêtes!** *fam* You're bugging me!

embouchure *f* mouth (river)

embrasser to kiss

émerveiller to amaze

émincer to cut into thin slices

émission *f* broadcast

emmener to take (away, along)

émouvant(e) touching, mouving

emparer: s'— de to come over

empêchement *m* obstacle

empirer to get worse

emploi *m* job; employment; **— du temps** schedule

employé(e) employee; **— (de bureau)** clerk; **— de maison** housekeeper

employeur *m* employer

emporter to take, to bring

emprunter to borrow
en in, at, to; during; some; while; **— avion** by plane; **— bas** down below; **— (parlant)** while (talking); **— tant que** as; **— plus** in addition; **— train de** in the process of
enchanté(e) delighted
enchères *f pl*: **vente aux —** auction
encore again; more; still; **— une fois** once more; **pas —** not yet
encre *f* ink
endommagé(e) damaged
endormir *(pp* **endormi)** to put to sleep; **s'—** to fall asleep
endroit *m* place
énerver to upset
enfance *f* childhood
enfant *m f* child
enfer *m* hell
enfin well; finally
enfuir: s'— to run away
engagement *m* hiring
enlever to take off; to remove
ennui *m* problem, boredom, trouble
ennuyeux(-euse) boring
énormément (de) a lot (of)
enquête *f* survey
enregistrer to register; to record
enrhumé(e): être — to have a cold
enseignant *m* instructor, teacher
enseignement *m* teaching
ensemble *m* set; group; suit
ensemble together
ensoleillé(e) sunny
ensuite next, then
entendre *(pp* **entendu)** to hear; **bien entendu** of course; **s'—** to get along (with)
enthousiaste enthusiastic
entier(-ère) entire; whole; **tout —** the whole, all of it
entourer to surround
entraînement *m* training, practice
entre among, between
entrecôte *f* rib steak
entrée *f* entrance; first course (of meal)
entreprise *f* company, business
entretemps in the meantime, meanwhile
entretien *m* meeting, interview; maintenance
envie: avoir — de to want, to feel like
environ about, around; **—s** *m pl* surroundings
envisager to have in mind
envoyer to send
épais(se) thick
épanouir *(pp* **épanoui)** to blossom
épanouissement *m* blooming, coming out
épargner to save (money, time)
éparpiller to scatter
épaule *f* shoulder
épée *f* sword
épeler to spell out
épicerie *f* grocery store
épinards *m pl* spinach
époque *f*: **à cette —là** at that time
épouser to marry
épouvante: film d'— *m* horror movie
éprouver to feel
épuisé(e) exhausted

équilibré(e) balanced
équipage *m* crew
équipe *f* team
équipé(e) equipped
équitation *f* horseback riding
erreur *f* error; mistake
escalier *m* stairs; **— roulant** escalator
escalope *f* cuttlet; **— de veau** veal cuttlet
escargot *m* snail
espace *m* space; **—s verts** green spaces (landscaping)
Espagne *f* Spain
espagnol(e) Spanish
espèces *f pl*: **payer en —** to pay cash
espérer to hope
essayer to try
essence *f* gas; **faire le plein (d'—)** to fill up (at a gas station)
essuyer to dry; to wipe
est *m* East
est-ce: — qu'il y a... ? Is there . . . ?; **Qu'— que c'est?** What is it?
estomac *m* stomach
et and
étable *f* barn
établir *(pp* **établi)** to establish
étage *m* floor; **premier —** second floor; **deuxième —** third floor
étagère *f* shelf
étalage *m* display
état *m* state; condition
États-Unis *m pl* United States
été *m* summer
éteindre *(pp* **éteint)** to turn off, to extinguish
éternuer to sneeze
étiquette *f* label
étoffe *f* fabric
étoile *f* star
étonné(e) surprised
étranger(-ère) *(adj noun)* foreign; stranger; **à l'étranger** abroad
être *m* being; **bien——** well-being
être *(pp* **été)** to be; **je suis né(e)...** I was born . . . ; **Nous sommes (aujourd'hui) le...** Today's date is . . .; **— en panne** to be out of order, to have a breakdown
étroit(e) narrow, tight
étude *f* study
étudiant(e) college student
étudier to study
euh... uh . . .
eux they *(m)*
éveiller to awake
évidemment evidently
évier *m* sink
éviter to avoid
évoluer to evolve
exact(e) right, true
exagérer: Tu exagères! *fam* You're going too far!
excursion *f*: **faire une —** to take a trip
exercice *m* exercise
exigeant(e) demanding
exiger to demand; **— que** to require that
expliquer (à) to explain
exploser to explode
exposer to show, to exhibit

exprès on purpose, intentionally
express *m* espresso (**café**)
exprimer to express
extrait *m* excerpt; **— de naissance** birth certificate

F
fabrication *f* manufacturing, manufacture
fabriqué(e) made
fac *f* = **faculté** division of a French university school (university)
face: en — (de) across from
fâché(e) angry
facile easy
facilement easily
faciliter to make easy
façon *f* way; **de la même —** in the same way/manner; **de toute —** in any event; **de — que** so that
facturation *f* billing
facture *f* invoice, bill
faculté *f*: **— de droit** school of law; **— des lettres** school of liberal arts
faible weak
faiblesse *f* weakness
faim *f* hunger; **j'ai —** I'm hungry
faire *(pp* **fait)** to do, to make; **— connaissance** to get to know each other; **— de son mieux** to do one's best; **— des achats** to go shopping; **— des études** to study; **— du sport** to participate in sports; **— du tennis** to play tennis; **— la grasse matinée** to stay late in bed; **— le plein (d'essence)** to fill up (gas); **— sa toilette** to wash up; **— (un mètre cinquante)** to be (5'0"); **— un plan** to draw a map; **— visiter** to show; **— voir** to let see; **— (x) degrés (dehors)** to be (x) degrees (outside); **il fait du soleil** it's sunny; **il fait beau** the weather is beautiful
fait *m* fact; **en —** in fact
falloir *(pp* **fallu)**: **il faut que...** I have to . . .
famille *f* family; **— nombreuse** large family
fana(tique) *m* amateur; crazy (about)
fantastique fantastic; **film — ** *m* fantasy film
fantôme *m* ghost
farine *f* flour
fatigué(e): être — to be tired
faut: il me — I need; **il —...** it is necessary . . .
fauteuil *m* armchair
faux (fausse) false
femme *f* woman; wife; **pour —s** for women
fenaison *f* haymaking
fenêtre *f* window
fer *m* iron
férié(e) holiday; **jours —s** *m pl* official holidays
ferme *f* farm
fermer to close; **— à clé** to lock
fermeture *f* closing; **heure de —** *f* closing time
ferroviaire pertaining to railroads
fête *f* feast, party
fêter to celebrate
feu *m* traffic light; fire; **—x d'artifice** fireworks
feuillage *f* foliage
feuille *f* leaf; sheet (of paper)
feuilleton *m* soap opera
février February

fiancé(e) engaged

fiancer: se — to get engaged (to)

ficelle *f* string

fichu *fam*: C'est fichu. *fam* It's all over.

fidèle faithful

fier: se — à to trust, to rely on

fier(-ère) proud

fièvre *f* fever, temperature

figure *f* face

fil *m* thread

file *f* line, queue

filet *m* net, string bag; — de sole steak of sole (fish)

filiale *f* subsidiary

fille *f* daughter, girl; — unique only child; jeune — young woman; petite— granddaughter

film *m* movie; — policier detective; — d'épouvante horror film

fils *m* son; — unique only child; petit— grandson

fin *f* end

finalement finally

financier(-ère) financial

finir *(pp* fini) to end, to finish; — par to end up

firme *f* firm, company

fixer to set (a date)

flacon *m* bottle; — de parfum bottle of perfume

flèche *f* arrow; steeple

fleur *f* flower

fleuri(e) in bloom

fleuve *m* river

florissant(e) flourishing

foi *f* faith

fois *f* time; à la — at the same time; des — sometimes; encore une — again, another time; une — once

fonctionnaire *m f* civil servant

fond *m* background; bottom

fondé(e) founded

fondre *(pp* fondu): faire — to melt

football *m* soccer; — américain football

force *f* strength, power; regagner ses —s to regain one's strength

forcément by necessity

forêt *f* forest

formation *f* education

forme: être en — to be in shape

formidable great, tremendous, terrific

fort loudly; très — very loudly

fort(e) strong

fou (folle) crazy; C'est fou! *fam* That's crazy!

foulard *m* scarf

foule *f* crowd

fouler: se — to sprain

four *m* oven; — à micro-ondes microwave oven

fourchette *f* fork

fournir *(pp* fourni) to put in

fourrure *f* fur

foyer *m* household, house; entrance way

fraîcheur *f* freshness

frais *m pl* expenses; — d'inscription registration fees; tuition

frais (fraîche) fresh, cool; il fait frais it's cool

fraise *f* strawberry

framboise *f* raspberry

franc(-che) frank

français(e) French

frappé(e) cooled

frapper to hit; to strike

fréquemment frequently (often)

frère *m* brother

fric *m fam* money, dough

frigo *m* refrigerator

frisé(e) curly

frissons *m pl* chills

frites *f pl* French fries

frivole frivolous

froid *m* cold; il fait — it's cold

fromage *m* cheese

front *m* forehead

frontière *f* border, limit

fruit *m* fruit; —s de mer seafood

fuir *(pp* fui) to flee, to escape; to avoid

fumée *f* smoke

fumer to smoke

fumeur smoking; non— non smoking

funk *m* funk music

furieux(-euse) furious

fusée *f* rocket

G

gagner to win; — sa vie to earn a living

gai(e) cheerful

gamin(e) *fam* kid

gamme *f* scale; range; haut de — top of the line

gant *m* glove

garçon *m* boy; waiter

garder to keep; — sa ligne to keep one's figure

gare *f* train station; — routière bus station

garer to park

garni(e) garnished

gaspillage *m* waste

gâteau *m* cake; — (au chocolat) (chocolate) cake; petits —x cookies

gâter to spoil

gauche *f* left; à — to the left

gauchement clumsily

gelée *f* frost; jelly

geler to freeze

gendarmerie *f* police station

gendre *m* son-in-law

gêner to embarrass, to bother

général: en — usually

généralement generally

généreux(-euse) generous

génial great; C'est génial! *fam* It's great!

génie *m* genius

genou *m* knee

genre *m* kind, type

gens *m pl* people

gentil(le) nice, kind

gentillesse *f* kindness

gentiment nicely

géographie *f* geography

gérant(e) manager

gérer to administer, to manage

géologie *f* geology

geste *m* gesture

gestion *f* administration, management; business administration

gigot *m* leg; — d'agneau leg of lamb

gilet *m* vest, sweater

glace *f* mirror; ice cream

glissant(e) slippery

gomme *f* eraser

gonfler to blow up

gorge *f* throat

gosse *m f fam* child, kid

gourmand(e): être — to love to eat

gourmet *m* someone who appreciates good food

goût *m* taste

goûter *m* snack

goûter to taste

goutte *f* drop; une petite — a drop

grâce: — à thank(s) to

gramme *m* gram

grand great, big

grand(e) big; tall; plus — que taller/bigger than

grand-chose big deal; Ça ne me dit pas —. *fam* It means nothing to me.; Ce n'est pas —! *fam* It's not big deal!; pas — not much

grand-mère *f* grandmother

grand-père *m* grandfather

Grande-Bretagne *f* Great Britain

grandir *(pp* grandi) to get taller; to grow up

grange *f* barn

gras(-se) fat

gratter to scratch

gratuit(e) free

grave serious

graver to engrave

grec(-que) Greek

Grèce *f* Greece

grève *f* strike

grille *f* gate

grille-pain *m* toaster

griller to toast, to roast

grimper to climb

grippe *f* flu

gris(e) grey

gros(se) fat, greasy

grossir to gain weight, prendre du poids

grossiste *m f* wholesaler

groupement *m*: — des mots word groups

gruyère *m* Swiss cheese

guère: ne — hardly, scarcely

guérir *(pp* guéri) to cure

guerre *f* war; Première — mondiale World War I; Seconde/Deuxième — mondiale World War II

guichet *m* ticket window (theater, bank, train station)

gym: faire de la — to work out, to exercise

H

habile clever

habillement *m* clothing

habiller to dress; s'— to get dressed

habitant *m* inhabitant

habiter to live; habité(e) inhabited

habitude *f* habit; d'— usually

habituer: s'— to get used to

haché(e) chopped
haine *f* hatred
haricot *m* bean; **—s verts** green beans
hasard *m* chance; **au —** by chance
hâte *f* haste
hausse: **en —** increasing
haut up; **en —** upstairs
haut(e) high
hébergement *m* lodging
hein huh
hélas alas
héritier(-ère) heir
heure *f* hour; time; **être à l'—** to be on time; **de bonne —** early; **de fermeture** closing time; **—s de pointe** rush hour; **—s supplémentaires** overtime; **il est une —** it's one o'clock; **Quelle — est-il?** What time is it?
heureusement fortunately, luckily
heureux(-euse) happy
hier yesterday; **avant—** the day before yesterday
histoire *f* history; story
hiver *m* winter
homard *m* lobster
homme *m* man; **pour —s** for men
honnête honest
horaire *m* schedule (of a train); timetable; **—s d'ouverture** opening hours; **— de fermeture** closing hour
horloge *f* clock
horreur *f*: **avoir — de** to hate; **film d'—** horror movie
hors apart from; **— de** outside of; **— campus** off-campus
hors-d'œuvre *m* appetizer
hôtel *m* hotel; **— de ville** city hall
huile *f* oil
huileries *f pl* mills that produce oil
huit eight; **il y a — jours** a week ago
huître *f* oyster
humeur *f* mood; **être de bonne/mauvaise —** to be in a good/bad mood
humide: **Il fait (un temps) —.** It's muggy.

I

ici here
idéaliste idealistic
idée *f* idea; **C'est une bonne —.** It's a good idea.
il he, it
il faut (que) it's necessary (that)
il est nécessaire (que) it's necessary that
il vaut mieux (que) it's better (that)
il y a there is/are; **— un moment** a while ago
île *f* island
illisible unreadable
ils (elles) they
image *f* picture
imaginer: **s'—** to imagine oneself
immeuble *m* apartment building
impatient(e) eager; impatient
importe: **n'— qui** anyone
impôts *m pl* taxes
impressionnant(e) impressive
imprévu(e) unexpected, unpredictable
imprimé(e) printed (material)
inattendu(e) unexpected

incendie *m* fire
incertitude *f* uncertainty
inclure *(pp inclu)* to include
inconnu(e) unknown
inconvénient *m* disadvantage
indemnités *f pl* benefits
indépendant(e) independent
indicatif *m* area code; indicative
indiquer to show, to point out
indispensable essential
industrie *f*: **— alimentaire** food buisiness
infirme invalid
infirmier(-ère) nurse
informations *f pl* news
informatique *f* computer science
ingénieur (femme ingénieur) engineer
inoubliable unforgettable
inquiéter: **s'—** to worry
inscription *f* registration; **frais d'—** tuition; registration fees
inscrire: **s'—** to enroll; to enregister
isoler to cut off
installer: **s'—** to move, to get settled
instant *m* moment
instrument *m*: **—s à corde** stringed instruments
intellectuel(le) intelectual
intention: **avoir l'— de** to intend
interdit(e) forbidden
intéressant(e) interessant; attractive
intéresser: **s'— à** to care about
intérieur *m* inside
interlocuteur(-trice) speaker
interroger to question
interrompu(e) interrupted
investissement *m* investment
invité(e) guest
italien(ne) Italian
ivre drunk

J

jamais never, ever
jambe *f* shin (leg)
jambon *m* ham
janvier January
japonais(e) Japanese
jardin *m* garden; **— public** public garden
jardinage *m* gardening
jaune yellow
je I
jean *m* = **blue-jean** jeans
jeter to throw
jeu *m* game; **— vidéo** videogame
jeudi *m* Thursday; **le —** Thursdays
jeune young
jeunesse *f* youth
joie *f* joy
joli(e) pretty, nice
jouer to play; **— à** to play (a sport); **— à quelque chose** to play a game; **— de** to play (a musical instrument)
jouet *m* toy
joueur *m* player
jouir *(pp joui)* to enjoy
jour *m* day; **à —** updated; **de nos —s** nowadays; **huit —s** a week; **quinze —s** two weeks; **tous les —s** every day; **un —** some day

journal *m* newspaper
journaliste *m f* journalist
journée *f* day; **toute la —** all day
juge *m* (**une femme juge**) judge
juillet July
juin June
jumeaux (jumelles) twins
jupe *f* skirt
jus *m* juice; **— d'orange** orange juice
jusque (**—'à [ce que]**) to, until
juste right, just; only
justement exactly, precisely

K

kilo *m* kilo
kir *m* white wine with black currant syrup

L

la the
là there, here; **—bas** over there
laboratoire *m* laboratory; **— de langues** language laboratory
lacet *m* (shoe)lace
lâcher to let go
laid(e) ugly
laine *f* wool
laisser to leave; to let; **— un message** to leave a message
lait *m* milk
laitier: **produits —s** *m pl* dairy products
laitue *f* lettuce
lampe *f* lamp
lancer to throw; **se —** *fam* to get into
langoustine *f* prawn
langue *f* tongue; language
lapin *m* rabbit
large wide
las(se) tired
lavabo *m* sink (bathroom)
laver to wash; **machine à —** *f* washing machine
lavoir *m* public wash house
le/la/les the; him/her/them
lèche-vitrines: **faire du —** to window-shop
leçon *f* lesson
lecteur de compact discs *m* CD player
lecture *f* reading
légende *f* caption
léger(ère) light
légèrement slightly
légumes *m pl* vegetables
lendemain *m* next day; **le — matin** next morning
lent(e) slow
lequel/laquelle/lesquels/lesquelles which one(s)
lessive *f* laundry; **faire la —** to do the laundry
Lettonie *f* Latvia
lettres *f pl* liberal arts
leur their; them; for them; to them
lever to raise; **se —** to get up
lever *m*: **— du soleil** sunrise
lèvre *f* lip
liberté *f* freedom
librairie *f* bookstore
librairie-papeterie *f* stationery
libre free, available; **—service** *m* self-service (store); **temps —** *m* free time

license *f* equivalent of bachelor's degree or first year of master's degree
licenciement *m* firing (an employee)
licencier to fire
lien *m* bond, link
lier to tie together
lieu *m* place; — **de naissance** place of birth; **au — de** instead (of)
ligne *f* line; shape; **garder la —** to stay in shape
linge *m* laundry
linguistique *f* linguistics
lire *(pp* **lu)** to read
lit *m* bed; **grand —** (deux lits) double bed
litre *m* liter
littérature *f* literature
livraison *f*: — **des bagages** baggage claim area
livre *m* book; — **d'histoire** history book
livre *f* a (French) pound (500 grams)
location *f* rental
locuteur(-trice) speaker
logement *m* dwelling, housing
logiciel *m* software
logis *m* dwelling; **sans—** homeless
loi *f* law
loin far; — **de** far away; **un peu plus —** a little farther on
loisir *m* leisure
Londres London
long (longue) long; **avoir les cheveux —s** to have long hair; **le — de** along
longtemps a long time
longueur *f* length
lorsque when
lot *m* set
louer to rent
loup *m* wolf
lourd(e) heavy
lui to him/to her
lui-/elle-même him/herself
lumière *f* light
lundi Monday; **le —** Mondays
lune *f* moon
lunettes *f pl* eyeglasses; — **de soleil** sunglasses
lutte *f* fight
luxe *m* luxury
lycée *m* high school
lycéen(ne) high school student

M

madame, Mme Mrs., ma'am
mademoiselle, Mlle Miss
magasin *m* store; — **de vêtements** clothing store; — **de sports** sporting goods store
mai May
maigre skinny
maigrir *(pp* **maigri)** to lose weight, **perdre du poids**
maillot *m*: — **de bain** bathing suit
main *f* hand; —**d'œuvre** workforce; **donner un coup de —** to give a hand, to help
maintenant now
maire *m* mayor
mairie *f* city/town hall
mais but; — **dis donc!** *fam* hey!
maïs *m* corn

maison *f* house; **à la —** at home
maîtrise *f* master's degree
magnétoscope *m* videocassette recorder (VCR)
mal hurt, to injure; **avoir — à** to hurt, to ache; **avoir — à la tête** to have a headache; **avoir — (partout)** to hurt (everywhere); **pas —** not bad; **pas si — que ça** not that bad; **se faire — à** to hurt, to injure
mal *m* illness; pain; **avoir du — à dormir** to have trouble sleeping; — **de l'air** airsickness; — **de mer** seasickness
malade sick, ill
malgré in spite of; despite
malheur *m* misfortune
malheureusement unfortunately
malheureux: **C'est —.** That's unfortunate.
malhonnête dishonest
manche *f* sleeve; **sans —s** sleeveless
mandat *m* money order
manger to eat
manières *f pl* manners
manifestation *f* demonstration
mannequin *m* (fashion) model
manquer to miss; to lack; **Il me manque.** I miss him.
manteau *m* coat
manuel *m* textbook
manuscrit(e) handwritten
maquiller: **se —** to put on makeup
marché *m* market; **bon —** inexpensive; cheap; — **en plein air** open market
marcher to walk; to work
mardi Tuesday; **le —** Tuesdays
mari *m* husband
marié(e) married; — **avec** married to
Maroc *m* Morocco
marocain(e) Moroccan
marque *f* brand
marraine *f* stepmother
marrant(e) funny; **C'est pas —.** *fam* It's not funny.
marre: **en avoir — de** to be fed up with
marron brown
mars March
matelas *m* mattress
maternelle: **école —** nursery school
matière *f* discipline; material; subject
matin *m* morning; **du — A.M.**, in the morning; **du — au soir** from morning till evening; **le —** mornings
matinée *f* morning; **faire la grasse —** to sleep (stay late in bed)
mauvais(e) bad; **il fait mauvais** the weather is bad
mécanicien(ne) mechanic
mécontent(e) (de) unhappy (about), dissatisfied (with)
médecin (femme médecin) doctor
médicament *m* medicine
meilleur(e) better; **le/la —** the best
mélange *m* mixture
mélanger to mix
même same; even; **de la — façon** in the same way; **le (la, les) —(s)** the same; **toi/vous—** yourself
mémé *f* gramma

ménage *m* housework; **faire le —** to do housework
mener to lead
menthe: **à l'eau** *f* peppermint cordial (drink)
mention *f* grade; class honours
mentir *(pp* **menti)** to lie
menton *m* chin
menuisier *m* carpenter
mépris *m* disdain
mer *f* sea; **bord de —** *m* seashore
merci thank you
mercredi Wednesday; **le —** Wednesdays
mère *f* mother
mesure *f* measure; **à — que** as
météo *f* weather forecast/report
métier *m* trade, occupation
mètre *m* meter
métro *m* subway
mettre *(pp* **mis)** to put (on); — **la table** (le couvert) to set the table; **Mets-toi à table!** Sit at the table!; **se — à table** to sit down
meublé(e) furnished
meubles *m pl* furniture
mexicain(e) Mexican
midi noon
Midi *m* South of France
miel *m* honey
mien(ne) mine
mieux better; **le —** the best; **faire de son —** to do one's best
migraine *f* migraine headache
milieu *m* middle; **au — de** (du) in the middle of
militaire *(adj)* military; *(noun)* soldier
mille one thousand; **deux mille** two thousands
mille-feuille *m* napoleon (pastry)
milliard *m* billion
millier *m* thousand
million: **un —** million
mince thin
mine *f*: **avoir bonne/mauvaise —** to look good/bad
minuit midnight
miroir *m* mirror
mise: — **en scène** *f* staging production
mi-temps *m*: **travail à —** half-time work
moche ghastly, ugly
mode *m* method, mean
mode *f* fashion; **à la —** in fashion
moi I, me
moindre least
moins less; **à — que** unless; **au —** at least; **(de) —... que** less . . . than; — **de...** fewer than . . .
mois *m* month
moitié *f* half
moment *m*: **en ce —** now; **à tout —** at any time
mon/ma/mes my
monde *m* world; **tout le —** everyone, everybody
monnaie *f* change (money); **pièce de —** *f* coin
monsieur, M. gentleman; mister, Mr.; Sir
montagne *f* mountain
monter to go up, to get in

monteur *m* assembler
montre *f* watch
montrer to show
monument *m* building
moquer: se — de to make fun of; **Je m'en moque!** *fam* I don't care!
morceau *m* piece
mordre *(pp* **mordu)** to bite
mort(e) dead
mortalité *f* death rate
mot *m* word; **— apparenté** cognate; **—s croisés** crossword
moto *f* motorcycle
mouchoir *m* handkerchief
moule *f* mussel
mourir *(pp* **mort)** to die; **c'est à —** *fam* it's to die for
mousseux(-euse) sparkling
mouton *m* sheep
moyen *m* mean; **—s de transport** means of transportation
moyen(ne) average
mur *m* wall
musculation *f* weightlifting; **faire de la —** to lift weights
musée *m* museum
musicien(ne) musician
musique *f* music; **jouer de la —** to play music
musulman(e) Moslem
mystérieux(-euse) mysterious

N

nager to swim
naguère formerly
naïf(-ïve) naive
naissance *f* birth; **lieu/date de —** place/date of birth
naître *(pp* **né)** to be born; **je suis né(e)...** I was born . . .
nappe *f*: **— de table** tablecloth
natalité *f* birthrate
natation *f* swimming
nationalité *f* nationality
nature plain
navré(e) very sorry
ne: ne... jamais never; **ne... pas** do not; **ne pas... du tout** not at all; **ne... plus** not any more; no longer; **ne... personne** nobody, no one; **ne... que** only; **ne... rien** nothing
néanmoins nevertheless
négliger to neglect
neige *f* snow
neiger to snow; **il neige** it is snowing
nerveux(-euse) nervous
n'est-ce pas? isn't it?
net(te) clean
nettoyer to clean
neuf nine
neuf(-ve) new; **quoi de —?** *fam* what's new?
neuvième ninth
neveu, nièce nephew, niece
nez *m* nose; **avoir le — bouché (pris)** to be stuffed up; **avoir le — qui coule** to have a runny nose
ni: ne...—...— neither . . . nor
niveau *m* level; **— de vie** standard of living

Noël *m* Christmas
noir(e) black
noix *f* nut
nom *m* name; noun; **— de famille** last name
nombre *m* number
nombreux(-euse) numerous; **famille —se** a large family
nommer to name
non no; **— plus** either
nord *m* North
note *f* grade
notre/nos our
nouilles *f pl* noodles
nourrir to feed; **se — bien** to eat well
nourriture *f* food
nous we, to us
nouveau/nouvel (nouvelle) new; **de —** again
nouvelles *f pl* news
Nouvelle-Angleterre *f* New England
Nouvelle-Zélande *f* New Zealand
Nouvelle-Orléans *f* New Orleans
novembre November
noyer: se — to drown
nu(e) naked
nuage *m* cloud
nuageux cloudy; **le temps est —** it's cloudy
nuit *f* night; **la —** per night
nul(le): je suis nul(le) en... I'm no good at . . .
numéro *m* number; **— de téléphone** telephone number

O

obéir *(pp* **obéi)** to obey
objet *m* thing; **—s trouvés** lost and found
obligé(e): être — to appreciate; **je vous serais —** I would appreciate it
obtenir *(pp* **obtenu)** to get, to obtain
occasion *f* chance, opportunity; **d'—** used
occupé(e) busy
occuper: s'— (de) (tout) to take care (of) (everything)
octobre October
odontologie *f* dentistry
œil *m (pl* **yeux)** eye
œuf *m* egg
œuvre *f* work; **chef-d'—** *m* masterpiece; **—s charitables** charities
offre *f* offer; **— d'emploi** want ad
offrir *(pp* **offert)** to offer
oie *f* goose
oignon *m* onion
ombre *f* shadow
omelette *f* omelet; **— aux fines herbes** mixed herb omelet
on one, you, we, they (people in general); **— y va!** Let's get going!, Let's go!
oncle *m* uncle
ondée *f* shower (of rain)
onze eleven
optimiste optimistic
option *f* elective
or now, thus
or *m* gold
orage *m* storm; **il y a un —** there's a storm
orange *f* orange
ordinateur *m* computer
ordures *f pl* garbage

oreille *f* ear
oreiller *m* pillow
ores: d'— et déjà already
origine *f* origin; **d'—** from
oser to dare
ou or; **— bien** or else
où where; **— est/sont...** where is/are . . .; **— se trouve(nt)...** where is/are located . . .; **— sommes-nous?** Where are we?
oublier to forget
ouest *m* West
oui yes
ours *m* bear
outil *m* tool
outre: en — moreover, furthermore
ouvert(e) open
ouverture *f* opening
ouvrage *m* work
ouvrier(-ère) (factory) worker
ouvrir *(pp* **ouvert)** to open

P

pain *m* bread; **— de campagne** round country loaf; **petits —s** rolls
paix *f* peace
palais *m* palace; **— de justice** courthouse
palourde *f* clam
pamplemousse *m* grapefruit
panier *m* basket
panne *f* brakedown; **avoir une — d'essence** to run out of gas; **tomber/être en —** to have a breakdown; **voiture en —** broken down car
panneau *m* board
pansement *m* bandage
pantalon *m* trousers, (pair of) pants
papa *m* father
papeterie *f* stationery (store)
papier *m* paper; **feuille de —** *f* sheet of paper; **— de toilette/hygiénique** toilet paper
Pâques *f pl* Easter
paquet *m* package
par by; per; **— ici (là)** this (that) way
paraître *(pp* **paru)** to appear, to be published
parapluie *m* umbrella
parc *m* park
parce que because
pardessus *m* overcoat
pardon excuse me
pare-chocs *m pl* fenders, bumpers of car
pareil the same; **pas —** not the same
parents *m pl* parents; relatives; **grands-—** grandparents
paresseux(-euse) lazy
parfait(e) perfect
parfaitement pefectly
parfois sometimes
parfumerie *f* store that sells perfume
pari *m* bet
parier to bet
parisien(ne) Parisian
parking *m* parking lot
parler to speak, to talk; **— (espagnol)** to speak (Spanish); **se —** to talk (speak) to each other
parmi among
paroisse *f* parish

parole *f* word
parrain *m* godfather
part *f* piece; **de la — de qui** who is calling (telephone); **nulle —** nowehere; **quelque —** somewhere
partager to share
partenaire *m f* partner
participer (à) to take part in
particulier: en — in particular
particulièrement particularly
partie *f* part; game; **en —** in part
partir to leave (for); **to go; à — de** beginning (with, in); **— en vacances** to go on vacation
partout everywhere
paru(e) appeared
pas *m* step; **pas** *adv* no, not; **n'est-ce —?** right?, isn't it?; **— seulement** not only
passager(-ère) passenger
passé *m* past
passer to pass; to spend (time); to stop by; **bien se —** to go well/OK; **— son temps à...** to spend (time) doing . . .; **— un examen** to take a test; **— l'aspirateur** to vacuum; **Tu veux me — (le sel)!** Pass (the salt), please!
passionnant(e) exciting
passionner: se — pour to be fascinated by
pastille *f* lozenge
pastis *m* pastis (drink)
pâte *f* dough; **—s** pasta
pâté *m* meat spread
patiemment patiently
patinage *m*: **faire du —** to go skating
pâtisserie *f* pastry shop
patissier(-ère) pastry chef
patron(ne) boss
paupière *f* eyelid
pauvre poor
pauvreté *f* poverty
pavillon *m* house, lodge
payant(e) which must be paid for
payer to pay (for)
pays *m* country
Pays-Bas *m pl* Netherlands
paysage *m* landscape
paysan(ne) peasant, farmer
péage *m* toll; **autoroute à —** toll road
peau *f* skin
pêche *f* peach; fishing; **aller à la —** to go fishing
pêcheur *m* fisherman
peigne *m* comb
peignoir *m* bathrobe
peine *f* trouble; **Ce n'est pas la —.** *fam* Don't bother.
peinture *f* painting
pelouse *f* lawn
pendant during, for; **— que** while
pendre (*pp* **pendu**) to hang
pénible hard, difficult
penser to think; **— à** to think of; **Pensez-vous!** *fam* No way!
pente *f* slope
pépé *m* granpa
perdre (*pp* **perdu**) to lose; **— du temps** to waste time
père *m* father
perle *f* pearl

permettre (*pp* **permis**) to permit, to allow
persil *m* parsley
personnage *m* character
personne *f* person; **ne...—** nobody
personnel(le) personal
perte *f* loss
peser to weigh
petit déjeuner *m* breakfast
petit(e) small, short, little
petite-fille *f* granddaughter
petit-fils *m* grandson
petits-enfants *m pl* grandchildren
peu little; **à — près** nearby; **un —** a little bit; **un — de** a little, a little bit of; **très — de** very little, very few
peuple *m* people
peur: faire — to frighten; **avoir — (de)** to be afraid (of)
peut-être maybe, perhaps
pharmaceutique pharmaceutical
pharmacie *f* drug store
pharmacien(ne) pharmacist
philosophie *f* philosophy
photo *f* photograph; photography
phrase *f* sentence
physique *f* physics
pièce *f* room; **— de monnaie** *f* coin; **— (de théâtre)** play
pied *m* foot; leg; **à —** on (by) foot; **—-à-terre** apartment, a spot
piège *m* trap
pierre *f* stone
piéton(ne) pedestrian
pilule *f* pill
piment *m* pepper
pique-nique *m* picnic
piqûre *f* injection, shot
pire the worst
pis worse
piscine *f* swimming pool
placard *m* cupboard; closet
place *f* square; seat; place
plage *f* beach
plaie *f* wound
plaindre (*pp* **plaint**): **se —** to complain
plaire (*pp* **plu**) to be pleasant, liked; **Elle te plaît!** You like it!
plaisanter to be kidding; **Tu plaisantes!** *fam* You're kidding!
plaît: s'il te/vous — please
plan *m* map; floor plan
planche *f* board; **faire de la — à voile** to windsurf
plancher *m* floor
plaque *f* plate; **— d'immatriculation** license plate
plat *m* dish; **— principal (de résistance)** main dish
plateau *m* tray; serving platter
plein *m*: **faire le — (d'essence)** to fill up (with gas); **travail à — temps** *m* full-time work
plein(e) full
pleurer to cry
pleuvoir (*pp* **plu**) to be raining; **il pleut** it's raining; **il pleut à torrents** it's pouring
plier to fold
plomb *m* lead; **sans —** unleaded

plongée *f*: **faire de la — sous-marine** to go skin diving
pluie *f* rain; **sous la —** in the rain
plupart: la — de(s) most (of)
plus more; **en —** in addition; **ne — no** longer; **non —** neither; **— de... que** more . . . than; **—... plus...** more . . . the more . . .; **— tard/tôt** later/earlier
plusieurs several
plutôt rather
pluvieux(-euse) rainy
pneu *m* tire; **— crevé** flat tire
poche *f* pocket
pochette *f* wallet
poêle *f* frying pan
poids *m* weight; **perdre/gagner du —** to lose/gain weight
poignet *m* wrist
pointure *f* (shoe) size
poire *f* pear
pois *m* pea; **petits —** green peas
poisson *m* fish
poitrine *f* chest
poivre *m* pepper
poivron *m* green pepper
poli(e) polite
policier: film — detective movie
politique *f* politics
polonais(e) Polish
pomme *f* apple; **— de terre** potato; **—s frites** French fries; **tarte aux —s** apple pie
pompier *m* (une femme pompier) firefighter
pont *m* bridge
porte *f* door; **mis(e) à la —** thrown out
portefeuille *m* wallet
porter to wear; to carry
portugais(e) Portuguese
poser to place; to ask (a question); **— sa candidature** to apply for a job
poste *f* post office
poste *m* job; target
postier(-ière) postal worker
potage *m* soup
potager *m* kitchen garden
poulet *m* chicken; **— rôti** roast chicken
poupée *f* doll
pour for; in order to; **— une fois** for once
pour cent percent
pourboire *m* tip
pourquoi why; **— pas?** why not?
pourtant nevertheless; yet
pouvoir (*pp* **pu**) can, to be able; **il se peut que...** it's possible . . .
pouvoir *m* power; ability
pratique practical
précaire precarious
préciser to give details
préféré(e) favorite
préférer to prefer
premier(-ère) first
premièrement first of all
prendre (*pp* **pris**) to take; to have; **— congé** to leave; **— quelque chose** to have something to eat; **— un coup de soleil** to have a sunburn
prénom *m* first name
préoccuper: se — de to worry about
préparatifs *m pl*: **faire des —** to make plans

préparer: se — (à/pour) to get ready (to/for)
près (de) near, close to; **tout —** very close
prescrire *(pp prescrit)* to prescribe
présentation *f* introduction
présenter to introduce
presque almost; nearly
pressé(e): être — to be in a hurry; **citron —** (squeezed) lemon juice
pression *f* pressure
prêt(e) ready; **c'est prêt** (it's) ready
prêter (à) to lend
prévenir *(pp prévenu)* to warn
prévision *f* prediction
prévoir *(pp prévu)* to anticipate, to foresee, to predict
prier: Je t'en (vous en) prie Please; You're welcome.
prière *f* prayer
principal(e) major
printemps *m* spring
privé(e) private
prix *m* price; prize; **c'est un bon —/c'est un — intéressant** it's an attractive price
probable: Il est peu — que... It is unlikely that . . .
probablement probably
prochain(e) next
proche close to; nearby
Proche-Orient *m* Near-East
produire *(pp produit):* **se —** to occur
produit *m* product; **— laitier** dairy product
prof = professeur (femme professeur) teacher
profession *f* occupation
programme *m:* **— d'études** major program of study
programmeur(-euse) computer programmer
progrès *m:* **faire des —** to make progress
projet(s) *m(pl)* plan(s)
promenade: faire une — to take a walk (ride)
promener: se — to go for/to take a walk; **— à vélo** to go for a bike ride
promettre *(pp promis)* to promise
promu(e) promoted
pronom *m* pronoun
propice favorable
propos *m pl* words, remarks; **à — de** about
proposer (à) to suggest
propre clean
propriétaire *m f* owner
protéger to protect
provenance: en — de coming from
provisoire temporary
prune *f* plum
pruneau *m* prune
psychologie *f* psychology
public *m* audience
public(-ique): travaux —s public works
publicité *f* advertising, commercial
puis then
puisque since
puissant(e) powerful
pull-over *m* sweater
punir *(pp puni)* to punish
punition *f* punishment

Q

quai *m* platform

qualifié(e) qualified
qualité *f* quality
quand when; **depuis —** since when, how long; **— même** nevertheless; anyway
quarante forty
quart *m* quarter; **midi et —** 12:15
quartier *m* neighborhood
quatorze fourteen
quatrain *m* quatrain (four lines of verse)
quatre four
quatre-vingt-dix ninety
quatre-vingts eighty
quatrième fourth
que what; whom; which; that; **ne... —** only; **— fait-il?** What does he do?
quel(le) what, which; **— que soit...** whatever . . .; **— temps fait-il?** What's the weather like?
quelconque any; the slightest
quelqu'un(e) someone, somebody
quelque chose something; **— à boire/manger** something to drink/eat; **— de chaud/froid** something hot/cold
quelquefois sometimes
quelque part somewhere
quelques a few; some; about; a few; **— instants** a few moments; **—-un(e)s** some (of)
Qu'est-ce: — que c'est? What's that?/What is it?; **(—) qu'il est... !** *fam* Boy, is he (it) . . . ?; **— qu'il y a?** What's the matter?/What's wrong?; **— tu as?** *fam* What's the matter with you?
quête *f* search
queue *f* tail; **faire la —** to be on line
qui who, which, that, whom
quiconque anyone; who
quinzaine: une — two weeks
quinze fifteen; **il y a — jours** two weeks ago
quitter to leave; **Ne quittez pas.** Don't hang up (telephone)/Hold on.
quoi what; **Il n'y a pas de —.** You're welcome.; **—?** *fam* What do you say?; **— d'autre?** what else?
quotidien(ne) daily

R

raccrocher to hang up
racine *f* root
raconter to tell; explain *fam*
radis *m* radish
raisin *m* grapes; **—s secs** raisins
raison *f* reason; **avoir —** to be right; **T'as —!** *fam* You're right!
rajouter to add more
ralentir *(pp ralenti)* to slow down
ramasser to pick up
ramener to take back
randonnée *f* hiking
rangée *f* row, line
ranger to pick up; to put away
rapidement quickly
rappeler to call again; to remind; to call again (telephone); **se —** to remember; **se — bien** to remember correctly
rapport *m* relationship; link; **par — à** against, in relation to

raquette *f* racket
rarement rarely
raser: se — to shave
rater: — (un examen) to fail (a test/an exam)
ravi(e) delighted
rayé(e) striped
rayer to cross out
rayon *m* department (store)
réagir *(pp réagi)* to react
réalisateur(-rice) movie/video producer
réaliser to complete, to accomplish; to realize
réaliste realistic
récemment recently
recensement *m* census
réception *f* reception; front dest (hotel)
recette *f* recipe
recevoir *(pp reçu)* to receive; to get
recherche *f* research; **faire des —s** to do research
rechercher to search for
récit *m* short novel
réclamer to claim
recoller to put up again
recommander to recommend
recommencer to start again
reconnaissance *f* recognition, gratefulness
reconnaître *(pp reconnu)* to recognize
récréation *f* recess
rédiger to write
réduire *(pp réduit)* to reduce
refaire *(pp refait)* to do again
réfléchir *(pp réfléchi)* to think
régaler: se — to enjoy oneself (eating)
regard *m* glance
regarder to look (at); to watch
régime *m* policy; diet; **être au —** to be on diet
règle *f* ruler; **—s** rules
régler to arrange; to pay
regretter to be sorry
régulièrement regularly
reine *f* queen
reins *m pl* kidneys
rejeter to reject
rejoindre *(pp rejoint)* to join
réjouir *(pp réjoui):* **se —** to be delighted
relier to connect
remerciement(s) *m (pl)* thanks, aknowledgment
remercier to thank
remettre: se — to get better
remplacer to replace
remplir *(pp rempli)* to fill (in)
rencontrer to meet, run into; **se —** to run into each other
rendez-vous *m* meet; appointment
rendre to give back, to return; **— visite** to pay visit; **se — à** to go
renommé(e) renowned, famous
renoncer à to give up
renouveler to renew
renseignements *m pl* information
renseigner: se — to get (find out) some information
rentrée *f:* **— des classes** first day of school
rentrer to come (go) home; to come back; **— chez soi** to go home

renvoyer to send back
réparation *f* repair
repas *m* meal
répéter to repeat
répondeur *m* answering machine
répondre *(pp* répondu*)* to answer
réponse *f* answer, response
repos *m* rest; aire de — *f* rest stop
reposer: se — to rest
représentant(e): — de commerce salesman(woman), sales representative
reproche *m*: faire un — à quelqu'un to blame someone
reproduire *(pp* reproduit*)* to reproduce
réputé(e) known
réseau *m* network
réserver to book; to make reservations
résidence *f*: —s universitaires dorms
résolu(e) determined
respirer to breathe
responsabilité *f* responsibility
restau (resto)(-U) *m* university restaurant
reste *m*: du — moreover
rester to stay; remain
résumé *m* summary
retard *m* delay; lateness; être en — to be late
retarder to dealy
retour *m* de — à la maison back at the house; être de — to be back home
retrait *m* withdrawal
retraite *f* retirement benefits
retrouver: se — to meet (each other)
réunion *f* meeting
réunir *(pp* réuni*)* to bring together; se — to meet
réussir to succeed; — (à un examen) to pass (a test)
réussite *f* success
rêve *m* dream
réveil *m* alarm (clock)
réveiller to wake up
révéler to reveal
revenir *(pp* revenu*)* to come back
revenu *m* income
rêver à (de) to dream about (of)
réviser to go over
révision *f* review
revoir *(pp* revu*)* to see again, to review
revouloir *(pp* revoulu*)* to want more
revue *f* magazine
rez-de-chaussée *m* ground (first) floor
rhume *m* cold; — des foins hayfever
richesse *f* wealth
rideau *m* curtain
rien nothing; Ça ne fait rien. It doesn't matter; De —. You're welcome.
rigoler: c'est pour — (le fun) *fam* it's for fun
rigoureux(-se) self-disciplined
rire *(pp* ri*)* to laugh; Tu veux rire! *fam* You're not serious!
rive *f* bank (of a river)
rivière *f* river
riz *m* rice
robe *f* dress
rôder to wander
roi *m* king
rôle *m* role; à tour de — in turn

roman *m* novel
roman(e) romanesque
romancier(-ère) novelist
rond(e) round
rosbif *m* roast beef
rose pink
rosé *m* rosé (wine)
rôtir *(pp* rôti*)* to roast
roue *f* wheel; changer la — to change the tire
rouge red
rougir *(pp* rougi*)* to blush
route *f* road; way; en — on the way; — nationale highway
routier(-ère) pertaining to roads
routine *f* routine
roux (rousse) red (hair)
Royaume-Uni *m* United Kingdom
rude harsh
rue *f* street
russe Russian

S

sabotier *m* shoemaker
sac *m* bag; — à dos *m* backpack; — à main handbag, purse; — de couchage sleeping bag
saignant(e) rare (meat)
sain(e) healthy
saison *f* season
salade *f*: — de tomates/concombres tomato/cucumber salad; — niçoise salad with tuna, tomatoes, olives, etc.; — verte green salad
salaire *m* salary
salarié(e) salaried employee
sale dirty
salé(e) salty
salle *f* room; — à manger dining room; — de bains bathroom; — de classe classroom; — de séjour (le living) living room; —s de spectacles concert halls
saluer to greet
salut hi, hello; good-bye
salutations *f pl* greeting
samedi *m* Saturday; le — Saturdays
sandales *f pl* sandals
sang *m* blood
sans-abri *m inv* homeless
sans without
santé *f* health; À ta (votre) —! To your (good) health!; en bonne — in good health
sapin *m* pine
satisfait(e) (de) satisfied (with)
saucière *f* saucebowl
saucisse *f* sausage
saucisson *m* salami
sauf except; but
saumon *m* salmon; — fumé smoked salmon
sauter to jump; to skip
sauver: se — to run away
savant *m* scientist
saveur *f* flavor
savoir *m* knowledge
savoir *(pp* su*)* to know (something); Je le(l') sais. *fam* I know.
savon *m* soap
scène *f* scene; metteur en — *m* (movie) producer/director

science *f*: —s économiques economics; —s humaines applied sciences; —s naturelles natural science; —s politiques political science
scolaire pertaining to school; année — *f* school year
sculpture *f* sculpture
séance *f* show (of a film)
seau *m* bucket, pail
sec (sèche) dry
sèche-cheveux *m* hairdryer
sécher to dry; to skip (a class)
sécheresse *f* dryness
séchoir *m* dryer
secours *m* help
secrétaire *m f* secretary
sécurité *f*: — d'emploi work safety
sein: au — de in, within
seize sixteen
séjour *m* stay
sel *m* salt
sélectionner to select
selon according to
semaine *f* week; en — during the week
sembler to seem
semelle *f* sole
semestre *m* semester; six-month period
sénégalais(e) Senegalese
sens *m* way, direction; sense; bon — common sense; — dessus dessous upside down; — unique one-way (street)
sensationel(le) sensass! *fam* sensational
sensible noticeable
sentiment *m* feeling
sentir *(pp* senti*)* to smell; — bon to smell good; se — (bien) to feel (well)
séparément separately
sept seven
septembre September
série *f* series
serpent *m* snake
serveur(-se) waiter (waitress)
service *m* service; demander un — to ask for a favor; — compris tip included
serviette *f* napkin; — de toilette towel
servir *(pp* servi*)* to serve; Sers-toi (Servez-vous)! Help yourself!
ses his/her (with plural noun)
seuil *m* doorstep
seul(e) alone; tout(e) — all by him/herself
seulement only
sévère strict
short *m* (pair of) shorts
si if; so; yes
sida *m* AIDS
siècle *m* century
siège *m* seat; — social (company) headquarters
signaler to point out
signalisation *f* sign; — routière road signs
signifier to mean
s'il te/vous plaît please
silencieux(-euse) silent
simple easy; aller — one way; rien de plus — nothing could be easier
simplement simply
sincère honest; sincere
situé(e) located

six six

ski: faire du — to go skiing; — alpin/de piste downwill; — de fond cross-country; — nautique waterskiing

SMIC *m Salaire minimum interprofessionnel de croissance* minimum wage

société *f* company

sociologie *f* sociology

sœur *f* sister; belle—— sister-in-law; demi—— stepsister

soi-même oneself

soie *f* silk

soif *f* thirst; avoir — to be thirsty

soigner to care for; se — to take care of oneself

soigneusement carefully

soin: avec — carefully

soir *m* evening; du matin au — from morning till evening; du — P.M.; hier/demain — yesterday/tomorrow night; le — evenings

soirée *f* party

soit: —... either . . . or

soixante sixty

soixante-dix seventy

solde: en — in sale

soleil *m* sun; coucher du — *m* sunset; il fait du — it's sunny; lever du — sunrise; prendre un coup de — to have a sunburn

sombre dark

son *m* sound; — et lumière sight and sound

son/sa/ses his, her

sondage *m* survey

sonner to go off; to ring

sonorisation *f* sound

sorte *f* kind, type; Quelle sorte de... What kind of . . .

sortie *f* exit

sortir *(pp* sorti) to go out, to leave; to be published

souci *m* concern

soudain suddenly

souffrir *(pp* souffert) to welcome

souhaiter to wish; — la bienvenue to welcome

soulagement *m* relief

soulever to lift, to raise up

soulier *m* shoe

soupçonner to suspect

souper *m* dinner, supper

soupirer to sigh

sourd(e) deaf

sourire *m* smile

souris *f* mouse

sous under

sous-sol *m* basement

soutenir *(pp* soutenu) to support

souvenir: se — to remember

souvent often; le plus — the most often

spacieux(-euse) spacious

spécialisation *f* major (college)

spécialiser: se — (dans) to major (in)

spectacle *m* show

sport *m* sport(s); faire du — to participate in sports

sportif(-ive) sports-minded

stade *m* stadium

stage *m* internship

station *f* station; — balnéaire seaside resort; — de métro subway station; ——service gas station

stationnement *m* parking

stationner to park

statut *m* status

stress *m* stress

studieux(-euse) studious

stylo *m* pen

succès *m* success

succursale *f* branch office, branch

sucre *m* sugar

sucré(e) sweet

sucrier *m* sugar bowl

sud *m* South

Suède *f* Sweden

suédois(e) Swedish

sueur *f* sweat

suffire *(pp* suffi) to be enough

suffisamment enough

suisse Swiss

Suisse *f* Switzerland

suite: — à following; tout de — right away

suivant(e) next; le jour — the next (following) day

suivi *m* tracking

suivre *(pp* suivi) to follow (up); to track; to take (courses)

sujet *m* subject; au — de concerning

super great; C'est —! *fam* That's great!

supérieur(e): enseignement — higher education

supermarché *m* supermarket

supporter to bear, to stand

supposer to guess

sur on, about

sûr(e) sure; bien sûr of course

surgelés *m pl* frozen food

surmonter to overcome

surprenant(e) surprising

surtout especially

surveiller to look after; to watch over

sweat = sweatshirt *m*

syllabe *f* syllable

sympa(thique) nice

syndicat *m* union

système *m* system, policy

T

tabac *m* tobacco; bureau de — *m* tobacco store

table *f* table; — de nuit/de chevet bedside table; — des matières table of contents

tableau *m* painting; blackboard

tâche *f* work, task

taille *f* size; waist

tailleur *m* suit (woman's)

taire: se — to be quiet; Tais-toi! *fam* Shut up!

tandis: — que while

tant: en — que as

tante *f* aunt

taper to type

tapis *m* rug, carpet

tard late

tarif *m* fare

tarte *f* pie; — aux pommes/fraises apple/strawberry pie

tartelette *f* pie

tartine *f* slice of French bread; bread with butter and jam

tasse *f* cup

taux *m* rate

tchin-tchin! cheers!

tee-shirt (t-shirt) *m* T-shirt

tel(le) such; — que such as

télécommande *f* remote control

télécopieur *m* fax machine

téléphoner (à) to call; se — to call each other

téléviseur *m* TV set

tellement a lot; really, so much; pas — not a lot; not really

témoin *m* witness

temps *m* time; weather; à — partiel part-time work; de — en — from time to time; emploi du — *m* schedule; en même — at the same time; le bon vieux — the good old days; passe—— *m* leisure time; Quel — fait-il? What's the weather like?

tendance: avoir — à to tend to

tendre soft, tender

tendu(e) tense

tenir *(pp* tenu) to hold; to keep; — à to be anxious to; — compte de to take into consideration

tenter: — votre chance to trust your luck

tercet *m* tercet (three lines verse)

terminer to finish; se — to end

terrain *m* field; — de foot soccer court

terrasse *f* terrace; sidewalk in front of a café

terre *f* ground; land; mud

tête *f* head

thé *m* tea

théâtre *m* theater

théière *f* teapot

thon *m* tuna

Tiens! Hey!

tiers *m* third

timbre *m* stamp

timide shy, timid

tirer to pull, to draw

tiroir *m* drawer

tissu *m* meterial, fabric, cloth

titre *m* title

toi you; à — yours

toilette *f*: —s toilet only; faire sa — to have a wash

toit *m* roof

tomate *f* tomato

tombeau *m* coffin

tomber to fall; — malade to become sick; — de sommeil to fall asleep

ton/ta/tes your

tort: avoir — to be wrong

tôt early

toujours always

tour *f* tower

tour *m* turn

tourner to turn; — à droite/gauche to turn right/left

tournevis *m* screwdriver

tous (toutes) all; — les jours every day

tousser to cough

tout everything; **À — à l'heure!** See you soon!; **en — cas** in any case; **— de même** anyway; **— de suite** right away, immediately

tout(e) every; **— le monde** everybody, everyone; **à —e vitesse** very rapidly

toux *f* cough

traditionnel(le) traditional

traduction *f* translation

traduire *(pp* **traduit)** to translate

trahir *(pp* **trahi)** to betray

train *m* train; **en — de** in the process of

trait *m* feature

trajet *m* trip; journey; distance

tranche *f* slice

tranquille calm, quiet

transport *m* transportation

travail *m (pl* **travaux)** work; **travaux pratiques** lab work

travailler to work

travers: à — through; across

traverser to cross

treize thirteen

trente thirty

très very

tricher to cheat

tricot: faire du — to knit

trimestre *m* trimester

tringle *f* rail; curtain rod

triste sad

tristesse *f* sadness

trois three

troisième third

trombone *m* paper clip

tromper to deceive; to fool; **se — de route** to be lost

trop (de) too much, too many

trottoir *m* sidewalk

trou *m* hole

troué(e) with holes

trouvaille *f* a find; **Quelle —!** What a find!

trouver to find; **se —** to be located

truc *m fam* thingamajig, whatsit

truite *f* trout

tu you

tube *m* tube

tuer to kill

tutelle *f* supervision

tutorat *m* office hours

tuyau *m* pipe; **un petit —** a little trick

typiquement typically

U

un(e) a; one; **— (deux) fois (par jour/par semaine)** once (twice) (a day/week)

uni(e) one color

unique only; **fils/fille unique,** only child

unité *f* **— de valeur** course (of study) credit

université *f* university, college

urgence *f* emergency; **en cas d'—** in case of emergency

usine *f* factory

utile useful

utiliser to use

V

vacances *f pl* vacation; **pendant les —** during vacation

vacanciers *m pl* vacationers

vache *f* cow

vachement *fam* very; **— dur** *fam* very difficult

vague *f* wave

vaisselle *f* dishes; **faire la —** to do the dishes

valise *f* suitcase; **faire les —s** to pack

valoir *(pp* **valu)** to be worth; **Il vaut mieux (que)...** It's better to . . .

vapeur *f* steam

varier to vary

veau *m* veal, calf

vedette *f* star

veille *f* eve, day before

veine *f*: **avoir de la —** to be lucky

vélo *m* bike; **un — d'appartement** exercise bike

vélomoteur *m* moped

vendeur(-euse) salesperson

vendre *(pp* **vendu)** to sell; **à —** for sale

vendredi Friday; **le —** Fridays

vénézuélien(ne) Venezuelan

venir *(pp* **venu)** to come; **D'où venez-vous?** Where do you come from?; **Je viens de me réveiller.** I just woke up.; **— de** (+ infinitive) to have just; **— de** (+ noun) to come from

vent *m* wind; **il fait/il y a du —** it's windy

vente *f* sales

ventre *m* stomach

verglas *m* ice (on the road); **il y a du —** it's icy

vérifier to check, verify

véritable real

vérité *f* truth

verre *m* glass; **— de vin** glass of wine

vers *m* verse, line (of poetry)

vers around, toward; **— quelle heure?** around what time?

verser to pour

vert(e) green

vertige *m* dizziness; **avoir des —** to be dizzy

veste *f* jacket

vêtement *m* clothing

vêtir *(pp* **vêtu)** to dress

vêtu(e) dressed

veuf (veuve) widower (widow)

viande *f* meat

vide empty

vidéo-clip *m* music video

vie *f* life

vieillir to age, to grow old

vierge blank (**une cassette vierge**)

vietnamien(ne) Vietnamese

vieux (vieille) old; **vieux-jeu** *inv* old-fashioned

vif (vive) lively

vigne *f* vine

vignoble *m* vineyard

ville *f* city, town; **en —** downtown

vin *m* wine; **(—) blanc/rouge** white/red wine

vinaigrette *f* (oil and vinegar) dressing

vingt twenty

vingtaine *f* twenty or so

violet(te) purple

vis *m* screw

vis-à-vis towards, with regard to

visage *m* face

viser to aim

visite: rendre — à to visit (a person); **— éclair** *f* lightning-fast trip

visiter to visit (a place)

vite rapid, rapidly; fast; **pas si —** not so fast

vitesse *f* speed; **à toute —** very rapidly; **— maximale** maximum speed

vitraux *m pl* (**vitrail** *sing*) stained-glass windows

vitre *f* glass, windowpane

vitrine *f* window

vivant(e) alive, living

vivre *(pp* **vécu)** to live

vocabulaire *m* vocabulary

vœu *m* wish

voici here is/are

voie *f* track; lane

voilà there is/are; **Nous voilà!** *fam* Here we are!

voile *f*: **faire de la —** to go sailing

voilier *m* boat

voir *(pp* **vu)** to see; **faire —** to be showing; **se —** to see oneself; **On verra.** We'll see.; **Voyons!** Let's see!

voisin(e) neighbor

voisinage *m* neighborhood

voiture *f* car

voix *f* voice; **à haute —** aloud

vol *m* flight

volaille *f* poultry

voler to steal; to fly

volet *m* shutter

voleur(-euse) *m* robber; thief

volley(-ball) *m* volleyball

volonté *f* will; **bonne —** willingness

volontiers gladly, willingly

vomir *(pp* **vomi)** to vomit

votre/vos your

vouloir *(pp* **voulu)** to want; to try; **j'ai voulu...** I tried to . . .; **je voudrais...** I would like . . .; **J'veux bien!** Gladly! (I'd love to., It's fine with me.); **— que** to want that

vous you

voyage *m* trip; **faire un —** to take a trip; **— d'affaires** business trip

voyager to travel

voyageur(-euse) traveler

voyelle *f* vowel

Voyons! Let's see!

vrai(e) true; **C'est pas —!** *fam* You're kidding!

vraiment really

vue *f* sight; **à première —** at first sight

W

W.-C. *m pl* toilet

wagon-lit *m* car with individual rooms with beds

western *m* western (film)

whisky *m* whisky

Y

y there

yaourt *m* yogurt

LEXIQUE: ANGLAIS – FRANÇAIS

A

a un(e)

able: to be — pouvoir *(pp* pu)

about sur; environ; dont; de; à propos de; **— a hundred** une centaine; **to be —** s'agir de; porter sur

above dessus; ci-dessus

abroad à l'étranger

accident accident *m*

to accomplish réaliser

according: — to d'après, selon

account compte *m* (en banque)

accountant comptable *m*

accounting comptabilité *f*

to ache avoir mal à *(to hurt)*

acquaintance connaissance *f*

across: — from en face de

to act agir *(pp* agi)

active actif(-ive)

actor acteur(-rice)

ad annonce *f;* **classified —s** petites annonces; **want —** offre d'emploi *f*

to add ajouter; **— more** rajouter

addition: in — en plus

to administer gérer

administration gestion *f;* **business —** gestion

to adore adorer

advance: in — à l'avance; **—d** avancé(e)

advantage avantage *m*

advertising publicité *f*

advice conseil *m*

advisor conseiller(-ère)

affected atteint(e)

afraid: to be — (of) avoir peur (de)

Africa Afrique *f;* **North —** Afrique du Nord; **South —** Afrique du Sud

after après

afternoon après-midi *m;* **in the — (P.M.)** de l'après-midi (du soir)

afterwards après

again encore; de nouveau

against contre

age âge *m;* **to —** vieillir *(pp* vieilli)

agent agent *m;* **real estate —** agent immobilier

to agree être d'accord; **— with** être d'accord avec

agreement accord *m*

aim but *m;* **to —** viser

airplane avion *m*

airport aéroport *m*

airsickness mal de l'air *m*

alarm: — clock réveil *m*

alcoholic (beverages) alcoolisé(e)

Algeria Algérie *f*

Algerian algérien(ne)

all tout(e); tous (toutes); **— day** toute la journée; **— of it** tout entier(-ère)

to allow permettre *(pp* permis)

almost presque

alone seul(e)

along le long de; **to get — (with)** s'entendre (avec)

already déjà

also aussi; également

always toujours

ambitious ambitieux(-euse)

America Amérique *f;* **North —** Amérique du Nord; **South —** Amérique du Sud

American américain(e)

amphitheater amphithéâtre *(fam* amphi) *m*

amusing amusant(e)

and et

anger colère *f*

angry fâché(e)

ankle cheville *f*

to announce annoncer

to annoy embêter

another autre; un(e) autre

answer réponse *f;* **to —** répondre *(pp* répondu);* **—ing machine** répondeur *m*

anthropology anthropologie *f*

anticipate prévoir *(pp* prévu)

antihistamine antihistaminique *m*

anxious: to be — to tenir à

any some; quelconque; **—more: not —** ne... plus; **—one** quiconque; n'importe qui

apart: — from hors de

apartment appartement *m;* pied-à-terre *m;* **— building** immeuble *m*

to appear paraître *(pp* paru)

appetite appétit *m*

appetizer hors-d'œuvre *m*

apple pomme *f;* **—pie** tarte *f* aux pommes

appliance: household —s électroménager *m*

application: — letter lettre de candidature *f*

to apply: — for a job poser sa candidature

appointment rendez-vous *m*

to appreciate apprécier; être obligé(e); **I would — it** Je vous serais obligé(e)

apricot abricot *m*

April avril

arche arc *m;* **broken —** arc brisé/en ogive

architect architecte *m f*

architecture architecture *f*

area superficie *f;* **— code** indicatif *m*

arm bras *m*

armchair fauteuil *m*

around autour (de); vers; **— what time?** vers quelle heure?

to arrange arranger; régler

arrival arrivée *f*

art art *m;* **dramatic — (drama)** art dramatique; **fine —s** beaux-arts *m pl;* **liberal —s** lettres *f pl*

as comme; en tant que; à mesure que; au fur et à mesure; **—/— well** ainsi que; **— anything** comme tout; **— much . . . — autant de... que; — such** tel(le); **in—much** pour autant que

to ask demander; poser (une question); **— for help** demander de l'aide

asleep endormi(e); **to fall —** s'endormir

assistant: teaching — assistant(e)

astronomy astronomie *f*

at à; au (à + le); en; chez; **— that time** à cette époque; **— your house** chez toi

atmosphere air *m;* ambiance *f*

to attend: — (a class) assister (à un cours)

attention: to pay — to faire attention à

attractive intéressant(e)

auction vente aux enchères *f*

audience public *m*

August août

aunt tante *f*

aussi également

autumn automne *m*

autonomous autonome

available disponible; libre

average moyen(ne)

to avoid éviter; fuir *(pp* fui)

to awake éveiller

aware: to become — of s'apercevoir

away: right — tout de suite

B

back dos *m;* **in — (of)** à l'arrière; derrière; **to be —** être de retour

backpack sac à dos *m*

bad mal; mauvais(e); **The weather is bad.** Il fait mauvais.; **not —** pas mal; **not that —** pas si mal que ça; **too —** (c'est) dommage *fam*

bag sac *m;* **hand—** sac à main; **sleeping —** sac de couchage; **string —** filet *m*

baggage bagages *m pl*

baker boulanger(-ère)

bakery boulangerie *f*

balanced équilibré(e)

bald chauve

ball balle *f;* ballon *m;* **soccer —** ballon de foot

banana banane *f*

bank banque *f;* **— (of a river)** rive *f*

banker banquier(-ère)

barber coiffeur *m*

barn étable *f,* grange *f*

basement sous-sol *m*

basket panier *m;* coufin *m;* **—ball** basket(-ball) *m*

bath: half-bath cabinet de toilette *m;* **—robe** peignoir *m;* **—room** salle de bains *f;* **—tub** baignoire *f*

battle combat *m*

to be être *(pp* été); **I was born** je suis né(e); **— out of order** être en panne; **— (5'0")** faire (un mètre cinquante); **— (x) degrees (outside)** faire (x) degrés (dehors)

beach plage *f*

bean haricot *m;* **green —s** haricots verts *m pl*

bear ours *m;* **to —** supporter

beard barbe *f*

to beat battre *(pp* battu)

beautiful beau/bel (belle); **It's — weather.** Il fait beau.

because parce que; car; **— of** à cause de

to become devenir *(pp* devenu)

bed lit *m;* **double —** grand lit (deux lits); **to stay late in —** faire la grasse matinée; **to go to —** se coucher; **to put to —** coucher

bedroom chambre à coucher *f*

beef bœuf *m;* **roast beef** rosbif *m*

beer bière *f;* **glass of draft —** un demi

before avant; auparavant; **—-dinner drink** apéritif *m;* **the day — yesterday** avant-hier *m*

to begin commencer

beginner débutant(e)

beginning début *m;* **at the —** au début; **— of the school year** la rentrée; **— (with, in)** à partir de

behavior comportement *m*

behind derrière; arrière

being être *m;* **well——** bien-être *m*

Belgian belge

Belgium Belgique *f*

to believe croire *(pp* cru*)*

to belong (to) appartenir *(pp* appartenu*)*

belongings affaires *f pl*

below dessous; ci-dessous

belt ceinture *f;* **seat belt** ceinture de sécurité

bench banc *m*

benefits avantages *m pl;* indemnités *f pl;* **retirement —** retraite *f*

bent penché(e)

beret béret *m*

besides — that à part cela

best: the — le mieux; le/la meilleur(e); **to do one's —** faire de son mieux

bet pari *m;* **to —** parier

betray trahir *(pp* trahi*)*

better mieux; meilleur(e); **it's better (that)** il vaut mieux (que)

between entre

beverage boisson *f*

big grand(e); **—ger than** plus grand que

bike vélo *m;* **exercise —** vélo d'appartement

bill facture *f;* **(restaurant)** addition *f;* **(money)** billet *m*

billion milliard *m*

biology biologie *f*

birth naissance *f;* **place/date of —** lieu *m*/date *f* de naissance

birthday anniversaire *m;* **Happy —!** Bon/Joyeux anniversaire!

black noir(e); **—board** tableau *m*

blank blanc(-che); vierge; **— tape** cassette vierge *f*

blanket couverture *f*

blond blond(e); avoir les cheveux blonds

blood sang *m*

to blossom épanouir *(pp* épanoui*)*

blouse chemisier *m*

blow coup *m;* **to — up** gonfler

blue bleu(e); **— jeans** (blue-)jean *m*

to blush rougir *(pp* rougi*)*

board panneau *m;* planche *f*

boat bateau *m;* voilier *m;* **fishing —** canot *m*

body corps *m*

bonus prime *f*

book livre *m;* bouquin *m fam;* **history —** livre d'histoire; **to —** réserver; **a — of 10 (metro) tickets** carnet *m*

booklet carnet *m*

bookstore librairie *f*

booth cabinet *m;* **telephone —** cabine téléphonique *f*

boots bottes *f pl*

bored ennuyé(e); agacé(e) *fam*

boredom ennui *m*

boring ennuyeux(-euse)

born: to be — naître *(pp* né*);* **I was born** je suis né(e)

to borrow emprunter

boss patron(ne)

botany botanique *f*

both (tous [toutes]) les deux

to bother embêter; déranger; gêner; **Does it — you?** Ça te dérange (pas)? *fam;* **Don't —.** Ce n'est pas la peine. *fam*

bottle bouteille *f;* flacon *m;* **— of perfume** flacon de parfum

bottom fond *m;* bas *m*

box boîte *f;* carton *m;* **mail —** boîte à lettres

boy garçon *m;* **—friend** petit ami *m*

brain cerveau *m*

brand marque *f*

Brazil Brésil *m*

Brazilian brésilien(ne)

bread pain *m;* **loaf of French —** baguette *f*

to break casser; **broken down car** voiture en panne

breakdown panne *f* (de voiture/de moteur); **to have a —** tomber/être en panne

breakfast petit déjeuner *m*

to breathe respirer

bridge pont *m*

brief bref(-ève)

to bring emporter; apporter; amener; **— together** réunir; rassembler

broadcast émission *f*

broccoli brocolis *m pl*

brother frère *m;* **—in-law** beau-frère *m*

brown marron; brun(e); châtain (cheveux)

brush brosse *f;* **tooth—** brosse à dents; **hair—** brosse à cheveux

bucket seau *m*

buddy (pal) copain (copine)

to bug embêter; **— someone** casser les pieds (à) *fam;* **You're bugging me!** Tu m'embêtes! *fam*

to build construire *(pp* construit*)*

building bâtiment *m;* monument *m*

burn brulûre *f;* **to —** brûler

bus autobus *m*

business affaires *f pl;* commerce *m;* entreprise *f;* **—man(woman)** homme/femme d'affaires; **— trip** voyage d'affaires *m*

busy chargé(e), occupé(e)

but mais; sauf

butcher boucher *m;* **—'s shop** boucherie *f*

butter beurre *m*

button bouton *m*

to buy acheter

by par; en; **— plane** en avion

Bye! Ciao!

Ⓒ

cabbage choux *m*

cabinet buffet *m;* placard *m*

café café *m*

cafeteria cantine *f;* cafétéria *f*

cake gâteau *m;* **(chocolate) cake** gâteau (au chocolat)

calculator calculatrice *f*

calendar calendrier *m;* **traveler's —** calendrier voyageur

call appel *m;* **telephone —** appel téléphonique; **phone —** coup de fil *m;* **to —** appeler; téléphoner (à); **— again** rappeler; **— each other** se téléphoner

calm tranquille

camcorder caméscope *m*

camembert *kind of French cheese*

camera appareil-photo *m*

camping camping *m*

campus campus *m*

can pouvoir *(pp* pu*);* boîte *f*

Canadian canadien(ne)

to cancel annuler

canned: — food(s) conserves *f pl*

canoe: to go —ing faire du canoë

cap bonnet *m*

capital capitale *f*

car auto *f;* voiture *f;* wagon (train) *m;* **— dealer** concessionnaire *m f*

card carte *f;* **credit —** carte de crédit; **landing —** carte de débarquement

care: child — center crèche *f;* **to —: I don't —!** Je m'en moque!/Je m'enfiche. *fam;* **— about** s'intéresser à; **to — for** soigner; **to take — of oneself** se soigner

careful: to be — (of) faire attention (à)

carpenter menuisier *m*

carpet tapis *m*

carrot carotte *f*

to carry porter

cartoons dessin animé *m*

case cas *m;* **in —** au cas où; **in this —** dans ce cas; **in any —** en tout cas

cash: to pay — payer en espèces; **— register** caisse *f*

cashier caissier(-ère)

castle château *m*

cat chat *m*

cathedral cathédrale *f*

cauliflower choux-fleur *m*

CD player lecteur de compact discs *m*

to celebrate fêter; célébrer

cellar cave *f;* **wine —** cave à vin

cement béton *m*

census recensement *m*

center centre *m*

centered centré(e)

century siècle *m*

cereal céréales *f pl*

certificate certificat *m;* **birth —** extrait de naissance *m*

chain chaîne *f*

chair chaise *f*

champagne champagne *m*

chance occasion *f;* chance; hasard; **by —** au/par hasard

change changement *m;* **to —** changer; **to — one's mind** changer d'avis

changing: — point correspondance (métro) *f*

chapter chapitre *m*

character personnage *m*

cheap bon marché

to cheat tricher
check chèque *m*; to — vérifier
cheerful gai(e)
cheers! tchin-tchin!
cheese fromage *m*; Swiss — gruyère *m*
chemistry chimie *f*
cherry cerise *f*
chess échecs *m pl*; to play — jouer aux échecs
chest poitrine *f*
chestnut châtain (cheveux)
chicken poulet *m*; roast — poulet rôti
child enfant *m f*; gosse *m f fam*; only — fille/fils unique
childhood enfance *f*
chin menton *m*
China Chine *f*
Chinese chinois(e)
choice choix *m*
to choose choisir *(pp* choisi)
chop côtelette *f*; pork — côtelette de porc
Christmas Noël *m*
church église *f*
circumstance circonstance *f*
citizen citoyen(ne); senior — troisième âge *m*
city ville; —/town hall mairie *f*
civil servant fonctionnaire *m f*
class cours *m*; middle— person bourgeois(e); — honours mention *f*; —mate camarade de classe *m f*; —room salle de classe *f*
clean propre; to — nettoyer
cleaner: vacuum — aspirateur *m*
cleaning: — out dégraissage *m*
to clear: — (the table) débarrasser
clerk employé(e) (de bureau)
clever habile
climate climat *m*
to climb grimper
clip: paper — trombone *m*
clock horloge *f*; It's one o'—. Il est une heure.; — radio radioréveil *m*
close près; — to proche; près (de); to — fermer
closet armoire *f*; placard *m*
closing fermeture *f*; — time heure de fermeture *f*
cloth tissu *m*; —ing vêtement *m*
cloud nuage *m*; —y nuageux; It's cloudy. Le temps est nuageux.
coast côte *f*
coat manteau *m*
Coca-Cola Coca *m*
coffee café *m*; — with cream café crème; — with milk café au lait
coin pièce de monnaie *f*
cold froid *m*; rhume *m*; to have a — être enrhumé(e); it's cold il fait froid
collar col *m*
college université *f*
color couleur *f*
comb peigne *m*
to come venir *(pp* venu); — back revenir; — from venir de; Oh, — on! Dis donc! *fam*; — over s'emparer de; — to aboutir à; — home/back rentrer
comedy comédie *f*

comics bande dessinée *f*
coming: — from en provenance de; — out épanouissement *m*
commercial publicité *f*
compact disc compact disc *m*, disque laser *m*
company firme *f*; entreprise *f*; société *f*
to complain se plaindre *(pp* plaint)
complaint plainte *f*
to complete réaliser
completed effectué(e)
completely complètement
computer ordinateur *m*; — programmer programmeur(-euse); — science informatique *f*
concern souci *m*; —ning au sujet de
concrete béton *m*
conduct comportement *m*
conductor contrôleur *m*
conference conférence *f*
to connect relier
construction chantiers *m pl*
contest compétition *f*
continuous continu(e); — workday journée continue *f*
convenient commode
cook cuisinier *m*; to — cuire *(pp* cuit)
cookies petits gâteaux *m pl*; buiscuits *m pl*
cooking: — time cuisson *f*
cool frais (fraîche); —ed frappé(e); it's cool il fait frais
corn maïs *m*
corner coin *m*; at the — of au coin de
correspondance courier *m*
cost coût *m*; —ly coûteux(-euse); to — coûter; How much (does it cost) is/are... Combien coûte(nt)...
couch canapé *m*
cough toux *f*; to — tousser
to count compter
country pays *m*; —side campagne *f*
county: — town chef-lieu *m*
courageous courageux(-euse)
course cours *m*; first — (of meal) entrée *f*; lecture —s cours magistraux *m pl*; of — bien entendu
court cour *f*; soccer — terrain de foot *m*
courthouse palais *m* de justice
courtyard cour *f*
cousin cousin(e)
cover couverture *f*
cow vache *f*
crazy fou (folle); That's —! C'est fou! *fam*; — about amateur(-rice), fana(tique)
cream crème *f*
to create créer
crisis crise *f*
croissant croissant *m*
cross-country (ski) ski de fond *m*
crossword mots croisés *m pl*
crowd foule *f*; —ed bondé(e)
cruel cruel(le)
to cry pleurer
cucumber concombre *m*
cup tasse *f*
cupboard placard *m*
curly frisé(e)
curtain rideau *m*; — rod tringle *f*

customer client(e)
customs douane *f*
to cut couper; découper; — oneself se couper; — off isoler
cute chouette *fam*
cutlet escalope *f*; veal — escalope de veau

D

dairy: — product produit laitier *m*
dance danse *f*, bal *m*
to dare oser
dark sombre; — blue bleu foncé
date date *f*; — of birth date de naissance; What's the — (today)? Le combien nous sommes (aujourd'hui)? *fam*; to — (from) dater (de/du)
daughter fille *f*
day jour *m*; journée *f*; — before veille *f*; every — tous les jours; next — lendemain *m*; some — un jour; the — before yesterday avant-hier *m*; the good old —s le bon vieux temps
dead mort(e); crevé(e) *fam*
deaf sourd(e)
deal: a great — of beaucoup (de); big — grand-chose; It's not big —! Ce n'est pas grand-chose! *fam*
dear cher(-ère)
December décembre
decision décision *f*; to make a — prendre une décision
degree diplôme *m*
delicatessen charcuterie *f*
delicious délicieux(-euse)
delighted ravi(e); enchanté(e)
to demand exiger
demanding exigeant(e)
dentist dentiste *m f*; —ry odontologie *f*
department: — (in a store) rayon *m*
departure départ *m*
to depend: that —s on... ça/cela dépend de...
depressed: to be — avoir le cafard
to describe décrire *(pp* décrit)
desire désir *m*
desk bureau *m*; front — réception (hotel) *f*
dessert dessert *m*
detail détail *m*; to give —s préciser
detective: — movie film policier *m*
to dial composer (un numéro de téléphone)
diamond diamant *m*
dictionary dictionnaire *m*
to die mourir *(pp* mort); It's to die for. C'est à mourir. *fam*
diet: to be on a — être au régime
difference écart *m*
different différent(e)
difficult difficile; dur; pénible; very — vachement dur *fam*
to diminish diminuer
dinner dîner *m*; souper *m*; to have — dîner
diploma diplôme *m*
direct direct(e); — line (telephone) ligne directe *f*; —ly directement
direction direction *f*; sens *m*
director directeur(-rice)
dirty sale

disappointing décevant(e)

disastrous désastreux(-euse)

discipline matière *f;* **self—d** rigoureux(-euse)

to discover découvir *(pp* découvert)

discreet discret(-ète)

to discuss discuter; **— politics** discuter de politique

dish plat *m;* **—es** vaisselle *f;* **main —** plat principal (de résistance); **to do the —es** faire la vaisselle

dishonest malhonnête

to dislike détester

to divide diviser

divorce: to get a — divorcer

dizziness vertige *m*

dizzy: to be — avoir des vertiges

to do faire *(pp* fait); **— again** refaire **— one's best** faire de son mieux; **— with** s'agir de

doctor médecin *m* (femme médecin)

dog chien *m*

doll poupée *f*

door porte

dorm résidence universitaire *f*

doubt doute *m*

down en bas; **—hill** en pente/descente *f;* **— town** centre-ville *m;* **to go —** descendre *(pp* descendu)

dozen douzaine *f*

drag: It's a —! C'est la barbe! *fam;* **What a —!** Quelle barbe! *fam*

to drain s'égoutter

drama art dramatique *m;* drame *m*

to draw dessiner; tirer; **— a map** faire un plan

drawer tiroir *m*

drawing dessin *m*

dream rêve *m;* **to — about (of)** rêver à (de)

dress robe *f;* **to —** habiller; vêtir *(pp* vêtu); **to get —ed** s'habiller; **—er** armoire *f;* commode *f;* **—ing: (oil and vinegar) —** vinaigrette *f*

drink boisson *f;* **before dinner —** apéritif *m;* **to —** boire *(pp* bu)

to drive conduire *(pp* conduit)

driver: taxi — chauffeur de taxi *m*

driving conduite *f;* **— license** permis *m* de conduire

drop goutte *f;* **a —** une petite goutte; **to — off** déposer

drug: — store pharmarcie *f*

drums batterie *f*

drunk ivre

dry sec (sèche); **—er** séchoir *m;* **—ness** sècheresse *f;* **to —** essuyer; sécher

duck canard *m*

during pendant; durant; en

duty devoir *m*

dwelling logement *m;* logis *m*

dynamic dynamique

E

each chaque; **— one** chacun(e); **with — other** l'un(e) (avec) l'autre

eager impatient(e)

ear oreille *f*

earlier plus tôt

early en avance; tôt; de bonne heure

to earn gagner; **— a living** gagner sa vie

earring boucle d'oreille *f*

easily facilement

east est *m*

Easter Pâques *f pl*

easy facile; simple; **to make —** faciliter; **Nothing could be easier.** Rien de plus simple.

to eat manger; **— well** se nourrir bien; bouffer *fam;* **to love —** être gourmand(e)

economics sciences économiques *f pl*

economy économie *f*

edge bord *m*

education formation *f;* éducation *f;* **higher —** éducation supérieure

egg œuf *m;* **—plant** aubergine *f*

Egypt Égypte *f*

Egyptian égyptien(ne)

eight huit; **—een** dix-huit; **—y** quatre-vingts

either non plus; **— ... or** soit... soit

elbow coude *m*

electric électrique

elevator ascenseur *m*

eleven onze

else autre; **what —?** quoi d'autre?

to embarrass gêner

emergency urgence *f;* **in case of —** en cas d'urgence

employee employé(e)

employer employeur

empty vide

enclosed ci-joint

end bout *m;* fin *f;* **at the —** au bout; **to —** finir *(pp* fini); se terminer; **— up** finir par

engaged fiancé(e); **to get —** se fiancer

engineer ingénieur *m* (femme ingénieur)

England Angleterre *f*

English anglais(e)

to enjoy jouir *(pp* joui); **— oneself (eating)** se régaler; **Enjoy your meal!** Bon appétit!

enough assez (de); suffisamment; **not —** pas assez (de); **to be —** suffire *(pp* suffi)

to enregister s'inscrire

to enroll s'inscrire; entrer dans

enthusiastic enthousiaste

entire entier(-ère); **—ly** complètement; entièrement

entrance entrée *f;* **— way** foyer *m*

equal égal(e)

errand achat *m;* course *f*

escalator escalier roulant *m*

to escape fuir *(pp* fui); se sauver

especially surtout

espresso express *m*

essential essentiel(le); indispensable; **It's — that . . .** Il est essentiel que...

to establish établir *(pp* établi)

eve veille *f*

even même

evening soir *m;* **from morning till —** du matin au soir

event événement *m;* **in any —** de toute façon

ever jamais

every chaque; tout(e); **— one** tout le monde; **— day** tous les jours; **—body** tout le monde; **—thing** tout; **—where** partout

exactly justement

exam examen *m;* **competitive —** concours *m*

except sauf

excerpt extrait *m*

exchange échange *m;* **foreign currency —** bureau de change *m;* **Stock —** bourse *f;* **to —** échanger

to excite agiter

exciting passionnant(e)

excuse me pardon

executive cadre *m;* **high-level —** cadre supérieur

exercise exercice *m;* **to —** faire de la gym

exhausted épuisé(e); crevé(e) *fam*

exit sortie *f*

to expect attendre *(pp* attendu)

expectation attente *f*

expenses frais *m pl*

expensive cher; **to be —** coûter cher; **it's —** c'est cher; **too —** trop cher

to explain expliquer (à); raconter *fam*

to express exprimer; concevoir *(pp* conçu)

to extinguish éteindre *(pp* éteint)

eye œil *m* (*m pl* yeux)

eyeglasses lunettes *f pl*

eyelid paupière *f*

F

fabric étoffe *f;* tissu *m*

face figure *f;* visage *m*

fact fait *m;* **in —** en fait

factory usine *f*

to fail (a test/an exam) rater (un examen); échouer (à un examen)

failure échec *m*

fall automne *m;* **to —** tomber; **— asleep** s'endormir; tomber de sommeil

false faux (fausse)

family famille *f;* **large —** famille nombreuse

famous renommé(e); célèbre

fantastic fantastique

fantasy: — film film fantastique *m*

far loin; **— away** loin de; **You're going too —!** Tu exagères! *fam*

fare tarif *m*

farewell adieu *m pl*

farm ferme *f;* **—er** paysan(ne); fermier(-ère); agriculteur(-rice)

farther: a little — on un peu plus loin

fashion mode *f;* **high —** haute couture; **in —** à la mode

fast vite; **not so —** pas si rapide; **— food** fast-food *m*

fat gros(se); gras(se)

father papa; père *m;* **step—/—in-law** beau-père *m*

favor service *m;* **to ask for a —** demander un service

favorable propice

favorite préféré(e)

fax (machine) télécopieur *m*

fear peur *f;* **to —** craindre *(pp* craint)

feast fête *f*

February février

fed up: to be — with en avoir marre *fam*

to feed nourrir *(pp* nourri)

to feel éprouver; sentir *(pp* senti); **— like** avoir envie de; **— (well)** se sentir (bien)

feeling sentiment *m*

fever fièvre *f;* hay— rhume des foins *m*

few: a — quelques; — moments quelques instants; so — si peu de; very — très peu de; —er: — than . . . moins de...

fifteen quinze

fifth cinquième

fifty cinquante

fight combat *m;* lutte *f;* to have a — (an argument) se disputer; to — with one another se battre

to fill: — (in) remplir *(pp* rempli); — up (with gas) faire le plein d'essence

film film *m;* —maker cinéaste *m;* horror — film d'épouvante

finally finalement; enfin

financial financier(-ère)

find trouvaille *f fam;* to — trouver; to — out se renseigner

fine: I'm fine. Je vais bien.

finger doigt *m*

to finish finir *(pp* fini)

fire feu *m;* incendie *m;* —fighter pompier *m* (une femme pompière); —works feux d'artifice; to — licencier

first d'abord; premier(-ère); at — d'abord; — of all tout d'abord; premièrement

fish poisson *m*

fishing pêche *f;* to go — aller à la pêche

five cinq

to fix fixer; —ed up aménagé(e)

to flee fuir *(pp* fui)

flight vol *m*

floor plancher *m;* étage *m;* ground —/first — rez-de-chaussée *m;* second — premier étage

flour farine *f*

flower fleur *f*

flu grippe *f*

to fly voler

fog brouillard *m;* it's —gy il fait/il y a du brouillard

to follow (up) suivre *(pp* suivi); followed by suivi(e) de

following suite à; suivant(e)

food alimentation *f;* nourriture *f;* someone who appreciates — un gourmet; frozen — surgelés *m pl*

foot pied *m;* on (by) — à pied

football football américain *m*

for pour; car; depuis; pendant; — once pour une fois; — hours depuis des heures; — how long depuis quand

forecast (weather) météo *f*

forehead front *m*

foreign/foreigner étranger(-ère)

to foresee prévoir *(pp* prévu)

forest forêt *f*

to forget oublier

fork fourchette *f*

form: registration — bulletin d'inscription *m;* to — former

forteen quatorze

fortunately heureusement

forty quarante

founded fondé(e)

four quatre

fourth quatrième

free gratuit(e); libre; — time temps libre *m*

freedom liberté *f*

to freeze geler

freezer congélateur *m*

French français(e); — fries frites *f pl*

frequently fréquemment

fresh frais (fraîche); —ness fraîcheur *f*

Friday vendredi *m*

friend ami(e); camarade *m f;* copain (copine)

friendly amical(e); — greetings amitiés *f pl*

fries: French — frites *f pl*

to frighten faire peur

from de; d'origine; dès; — the beginning dès le début; — time to time de temps en temps; — then on désormais; ... — now dans...

front: in — (of) devant; à l'avant

frost gelée *f,* gel *m*

frozen surgelé(e)

frying pan poêle *f*

full plein(e); complet(ète); —time (work) travail à plein temps *m*

fun: to make — of se moquer de; it's for — c'est pour le fun *fam;* to have — s'amuser, rigoler

funny amusant(e); marrant(e); It's not —. C'est pas marrant. *fam*

fur fourrure *f*

furious furieux(-euse)

furnished meublé(e)

furniture meubles *m pl*

future avenir *m;* in the — à l'avenir

Ⓖ

to gain gagner; — weight prendre du poids

game jeu *m;* videogame jeu vidéo

garden jardin *m;* public — jardin public; kitchen — potager *m*

gardening jardinage *m*

garlic ail *m;* with — à l'ail

gas(oline) essence *f;* to get a full tank of — faire le plein

gate grille *f;* porte *f*

gender genre *m*

generally généralement

generous généreux(-euse)

genius génie *m*

gentleman monsieur *m*

geography géographie *f*

geology géologie *f*

German allemand(e)

Germany Allemagne *f*

to get obtenir *(pp* obtenu); Do you — it (understand)? Alors, tu y es? *fam;* — along s'entendre, se débrouiller; — back ravoir; — better se remettre *(pp* remis); — in monter; — into se lancer *fam;* — off (bus, train) descendre *(pp* descendu); — some information se renseigner; — (somewhere) aller; arriver; — up se lever; — used to s'habituer; — worse empirer

ghost fantôme *m*

gift cadeau *m*

girl fille *f;* —friend petite amie

to give donner (à); — back rendre; — details préciser; — in céder; — up renoncer

gladly volontiers; —! Je veux bien!

glass verre *m;* vitre *f;* — of wine un verre de vin

glove gant *m*

to go aller; se rendre (à); — down descendre *(pp* descendu); — far exagérer *fam;* — home rentrer chez soi; — off sonner; — on foot aller à pied; — out sortir; — over réviser; — shopping faire des achats; — up monter; — well/OK bien se passer; to let — lâcher; Let's —/Let's get —ing! On y va!

goal but *m*

God Dieu *m*

godfather parrain *m*

gold or *m*

good bon(ne); bien; — morning bonjour; He's a — kid (a brat) *fam* Il est bien (mal) élevé.; I'm no — at . . . Je suis nul(le) en...; pretty — assez bon; that's a — idea c'est une bonne idée; very — très bien

good-bye au revoir *m;* salut; to say — faire des adieux; prendre congé

goose oie *f*

grade note *f;* mention *f*

gram gramme *m*

grand: —children petits-enfants *m pl;* — daughter petite-fille *f;* —father grand-père *m;* —mother grand-mère *f;* —parents grands-parents *m pl;* —son petit-fils *m*

grapefruit pamplemousse *m*

grapes raisin *m*

greasy gros(se); gras(se)

great formidable; grand(e); super; génial; It's —! C'est génial! *fam;* That's —! C'est super/chouette/bon! *fam*

Great Britain Grande-Bretagne *f*

Greece Grèce *f*

Greek grec(que)

green vert(e)

to greet saluer; accueillir

greetings satuations *f pl*

grey gris(e)

grief: Good grief! Mon Dieu! *fam*

grocery: — store épicerie *f*

ground terre *f;* — floor rez-de-chaussée *m*

group ensemble *m;* groupe *m*

to grow up grandir *(pp* grandi) [*to get taller*]

to guess deviner; supposer; I guess. Je suppose. *fam*

guest invité(e)

guitar guitare *f*

Ⓗ

hair cheveux *m pl;* —brush brosse à cheveux *f;* —dresser coiffeuse *f;* —dryer sèchoir (à cheveux) *m*

half moitié *f;* demi *m;* demi(e); —time (work) travail à mi-temps *m;* — draft beer un demi; —price demi tarif *m*

hall: city — hôtel de ville *m;* —way couloir *m;* lecture — amphi(théâtre) *m*

hand main *f;* to give a — donner un coup de main

handkerchief mouchoir *m*

handsome beau/bel (belle)

handywork: to do — bricoler

to hang pendre *(pp* pendu); — up raccrocher; Don't — up! Ne quittez pas! (telephone)

happy content(e); heureux(-euse)

happiness bonheur *m*

hard pénible; dur(e); **—ly** ne guère
hat bonnet *m*; chapeau *m*
to hate avoir horreur de
to have avoir (*pp* eu); prendre; **— it** avoir plein le dos *fam*; **— just + infinitive** venir de; **— something to eat** prendre quelque chose à manger; **— a sunburn** avoir un coup de soleil; **— to** devoir (*pp* dû); il faut que; **— trouble . . .** avoir du mal à...
hayfever rhume *m* des foins
he il
head tête *f*; chef *m*
headache mal de tête *m*; **to have a —** avoir mal à la tête; **migraine —** migraine *f*
headquarters siège social *m* (*company*)
health santé *f*; **(To) Your (good) health!** À la tienne/vôtre; **in good —** en bonne santé; **—thy** sain(e)
to hear entendre (*pp* entendu); **— about** entendre parler de
heart cœur *m*
heat chaleur *f*
heating chauffage *m*
heavy lourd(e); chargé(e); **not — (fairly light)** peu chargé(e)
heel talon *m*
hello salut
helmet casque *m*
help aide *f*; secours *m*; **to —** aider; **Can I — you?** Je peux vous aider?; **— yourself!** Sers-toi (Servez-vous)!
her she; son, sa, ses
here ici, là; **— is/are** voici; **Here we are!** Nous voilà! *fam*
herself elle; elle-même; **all by —** toute seule
hey mais dis donc! *fam*; **—!** Tiens!
hi bonjour, salut
to hide cacher; se dérober
hideous affreux(-se)
high élevé(e); haut(e); **— school** lycée; **—er education** éducation supérieure *f*
highway autoroute *f*; route nationale *f*
hiking randonnée *f*
him lui; le; **to —/—her** (à) lui
himself (herself) lui (elle); **all by — (—)** tout(e) seul(e)
hire embaucher
hiring engagement *m*
his son, sa, ses
history histoire *f*
hit coup *m*; **to —** frapper; battre (*pp* battu)
to hold tenir (*pp* tenu); **— on!** Ne quittez pas!; Attendez! *fam*
home: at — à la maison; **to go —** rentrer
homework devoirs *m pl*; **to do the —** faire les devoirs
honest honnête; sincère
honey miel *m*
hope espoir *m*; **to —** espérer
horrible affreux(-se); **What — weather!** Quel temps affreux!
horror horreur *f*; **— movie** film d'épouvante/d'horreur *m*
horse cheval *m*; **to go —back riding** faire du cheval/de l'équitation
hot chaud(e); **to be —** avoir chaud
hotel hôtel *m*

hour heure *f*; **rush —** heures de points; **opening —** heures d'ouverture; **office —s** tutorat *m*
house maison *f*; pavillon *m*; **—hold** foyer *m*; **—keeper** employé(e) de maison; **—work** ménage *m*; **to do —work** faire le ménage
how combien; comment; **for — long?** pendant combien de temps?; **— are you?** Comment allez-vous?; **— is he like?** Comment est-il?; **—'s it going?** Ça va?; **— long** combien de temps; **— much** combien; **— much does it cost?** c'est combien?; **— many** combien de
huge immense
human humain(e)
hundred cent; centaine *f*
hunger faim *f*
hungry: to be — avoir faim
hurry: to be in a — être pressé(e); **to —** se dépêcher; **— up!** dépêchez-vous!
to hurt faire mal; se faire mal à; avoir mal à; **— (everywhere)** avoir mal (partout)
husband mari *m*
husky costaud

I

I je, moi
ice glace *f*; **— (on the road)** verglas *m*; **— cream** glace *f*; **It's icy.** Il y a du verglas.
idea idée *f*; **It's a good idea.** C'est une bonne idée.
to identify identifier
if si; **— possible** si possible
ill malade; **—ness** mal *m*; maladie *f*
to imagine imaginer; **— oneself** s'imaginer
immediately tout de suite
impatient impatient(e)
in à; dans; en; au sein de; **— addition** en plus; **— order to** pour; **— spite of** malgré; **— the process of** en train de
to include comprendre (*pp* compris); inclure (*pp* inclu)
independent indépendant(e)
inexpensive bon marché
information renseignements *m pl*; **to get —** se renseigner
injection piqûre *f*
to injure se blesser; se faire mal à
injury blessure *f*
ink encre *f*
inn auberge *f*
inside dedans; à l'intérieur
instead (of) au lieu de
instructor enseignant *m*
instrument instrument *m*; **stringed —s** instruments à corde
intellectual intellectuel(le)
intend: — to avoir l'intention de
intentionally exprès
interessant intéressant(e)
interest intérêt *m*
internship stage *m*
intersection carrefour *m*
interview interview *f*; entretien *m*; **to —** interviewer
to introduce présenter
introduction présentation *f*

iron fer *m*
island île *f*
isn't it? n'est-ce pas?
it il, elle; **—'s** c'est/ce sont; **—'s catastrophic.** C'est la cata. *fam*; **— great.** C'est super (chouette).; **—'s for fun** c'est pour le fun
Italian italien(ne)
Ivory Coast Côte-d'Ivoire *f*

J

jacket blouson *m*; veste *f*
jam confiture *f*
January janvier
Japanese japonais(e)
jeans (blue-)jean *m*
jelly gelée *f*
jewel bijou *m*; **—ry** bijouterie *f*
job poste *m*; emploi *m*; travail *m*; boulot *m fam*
to join rejoindre (*pp* rejoint)
journalist journaliste *m f*
judge juge *m*
juice jus *m*; **orange —** jus d'orange
July juillet
to jump sauter
June juin
just juste; **to have —** venir de

K

to keep garder; **— one's figure** garder sa ligne; **— out of sight** se cacher
key clé *f*; **—board** clavier *m*; **—word** mot-clé *m*
kid gamin(e) *fam*; gosse *m f fam*
kidding: You're kidding! C'est pas vrai!/Tu plaisantes! *fam*; **to be —** plaisanter
kidneys reins *m pl*
to kill tuer
kilo(gram) kilo *m*
kind gentil(le); genre *m*; sorte *f*; **what kind of . . .** quelle sorte de...
kindness gentillesse *f*
king roi *m*
kir *white wine with black currant syrup* kir *m*
kiss baiser *m*; **to —** embrasser; **— on the cheek** bise *f* (sur la joue)
kitchen cuisine *f*; **— dresser** buffet *m*
knee genou *m*
knife couteau *m*
to knit faire du tricot
to knock frapper (à la porte)
to know: — (someone) connaître (*pp* connu); savoir (*pp* su); **get — each other** faire connaissance; **What do you —!** Ça alors! *fam*; **I —.** J'sais. *fam*

L

laboratory laboratoire *m*; **language —** laboratoire de langues
ladder échelle *f*
lamb agneau *m*
lamp lampe *f*
land terre *f*
language langage *m*; langue *f*
large grande; **— family** famille nombreuse *f*
last dernier(-ère); **at the — moment** au dernier moment; **— week** la semaine dernière; **to —** durer

late tard; **to be —** être en retard
lateness retard *m*
later plus tard
Latvia Lettonie *f*
to laugh rire *(pp* ri)
laundry lessive *f*; linge; **— room** buanderie *f*; **to do the —** faire la lessive
law droit *m*; loi *f*
lawn pelouse *f*
lawyer avocat(e)
to lay: laid out (fixed up) aménagé(e); **well laid out** bien aménagé(e)
lazy paresseux(-euse)
lead plomb *m*; **to —** mener; diriger
leader chef *m*
to lean appuyer; **to — on** s'appuyer (sur)
to learn apprendre *(pp* appris)
least moindre; **at —** au moins; **the —** le (la) moins
leave congé *m*; **paid —** congés payés *m pl*; **to —** quitter; prendre congé; partir *(pp* parti); **to — a message** laisser un message
lecture conférence *f*
leek poireau *m*
left gauche *f*; **to the —** à gauche
leg jambe *f*; gigot *m*; pied *m*; **— of lamb** gigot d'agneau
leisure loisir *m*
lemon citron *m*
lemonade citron pressé *m*; **— mixed with lemon-flavored syrup** diabolo-citron *m*
to lend prêter
length durée *f*; longueur *f*
less moins; **— . . . than** moins que
lesson leçon *f*
to let laisser; **— go** lâcher; **— see** faire voir
letter lettre *f*; **application —** lettre de candidature
lettuce laitue *f*
library bibliothèque *f*
to lie mentir *(pp* menti)
life vie *f*
light léger(-ère); **fairly —** peu chargé(e); lumière *f*; léger(-ère); **—ed** éclairé(e); **—ly** légèrement; **traffic —** feu *m*
like as; **to —** aimer; **I — very much** j'aime beaucoup/bien; **to —** aimer; plaire, **You like it!** Elle te plaît!; **I would — . . .** je voudrais...
line rangée *f*; ligne *f*; file *f*; **to be on —** faire la queue; **—d** doublé(e); **—s (of poetry)** vers *m pl*; **top of the —** haut de gamme
linguistics linguistique *f*
lip lèvre *f*
to listen écouter
listening écoute *f*; **— exercise** exercice d'écoute *m*
liter litre *m*
literature littérature *f*
little petit(e); peu; **a — bit (of)** un peu (de); **so —** si peu (de); **very —** très peu de
to live habiter; vivre *(pp* vécu)
lively vif(-ive)
loafers mocassins *m pl*
lobster homard *m*
located situé(e); **to be —** se trouver
to lock fermer à clé

London Londres
long long (longue); **to have — hair** avoir les cheveux longs; **a — time** longtemps; **for how —?** pendant combien de temps?
longer: no — ne plus
look mine *f*; **to —** regarder; **— after** surveiller; **to — (at)** regarder; **to — good/bad** avoir bonne/mauvaise mine; **— for** chercher
to lose perdre *(pp* perdu); **— weight** perdre du poids, maigrir *(pp* maigri)
loss perte *f*
lost perdu(e); disparu(e); **— and found** objets trouvés *m pl*; **to be —** se tromper de route
lot: a — tellement; **a — (of)** énormément, beaucoup (de)
loudly fort; **very —** très fort
love amour *m*; **in — (with)** amoureux(-se); **to —** aimer, adorer
lover: — of amateur(-rice); **—s** amoureux *m pl*
low bas(se); **to —er** baisser
lozenge pastille *f*
luck chance *f*; **good —!** bonne chance!; **luckily** heureusement; **—y: to be —** avoir de la chance/de la veine; *fam*; **to trust your —** tenter votre chance
lunch déjeuner *m*; **to have —** déjeuner
luxury luxe *m*

Ⓜ

ma'am madame
mad fou (folle); dingue *fam*; **That's mad!** C'est dingue! *fam*
magazine revue *f*; magazine *m*
mail courrier *m*
major principal(e); specialisation *f (in college)*; **to — (in)** se spécialiser (dans/en)
to make faire *(pp* fait); commettre *(pp* commis); fabriquer
makeup: to put on — se maquiller
mall: shopping — centre commercial *m*
man homme *m*; **for men** pour hommes
to manage gérer; **— (to do something)** se débrouiller
management direction *f*; gestion *f*
manager gérant(e)
manners manières *f pl*
many beaucoup; **as — as** autant que; tant que; **so —** tellement
map carte *f*; plan *m*
March mars
market marché *m*; **open —** marché en plein air
married marié(e); **— to** marié(e) avec; **to get —** se marier
to marry épouser
master: —'s degree maîtrise *f*
material matière *f*; tissu *m*
math mathématiques (maths) *f pl*
matter: It doesn't matter. Ça ne fait rien.; **What's the —?** Qu'est-ce qui se passe? *fam*
mattress matelas *m*
May mai
maybe peut-être
mayor maire *m*
me moi
meal repas *m*; **Enjoy your meal!** Bon appétit!

mean mode *m*; moyen *m*; **—s of transportation** moyens de transports; **to —** signifier
meat viande *f*
mechanic mécanicien(ne)
medicine médicament *m*
to meet rencontrer; faire la connaissance de; **— (each other)** se retrouver; se réunir
meeting réunion *f*; congrès *m*; **international —** congrès mondial
menu carte *f*; menu *m*
message message *m*; **to leave a —** laisser un mot/message
method mode *m*; moyen *m*
meter mètre *m*
Mexican mexicain(e)
middle milieu *m*; **in the — of** au milieu de (du)
midnight minuit *m*
migraine (headache) migraine *f*
mild doux (douce)
military militaire
milk lait *m*
million million *m*
mind: to change one's — changer d'avis; **to make up one's —** se décider
mine mien(ne)
mint menthe *f*
mirror miroir *m*; glace *f*
misfortune malheur *m*
Miss mademoiselle, Mlle
to miss manquer; **I — him.** Il me manque.
mist brume *f*
mistake faute *f*; erreur *f*; **to make a —** se tromper
mister, Mr. monsieur, M.
mix mélange *m*; **—er** batteur *m*; **—ture** mélange; **to —** mélanger
model modèle *m*; **fashion —** mannequin *m*
moment instant *m*; moment *m*
Monday lundi *m*; **—s** le lundi
money argent *m*; fric *m fam*; **— order** mandat *m*
month mois *m*
mood humeur *f*; **to be in a good/bad —** être de bonne/mauvaise humeur
moon lune *f*
moped vélomoteur *m*
more encore; davantage; plus; **once —** encore une fois; **— . . . than** plus de... que; **— . . . the — . . .** plus... plus...; **—over** en outre; du reste; **no —** ne... plus
morning matin *m*; matinée *f*; **from — till evening** du matin au soir; **good —** bonjour; **—s** le matin; **next —** le lendemain; **in the —, A.M.** du matin;
Moroccan marocain(e)
Morocco Maroc *m*
most: — (of) la plupart de(s); **the —** le plus (de)
mother maman *f*; mère *f*; **step—/—-in-law** belle-mère *f*
motorcycle moto *f*
mountain montagne *f*
mouse souris *f*
mousse mousse *f*; **chocolate —** mousse au chocolat *f*
mouth bouche *f*; embouchure *f* (river)

to move déménager; s'installer; **— away** éloigner

movie film *m*; **horror —** film d'épouvante; **— director** cinéaste *m*; **— theater** cinéma *m*

Mr. monsieur, M.

Mrs. madame, Mme

much beaucoup; **how —** combien; **How — does it cost?** C'est combien?; **not very —** pas beaucoup; **as — as** autant de... que; **so — tellement**

muggy: It's muggy. Il fait un temps humide.

museum musée *m*

mushroom champignon *m*

music musique *f*; **to play —** jouer de la musique

musician musicien(ne)

mussel moule *f*

my mon/ma/mes

mysterious mystérieux(-euse)

N

nail clou *m*; ongle *m*

naive naïf(-ïve)

name nom *m*; **first —** prénom *m*; **last — nom de famille *m*; my — is . . .** je m'appelle...; **to — nommer; appeler**

napkin serviette *f*

narrow étroit(e)

nationality nationalité *f*

nature nature *f*

nauseated: to feel — avoir mal au cœur

near près (de); **—ly** à peu près; presque

neat chouette *fam*; **pretty —** chouette *fam*; **—!** C'est chouette! *fam*

necessary nécessaire; **it's —** il faut; **it's — (that)** il est nécesaire (que); il faut (que)

neck cou *m*; **—lace** collier *m*

need besoin *m*; **to —** avoir besoin de; **I —** il me faut, j'ai besoin de

neighbor voisin(e)

neighborhood quartier *m*; voisinage *m*

neither ne plus; **neither . . . nor** ne...ni...ni

nephew neveu *m*

nervous nerveux(-euse)

Netherlands Pays-Bas *m pl*

never jamais; ne... jamais

new nouveau(nouvelle); neuf(-ve); **—ly** nouvellement; **— Year's** Nouvel An *m*; **What's —?** Quoi de neuf? *fam*

New England Nouvelle-Angleterre *f*

New Orleans Nouvelle-Orléans *f*

New Zeland Nouvelle-Zélande *f*

news nouvelles *f pl*; informations *f pl*

newspaper journal *m*

next prochain(e); ensuite; suivant(e); **— (to)** auprès (de); à côté (de); **— door** à côté (de) **the — day** le jour suivant; **the — morning** le lendemain matin

nice joli(e); gentil(le); sympa(thique); **It's — (weather).** Il fait bon.; **it would be —** ce serait bien; **That seems —.** Ça a l'air bien.

niece nièce *f*

night nuit *f*; **per —** la nuit

nine neuf; **—teen** dix-neuf; **—ty** quatre-vingts-dix

ninth neuvième

no non; **— longer** ne... plus; **— one** personne

nobody personne; ne... personne

noise bruit *m*

noodles nouilles *f pl*

noon midi

north nord *m*

nose nez *m*; **to have a runny —** avoir le nez qui coule

not non; **do —** ne... pas; **— at all** pas du tout; **— any more** ne... plus; **— much** pas grand-chose *fam*; **— yet** pas encore

notebook cahier *m*

nothing rien; ne... rien; **It means — to me.** Ça ne me dit pas grand-chose. *fam*

to notice apercevoir *(pp* aperçu); constater; s'apercevoir de

novel roman *m*; **short —** récit *m*

novelist romancier(-ère)

November novembre

now maintenant; en ce moment

nowhere nulle part

number chiffre *m*; nombre *m*; numéro *m*; **telephone —** numéro de téléphone *m*

numerous nombreux(-euse)

nurse infirmier(-ère)

nut noix *f*

O

to obey obéir *(pp* obéi) à

object objet *m*

to obtain obtenir *(pp* obtenu)

to occur se produire *(pp* produit)

October octobre

odd curieux(-se); bizarre; **That's odd.** C'est curieux. *fam*

of de

offer offre *f*; **to —** offrir *(pp* offert)

office bureau *m*; boîte *f fam*; **post —** bureau de poste *m*; **law —** cabinet d'avocat *m*

often souvent; fréquemment; **the most —** plus souvent

oil huile *f*; **mills that produce —** huileries *f pl*

okay bon; d'accord

old ancien(ne); vieux/vieil (vieille); **How — are you?** Quel âge as-tu/avez-vous?; **to grow —** vieillir; **—-fashion** vieux-jeu *inv*

older aîné(e)

omelet omelette *f*; **mixed herb —** omelette aux fines herbes

on à; au (à + le); sur; **— sale** en solde; **— Sundays** le dimanche; **— time** à l'heure

once un(e); une fois; **— (a day)** une fois par jour

one un(e); on *(people in general)*; **each —/ everyone** chacun(e); **not a —/no one** aucun; **— color** uni(e); **—self** soi-même; **—-way street** à sens unique; **— way (ticket)** aller-simple *m*; **the —** celui/celle

onion oignon *m*

only juste; seulement; ne... que; **not —** pas seulement; **— child** fils/fille unique

open ouvert(e); **to —** ouvrir *(pp* ouvert)

opening ouverture *f*; **— hours** heures d'ouverture *f pl*

opinion avis *m*; opinion *f*; **in my —** à mon avis

optimistic optimiste

or ou; **— else** ou bien

orange orange *f*; orange

order commande *f*; odre *m*; **in — to** afin de, pour; **money —** mandat *m*; **to —** commander

organize organiser; **to get —d** s'organiser

other autre

our notre/nos

outfit tenue *f*

outing sortie *f*

outside extérieur *m*; dehors; **— of** hors; en dehors

oven four *m*; **microwave —** four à micro-ondes

over sur; dessus; par-dessus; **It's all —.** C'est fichu. *fam*

overalls salopette *f*

overcoat pardessus *m*

overtime heures supplémentaires *f pl*

to owe devoir *(pp* dû)

own propre; **—er** propriétaire *m f*

oyster huître *f*

P

to pack faire les valises

package paquet *m*

pail seau *m*

pain mal *m*; **a — in the neck!** un casse-pieds *fam*

painting peinture *f*; tableau *m*

pal copain (copine)

pale pâle

palace palais *m*

pancake crêpe *f*

pants (pair of) pantalon *m*

paper papier *m*; **sheet of —** feuille de papier *f*

parade défilé *m*

parents parents *m pl*

park parc *m*; **to —** garer; stationner

parking stationnement *m*; **— lot** parking *m*

parsley persil *m*

part partie *f*; **in —** en partie; **to take —** in participer (à)

party fête *f*; soirée *f*

to pass passer; dépasser; **Pass (the salt) please!** Tu veux me passer (le sel)! *fam*; **— (a test/exam)** réussir; **—ed away** décédé(e)

passenger passager(-ère)

passerby passant(e)

passport passeport *m*

past passé *m*; **in the —** autrefois

pasta pâtes *f pl*

pastry: — shop pâtisserie *f*; **— chef** pâtissier(-ère)

path allée *f*; chemin *m*

to pay payer; régler; **— attention** faire attention; **— cash** payer en espèces; **— visit** rendre visite; **which must be paid for** payant(e)

pea pois *m*; **green —s** petits pois *m pl*

peace paix *f*

peach pêche *f*

pear poire *f*

pearl perle *f*

peasant paysan(ne)

pedestrian piéton(ne)

pen stylo *m*

pencil crayon *m*

people peuple *m*; gens *m pl*
pepper poivre *m*; **green —** poivron *m*
peppermint (cordial drink) menthe à l'eau *f*
per par
percent pour cent
perfect parfait(e); **—ly** parfaitement
perfume parfum *m*; **store that sells —** parfumerie *f*
perhaps peut-être
to permit permettre *(pp* permis)
person personne *f*
personal personnel(le); **—ly** personnellement
personnel personnel *m*; effectifs *m pl*
pessimistic pessimiste
pharmacist pharmacien(ne)
philosophy philosophie *f*
photograph photo *f*; **—phy** photo *f*; **to —** photographier
physics physique *f*
picnic pique-nique *m*
to pick: — up ranger; ramasser; **— up (phone)** décrocher
pie tarte *f*; **apple/strawberry pie** tarte aux pommes/fraises
piece bout *m*; morceau *m*
pig cochon *m*
pill pilule *f*; cachet *m*
pillow oreiller *m*
pimple bouton *m*
pink rose
pipe tuyau *m*
pity pitié *f*; **it's a —** c'est dommage *fam*
place endroit *m*; place *f*; lieu *m*; **— of birth** lieu de naissance; **to —** poser
plain nature
plan projet *m*; **floor —** plan *m*; **to make —s** faire des projets/préparatifs; **to —** aménager
plate assiette *f*; plaque *f*; **license —** plaque d'immatriculation *f*
platform quai *m*
platter: serving — plateau *m*
play pièce (de théâtre) *f*; **to —** s'amuser; jouer; **— (a musical instrument)** jouer de; **— (a sport)** jouer à; **to be —ing (movie)** passer
player joueur *m*
pleasant agréable; convivial(e); **to be —** plaire *(pp* plu)
please s'il te/vous plaît; **(You're welcome.)** Je t'en/vous en prie.; **to —** contenter; **—d** content(e)
plum prune *f*
pocket poche *f*
police: — station gendarmerie *f*; commissariat de police *m*
police officer agent de police *m*
policy régime *m*; système *m*
Polish polonai(e)
polite poli(e)
political politique; **— science** sciences politiques *f pl*
politics politique *f*
pool: swimming — piscine *f*
poor pauvre
pork porc *m*; **— chop** côtelette de porc *f*
Portuguese portugais(e)
position poste *m*; situation *f*

possible: It's — ... Il se peut que...; **if —** si possible
post: — office bureau de poste *m* (la poste); **to —** afficher
postal worker postier(-ère)
postcard carte postale *f*
poster affiche *f*; poster *m*
potato pomme de terre *f*
poultry volaille *f*
pound (French) livre *f* (500 grams)
to pour verser; **it's pouring** il pleut à torrents
power pouvoir *m*; force *f*; **—ful** puissant(e); **— plant** centrale *f*
practical pratique
practice entraînement *m*
prawn langoustine *f*
to prefer préférer; aimer mieux
to prescribe prescrire *(pp* prescrit)
present: at — actuellement; **to —** présenter
preserves conserves *f pl*
pretty joli(e)
price prix *m*; coût *m*; **It's an attractive —.** C'est un bon prix/C'est un prix intéressant.
principal (of school) directeur(-rice)
private privé(e)
prize prix *m*
problem ennui *m*; problème *m*
process: in the — of en train de
producer: movie/video — réalisateur(-rice)
product produit *m*
profession métier *m*; profession *f*
programmer: computer — programmeur(-euse)
progress progrès *m*; **to make —** faire des progrès
to promise promettre *(pp* promis)
promotion avancement *m*
prosperous prospère
to protect protéger
proud fier(-ère)
prune pruneau *m*
psychology psychologie *f*
public: — works travaux publics *m pl*
to pull tirer
to punish punir *(pp* puni)
punishment punition *f*
purchase achat *m*; **to —** acheter
purple violet(te)
purpose but; **on —** exprès
purse sac à main *f*
to pursue poursuivre *(pp* poursuivi)
to put mettre *(pp* mis); **— away** ranger; **— in** fournir *(pp* fourni); **— on** mettre; **— to sleep** endormir *(pp* endormi); **— up again** recoller
putter faire du bricolage *fam*

Ⓠ

qualified qualifié(e)
quality qualité *f*
quarter quart *m*
queen reine *f*
question question *f*; **to —** interroger; questionner
queue file *f*
quickly rapidement; vite
quiet tranquille; **to be —** se taire
quite très; **— a bit of** pas mal de

ℝ

rabbit lapin *m*
racket raquette *f*
radish radis *m*
rag chiffon *m*
rain pluie *f*; **in the —** sous la pluie; **—y** pluvieux(-euse); **to be —ing** pleuvoir; **it's —ing** il pleut
to raise lever; **— up** soulever
raisins: raisins secs *m pl*
rapid vite
rare rare; saignant(e) *(meat)*; **—ly** rarement
raspberry framboise *f*
rate niveau *m*; taux *m*; **death —** mortalité *f*
rather plutôt
to reach atteindre *(pp* atteint); aboutir *(pp* abouti)
to read lire *(pp* lu); bouquiner *fam*
reading lecture *f*
ready prêt(e); **to get —** (to/for) se préparer (à/pour)
real véritable; **— estate agent** agent immobilier *m*
realistic réaliste
to realize réaliser; se rendre compte de
really tellement; vraiment; **not —** pas tellement
reason cause *f*; raison *f*
to receive recevoir *(pp* reçu)
recently récemment
recess récréation *f*
recipe recette *f*
recognition reconnaissance *f*
recognize reconnaître *(pp* reconnu)
record disque *m*; **to —** enregistrer
recorder: videocassette — (VCR) magnétoscope *m*
red rouge; **— (hair)** roux(rousse)
to reduce diminuer; réduire *(pp* réduit)
to reestablish rétablir *(pp* rétabli)
refrigerator frigo *m*
to refuse refuser
to register enregistrer
registration inscription *f*; **— fees** frais d'inscription *m pl*; tuition *f*; **— forms** bulletin d'inscription *m*
relatives parents *m pl*
to relax se détendre
relaxed décontracté(e)
to rely (on) compter (sur)
to remain rester; demeurer
to remember se rappeler; se souvenir *(pp* souvenu); **— correctly** se rappeler bien
to remind rappeler
remote control télécommande *f*
to remove enlever
to renew renouveler
to rent louer
rental location *f*; **— agency** agence de location *f*
repair réparation *f*
to repeat répéter
to replace remplacer
representative délégué(e); **sales —** commercial *m*
to require (that) exiger (que)
research: to do — faire des recherches

researcher chercheur *m*
reservations: make — réserver
residence domicile *m*
to resign démissionner
resignation démission *f*
response réponse *f*
responsibility responsabilité *f*
rest repos *m;* **— stop** aire de repos *f;* **to —** se reposer
restaurant restaurant *m;* **university —** restau (Resto-U)
result résultat *m;* **to — in** aboutir à
résumé curriculum vitae (cv) *m*
retired: to be — être à la retraite
retirement retraite *f*
to return retourner; rendre *(pp* rendu)
to review réviser
rib côte *f;* **— steak** entrecôte *f*
rice riz *m*
ride: to take a — faire une promenade
right juste; droit(e); exact(e); droit *m;* **—?** n'est-ce pas? (**Isn't it?**); **— away** tout de suite; **to be —** avoir raison; **to the —** à droite; **You're —!** T'as raison! *fam*
ring bague *f;* **to —** sonner
river fleuve *m;* rivière *f*
road chemin *m;* route *f;* **pertaining to —s** routier(-ère)
to roast griller; rôtir *(pp* rôti)
to rob cambrioler
robber cambrioleur *m;* voleur(-euse)
rock music rock *m*
role rôle *m*
roll petit pain *m*
roof toit *m*
room pièce *f;* chambre *f;* salle *f;* **class—** salle de classe; **dining —** salle à manger; **living —** salle de séjour/le living; **—mate** camarade de chambre *m f*
rooster coq *m*
rosé (wine) rosé *m*
round rond(e); **—trip (ticket)** aller-retour *m*
routine routine *f*
rubber caoutchouc *m;* **— band** élastique *m*
rug tapis *m*
ruler règle *f*
rules règles *f pl*
to run courir *(pp* couru); couler; **— away** s'enfuir; se sauver; **— into** rencontrer; **— into each other** se rencontrer; **—ny noise** le nez qui coule; **— out of gas** avoir une panne d'essence
Russia Russie *f*
Russian russe

Ⓢ
sad triste
sail: —boat bateau à voile; **to go —ing** faire de la voile
salad: tomato/cucumber — salade de tomates/concombres *f;* **green —** salade verte
salami saucisson *m*
salary salaire *m;* **salaried employee** salarié(e)
sale vente *f;* **for —** à vendre; **in —** en solde; **—(s)** vente(s) *f;* **—s representative** commercial *m;* **salesman(woman)** représentant(e) de commerce; **salesperson** vendeur(-euse)

salmon saumon *m;* **smoked —** saumon fumé
salt sel *m*
salty salé(e)
same même; **in the — way** de la même façon; **not the —** pas pareil(le); **the —** le (la, les) même(s)
sandals sandales *f pl*
sandwich sandwich *m;* **open-faced grilled ham and cheese —** croque-monsieur *m*
Saturday samedi *m*
saucebowl saucière *f*
sausage saucisse *f*
to save épargner *(money, time);* faire des économies *(money)*
to say dire *(pp* dit); déclarer; **—!** Mais, dis donc! *fam;* **— . . .** Dis/Dîtes...; **— good-bye** faire ses adieux; **What do you —?** Que dîtes-vous? *fam*
scallops coquilles St-Jacques *f pl*
scarcely ne guère
scarf écharpe *f;* foulard *m*
schedule emploi du temps *m;* horaire (of a train) *m*
scene scène *f*
scholarship bourse *f*
school école *f;* **high —** lycée *m;* **first day of —** la rentrée (des classes); **junior high —** collège *m;* **nursery —** école maternelle; **pertaining to —** scolaire; **pre—** école maternelle; **— (university)** fac(ulté) *f;* **— of arts** faculté des lettres; **— of law** faculté de droit; **— year** année scolaire *f*
science science *f;* **applied —s** sciences humaines; **natural —** sciences naturelles; **— fiction** science-fiction
scientist savant *m*
scissors ciseaux *m pl*
scotch (whisky) scotch *m*
screen écran *m*
screw vis *m;* **—driver** tournevis *m*
sculpture sculpture *f*
sea mer *f;* **—food** fruits de mer *m pl;* **—shore** bord de mer *m;* **on the —shore** au bord de la mer; **—sickness** avoir le mal de mer; **— side resort** station balnéaire *f*
season saison *f*
seat place *f;* siège *m;* **front (back) —** siège avant (arrière); **— belt** ceinture de sécurité *f*
second deuxième; **— floor** premier étage *m*
secretary secrétaire *m f*
to see voir *(pp* vu); **— again** revoir *(pp* revu); apercevoir *(pp* aperçu); **— oneself** se voir; **— you in a while.** À tout à l'heure.; **— you soon.** À bientôt.; **We'll —.** On verra.; **to let — **faire voir; **Let's —!** Voyons!
to seem sembler; avoir l'air
to select sélectionner
selfish égoïste
to sell vendre *(pp* vendu)
semester semestre *m*
to send envoyer; **— back** renvoyer
Senegalese sénégalais(e)
sens sens *m;* **common —** bon sens *m*
sensational sensationel(le), sensass *fam*
sentence phrase *f*
September septembre

serious grave; sérieux(-euse); **You're not —!** Tu veux rire! *fam*
to serve servir *(pp* servi); **— (an area)** desservir *(pp* desservi)
service service *m;* **self— (store)** libre-service *m;* **— station** station-service *f*
set ensemble *m;* lot *m;* **to — (a date)** fixer; **— the table** mettre la table/le couvert
settler colon *m*
seven sept; **—teen** dix-sept; **—ty** soixante-dix
several plusieurs
to sew coudre *(pp* cousu); faire de la couture
shadow ombre *f*
to shake agiter
shame honte *f;* **It's a shame.** (C'est) dommage.
shape ligne *f;* **to be in —** être en forme; **to stay in —** garder la ligne
to share partager
to shave se raser
she elle
sheep mouton *m*
sheet drap *m*
shelf étagère *f*
shellfish custracés *m pl*
shin jambe *f*
shirt chemise *f*
shoe chaussure *f;* souliers *m pl;* **—lace** lacet *m;* **— size** pointure *f*
shop boutique *f;* magasin *m;* boîte *f fam;* **to —** faire du shopping/des achats/les courses
shopkeeper commerçant(e)
shopping shopping *m;* **— cart** chariot *m;* **— mall** centre *m* commercial; **to go —** faire des achats
short petit(e); bref(-ève); court(e); **—s (pair of)** short *m*
shot piqûre *f*
shoulder épaule *f*
to shout crier
show spectacle *m;* **—ing (of a film)** séance *f;* **to be —ing** faire voir; **to —** montrer; exposer; indiquer; montrer
shower douche *f;* (rain) averse *f,* ondée *f*
shrimp crevette *f*
to shut fermer; **Shut up!** Tais-toi! *fam*
shutter volet *m*
shy timide
sick malade
side côté *m*
sidewalk trottoir *m;* terrasse *f*
sight vue *f;* **at first —** à première vue
sign signalisation *f;* signe *m;* **road —s** signalisation routière; **to —** signer
silent silencieux(-euse)
silk soie *f*
since puisque; depuis; **— when** depuis quand
sincere sincère
to sing chanter
singer chanteur(-euse)
single célibataire *m f*
sink évier *m* (kitchen); **— (bathroom)** lavabo
Sir monsieur
sister sœur *f;* **—in-law** belle-sœur; **step—** demi-sœur
to sit s'asseoir; **— at the table!** Mets-toi à table!; **— down** se mettre à table

six six; —teen seize; —ty soixante

size pointure *f* (chaussures); taille; **I take/ have a size (38 [shoe])** Je chausse (du 38)

skating: to go — faire du patinage

ski: to go —ing faire du ski; to go (down-hill/cross-country/water) —ing faire du ski (de piste[alpin]/de fond/nautique); — resort station de ski *f*

skin peau *f*

skin diving: to go — faire de la plongée sous-marine

skinny maigre

to skip sauter; sécher un cours (a class)

skirt jupe *f*

sky ciel

to sleep dormir (dormi); coucher; to go — s'endormir; to put — endormir (*pp* endormi)

sleeve manche *f*; —less sans manches

slice tranche *f*; —(of bread) tartine *f*

slightly légèrement

slippery glissant(e)

slope pente *f*

slot fente *f*

slow lent(e); to — down ralentir (*pp* ralenti)

slowly doucement

small petit(e)

to smell sentir (*pp* senti); — good sentir bon

smile sourire *m*

smoke fumée *f*; to — fumer

smoking fumeur; non smoking non-fumeur

snack goûter *m*

snail escargot *m*

snake serpent *m*

to sneeze éternuer

snow neige *f*; to — neiger; it is —ing il neige

so alors; si; — that de façon que; —, What? Et alors? *fam*

soap savon *m*; — opera feuilleton *m*

soccer football *m*

sociology sociologie *f*

sock chaussette *f*

sofa sofa *m*; divan *m*

soft doux(-ce); tendre

software logiciel *m*

some du; en; de; des; — (of) quelques-un(e)s; —body quelqu'un; —one quelqu'un(e); —thing quelque chose; —times parfois; des fois; quelquefois; —where quelque part

son his, her; fils *m*; —in-law gendre *m*

song chanson *f*

soon bientôt; as — as dès que; See you —. À bientôt.

sorry désolé(e); very — navré(e); I am sorry je suis désolé(e); to be — regretter

sound son *m*; sonorisation *f*

soup potage *m*

south sud *m*; — of France le Midi

space espace *m*; écart *m*; green —s (landscape) espaces verts

spacious spacieux(-euse)

Spain Espagne *f*

Spanish espagnol(e)

to speak parler; — (Spanish) parler (espagnol); — to each other se parler; — to someone s'adresser à quelqu'un

speaker interlocuteur(-trice); locuteur(-trice)

speed vitesse *f*; maximum — vitesse maximale

to spell out épeler

to spend passer; dépenser (argent); — (time) doing . . . passer son temps à...

spinach épinards *m pl*

spite: in — malgré

to spoil gâter

spoon cuillère *f*; (measure) cuillerée *f*

sport: —s-minded sportif(-ive); to participate in —s faire du sport

spot pied-à-terre *m*

to sprain se fouler

spread: meat — pâté *m*

spring printemps *m*

square place *f*; carré(e)

squash courgette *f*

squeezed pressé(e); (—) lemon juice citron pressé *m*

stadium stade *m*

staging: — production mise en scène *f*

stairs escalier *m*

stamp timbre *m*

star étoile *f*; vedette *f*

to start commencer; — again recommencer

state état *m*; United States États-Unis *m pl*

station station *f*; bus — gare routière *f*; gas — station-service; police — gendarmerie *f*, commissariat de police *m*; subway — station de métro, train — gare

stationery (store) papeterie *f*; librairie-papeterie *f*

stay séjour *m*; to — rester; demeurer; — at a hotel descendre à un hôtel

steak bifteck *m*

to steal voler

steel acier *m*

steam vapeur *f*

step pas *m*; to — back reculer; —brother demi-frère *m*; —mother marraine *f*; —sister demi-sœur *f*

stereo: — (system) chaîne stéréo *f*

still encore

stomach estomac *m*; ventre *m*

stone pierre *f*

stop arrêt *m*; bus — arrêt d'autobus; non — sans arrêt; to — cesser; s'arrêter; to — by passer

store boutique *f*; magasin *m*; clothing — magasin de vêtements; grocery — épicerie *f*; sporting goods — magasin de sports; tobacco — bureau de tabac *m*

storm orage *m*; There's a storm. Il y a un orage.

story conte *m*; histoire *f*

straight droit(e); raide (hair); — ahead tout droit

strange drôle

strawberry fraise *f*

street rue *f*

stress stress *m*; —ed out stressé(e)

strict séver(-ère)

strike grève *f*; to — frapper

striped rayé(e); à rayures

strong fort(e)

stubborn têtu(e)

student élève *m f* (elementary school); lycéen(ne) (high school); étudiant(e) (college)

studio atelier *m*

studious studieux(-euse)

study étude *f*; to — étudier; faire des études; bouquiner *fam*; — for a test préparer un examen; — hard bosser *fam*

stuffed: to be — up avoir le nez bouché (pris)

stupidity bêtise *f*

subject sujet *m*; —s matières *f pl*, disciplines *f pl*

subsidiary filiale *f*

suburbs banlieue *f*

subway métro *m*; — station station de métro *f*

to succeed réussir (à un examen)

success réussite *f*; succès *m*

such tel(le); — as tel(le) que

sudden: all of the — tout d'un coup

suddenly soudain

sugar sucre *m*; — bowl sucrier *m*

to suggest proposer; suggérer

suit costume *m*; ensemble *m*; complet; tailleur *m*; bathing — maillot de bain *m*

suitcase valise *f*

summer été *m*

sun soleil *m*; it's sunny il fait du soleil; —burn: to have a — prendre un coup de soleil; —glasses lunettes de soleil *f pl*; —ny ensoleillé(e); —rise lever du soleil *m*; —set coucher du soleil *m*; —tan: to get a — se faire bronzer

Sunday dimanche *m*

supermarket supermarché *m*

superior supérieur(-eure)

supper dinner

to support soutenir (*pp* soutenu)

sure sûr(e)

surprised étonné(e)

surprising surprenant(e)

to surround entourer

surroundings environs *m pl*

sweat sueur *f*; —er pull-over *m*; chandail *m*; gilet *m*; —shirt sweat *m*

Sweden Suède *f*

Swedish suédois(e)

sweet doux(-ce); sucré(e)

to swim nager; se baigner

Swiss suisse

Switzerland Suisse *f*

sword épée *f*

syrup sirop *m*

system système *m*

T

T-shirt t-shirt (tee-shirt) *m*

table table *f*; bedside — table de nuit/chevet; dressing — coiffeuse *f*; —cloth nappe de table *f*; — of contents table des matières

tablet cachet *m*; comprimé *m*

tail queue *f*

taille size *f*

to take amener; prendre (*pp* pris); — (away, along) emmener; emporter; — back rame-ner; — (courses) suivre (des cours); — off enlever; — part in participer à; — place se dérouler, avoir lieu; — a stroll se balader *fam*; — a test/exam passer un examen; — a walk faire une promenade

tale conte *m*

to talk parler; **— to each other** se parler; **— about** parler (de)

talkative bavard(e)

tall grand(e)

tank top débardeur *m*

tart tartelette *f*

task tâche *f*

taste goût *m;* **to —** goûter; déguster

taxes impôts *m pl*

tea thé *m*

to teach enseigner; **— (to)** apprendre *(pp appris)* (à)

teacher enseignant *m;* prof(esseur) *m*

teaching enseignement *m;* **— assistant** assistant(e)

team équipe *f*

technology technologie *f*

telephone telephone *m;* **— book** annuaire *m;* **— call** appel téléphonique *m,* coup de téléphone *m;* **— number** numéro de téléphone *m*

television téléviseur *m*

to tell dire (dit); raconter

teller caissier(-ère)

temperature fièvre *f;* température *f*

ten dix

terrace terrasse *f*

terrible affreux(-euse)

terrific formidable

thank: —s remerciements *m pl;* **—(s) to** grâce à; **to —** remercier; **— you** merci

that ça, cela; ce, cet, cette; qui; que; **so —, in order —** afin que; **—'s** c'est/ce sont; **— is/means** c'est-à-dire; **—'s all right/OK.** Ça ne fait rien., Ça va.; **—'s fine** Ça va.; **—'s it?** C'est ça? *fam;* **—'s it!** Ça y est! *fam;* **— one** celui/celle-là; **—'s right?** C'est ça.; **— looks** ça a l'air; **— way** par là

the la, le, les. l'

theater théâtre *m*

their leur

them eux (elles); **for/to —** pour eux (elles)

then puis; alors; ensuite; donc

there là; y; **over —** là-bas; **— is/are** il y a; **there's** voilà

therefore cependant; donc

these ces/cettes

they on *(people in general);* eux *m pl;* ils *m pl;* elles *f pl*

thick épais(se)

thief voleur(-euse), cambrioleur *m*

thigh cuisse *f*

thin mince

thing chose *f;* **—amajig** truc *m fam;* **—s** affaires *f pl*

to think réfléchir *(pp* réfléchi); penser; croire *(pp* cru); **— of** penser à

third troisième; tiers

thirst soif *f;* **to be —y** avoir soif

thirteen treize

thirty trente

this ce/cet/cette; **— one** celui/celle-ci

those ceux/celles

thousand mille *m;* **one —** mille; **—s of** des milliers de

three trois

throat gorge *f*

to throw jeter; lancer

Thursday jeudi *m*

thus or; ainsi

ticket billet; ticket

tie cravate *f;* **to — together** lier

tight étroit(e)

time heure *f;* temps *m;* fois *f;* **another —** **(again)** encore une fois; **at that —** à cette époque-là; **at the same —** à la fois; **be on —** être à l'heure; **closing —** heure de fermeture; **cooking —** cuisson; **from — to —** de temps en temps; **how many —s** combien de fois; **leisure —** passe-temps *m;* **a long time** longtemps; **on —** à l'heure; **part— work** à temps partiel; **— off** congé *m;* **to have good —** (bien) s'amuser; **—table** horaire *m;* **What — is it?** Quelle heure est-il?

timid timide

tip pourboire *m;* service *m;* **— included** service compris

tire pneu *m;* **flat —** pneu crevé; **to change the —** changer la roue

tired fatigué(e); las(se)

title titre *m*

to à; au (à + le); en; chez; **—, in order —** afin de

toast toast *m,* pain grillé *m;* **—er** grille-pain *m;* **to —** griller

tobacco tabac *m;* **— store** bureau de tabac *m*

today aujourd'hui *m*

toe doigt de pied *m*

together ensemble

toilet W.-C. *m pl;* toilettes *f pl;* **— paper** papier de toilette/hygiénique *m*

toll péage *m;* **— road** autoroute *f* à péage

tomato tomate *f*

tomorrow demain; **the day after —** après-demain *m;* le lendemain

tongue langue *f*

too aussi; trop (de); **(me) —** (moi) aussi; **— much (many)** trop de

tool outil *m*

tooth dent *f;* **—brush** brosse *f* à dents; **— paste** dentifrice *m;* **—picks** cure-dents *m pl*

top dessus *m;* **on —** dessus; **striped —** marinière; **tank —** débardeur *m*

tourist touriste *m f;* **— bureau** office du tourisme *m*

tow: — truck dépanneuse *f;* **—ing service** service *m* de dépannage

towel serviette de toilette *f*

tower tour *f*

town ville *f;* **—/city hall** mairie *f;* **down—** en ville

track voie *f;* **—ing** suivi *m;* **to —** suivre *(pp* suivi)

trade métier *m;* commerce *m*

traffic trafic *m;* circulation *f;* **— light** feu *m*

train train *m;* **— station** gare *f*

training entraînement *m*

to translate traduire *(pp* traduit)

translation traduction *f*

transportation transport *m*

travel voyage; **— bag** sac de voyage *m;* **—er** voyageur(-euse)

tray plateau *m*

tree arbre *m*

trick: a little — un petit tuyau *m fam*

trip voyage *m;* trajet *m;* **business —** voyage d'affaires; **round—** aller-retour *m;* **to take a —** faire un voyage/une excursion

trouble ennui *m;* peine *f;* **to have — sleeping** avoir du mal à dormir

trousers pantalon *m*

trout truite *f*

truck camion *m*

true exact(e); vrai(e); **That's true.** C'est vrai.; En effet.

trumpet trompette *f*

to try: — on essayer; **— to** chercher à; **— one's luck** tenter sa chance

Tuesday mardi *m*

tuna thon *m*

turkey dinde *f*

turn tour *m;* **in —** à tour de rôle; **to —** tourner; **to — off** éteindre *(pp* éteint); **to — right/left** tourner à doite/gauche

TV (set) téléviseur *m*

twelve douze

twenty vingt; **— or so** la vingtaine

twins jumeaux *m pl;* jumelles *f pl*

two deux

type genre *m;* **to —** taper

typewriter machine à écrire *f*

ugly moche; laid(e)

umbrella parapluie *m*

uncle oncle *m*

under sous

understand comprendre *(pp* compris)

unemployment chômage *m;* **to be unemployed** être au chômage

unfortunate: It's — that . . . Il est dommage que...; **That's —.** C'est malheureux.

unfortunately malheureusement

unhappy (about) mécontent(e) (de)

union syndicat *m*

unit unité *f;* **family —** cellule familiale *f*

United Kingdom Royaume-Uni *m*

unless à moins que

unlikely: It is — that . . . Il est peu probable que...

until jusque, jusqu'à ce que

up en haut; **to go —** monter

upbringing éducation *f*

upset énerver

upside down sens dessus dessous

upstairs en haut

us nous; **to —** nous

use emploi *m;* **—d** d'occasion; **to get —d to** s'habituer; **to —** utiliser; employer

useful utile

usually d'habitude; en général

utilities charges *f pl;* **— included** charges comprises *f pl*

V

vacation vacances *f pl;* congé *m;* **during —** pendant les vacances; **go on —** partir en vacances; **paid —** congés payés

vacuum: — cleaner aspirateur *m;* **to —** passer l'aspirateur

veau veal *m*

vegetables légumes *m pl*; **raw** — crudités *f pl*

Venezuelan vénézuélien(ne)

verb verbe *m*

Vermouth: **sweet** — martini *m*

very très; vachement *fam*; — **close** tout près; — **rapidely** à toute vitesse

vest gilet *m*

video: **—cassette recorder (VCR)** magnéto-scope *m*; **—game** jeu vidéo *m*; **music** — vidéo-clip *m*

Vietnam Viêt-nam *m*

Vietnamese vietnamien(ne)

village village *m*; **(small)** — bourg *m*

vine vigne *f*; **—yard** vignoble *m*

to visit rendre visite *(a person)*; visiter *(a place)*

voice voix *f*

volleyball volley(-ball) *m*

Ⓦ

wage salaire *m*; **minimum** — SMIC (*Salaire minimum interprofessionnel de croissasnce*)

waist size *f*

to wait: — **(for)** attendre; **Wait a minute!** Attendez! *fam*

waiter garçon *m* (de café); **—/waitress** serveur(-se)

to wake up réveiller; se réveiller

to walk marcher; **to go for a** — se promener; **to walk** marcher; **to take a** — faire une promenade; **to go for a** — se promener

Walkman baladeur *m*; walkman *m*

wall mur *m*

wallet portefeuille *m*; pochette *f*

want vouloir *(pp voulu)*; désirer; avoir envie de; — **ads** offres d'emploi *f pl*; — **more** revouloir

war guerre *f*; **World** — **I** Première Guerre mondiale; **World** — **II** Seconde (Deuxième) Guerre mondiale

warm chaud(e); **It's** — Il fait chaud; **to be** — avoir chaud

wash: **to get** —**ed** faire sa toilette; **to** — laver; **to** — **up** faire sa toilette

washing machine machine *f* à laver

to watch regarder; **to be** —**ing** guetter; — **over** surveiller; montre *f*

water eau *f*; **mineral** — eau minérale; **—skiing** ski nautique *m*

way chemin *m*; route *f*; sens *m*; façon *f*; **high—** route nationale; **in the same** —**/manner** de la même façon; **in what** — de quelle façon; **No** —**!** Pensez-vous! *fam*; **on the** — en route; **one** — aller simple *m*; **one—** **(street)** sens unique *m*; **this (that)** — par ici (là)

we nous; on *(people in general)*

weak faible; **—ness** faiblesse *f*; **to** —**en** affaiblir *(pp affaibli)*

wealth richesse *f*

to wear porter

weather temps *m*; — **report/forecast** météo *f*; **What's the** — **like?** Quel temps fait-il?

Wednesday mercredi *m*

week semaine *f*; **a** — huit jours; **during the** — en semaine; **two** — quinze jours; **—end** week-end *m*

to weigh peser

weight poids *m*; **to gain** — grossir, prendre du poids; **to lift** —**s/weightlifting** faire de la musculation

to welcome souhaiter la bienvenue; **You're** —. Il n'y a pas de quoi.; Je vous en prie.

well enfin; bien; **as** — **as** aussi bien que; ainsi que

west ouest *m*

western western (film) *m*

what que; quel(le); ce que; ce qui; quoi; **So,** —? Et après (alors)? *fam*; — **are they like?** Comment sont-ils/elles?; — **else?** Quoi d'autre?; — **is it?** Q'est-ce qu'il y a?; — **comes with it** ce que ça donne *fam*; —**'s that?/**— **is it?** Qu'est-ce que c'est?; —**'s the matter?/What's wrong?** Qu'est-ce qu'il y a?/ Qu'est-ce qui ne va pas?

wheel roue *f*

when lorsque, quand; **since** — depuis quand; **the day** — . . . le jour où...

where où; — **is/are** . . . Où est/sont...; — **is/are located** . . . Où se trouve(nt)...; — **are we?** Où sommes-nous?

which qui; que; quel(le); **of** — dont; **to** — auquel/à laquelle; duquel (de + lequel); — **one(s)** lequel/laquelle/lesquels/lesquelles

while pendant que; en; tandis que; **a** — **ago** il y a un moment; — **(talking)** en (parlant); tandis que

whisky whisky *m*

white blanc(-che)

who qui; duquel (de + lequel); —**'s calling?** C'est de la part de qui?/Qui est à l'appareil?; — **is it?** Qui est-ce?

whole entier(-ère)

whom qui; que; duquel (de + lequel); dont; **to** — à qui

whose dont; — **is it?** À qui est-ce?

why pourquoi; **That's** — . . . C'est pour ça/cela que...; — **not?** pourquoi pas?

wide large; **—spread** répandu(e)

widower (widow) veuf (veuve)

wife femme *f*

will volonté *f*; **—ingly** volontiers; **—ingness** bonne volonté

to win gagner

wind vent *m*; **it's** —**y** il fait du vent

window fenêtre *f*; vitrine *f*; **ticket** — guichet; **to** —**-shop** faire du lèche-vitrines; — **(stained-glass)** vitraux *m pl* (vitrail *sing.*); —**pane** vitre *f*

to windsurf faire de la planche à voile

wine vin *m*; **white/red** — (vin) blanc/rouge *m*; — **cellar** cave *f*

winter hiver *m*

to wipe essuyer

wish désir *m*; souhait *m*; vœu *m*; **to** — souhaiter

with avec; auprès (de)

without sans

woman dame *f*; femme *f*; **for women** pour femmes; **young** — jeune femme *f*

wool laine *f*

word mot *m*; parole *f*; —**s** propos *m pl*

work travail *m* (*pl* travaux); boulot *m fam*; œuvre *f*; ouvrage *m*; tâche *f*; **do-it-yourself** — bricolage *m fam*; **lab** — travaux pratiques *m pl*; **to** — travailler; marcher; — **out** faire de la gym; bosser *fam*; **to** — **part-time/full-time** travailler mi-temps (à temps partiel)/plein temps

worker ouvrier(-ère) **(in a factory)**; travailleur(-euse)

working travaillant(e), actif(-ive); — **population** population active *f*

workshop atelier *m*

world monde *m*

to worry s'inquiéter; — **about** se préoccuper; être préoccupé(e)

worse pis; **to get** — empirer; s'aggraver

worst: **the** — (le) pire

worth: **to be** — valoir *(pp* valu); —**y (of)** digne de

wound plaie *f*; blessure *f*

wrist poignet *m*

to write écrire *(pp* écrit); rédiger

writer écrivain *m*

writing écriture *f*

wrong: **to be** — avoir tort; **What's** —? Qu'est-ce qui ne va pas? *fam*

Ⓨ

year an *m*; année *f*; **I'm (15)** —**s old** j'ai (15) ans; **New** —**'s** Nouvel an; **school** — année scolaire; **the (70)s** les années 70

yellow jaune

yes oui; si

yesterday hier; **the day before** — avant-hier

yet déjà; pourtant; **not** — pas encore

yogurt yaourt *m*

you tu; toi; vous

young jeune; — **people** les jeunes *m f pl*

your ton, ta, tes; votre, vos; —**s** à toi/vous

yourself toi-même, vous-même

youth jeunesse *f*

Ⓩ

zucchini courgette *f*

INDEX

PHOTO CREDITS

All photos © Stuart Cohen, except the following:

TEXT/REALIA CREDITS